2019年·北京

图书在版编目(CIP)数据

乡村调研:宋家沟/王维平等著.—北京:商务印书馆,2019
ISBN 978-7-100-17084-0

Ⅰ.①乡… Ⅱ.①王… Ⅲ.①农村—调查报告—岢岚县 Ⅳ.①F325.725.4

中国版本图书馆 CIP 数据核字(2019)第 030601 号

权利保留,侵权必究。

乡村调研:宋家沟
王维平等 著

商 务 印 书 馆 出 版
(北京王府井大街36号 邮政编码100710)
商 务 印 书 馆 发 行
北京顶佳世纪印刷有限公司印刷
ISBN 978-7-100-17084-0

2019年2月第1版　　　开本710×1000 1/16
2019年2月北京第1次印刷　印张 30½
定价:128.00元

■ 调研组成员 ■

组　长：王维平
副组长：卫忠平　徐佩雄
统　筹：杨照宇
撰稿人：国秀利　张军翎　张丽娟
　　　　高敏哲　梁俊娜
摄　影：国秀利　解　亮　王贵林
　　　　范　涛

目录

- 001 序
- 001 调研综述
- 017 宋家沟概况
- 040 访谈记录
- 380 数据分析
- 434 结论
- 439 建议
- 446 参考文献
- 458 附录
- 471 后记

序

丁仲礼

全国人大常委会副委员长、民盟中央主席

2017年年底,我当选为中国民主同盟第十二届中央委员会主席。在中国民主同盟第十二届中央委员会第一次全体会议上,我承诺在当选后的一年内访遍全国民盟省级基层组织。山西民盟是我走访的第28家。

2018年11月6日,我到民盟山西省委机关走访,主委王维平同志在通报山西民盟工作时,向我详细介绍了他们的"六个一"中长期调研规划,即分别确定一个乡村、一个企业、一个社区、一个学校、一个城镇、一个景区,作为民盟省委长期调查研究对象和参政议政联系点。2018年一年中,维平同志带领的调研组重点围绕一个乡村——山西省岢岚县宋家沟进行了深度调研。他们多次前往宋家沟,通过对村民们的走访调研,掌握了大量反映宋家沟在新时代脱贫攻坚和乡村振兴过程中取得的成绩及存在的困难等第一手田野资料。他们的介绍让我眼前一亮,感觉似曾相识却又颇有新意,不由得想起了民盟前辈们做过的乡村研究和改革实验，特别是民盟第六届、第七届中央委员会主席费孝通先生在江苏开弦弓村做的研究。费老写的《江村经济》我曾读过，印象非常深刻。说起来，费老和我的研究工作还有一定的相似之处。费老是社会学家，要做田野调查，我做地质研究也需要跑野外，即都要深入现场、"解剖麻雀"，都需要花费很多的时间和精力在户外工作。费老当年在开弦弓村住了近两个月，与村民同吃同住，详细记录了能够全面而真实地反映村民生活和思想状态的各种数据和信息，并运用科学的方法进行了分析，为我们了解和认识20世纪30年代的中国乡村提供了一个非常有价值的范例，让我们窥见那个时代中国乡村的结构和发展脉络，为我们了解当时中国乡村提供了重要的参考文本。

山西民盟对宋家沟的研究则为我们提供了一个当下中国晋西北地区乡村的样本，呈现给读者的是关于新时代中国乡村的一个缩影，让我们非常清晰地看到了宋家沟这类乡村的社会结构和发展脉络。他们对宋家沟的调研细致生动，不仅对农村外观的发展变化进行了观察描写，而且记录了与村里的种田人、经营户、贫困户、光棍儿户、村干部、外出打拼者等不同类别群体进行的深度交流，他们选择的几类采访对象基本上涵盖了当下中国乡村的主要人口构成。对这几类人群的详细描述让我们对当下乡村中形形色色人群的生存状况有了一个全景式的了解。调研组不仅运用了观察和访谈的研究方法，还制作了涉及面非常广的调查问卷，搜集到了有关村民生活生产、休闲娱乐等方方面面的第一手数据，并运用统计分析工具进行了定量研究，使得出的结论具有可信度和时效性；同时，系统的分析和简明的图表增强了该研究的可读性。显然，山西民盟的调研工作在遵循费老足迹的同时，也非常注意调研方法的与时俱进。

我认为山西民盟对宋家沟所做的研究值得肯定和推广，它将为我们解决脱贫攻坚和实施乡村振兴战略过程中遇到的问题和矛盾提供参考。

我也认为，商务印书馆愿意将他们的研究成果出版发行是一个明智的决策。对相关学者而言，这本书是有借鉴价值的一手资料；对于我们民盟，则是参政议政实践中，一份面向大众、面向历史的答卷。

在我们内部工作会议上，我曾多次表达过这样的意思：社会调查曾经是民盟先贤，尤其是费孝通主席的"看家本领"，民盟的后来人完全有必要把这样的传统继承和发扬光大。这也是在大兴调查研究之风中，把民盟建设成为高素质的中国特色社会主义参政党，展示新气象、新作为、新面貌的必然要求。最近我就在思考这样一个问题，假如我们30个省级组织都像山西民盟这样，选择一个点用科学的方法开展深入细致的调查研究，那我们参政议政的水平一定会有实质性的突破，我们的工作也会取得更多扎实的成果。说实话，民主党派在早期确实是人才荟萃，在知识及文化方面具有一定的优势，但今天这个优势实际上已经荡然无存。执政党无论在人才方面，还是在全面信息的掌握方面，特别是对全局和趋势的把握方面都具有不可比拟的优势，民主党派要想做好议政工作，需要在深入实际、深入基层调研上下更大的功夫。

山西民盟的同志们希望由我来为他们这本书作序，我愉快地答应了这个请求。我希望《乡村调研：宋家沟》这本书出版发行之后，能够受到全国盟员和其他读者的关注，同时得到"三农"研究领域专家们的认可。我相信他们针对宋家沟所做的研究是对中国乡村研究的一个新贡献，必将为现在和将来的读者了解我们这个时代的乡村状况提供重要依据。

2019年初春

山西省忻州市岢岚县

宋家沟

调研综述

一、研究背景

《辞源》中将"乡村"定义为"主要从事农业、人口分布较城镇分散的地方"。《辞海》中,"农村"与"乡村"两个概念相通,指"以农业经济为主的"人口聚居地区,相对于城市或城镇"以非农业经济为主的"人口聚居地区,"农村人口"亦称"乡村人口"。而《关于统计上划分城乡的规定(试行)》中"乡村"概念范围较"农村"更广,包括集镇和农村。学术研究领域,一般将"乡村"理解为居民以农业为经济活动基本内容的一类聚落的总称,又称农村。

我们无法断定人类最早从什么时候开始生活在乡村,一些人类学家和历史学家猜测,人类最早的祖先生活在非洲大草原上,他们为了躲避野兽的攻击,或居住于山洞中,或生活在树上。如在中国发现的早期人类北京猿人就居住在山洞中。相关史料记载,最早的类似于现代乡村的遗址是有着"华夏第一村"之称的半坡原始村落,也是黄河流域一处典型的原始社会母系氏族公社村落遗址。根据遗址可以推测,大约6800年前,半坡人就生活在现在的陕西西安附近,他们既捕鱼、狩猎、采集,又种植，还能够制造工具，并以泥土、树木、藤草为材料，营建了一个井然有序的家园。

半坡人的早期房屋建筑是半穴式，即一半在地下，一半在地上，地下部分以坑壁为墙。这种房屋虽然低矮但简单实用。到了原始社会晚期，他们开始在地面砌墙，并用木柱支撑屋顶，这种直立墙体和斜面屋顶形成了后来中国传统房屋建筑的基本模式。村落被一条长约 300 米、深约 5 米、宽约 6 米的壕沟包围，显然是为了抵御外来部落或野兽的侵入。遗址中还有公共墓地，有的墓地上放着瓮罐，上边盖着陶盆，人死后尸骨放在瓮罐中，陶盆中间有一小孔，其作用应该是方便死者的灵魂进出。半坡村还发现了储藏物品的地窖和公共仓库等。所有遗迹都生动而具体地展现了 6000 多年前中华先祖所构筑的村庄形态。

自有历史记载以来，汉民族就是以农业为生，"三条大河的流域全是农业区"。长城以外的地方，大部分朝代的中国人是不太感兴趣的，因为那些地方只适合于放牧，而无法耕种。乡村自然而然地成为中国人最普遍的聚居模式，因为它适合绝大多数人民从事各种农业生产活动、休养生息。费孝通先生在《乡土中国》里说，如果把中国农村比作一个有机体的话，村落就是基本的细胞。

翻阅历史典籍，从西周的乡遂制、秦汉的乡亭制、唐代的乡里制，到宋代以后的保甲制，都能够帮助我们较为清晰地窥见中国历朝历代乡村的建制与形态。乡村实际上就是由人们聚集居住而成，耕种周边的土地，守望相助，当然，统治者无形的手在乡村形成的过程中也是看得见的。人们在乡村集中居住，也便于朝廷统治与管理。

我们大致可以推测，唐代以前，自然聚居形成的村落是基于个人意愿而形成的居民共同体。生活在同一村庄的人们一般属于同一个族群，大部分人有血缘关系，拥有共同的价值观和家族及族群利益。除接受朝廷和官府的统治外，家族和宗族也会按照共同体的利益需求规范约束个体成员的行为，乡村在政治、经济、社会各方面基本上是自主运行。与此同时，汉、唐、宋、元时期北方地区的集中村庄，也有很多是由官府强制合并而成，然后长期自主发展、自我管理。现今北方地区以集中村落为主的乡村聚落面貌，则是在清中期以后才形成的。①

  明清是中国封建社会的一个重要转折时期。虽然在明代中叶即产生了资本主义萌芽，但在重农抑商的社会环境下，小农业和家庭手工业相结合的自给自足的自然经济还是占据主导地位，乡村仍然是中国社会最主要的构成部分。我们目前能够看得到的明清时期的村落遗址有不少，但这些遗址都是一些以官宦富户院落为主的大型建筑群，如被誉为"中国明代第一村""中国民居第一村"的山西省晋城市阳城县润城镇上庄村（天官王府）。该村现在保留有明代杰出的政治家、改革家，官至刑、户、吏三部尚书，曾辅佐明王朝达40年之久的重臣王国光及其家族数代相承建造的大型官居建筑群，距今已有近500年的历史。晋城市泽州县李寨乡的赵良村是一个明清时期的院落保存较多也较完整的村庄，这个村庄临沁河而建，两山相夹，颇有一番世外桃源的景象。以清代建筑群为主体的古村落在山西就更多了，比如我们熟知的乔家大院所在地山西省晋中市祁县乔家堡村、位于山西省东南部的晋城市阳城县北留镇皇城村（皇城相府）等。

  民国时期，帝国主义的侵略和统治者的掠夺，再加上连续不断的自然灾害和军阀混战，加剧了中国农村经济的衰退进程，大多数乡村破败凋敝。农村破败的情况，即便是国民政府官方也不回避，当时被称为模范省的山西省最高长官阎锡山也不得不承认："年来山西农村经济，整个

---

① 鲁西奇，《散村与集村：传统中国的乡村聚落形态及其演变》，《华中师范大学学报》（人文社会科学版）2013年第4期。

破产，自耕农沦为半自耕农，半自耕农沦为佃农雇农，以致十村九困，十家九穷。"①

日益严重的农村与农民问题，引起了当时知识界和政府的广泛关注，一些从事乡村教育的学者、机构将工作重心转移到乡村建设事业中，开始在乡村兴办教育、发展经济、改良风俗、强化治安，试图将"革命中国"与乡村紧密地联系在一起。20世纪二三十年代，全国兴起了一场乡村建设运动。据统计，当时成立的学术团体和教育机构达600多个，建立各种实验区1000多处。其中，定县、邹平和无锡实验区为乡村建设运动的三大中心。②虽然大多数乡村建设实验因日本帝国主义入侵而中断，但所有的实验和改良尝试在当时的社会条件下还是发挥了积极的作用，比如卢作孚在重庆北碚进行的乡村建设就十分成功。他"以经济建设为中心，以交通运输为龙头"，修建铁路、治理河滩、开发矿业、兴建工厂、开办银行、建设电站、开通邮电、建立农场、发展贸易、组织科技服务等，可谓是一步到位。短短20年间，就使北碚从穷乡僻壤变成了一个"具有现代化雏形"的城市。

民盟一直有研究农村农民问题的传统。国学大师梁漱溟1931年发起的乡村建设运动，是构思宏大的社会改造实验。他认为"乡村建设是中华文明复兴的起点和基础"，并试图实现西方优秀科学文化与中国优秀传统文化的有机融合。为此，他在山东邹平进行了长达7年积极可贵的探索，积累了大量值得借鉴的成功经验，在海内外产生了深远影响。费孝通主席作为民盟的领袖和杰出代表，以"志在富民"为理想，孜孜以求，一生都在关注中国的农村和农民。1936年，费孝通受其姐姐邀请赴江苏南通的开弦弓村进行实地调查和研究，写下了不朽名作《江村经济》，被

---

① 申报年鉴社编，《申报年鉴》，1936年，第898页。
② 郑大华，《民国乡村建设运动》，社会科学文献出版社，2000年，前言。

誉为是"人类学实地调查和理论工作发展中的一个里程碑"。开弦弓村是费老进行乡村调研的一个样本，为我们了解和认识那个时代的中国乡村提供了一个非常有价值的范例。20世纪40年代后期，费孝通又将自己在西南联大和云南大学的讲学内容进行整合梳理，出版了《乡土中国》，对中国传统农村的"乡土性"进行了透彻的解读。

中国共产党是通过农村包围城市夺取全国政权的，党和政府一直高度重视"三农"工作。

1949年取得全国政权后，中国共产党通过三年时间进行农村土地改革，没收地主的土地分给无地和少地的农民，个体农民经济成为最主要的经济成分。1950年6月颁布实施的《中华人民共和国土地改革法》全面实现了农民"耕者有其田"的愿望，激发了当时几亿中国农民的生产热情，促使农业生产空前发展。

1953年，中国共产党在过渡时期的总路线有了较为完整的论述，"私有制农业改造"成为这一时期的主要任务之一。根据当时的实际情况和"循序渐进、和平改造"的基本原则，农业改造先后经历了建立互助组、初级农业生产合作社、高级农业生产合作社三个阶段。高级社实行"生产资料归集体所有、按劳分配"。到1956年年底，农业的社会主义改造基本完成，中国农村发生了结构性的变化。这一时期，虽然生产合作社带动了供销合作、信用合作以及学校、医院等文化设施的发展，但农村的生产效率和农民的生活水平都没有得到显著提升。

1958年中央决定实行人民公社化，土地等生产资料完全收归集体所有，实行"一大二公"。理论上依然是耕者有其田，但"耕者"不再是个体农民，而是一个集体，土地不再属于任何个人。农民成为公社社员，他们为集体劳动，收获所得按照家庭人口和付出的劳动由集体组织分配。集体经营固然有一定的优势，比如人民公社时期依靠集体的力量建设了大批农田水利基础设施，在某种程度上促进了农业生产的发展，但"以农养城""以农养工"的方针使农业生产关系和生产力都受到了束缚，农村经济发展受到了阻碍。大锅饭也挫伤了农民的生产积极性，农村的劳动生产效率无法得到有效提升。

十一届三中全会原则上通过的《中共中央关于加快农业发展若干问题的决定（草案）》用了三个"很"字描述中国当时的农村："农村生产力水平很低，农民生活很苦，扩大再生产的能力很薄弱。"实行"大包干"前的安徽凤阳小岗村就是那个时期中国乡村的代表。农民在各级干部的督促下辛苦劳作一年，但收获的粮食还不够他们果腹。当然人民公社化时期也出现过大寨那样的农业典型，但那只能是作为旗帜和样板供人们参观学习。就是在当时的大寨，村民的生活水平也比较低，相反，劳动强度却很大，付出与收获不成正比。

1978年十一届三中全会的召开，标志着中国改革开放全面启动。改革是从农村最先开始的。1978年11月24日晚上，安徽省凤阳县凤梨公社小岗村的18位农民冒着可能会坐牢的危险自主分田单干，成为农村家庭联产承包责任制的先行试验者。1980年5月31日，邓小平在一次重要谈话中公开肯定了小岗村"大包干"的做法。自此，家庭联产承包责任制成为中国农村的一项基本生产经营制度。

从1985年开始，农村改革进入市场化改革阶段，对以粮食为主的农产品流通体制进行了一系列改革，从逐步减少对农村的征派购到"放活、少取、多予"方针的实施，促进了农产品和其他生产要素的流通。然而到了20世纪80年代中后期，中国农村又陷入困境，主要表现在三个方面：一是大量的粮食库存；二是与其他类商品价格相比，农产品价格明显偏低，"剪刀差"现象严重；三是随着乡镇企业的快速发展和城乡差距的不断扩大，农村劳动力大规模向经济实力强的乡镇和城市流动，农村人口大量流失。鉴于此，湖北监利县棋盘乡党委书记李昌平于2000年春节专门致信时任总理的朱镕基，他对"农民真苦，农村真穷，农业真危险"的深刻体会得到了当时中央领导的高度重视，农村改革开始关注农业和农村发展的深层次矛盾和问题。

2000年，中央以安徽等地为试点，全面实施农村税费改革，中国农业步入无税时代。与此同时，中国共产党认真总结中华人民共和国成立以来特别是改革开放20多年的城乡发展经验和教训，以真正减轻农民负担、提高农民生活质量为目标，开始了城乡统筹发展的伟大实践。

2002年，中共十六大提出"城乡统筹经济社会"，明确了新世纪农村发展的新模式，对现有的户籍、医疗、养老等制度进行改革，使延续多年的"城乡二元结构"发生了质的变化。

2007年，中共十七大确立了"城乡经济社会发展一体化新格局"的目标，中国进入了全面消解城乡二元结构，改造传统农业、走中国特色社会主义农业建设的攻坚时期。

2012年，中共十八大报告首次提出"城乡发展一体化是解决'三农'问题的根本途径"，从重点论和方法论的角度，为中国新时代农村发展确定了重点，指明了方向，明确了思路。

2017年，中共十九大报告在提出"乡村振兴战略"的同时，明确了新时代农村发展的愿景，即"产业兴旺、生态宜居、乡风文明、治理有效、生活富裕"。

回顾历史我们发现，无论是在中华五千年历史长河中还是在中华人民共和国成立后的70年发展史中，乡村都占据着重要地位。今天重提乡村振兴是对乡村地位和作用的肯定，也是用历史的眼光看待乡村的地位与作用，乡村振兴与复兴也体现了中国农村在实现中国梦伟大征程中历史与现实的统一。中国农村经过40年的改革洗礼，已经发生了巨大的变化，取得了可喜的成就，但仍存在一些发展不平衡、不充分的问题亟待解决，农村改革之路任重而道远，当下对乡村的研究十分必要而迫切。

2016年6月21日，各民主党派中央开展脱贫攻坚民主监督工作启动会在京召开，吹响了民主党派中央开展脱贫攻坚民主监督的集结号。开展脱贫攻坚民主监督是中共中央赋予民主党派的一项重要的政治任务，也是参政党协助执政党打好打赢脱贫攻坚战的新实践。2017年5月27日，中共山西省委、省政府在太原召开了"支持民主党派开展脱贫攻坚民主监督工作"座谈会，民盟山西省委会对口忻州市开展脱贫攻坚民主监督的任务安排，为本书编写提供了契机。在完成脱贫攻坚民主监督任务的过程中，民盟山西省委会确定了"点面结合、明察暗访、深入脱贫一线走村入户进行深入调研"的工作策略，整个忻州市是一个面，宋家沟则是我们选择的一个点。

二、相关研究成果

在中国，乡村问题由来已久。这主要缘于从古至今，占人口绝大多数的农民"有理由珍视的那种生活的可行能力"始终处于相对较低层次。后来随着城镇化和工业化进程的推进，农耕文化逐渐衰落，乡村问题日益突显，受到社会各界尤其是学者和政府的关注。按照社会关注度和研究成果的密集度，可以将乡村问题研究史分为三个阶段。

第一阶段是20世纪上半期。当时中国政治混乱、经济凋敝、文化破损，广大知识分子将希望寄托于农村，希望"以农兴国"。他们深入农村，"注重调查，确定方向；崇尚科学，积极实验；联系生活，启发自觉"，涌现出一批农村研究方面的专家学者。按照研究路径和研究思想的不同大致可分为两类：一类是乡村建设派，主张通过在乡村开展各类乡村建设实验来复兴乡村，其中以梁漱溟的"邹平模式"、晏阳初的"定县模式"、卢作孚的"北碚模式"这三类典型模式为代表。虽然后来大部分实验因日本侵略而中断，但他们有关乡村建设的思想和主张为我国的乡村治理提供了非常有益的启示和参考，甚至当代仍有学者模仿当年的做法，尝试破解当今的"三农"问题。另一类是单纯从理论方面研究"三农"问题的学院派[①]，代表性人物如费孝通，其一生著述数百万字，其中为中国农民找一条出路是其研述一生的大课题，他从农村社会学的角度编写了多本著作，如《江村经济》《乡土中国》《乡土重建》等，为我们留下了宝贵的财富；另外还有被誉为"中国'三农'问题第一人"的董时进，代表作《农业经济学》《中国农业政策》《国防与农业》，作为民国时期重农派和维护土地私有制思想的代表，他的思想具有重要的思想史价值。

同时期的中国共产党人也在乡村建设方面做了很多探索研究。毛泽东就曾针对农村和农民问题做过多次实地调查，如在20世纪20年代对湖南农民运动的考察，在30年代对江西长冈乡和福建才溪乡的调查，在40年代主持的陕西省农村调查，等等。这些调查不仅为制定农村政策提供了直接依据，而且在调查方法方面也有所创新。[②]

第二阶段是20世纪80年代。改革开放后，国家在农村制度方面进行的一系列改革引发了学术界对中华人民共和国成立以来中国农村发展问题的关注与思考，形成了我国乡村研究的第二次高潮。这一时期发表的论文和著作数量较上一时期大幅增长，涌现出如陆学艺、陈吉元、李培林、王铭铭等一批著名农村研究学者。研究主题多富有改革时代特征，

---

① 徐勇、徐增阳，《中国农村和农民问题研究的百年回顾》，《华中师范大学学报》（人文社会科学版）1999年第6期。
② 同上。

如《改革中的农村与农民：对大寨、刘庄、华西等13个村庄的实地调查》《中国农业劳动力转移》《改革中的农民问题》。研究问题从农村复兴道路的探索逐渐深入到中国农村在政治、经济、文化、教育等方面出现的具体问题。

第三阶段是中共十八大以后，乡村问题受到的关注度越来越高，其战略地位也越来越重要。根据本研究需要，在中国知网（CNKI）输入关键词"乡村研究综述"进行检索，2004年至2018年发表的相关文献共329篇，具体分布为：2018（56）、2017（53）、2016（27）、2015（38）、2014（28）、2013（29）、2012（11）、2010（25）、2009（17）、2008（9）、2007（13）、2006（15）、2005（5）、2004（3）。2017～2018年两年间共发表相关研究成果109篇，约占总数的33%；中共十八大以来共242篇，约占总数的74%。检索数据显示，关于"乡村研究"的学术专题研讨会文献共23篇，说明乡村问题已然实现了从分散的碎片化认识向集中的理论化、系统化转变。"三农"问题不再只是被社会某一群体关注，而是成为政府、学者、公众合力关注的热点。

研究人员也已经不再局限于社会学、人类学学科，一些历史学、文学、哲学、政治学甚至建筑学的科研人员都参与到乡村研究中。其中较有代表性的如被称为"温三农"的中国研究"三农"问题专家温铁军，其撰写的《世纪之交的"三农"问题》《"三农"问题的认识误区》等著作研究深入、例证具体、数据确凿，非常具有说服力；"华中乡土派"带头人贺雪峰，先后在全国20余个省市做农村调查，发表学术论文1000余篇，出版著作60余部，在学界和政策部门产生了广泛影响；曹锦清教授撰写的《当代浙北乡村的社会文化变迁》记录了半个世纪中国乡村社会文化变迁的全过程；吴毅教授长期专注于中国农村政治研究，其著作《小镇喧嚣——一个乡镇政治运作的演绎与阐释》围绕税费改革、农业结构调整、官民关系等新世纪初叶乡域政治的主轴，运用人类学式的"深描"来展示主题，并在这种展示中分析转型期中国乡村政治的特征、机制与逻辑，以此对改善乡村治理进行思考。

中国乡村的研究人员中不仅有中国学者，还有许多外国学者。早在19世纪末，来华传教士就已有了关于中国乡村的专书。如美国公理会传教士明恩溥，1899年就出版了《中国的乡村生活：社会学的研究》。1925年上海沪江大学的美国学者库尔普带领攻读社会学的学生对广州潮州凤凰村的家族进行了调查，并撰写了《南部中国的乡村生活：家族主义的社会学》。旅美华人杨庆堃根据自己20世纪50年代初在广州郊区鹭江村的调查写成《共产主义过渡初期的一个中国农村》(1959)。爱德华·弗里德曼从1978年5月开始对河北省五公村进行了长达10年的调查，10年中他先后12次来到中国，对这个村及有关部门进行调查，与数百名干部和村民进行了长达数千小时的访谈和讨论。在此基础上，弗里德曼对中华人民共和国成立前后20年的社会变革及其影响和原因进行了深入分析，其成果在国际学术界产生了一定的影响。

三、研究目的和意义

乡村研究是一个比较庞大的范畴，现有研究者大都选择与之相关的一个主题或一个点展开研究。知网系统显示，现有的乡村研究文献主要包括乡村旅游、美丽乡村、劳动者、乡村治理、振兴战略、村民自治、乡村聚落、新农村建设、学术研讨会、发展模式、乡村教师、乡村性、休闲农业、思维形式、乡村社会、社区参与、城市化、乡村文化、乡村学校、农村精神文明建设等主题。数据显示，关于乡村旅游的文献数量最多，约占总数的三分之一。

综观人们对乡村的描述，学术性研究与文学性书写几乎将乡村表达分成了完全割裂的两部分。前者是单一的对经济、产业的研究，后者则是单纯对人和故事本身的书写。两者都缺乏对乡村系统完整的调查和研究。

在许许多多的研究者中，费孝通对乡村所做的研究是独特的。为了研究中国乡村，费孝通与村民同吃同住近两个月，看似琐碎的日常生产生活成为研究材料，有关开弦弓村的一切现象都成为作者揭示中国农村和农民本质的有效工具。他参与村民的生活，就近观察，与他们交谈，然后把这些内容进行记录整理，做简要而透彻的分析，得出一些结论。更有意义的是，我们从作者提供的事实、数据及讲述的故事中可以生发出自己的看法和思考。从题目来看，《江村经济》属于学术性书籍，但与我们之前读过的理论书籍截然不同，有点儿像小说，却没有虚构，没有涉及情感，有的只是事实数据和分析，充满了思想性①，为我们研究农村问题提供了范例。

我们此次调查研究就是受费老《江村经济》的启发而开始的，经过反复筛选，我们确定把山西省忻州市岢岚县宋家沟作为研究对象，希望通过对该村的实地调查和观察能够回答以下问题。

（1）宋家沟是一个什么样的村庄。我们将深入考察宋家沟的村史、村貌、地理位置、自然环境、占地面积及耕地面积、林地面积等情况。

（2）村庄里生活着一些什么样的人。我们将深入研究宋家沟的所有居民，重点选取能反映宋家沟村民构成的人口样本进行深入细致的访谈调查。

（3）宋家沟人是如何生活的。我们将入村入户对宋家沟村民的生活

---

① 王维平，《关于〈江村经济〉的两次阅读》，《群言》2017年第4期。

进行近距离的观察和研究。

（4）脱贫攻坚给宋家沟带来的变化，特别是对宋家沟人的生活所产生的影响。

（5）国家出台的有关"三农"的政策给农民生活、农村集体所带来的影响。

（6）不断开放的市场经济对农村、农民带来的冲击和影响。

（7）网络及信息化、数据化给宋家沟带来的影响。

（8）外来人群和外来文化对宋家沟的影响。

（9）宋家沟人对未来的期许。

我们研究这些问题的目的就是想向关心"三农"问题、关注乡村振兴战略的人们呈现当下中国"宋家沟"一类乡村的社会构成、人们的生活现状，梳理现代中国乡村的发展轨迹，见证中国脱贫攻坚的成效，为我们就乡村振兴建言献策提供理论和现实依据。

四、调研阶段

1. 准备阶段

2017年5月在接到脱贫攻坚民主监督任务后，民盟山西省委会第一时间成立脱贫攻坚民主监督领导组，并制定了《民盟山西省委会关于开展脱贫攻坚民主监督工作的实施方案》（简称《方案》）。按照《方案》，领导组下设三个工作小组，由民盟省委领导任小组长，吸收盟内以及"民盟智库"中农业、审计、水利等方面的专家学者为小组成员，为调查研究、专项监督评估、政策宣讲提供了人才保证。

2. 前期调研阶段

2017年8月2日，民盟山西省委会主委王维平带领各小组负责人到忻州市进行座谈，听取忻州市贫困状况和脱贫攻坚基本情况汇报。8～10月，工作组历时三个月，完成了对忻州市11个贫困县（其中3个深度贫困县）近30个村150多户村民的走访，并就当地的产业扶贫项目、技能培训项目等进行实地考察，初步完成调研报告。前期调研结束后，领导组选定岢岚县宋家沟作为开展脱贫攻坚民主监督的主要实验载体，围绕这一个点展开全面深入细致的调研。

3. 访谈调研阶段

2018年年初进入深度调研阶段。2018年1月，民盟山西省委会成立了以王维平主委为组长，卫忠平、徐佩雄副主委为副组长，机关干部和盟员专家等10位同志组成的"宋家沟调研组"，以"暗访"的方式展开深入调研。在不到一年的时间里，调研组先后20余次在不同农耕节点亲临宋家沟，有针对性地与村里的种田人、经营户、贫困户、光棍儿户、村干部、外出打拼者等不同类别的群体面对面进行深度交流，掌握了大量反映宋家沟在新时代脱贫攻坚和乡村振兴过程中取得的成绩及存在的困难等第一手田野资料，并将由访谈记录形成的其中58篇调研成果《宋家沟调研手记》，发布于"山西民盟"微信公众号平台，引起良好的社会反响，在"全国民主党派中央及省级组织排名"以及"民盟省级组织微信公众号影响力排行榜"中多次取得前五的好成绩，其中有三篇阅读量破万。

4. 问卷调查阶段

为了进一步完善信息，使所采集的信息更为全面客观、真实有效，调研组从调研需要和宋家沟的实际情况出发，有针对性地制作了面向宋家沟全体村民的调查问卷。该问卷涵盖基本信息、生产经营情况、文化生活情况、主观评价4个方面，共89个问题。2018年11月26～29日，调研组在岢岚青年志愿者协会的帮助下，组织了20名调查员，分9个组按片区用时4天挨家挨户对所有在村的住户进行了入户问卷调查，每户每代人填写一份问卷。考虑到村民的文化程度以及对问题理解的差异性，所有问卷调研均由小组成员帮助村民就问卷内容逐一填写。

5. 数据分析阶段

此次问卷调查，调研组共发放问卷211份，收回有效问卷210份，涉及研究对象210户，人口约350人。该阶段主要使用SPSS20.0软件与Excel软件，在查阅参考《山西省统计年鉴》《山西省忻州市统计年鉴》《忻州市（岢岚县）人口普查资料》《岢岚县志》以及从宋家沟村委会搜集到的相关资料的基础上，运用图表法、差异性分析法等对收回的全部有效问卷进行数据整理、统计和分析处理。

五、策略与方法

1. 调研策略

第一，尽可能接近村民，深入村民的家庭从内部研究宋家沟，了解宋家沟人的生活及生产情况，村民相互间的关系以及他们的精神世界。第二，将调研与脱贫攻坚民主监督相结合，了解脱贫攻坚政策的落实情况，科学评估脱贫攻坚对乡村产生的影响。第三，尽可能以纪实的手法记录访谈内容，以比较科学的方法开展调研，收集和处理分析数据，努力做到既描述个性特征，又挖掘共性因素；既注重考察脱贫攻坚的整体成效，又关注脱贫攻坚政策落实过程中出现的具体问题。在分析情况时，既有定性分析，又有定量研究。

2. 调研方法

采用的调研方法主要包括文献研究法、田野调查法、人物访谈法、案例法、问卷调查法等。

需要指出的是，我们的研究具有一定的局限性，一方面是由调研组的研究能力和水平的局限性造成的；另一方面，我国农村从南至北数量众多，且存在较大差异。宋家沟和现在名气较大的华西村完全不同，与大名鼎鼎的南街村更有着天壤之别。宋家沟所能代表的就是晋西北广大以农业为主的乡村，当然它在各个方面，尤其是在脱贫攻坚方面都堪称一个典范和样板。正如费老所说："把一个农村视为全国农村的典型，代表整个中国的农村，那是错误的；把一个农村看作是一切都与众不同、自成一格的独秀，也是不对的。"

我们这本书预设的读者群主要是关注"三农"问题的民主党派机关工作人员和参政议政骨干，当然我们也希望此书能够列入农科学生及"三农"问题研究专家的参考书目中。

2018年是中国改革开放40周年，也是推进乡村振兴战略的开局之年。破解"三农"发展难题、实施乡村振兴战略离不开改革创新，任何改革的一小步进展都离不开社会各界的群策群力。我们希望此书在完成脱贫攻坚民主监督任务的同时，能够激发更多的读者参与讨论，共同为乡村振兴贡献力量。

宋家沟概况

一、宋家沟村史村貌

宋家沟位于山西省忻州市岢岚县,是宋家沟乡人民政府所在地,地处通往县城方向的国道沿线,距岢岚县城约13公里,209国道及忻保高速从村落南侧穿越,距黄道川高速口约5公里。从周边自然环境来看,

宋家沟全貌

宋家沟位于河谷地带，北侧为荷叶坪山余脉，临近宋长城，处于进入芦芽山风景区的门户位置。村庄占地面积233.4平方公里，整体地势较为平坦，东高西低，岚漪河将村庄分为东西两部分，东村为旧村，房屋破损比较多，西村为新村，是主要的公共服务设施区和安置村民区域。

宋家沟的"宋"指的是"大宋"，即宋朝，非百家姓之姓氏"宋"，这也是宋家沟没有"宋"姓氏的缘由。传说很早以前，岚漪河上游十里处独居李姓人家。一年，阴雨连绵，山洪暴发，李家房舍卷入洪水，顺河而下，到河谷水缓处，榆木大柁原地打转，不再随波而下，李家老者认定此处为宝地，洪水退去，便择地安家，取名顺家沟，寓意顺顺当当。再后来，李家日子过得越来越红火，周边住户纷纷移居至此。到宋朝太平兴国五年（980年），王家岔修筑长城，有宋军驻扎顺家沟，为弘扬大宋威德，取其谐音，将"顺家沟"改为"宋家沟"。

距宋家沟西北10公里岢岚山上的宋长城是中国现存唯一的宋代长城，是在北齐和隋的基础上修筑的，历北齐、北周、隋、宋等700余年最终于宋朝建成，距今已有1000多年的历史。

1940年1月，宋家沟建立了抗日民主政权，是县一区区公所驻地。1942年，晋绥六分区党组织驻宋家沟和铺上村、鸡儿焉村，宋家沟又成为晋西北抗日战争的重要根据地。

据《岢岚州志》"村民录"记载，明成化年间，始有宋家沟村名文字记载。清代全县设11个都，宋家沟属在城都。1918年，全县划设三个区，为一区区公所驻地。1940年，全县划分为7个区，为一区区公所所在地。1940年11月，划归宁武。1941年2月，划归岚县。1942年冬，划归宁武。1946年2月，划归岢岚县。中华人民共和国成立后，宋家沟成立了互助组，1954年成立农业社，1955年2月成立高级农业合作社，1954年9月成为宋家沟乡政府所在地。1958年人民公社成立，成为宋家沟公社管委会驻地。1984年9月，恢复乡人民政府，为乡政府所在地。

宋家沟乡人民政府

20世纪80年代初，宋家沟主要集中在村东，以土坯房、石窑洞为主要居住用房，房屋破旧不堪，基础设施严重滞后。村民们是这样描述以前的宋家沟的："晴天一身土，雨天一身泥""村中破墙残瓦，屋顶草木丛生，窗户透风淋雨，生存环境恶劣"。

进入21世纪，随着经济持续向好，村庄逐步向西发展，以河道为界形成对比明显的新旧村格局，但村庄依旧萧条。

2017年3月，岢岚县委、县政府邀请中国乡建院，以"立足贫困，着眼小康，特色风貌，有效落地"为原则，把易地移民搬迁与精准扶贫紧密结合，不断放大宋家沟地理位置较好的中心集镇优势，按照山清水秀"四美"乡村建设要求，着力建设中心村。

中国乡村建设运动发起人国学大师梁漱溟认为，"乡村建设是中华文明复兴的起点和基础"，他在乡村建设实践中，对乡村的社会秩序、经济发展、文化教育、风俗习惯等都在遵从传统的基础上，做了适合现代社会要求的改革。他的乡村理论和实践模式，对当今的新农村建设具有重要的借鉴意义。

根据岢岚县乡村建设规划，中国乡建院将宋家沟作为全县试点，在保留村庄原有格局的前提下，投入3068万元建设资金，率先开展农村特色风貌整体整治工作。通过对81户闲置房屋和206户新旧住房庭院进行风貌整治和改造提升，对全村养老院、卫生院、学校等15处1.16万平方米公共建筑进行整治，新建350平方米公共卫生间、浴室等公用设施，将1.7万平方米宅基地及危房进行征收拆除。仅用77天，就完成了全村的改造新建工作，建起了生态环境优美、乡土味道浓厚的特色风貌民居。

建成后的宋家沟新村以宋水街为主轴，一条南北向的小溪流横贯村中，将村庄一分为二。小溪之上坐落着石拱桥，桥东称为宋水街，是传统村落区；桥西称为宋前街，是游人观光的主要街道。

宋前街

中心广场、村标广场和三棵树广场是村庄的主要景点。中心广场位于宋家沟的中心地带，是村中最热闹、最繁华的地方，也是村民们购物、聚集的主要场所。209国道旁，一座刻有"宋家沟"三个繁体大字古典和现代风格相结合的石牌楼巍然耸立村口，十分醒目，这里就是村标广场，是宋家沟品牌推介的主要标志场地。桥西的三棵树广场原为一处私人住宅，建筑破败不堪，政府安置改造后，这里成为村民们休憩、娱乐的广场。因原建筑的院子里有三棵树，故命名为三棵树广场，寄意"树人、树风、树德"的"三树"文明乡风。2017年6月21日，习近平总书记就是在这里接见村民的。

中心广场

如今漫步村中，但见红砂石铺就的道路典雅中透着古朴，两边的房屋、商铺及各色建筑错落有致。既可见青砖泥墙的农家庭院，也可见透着现代气息的公用建筑，其间也有村民的二层或三层小楼。整个村庄就

村标广场

三棵树广场

是一个特色小镇,展现出一种不同于以往中国农村的建筑风格。行走于其间的人们,衣着鲜亮者显然是慕名而来的参观者和游客,拿着各色农具或赶着牛、羊的明显是这里的村民。村中心广场三五成群的年长者或坐或站晒着太阳,或聊天儿,或看着来来往往的人群。每隔一段距离,还能遇到穿着橘黄制服负责环卫工作的村民。外来者表现出的惊讶与好奇,本地人的热情与友好,特别是他们流露出的怡然与满足,都让我们感觉到宋家沟人过着幸福的生活。整个村庄的环境、建筑及村民的精神风貌似乎形象地诠释了几千年来中国人对美丽乡村的梦想。

宋家沟村容村貌翻天覆地的变化,是由深化改革的红利带来的,是由乡村建设新理念实现的,这要归功于思变的村民,归功于为民做实事的县委、县政府,归功于十年来坚持战斗在乡村建设一线的乡建院团队。但是仍要看到宋家沟原住村民和搬迁来的村民还需要时间才能真正跟上新时代的变化,需要逐步转变观念以迎接由外而内的深度变化的到来。

在村史馆,我们看到了挂在墙上的《宋家沟村赋》,惊喜的是,这居然出自民盟盟员卫方正之手。

逢盛世,乐丰熙;入名邦,展画图。塞上佳气葱茏,岢岚形胜荟萃。古舟城逶迤而东,有庄曰宋家沟。

宋家沟倚山而带水,背郭而面阳。佳木欣欣似画,好鸟嘤嘤如诗。斫石铺路,街衢弦直斗折;架木构屋,人家星罗棋布。飞檐斗拱间,匠心独具;鳞次栉比里,古风盎然。居民有耕者,有牧者,相稔相乐;所业有工者,有商者,相亲相邻。庙会熙熙攘攘,戏台上传奇演绎;稼穑勤勤恳恳,灯火前家风流传。房前屋后,种瓜点豆；檐下墙上，挂蔓爬藤。得山水气人多寿，守田园风心长安。

聚落必有治所，基层常多众务。党政机关励精图治，职能部门恪尽职守。只争朝夕，大棚菜竞鲜吐绿；陈列既往，村史馆温故知新；载歌载舞，宜晨宜昏。文化广场朝曦绚，养老院内夕阳红。学校书声琅琅，多少幼木成栋；工厂人才济济，不尽科技兴农。金融多方，富裕乡里；邮政一爿，联通天下。嗟夫，小小宋家沟，皇皇大气象！

桃李不言，下自成蹊。兰蕙幽处，远而来求。宋家沟毗邻高速，紧衔国道。岢岚古城不远，北宋长城在即。仰瞻荷叶坪，俯望岚漪河。青山如屏，碧水似带。诚旅游之佳所，实休假之胜境。前后街中，睹古迹留今；顺水寺畔，看逝者如斯。天湛湛，水涟涟，云悠悠，人闲闲。可以出尘嚣，居桃源，畅呼吸，安心神。呼友朋采园蔬，携妻子撷秀鲜。食则山肴野味，饮则仙醪芳浆。朝览群山苍翠，夜看满天星斗。乡村市场多奇货，农家旅社好清眠。中国美丽乡村，一处世外桃源！

尝闻人民为国家之根本，而村落为政治之基础。故欲治国平天下者，莫不于村落多措意焉。宋家沟之改造，即其佳例也。时当丁酉之春，事行兴替之工。宰者贤明决策，事虑巨细；有司精勤尽职，见备智仁。揽域中之良才，选四方之匠师。联上下以一心，信众志可成城。人济济，车隆隆，良材若山，士气如虹。常昼夜以为继，虽雨雪不曾停。殚思竭虑，筚路蓝缕。营造间慎终追远，结构中吐故纳新。寓制度于规则，含深远在日常。已成就当下，必垂范将来。呜呼，一时业是千秋业，一日仁其天下仁。

一言以蔽之，曰：美丽的宋家沟，记忆中的乡愁！

宋家沟村史馆

二、宋家沟资源与耕地面积

宋家沟位于晋西北黄土高原中部，平均海拔 1443 米，年平均气温 6.2℃，无霜期 120 天，降水量约 450 毫米。全村耕地面积 3176 亩，人均耕地约 3 亩，林地面积 5745 亩，其中退耕还林 735 亩，以山地和丘陵为主。

目前，宋家沟全村共有户籍人口 471 户 1058 人。第一部分是原住村民，共计 550 人，约占 51.98%；第二部分是 2009 年从甘沟等周边自然条件比较恶劣的村庄通过政策吸引而来的 243 名村民，约占 22.97%；第三部分是 2017 年易地扶贫搬迁而来的周边 14 个村 145 户 265 名村民，约占 25.05%。除了 2017 年易地扶贫搬迁而来的村民外，大部分村民都拥有土地，其中原住村民拥有土地较多，他们或自己耕种，或租赁出去，通过大量耕种土地变得相对富裕。另一部分村民由于拥有土地较少，收入在维持日常吃喝用度后结余甚少，还必须依靠其他谋生方式如打工、养殖、经营个体商业等来增加收入。剩余的老弱病残则通过享受国家精准扶贫政策补贴以维持基本生存。宋家沟的驻村帮扶单位为山西省总工会，目前已投入帮扶资金400余万元，2018年基本实现整村脱贫。

农牧业是宋家沟的主导产业，高效农田、规模养殖、苗圃基地及设施农业发展迅速。村内拥有大棚62座，其中庭院式37座，可种植葡萄、油桃、杏树等反季水果及羊肚菌等经济作物；养殖业以鸡、羊、牛为主，有一个小养殖区，养殖家禽523只，农畜产品交易活跃，有较好的发展条件；作物以马铃薯、玉米、杂粮、架豆、红芸豆为主，自然灾害少，粮食产量基本稳定。村周边有薯宴食品、鸿泰沙棘、中仑奥富三家以脱水马铃薯、沙棘、杂粮等为原材料进行农产品加工的企业，对贫困户增收作用明显，可有效解决群众卖粮难的问题。村内还有宋家沟乡林场和阎家村林场，本村苗木产业380余亩，村民经常在苗圃地里干活儿，有稳定收入的渠道。

此外，宋家沟还是通往宋长城、荷叶坪、燕家村等旅游开发项目的必经之地。

三、村里的公共服务机构及设施

宋家沟作为乡政府所在地，公共服务机构及设施较为完备。其中农村商业银行、邮政代办所、派出所、司法所、畜牧兽医中心站属于条管单位，由各自的上级部门（县一级单位）统一管理。宋家沟中心卫生院由县卫生局管理。这些公共服务机构的经费均由上一级部门向县财政拨付。2017年，宋家沟整村提升，新建和改造了一部分公共机构的建筑外墙等，这些设施由县城建局及扶贫单位如山西省总工会等出资修建。邮政代办所、派出所、卫生院等机构除负责宋家沟乡的相关事务外，还负责邻乡王家岔乡的相关事务。村中的公共澡堂及扶贫食堂只服务于本村村民。这些公共服务机构和设施基本保障了村民教育、医疗卫生、社会保障、日常生活等需求。由于宋家沟目前知名度较高，整村改造修建的投资力度较大，公共服务均等化水平居于全县各村庄的前列。

宋家沟乡中心小学、养老院同其他公共服务机构相比较更为重要，我们特地在其他公共服务机构及设置之前进行详细介绍。合作社虽不属于公共服务机构，但考虑到这种互助性经济组织与村民的生产生活息息相关，便把合作社放在此处一并介绍。

宋家沟乡中心小学（宋家沟乡寄宿制小学） 宋家沟乡寄宿制小学最初建于1952年，原名宋家沟完全小学，后又经过两次改建，均由县教育局出资。2000年，更名为宋家沟乡寄宿制小学。2017年宋家沟整村提升时，又由岢岚县城建局与山西省总工会共同出资进行了修建。如今的宋家沟小学是一座布局相对合理、环境优美、设施齐全的寄宿制学校。

学校位于宋前街，占地4900平方米，建有两幢两层综合楼，建筑面积1474平方米。除6间教室和10间宿舍（学生宿舍4间，共住8名学生，教师宿舍6间，共住4名教师）外，楼内还设有计算机室、阅览室、实验室、文体活动室、公共澡堂等。

宋家沟乡中心小学共有学生45名，其中包括幼儿12名。学校属于六年制完全小学，1个年级1个班，共6个教学班。目前，六年级人数最多，有学生12名。学校共有教师20名，其中编制教师11名，未入编特岗教师9名，特岗教师均为本科学历。两名中年教师的第一学历是大专，后进修取得本科学历，6名老年教师的第一学历大多是中师，后进修取得专科学历。

宋家沟乡中心小学

学校课程开设齐全，除语文、数学、品德、英语、科学等文化课程外，还开设有音乐、美术等艺术类课程，且配有专业教师。此外，学校还成立了葫芦丝、足球、手工、书法等兴趣班。作为一所偏僻山村的小学，能办得如此有声有色，得益于乡政府和村委会的大力支持以及几任校长的坚守和努力。

现任校长高建珍，女，40岁，2017年9月由岢岚县桃园昇实验小学调至宋家沟小学。为了把宋家沟小学办成"山区特色学校"，她在加强学校内涵建设的同时，想方设法为本校教师争取外出学习的机会，让山村教师也能了解中国教育发展的最新动态，进而用新的教学理念开展教学。

尽管如此，宋家沟小学受自身客观条件的限制，教学环境、师资力量等仍与县城有很大差距。像中国大多数农村一样，选择本村就读的学生大都家庭困难。在实地调查中，很多家长表示会努力挣钱，只要有条件，还是会让子女到县城读书。

宋家沟日间照料中心（宋家沟乡养老院） 宋家沟乡养老院位于宋前街西头，宋家沟小学斜对面。养老院建于2012年，由县民政局出资修建。最初是面向宋家沟全乡有需求的老年人，但由于距离远等原因，目前住在养老院的人几乎都是宋家沟村民。

2017年，养老院进行了修整，修整后的养老院占地面积约6亩，共28间房（含库房），有9户11名老人，大都为五保户、搬迁户或丧失了劳动能力的老人，而且他们都没有属于自己的住房。

多数无住房的老人主要是因为家庭贫困，如移民搬迁户王秀莲。她自己没有住房，老伴儿去世后便来到养老院。老人说，养老院住得很舒服，山西省总工会的扶贫工作做得也很到位，她很感激。

还有一类老人无住房的原因是由于村庄规划所致，如78岁的王有堂。他原本在村中有房子，但村里统一规划修建移民安置房时，他的房子被拆除了。移民安置房建成后，他又不具备分配条件，虽然获得了补偿款，却不足以购买房屋，只能住养老院。因此，王有堂并没有像王秀莲那样心存感激，反而有一些抱怨和不满。

按照我们的理解，乡政府开办养老院的目的是让有需求的老人能够"老有所养、老有所居、老有所乐、老有所为"，但事实上，宋家沟的养老院仅仅是为有需要的老人提供了一个容身之所，他们吃饭要靠自己解决、生活由自己照料。从功能性来看，养老院存在的价值并没有得到充分发挥。此外，关于养老院的卫生打扫工作，村干部和老人们各执一词。村干部告诉我们，养老院里配备有两名工作人员，他们都是村中的贫困户，主要负责打扫养老院，且每月有 150 元的生活补贴。养老院的老人们却说，卫生是由他们自己打扫的。2018 年 12 月底，调研组再次来到宋家沟时，发现养老院的牌匾不知为什么已经被摘除，看来公共机构完全依靠公家管理是很容易产生一些问题的。

调研组成员在养老院中与村民交谈

村里的合作社 百度词条中，合作社是指劳动群众自愿联合起来进行合作生产、合作经营所建立的一种合作组织形式。中国的农业合作社发展很快，形式也很多。许多农村建有种植、蔬菜、养殖等种类不同的合作社，不仅可以整合农业资源，利于集约化生产，也为农民经营、销售提供了便利，是一件利好之事。

宋家沟现有连心惠农互助专业合作社，其中包括内置金融合作社、旅游专业合作社、蔬菜大棚合作社。合作社由宋家沟村主任游存明领办，村民自发入股成立，目前有 57 名社员，运行较好的是内置金融合作社。合作社将村集体的一部分资金和村民自愿入股的资金合在一起，约 120 万元，用于向个体经营户、民营企业等发放贷款来赚取利息。相对于正规银行来讲，内置金融合作社利率低一些。据宋家沟乡副乡长雷文斌介绍，内置金融合作社每年有 10 万元左右的利息，一部分留给村集体，另一部分按照村民入股资金进行分红。旅游合作社由政府和旅行社合作，为有条件的村民提供客源，由村民负责游客食宿。蔬菜大棚合作社主要为村民提供技术帮扶及销售帮助。

村里的合作社

合作社的好处毋庸置疑，但运营和管理却不容忽视。在农村，由于缺乏专业管理人员，管理方式较为落后，很多合作社都是徒有虚名，尤其是偏远贫困地区，合作社的发展较为粗放，提升空间很大。

（一）公共设施

1. 公共澡堂

2017年，宋家沟修建了乡村澡堂，位于村中心广场东侧，占地面积约1亩，分男浴和女浴。

公共澡堂

澡堂由村民亢秀莲负责管理。刚建成时，免费开放了两个月，洗澡的人还比较多，开始收费后，洗澡人数明显减少。因此，有人洗澡时，澡堂才会开门。2017年，澡堂的收费标准为每人每次2到3元，2018年，调整为每人每次5元。2017年澡堂收入为670元，2018年前9个月收入仅380元。所有收入暂时由亢秀莲保管。

澡堂电费开支很大，由两个电机带动电热水器，24小时不关闭。因冬季气候寒冷，政府还专门花1000元为澡堂配置了电暖气。电费由乡政府承担。

澡堂入不敷出、利用率偏低，与宋家沟村民长期的生活习惯有很大关系。50多岁的潘仲生说，他活了50多岁都没洗过澡。2017年从安子村搬迁来的杨五拴也毫不避讳地说："我都老汉了，还到澡堂洗什么澡。"个别比较讲究的妇女也仅限于夏天去洗澡，因为冬天澡堂温度不高，水也不热。

2. 扶贫食堂（兰花花食堂、养老院食堂）

2017年6月，宋家沟进行旧村改造新建工程建设，为了解决当时村里工作人员、扶贫干部等百余人的吃饭问题，县政府的工作人员联系当地企业家闫云生，建议他在村里办食堂。闫云生积极响应，投资40多万元在宋家沟办起了食堂。改造工程结束后，由于搬迁户的移民安置房烟道不通，不能生火做饭，加之一部分五保户、贫困户也没有地方吃饭，政府希望他把食堂继续办下去，并按照每人每天15元的标准进行补贴，早、晚餐各为3元，午餐为9元，65岁以上的每人每天支付3元，65岁以下的每人每天支付6元。

调研组在调研时，经常会碰到在兰花花客栈院子里等待吃饭的村民，七八十个人争先恐后排队吃饭的情景很像人民公社时期的大食堂。食堂的伙食很好，厨房里经常摆着整盆的猪肉、羊肉，用餐的老人们对伙食都十分满意，这也让很多村民颇为羡慕和嫉妒。

遗憾的是，好景不长，2018年8月，兰花花客栈的食堂便关门了。闫云生说，兰花花客栈支出很大，包括水电费、人工费、食材费等，但宋家沟的旅游并没有给他带来多少收益，政府的补贴相对于支出而言，仅是杯水车薪。

兰花花食堂关门后，政府考虑到五保户们的吃饭问题还需解决，便将食堂办在养老院，但吃饭的人只剩下五六个了，和当初兰花花食堂吃饭的规模相比，相差甚远。村民周补寿道出了其中的缘由："养老院离住的地方有二三里远，人老了，腿脚不好，哪能跑得动？如果冬天更下不去了。"

在兰花花食堂等待吃饭的村民

（二）公共机构

1. 宋家沟乡卫生院

宋家沟乡卫生院始建于 2009 年，位于村南，靠近 209 国道，山西省总工会扶贫工作站旁边。建筑面积约 500 平方米，共 3 层，30 间办公用房。院内道路全部硬化，各诊室病区标牌醒目，病房整洁干净。卫生院有正式职工 4 名，临时工 3 名，设有内科和公共卫生科室，负责全乡 22 个行政村共 2442 户 5964 人的医疗保障。2017 年，共接待门诊病人 2921 人次，住院病人 183 人次。

2. 农村商业银行

宋家沟农村商业银行是岢岚县农村商业银行设在宋家沟的支行，于 1985 年取得营业许可证。现在的营业所建于 2012 年，占地面积约 600 平方米，其中，营业大厅约 100 平方米。银行后院有职工食堂、宿舍等，大约占地 500 平方米。农村商业银行主要负责宋家沟乡和王家岔乡的存取款、发放贷款、买卖债券等业务。

宋家沟乡卫生院

在农村商业银行排队办理业务的村民

宋家沟支行目前有正式员工 5 名,每天的业务量有 40 到 50 笔,除了普通银行业务外,还负责发放政府各项补贴款,如低保、扶贫款、光伏补贴款、绿化款等,业务量较同类支行多且杂。

3. 宋家沟乡派出所

宋家沟乡派出所成立于 1983 年,主要负责宋家沟乡和王家岔乡的户籍管理、扫黑除恶、消防隐患排查、禁毒宣传、安保、扶贫等工作。辖区内共有 26 个行政村、3 个自然村,共计 3427 户 7807 人。宋家沟乡派出所现办公场所的土地所有权属于宋家沟乡政府,2007 年由县公安局投资规划建成,建筑面积 160 平方米。

宋家沟乡派出所内景

宋家沟乡派出所共有 5 名职工,其中 3 名是正式职工,2 名是合同工辅警,实行双岗双人 24 小时值班制。据民警张思奇介绍,宋家沟民风淳朴,治安较好,除邻里纠纷外无重大刑事案件发生。

目前,位于宋家沟小广场的派出所新址占地 2.12 亩,建筑面积 397

平方米，主体工程已经完成。

4. 宋家沟乡邮政代办所

宋家沟乡邮政代办所是岢岚县内最大的一处邮政代办营业所，负责邮政各项业务和手机缴费、收缴电费等，尚未开通金融业务。20 世纪 50 年代，宋家沟就有了邮政代办所，但由于连年亏损，于 1998 年被拆除。现在的代办所是政府利用国家补贴款于 2015 年重新设立的，办公面积约 40 平方米，后院约 150 平方米。代办所业务量不多，大部分村民习惯到县城办理相关业务，每个月大概有 8 到 10 个寄件。

宋家沟乡邮政代办所

代办所仅有 1 名业务员，是正式工。据本人讲，县邮政局领导考虑到宋家沟的重要性，派他来这里上班，其他地方的代办所均由临时工负责。他通常周一来宋家沟上班，周五下午坐班车返回县城。

5. 宋家沟乡司法所

宋家沟乡司法所成立于 2002 年，主要负责全乡人民纠纷调解、法律知识宣传、法律服务、安置帮教、社区矫正等工作。司法助理王文生是该所唯一的工作人员,主要负责开展社区矫正和处理社区纠纷。宋家沟治安比较好,纠纷较少,本村只有 1 名服刑人员和 1 名刑满释放人员,王文生平日负责组织这类人员定期学习。

调研组成员在与宋家沟乡司法所工作人员交谈

6. 宋家沟乡畜牧兽医中心站

宋家沟乡畜牧兽医中心站成立于 1955 年,自 2001 年 3 月起,负责宋家沟和王家岔两个乡的家禽、家畜疾病防疫工作。现在的畜牧兽医中心站于 2001 年建成,占地约 400 平方米,设有药房、办公室、宿舍、库房、化验室。中心站有 8 个编制,实际在编在岗 6 人。扶贫借调走 3 名人员后,中心站只留有 3 名工作人员,其中 2 名即将退休。

宋家沟乡畜牧兽医中心站

中心站每年免费提供两次疫苗，药品是按照全乡预算后进行申请，由县一级畜牧中心统一配给。据站长王玉庆介绍，2017年他们接种了128只羊、16头牛。

访谈记录

访谈是指调查者根据预定计划，围绕专门主题，运用一定工具（如访谈表）或辅助工具（如录音机、新媒体等），直接向被调查者口头提问，当场记录并由此了解社会实际情况的一种定性研究方法。包括集体座谈、一对一面访等形式。对宋家沟村民的访谈我们主要采取了一对一面访的形式。

访谈研究法可以有效改变被访者放弃回答或敷衍的状况，提高田野资料的真实度。调研组在一年内，先后20余次深入宋家沟，对不同群体一一进行访谈，预期任务基本完成，这是诸如问卷调查等方法不可比拟的。

访谈研究法更适合学识水平较差的群体，有助于提高他们对问题理解和回答的准确度。《宋家沟村民调查问卷》相关数据显示，全村整体文化素质偏低，高中及以上学历的仅有14人（大专1人），占总调研人数的7%，加之村民常年缺乏学习习惯，更加大了书面回答的难度。访谈过程中，调研组成员可以根据实际需要，随时就访谈问题对受访者进行解释和引导，将"答非所问"的可能性降到最低。

访谈研究法获得信息的渠道广泛，问、听、看相互补充，既有利于捕捉受访者的个性，也有利于对相关问题进行透彻的分析。调研组就是通过在不同时节、不同场景与不同的群体进行面对面访谈，获得了关于宋家沟及宋家沟人的丰富资料和信息。

宋家沟访谈涉及面广泛，具体包括村里的种田人、经营户、贫困户、光棍儿户、村干部、外出打拼者六类群体，几乎囊括了所有的家庭，立体化呈现出新时代宋家沟的现状。

宋家沟访谈数量充足。为了确保资料的丰富和可信，调研组在认真甄选的基础上，力求访谈数量最大化。另外，宋家沟访谈对象的事迹都具有典型性和代表性，除12名村干部全部接受访谈外，其他群体的受访对象都是调研组反复斟酌后的决定。每一个受访者既要能体现同类群体的共性，又要有着与众不同的鲜明特色。我们就是要在保证文本真实的前提下，增强文本的公众吸引力。

宋家沟访谈表述翔实、评论客观。调研组专门成立写作小组，主要负责访谈过程的全面记录、后期整理并成文刊发于"山西民盟"微信公众号平台。所有的访谈资料都对受访者的外貌、年龄、体态特征、家庭情况、居住环境、访谈情境、对话内容等做了记录并配以图片，使读者如临其境。每一篇文末的评论，都是以国家最新的相关政策为指导，以乡村振兴和脱贫攻坚过程中遇到的困境为依据，提出一些建设性的思考和建议。

每一篇访谈都是讲述发生在宋家沟的真实故事，故事的主角就是土生土长的宋家沟人。

村里的种田人

中国是一个农业大国，曾经拥有8亿农民。随着工业化和城镇化进程的加速推进，很多农民离开了土地，结束了"面朝黄土背朝天"的农耕生活。《中国农村统计年鉴》数据表明，截至2016年年底，中国乡村人口总数为5.8亿人，占人口总数的42.5%，较1978年的82.1%缩减了近一半，而乡村就业人员中从事第一产业的仅占59.4%。

我们在宋家沟走访调研时发现了这样一个目前农村普遍存在的现象：在村里种地的人仅仅是户籍人口中的一小部分，而大多数人，特别是青壮年都去城市追求更高品质的生活了，农业生产只能靠老人、妇女来完成。有些人即使住在村里也并不从事农业生产，导致村里土地大量闲置。"农民"一词对于"90后""00后"的年轻人而言，已经成为既熟悉又陌生的名词了。

"手中有粮，心中不慌。"中国作为拥有近14亿人口的大国，抓好粮食生产始终是治国理政的头等大事。我们在调研中首先重点关注农村种田人这一群体，就是因为他们守住了土地，支撑起了中国农村农业的发展，他们是农业生产的主力军。让我们一起走进宋家沟，看看发生在种田人身上相似却又不完全相同的经历吧！

在宋家沟种地的邻村人周吉成

那日到宋家沟时已接近晌午，抱着试试看的心态我们来到村东头，空旷的田野里远远地只看到一个人佝偻着背在劳作。走近后，看到是一名中年男子，中等个头，皮肤黝黑呈古铜色，胡子与头发略有些长。他身穿紫色条纹长袖衣衫和迷彩长裤，脚蹬一双迷彩布鞋，俩袖口向上翻卷至小臂处，肩膀和手臂因过于紧实而显得衣服有些窄小，手背上的青筋因长年劳作而凸起，似一条条蜿蜒的蚯蚓。我们表明来意后，他告诉我们他叫周吉成，并与我们聊起他家的情况。

周吉成

　　周吉成今年51岁，家在距宋家沟13公里的沙坡子村，家中共有6口人。媳妇儿是小学的临时代教，一个月工资1000元，因为学校中午不允许老师回家，每月需扣100元的伙食费，所以实际拿到手的只有900元。大儿子在陕西打工，去年刚成家，儿媳妇儿是忻州宁武县人，他们结婚时花了十来万元。二儿子在一家民营消防队工作，每月工资2000余元。小儿子在太原市财贸学校读中专。周吉成的父母都健在，2017年移民搬迁时被安置在宋家沟。他自己原打算选择位于县城的安置小区，可是没有合适的户型，暂时还没有搬迁。

　　周吉成目前耕种的土地有50亩，包括在沙坡子村承包的40亩和在宋家沟租赁的10亩。我们问他："你一个人干得过来吗？孩子们回来帮忙不？"他回答说："小子们不会种地，一亩地上一袋肥料，他们把握不好都浪费了，我不用他们。铺地膜时请村里的五保户们过来搭把手，给个烟、管顿饭就行了，地里的活儿基本上是我一个人干。"他身旁停着一辆手扶柴油耕地机，是用 2017 年国家发给他的 4000 元精准扶贫补贴款购买的。在我们的请求下，周吉成很熟练地给我们演示了一下，我们也试了试，感觉实际操作起来还是挺费劲儿的。周吉成告诉我们，过两天准备铺地膜，铺之前要先把土地翻松，撒下肥料，然后再翻一遍。这些日子他每天从早上 7 点忙到下午 2 点，一天可以翻 5 亩地，今天差不多就全翻完了。

调研组成员与周吉成交流

在宋家沟走访调研中，我们发现本村人租赁土地的还有几位，但像周吉成这样来自外村的土地租赁者，我们只遇到他一人。究其原因，一是大部分人思想受区域限制，觉得去外村租赁土地不方便，他们耕种的范围只局限于本村，这也是很多外村人易地搬迁到宋家沟后，原有村庄的土地就荒芜了的主要原因之一；二是很多村民并不以种田为生，种地只是为了供自家日常食用，种上几亩地就足够了；三是宋家沟的村民，尤其是种田人多为老年人，像周吉成这样有精力、有能力、懂技术的承租者很少。

周吉成与其他种田人最大的不同在于，他一直是个庄稼人，从没打过工，也没想过要去打工，称得上是一个职业种田人。我们问他缘由时，他得意地说："我觉得种地比打工还强！我给你们算笔账，一亩地的玉米按目前价格可以卖800元左右，扣除肥料、种子、地膜成本约200元，缴纳10亩地的年租金1000元后，50亩玉米一年净收入3万元左右，和打工挣的差不多，而且村里生活成本比城里低得多。种地自在稳定，又不受人吆喝，不用怕啥时候会丢了饭碗。如果有条件，我准备明年再租上10亩地。"他说话时透着自信，声音洪亮而坚定，看得出他对自己的农民身份十分满意，也十分享受这种种地的生活。

中国农村的土地是按户籍人口而非劳动力数量承包的，有田者不愿种或不会种而种田能手不够种的现象普遍存在。周吉成因眷恋土地愿意租田耕种，而另一些和他一样的人则选择了外出打工。当前农村空心化、老龄化现象日益严重，大量农村人口外流使得土地大面积闲置无人耕种，应该是其中的一个重要原因。要改变这种局面就需要一大批像周吉成这样热爱土地、擅长耕种、享受乡村生活的职业种田能手。在土地确权的前提下，应该积极引导农民办理合法的土地流转手续来解决农村土地"无力种"和"不够种"之间的矛盾。建议国家对像周吉成这样的职业种田能手给予政策扶持、资助奖励，如补贴部分承租费用，不仅帮助他们扩大生产规模，还要加强培训，帮助他们及时掌握新农业技术，让他们既有获得感，也有职业归属感。土地向职业种田能手集中也可以有效提高土地的利用率，让种田能手为乡村振兴贡献最大的力量。

退休返乡的种田人党二锁

党二锁

初春的宋家沟,清晨的温度很低,只有六七摄氏度,手露在外面久了还会感觉到有些冷。早上 7 点左右,太阳刚刚越过荒秃秃的山顶,73 岁的党二锁已经在农田里忙活半个多小时了。

党二锁是退休返乡人员,年轻时曾在内蒙古当兵,后来太原钢铁厂(现太原钢铁集团有限公司)去部队招工,他就到太原上班了,1997 年从工厂退休后回到宋家沟。党二锁告诉我们,这几年政策好了,他的退休工资一直在涨,已经翻了好几倍。他现在每月能领到 3400 元的退休工资,这在宋家沟属于高收入,他自己也非常满意。

党二锁有一个女儿和两个儿子,都已成家。女儿和大儿子在太原打工,二儿子在陕西做厨师。他和老伴儿在村委会对面的家中开了一个小超市,一来可以照看店里的生意,二来也能和村民们唠唠家常,日子过得并不寂寞。

老伴儿的户口一直在农村,属于宋家沟的原住村民。他家在村里承包着9亩地,其中6亩租出去了,每亩年租金100元,剩下的3亩他自己种,收成还可以,除了供自家日常食用外,还能赚些零花钱。孩子们平日不在家,地里的活儿就全靠他们老两口儿干,好在两口子身体都还硬朗,平时的农活儿自己就能打理过来,农忙时村民们互相之间帮个忙也就应付过去了。看到老人还在用锄头刨玉米茬子,我们便问为什么不用旋耕机。老人回答说:"租旋耕机还得花租金,地少不值当花那个钱!我每天早上从7点干到11点,3天就干完了,这点活儿只当是锻炼身体。"我们一起来调研的同事中,有一个30岁出头的年轻人,他拿起锄头只刨了几下,已经感觉腰肩有些吃不消了,我们不禁佩服起老人的体力来。

调研组成员在田间地头采访党二锁

宋家沟的美丽乡村建设让这里的大部分村民过上了安居乐业的幸福生活。我们在调研中发现,村里有一些气派的农家庭院是由外出务工村民修建的。可以推测，未来的某一天这些村民是要回到故乡的。

党二锁退休回村居住，就是为了享受这份他心心念念的田园生活。回归乡村后，他身上的农民细胞被再次激活，种地对他来说既是本能也是享受，在田地里他找回了自我，也找到了真正的快乐。

党二锁这一代人对土地的眷恋是纯粹的、深厚的。他们生在农村、长在农村，即使年轻时为了生计背井离乡，即使在城市生活多年，但内心的乡土情结和对故土的眷恋却随着时间的推移而变得愈加浓烈。对他们而言，农村就是他们永远的家，土地就是他们永远的归宿。

在传统的中国乡村，退休官员是乡村士绅阶层的中坚，对传承乡村文化发挥着非常重要的作用。据《尚书》记载："大夫七十而致仕，老于乡里。"意思就是，为官的到了70岁，就要告老还乡。到了明代，退休年龄提前到60岁，并延续至今。现代中国农村没有士绅阶层，除了上级指派的驻村干部外，农村有知识、有文化的人并不多。我们很难想象没有知识和技术的参与怎样实现农业现代化。乡村振兴靠的不仅仅是产业振兴和经济振兴，还应该依靠文化振兴，而文化振兴离不开有文化且具有乡村情怀的人。

我们应该鼓励这些生于农村、长于农村、怀有农民情结的各行各业的退休人员返回故里居住，或投资或投身于农业生产及农村建设，特别是要鼓励那些退休的官员、学者及科技人员回归农村，为乡村振兴、农业发展贡献力量。

宋家沟的种粮大户赵明明

正月十三，家家户户大门前挂着的大红灯笼依然散发着浓浓的节日气息，在蓝天的映衬下，显得愈发鲜艳夺目。村里在城市务工的人们大多已经陆续离开了，街道上只能偶尔碰到一两个村民。

赵明明和他的妻子

　　沿着宋前街走到村东头，我们来到一户人家。门匾上"吉祥如意"四个大字，表达了院主人对幸福生活的向往和对来访者的美好祝福。

　　开门的是一位中年男子，身穿崭新的黑色立领棉袄，个子不高，面带朴实笑容，人看上去非常精神。得知我们是从太原来宋家沟做调研的，便热情地招呼我们"回家来吧"（注：当地村民招呼客人进家称作"回家"）。

　　屋里好暖和！屋子中央烧得正旺的火炉将冬日的严寒挡在了屋外。看到我们进屋，女主人热情地比画着招呼我们坐下，并端来糖果让我们吃，我们这才意识到她是个聋哑人。

　　这户人家从院子到屋内都收拾得整洁利落。

　　院子很大，木料、农具摆放得非常整齐，一辆拖拉机停靠在墙脚处，院中央的一块空地是留着开春种菜用的。

赵明明家的小院

我们仔细打量了一下屋内的陈设布置。床上铺着鲜艳的床单，沙发上铺着白色的盖巾，彩电、冰箱等家电一应俱全，茶几上的塑料套盒里装着糖、瓜子和花生，旁边摆放着专用茶具和洗好的水果。他家过年的气氛显然比我们之前走访过的其他村民家要浓厚，这让我们感到，这家人日子过得不错，生活也比较讲究。

交谈中我们了解到，男主人叫赵明明，今年52岁，是2010年从木家村搬迁过来的，当时他花了4万多元买下了现在这处院子。木家村的老房子拆迁时，他们挑选了县城广惠园小区一套82平方米的安置房，准备让儿子结婚时使用。赵明明兴奋地告诉我们，过了春节就可以拿到钥匙了。说着，他从保存在柜子里的文件袋中取出一份《岢岚县易地扶贫搬迁安置房分配确认书》让我们看，上面盖着岢岚县扶贫开发中心的印章，还有赵明明的个人签名及他按的红色手印。

据了解，易地扶贫搬迁安置房是按照每人2.5万元的标准予以补贴的。赵明明家有4口人，补贴款一共10万元。有了这些钱，赵明明一家就可以直接入住新房，无须再花钱了。

因为他妻子的缘故，早些年他家被认定为贫困户，2017年才实现了脱贫。谈及现在的生活，赵明明咧开了嘴，黝黑的脸上绽放出灿烂的笑容。他告诉我们，他对自己家现在的生活非常满意。

现在他家除了承包的20余亩地外，还在村里租赁了20多亩，种些玉米、杂粮、土豆和蔬菜，一年能收入3万元左右。

宋家沟耕地总面积3176亩，人均耕地约3亩，耕种50来亩地在宋家沟已经算得上是种粮大户了。我们问赵明明为什么不再多种些地，他说再多了就种不过来了。

通过调研我们了解到，像赵明明这样的壮劳力，50亩土地已经是他们凭借一己之力可以完成耕种的一个极限。耕种再多的土地他们就得雇工了，种子、肥料等的投入也会随之增加，成本增加就意味着风险增大。近些年来，粮食市场整体上是供大于求，粮价一直在低位徘徊，种粮的收益与农民的投入和付出不相匹配，农民可以对自己劳动力的付出忽略不计，但如果要付酬雇工，在没有收益保障的前提下他们是不会轻易冒险尝试的。此外，影响他们增加耕地面积的另一个因素是岢岚地处高寒山区，农民目前基本上还是靠天吃饭，一年的辛勤耕耘很可能完全没有回报。因此当地的种粮大户一般都把种地的风险控制在自己可以控制和承受的范围之内。

除了土地收益外，他家还享受村里产业项目帮扶山羊养殖合作社每年500元的分红，农资补贴、粮食直补、残疾人补贴等7000余元，他还采集一些山货出售，偶尔也打些零工，一年下来纯收入有4万余元。

他有一儿一女，儿子今年23岁，在内蒙古呼和浩特市做地板砖美缝生意，一年收入2万余元，除了用于自己日常生活开支外，还能攒点儿积蓄带回家。女儿今年21岁，在晋中职业技术学院读会计专业，一年学费5800元，因为"雨露计划"受益，每年可享受2000元的扶贫助学补助。我们没有见到他儿子，听说已经回呼和浩特市去了；女儿似乎不爱说话，背靠着墙微笑着坐在炕上，偶尔也回答一下我们的问题。

赵明明是家里的顶梁柱，一年到头风里来雨里去，终日忙忙碌碌，他靠自己的双手让全家人过上了安稳的生活，虽不富裕却也怡然自得。

提起国家现有的扶贫政策，赵明明满怀感激。当问及今后的打算时，赵明明底气十足地告诉我们："撸起袖子加油干！"我们走访过的宋家沟村民，几乎都能说出这句话。"求老天爷帮忙，今年把地种好，也尽量多上山，多搬（搬：岢岚方言，意思是采）些蘑菇卖些钱。"

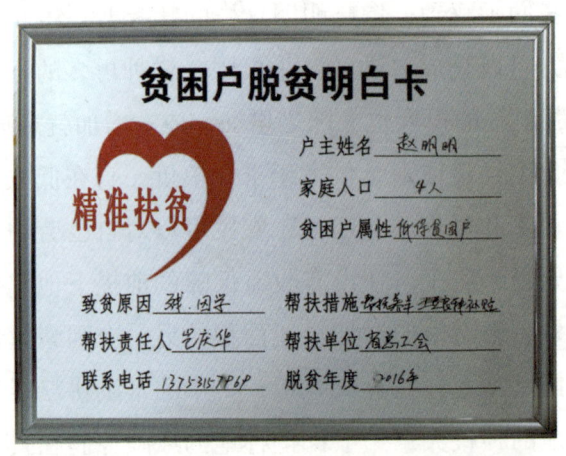

赵明明家的贫困户脱贫明白卡

临走时，我们提出给他们夫妻二人拍张合影，俩人腼腆地笑了。

赵明明与我们想象中的现代新型农民还存在一定的差距，但也不再是一脸黄土、少有生气的传统农民形象。像他这样的种粮户在当前形势下很难靠种地获得特别好的收益，过上特别富裕的生活，但他们的辛劳足以让他们不仅衣食无忧，而且略有盈余，维持一个在农村来说相对优裕的生活。更为重要的是，中国农民天性宽厚、容易满足，他们愿意不知疲倦地辛勤劳动，只要劳动能换来一个尚属体面的生活他们就会感恩，对党和政府为他们所做的一切感激不尽。他们没有远大的理想，很少有个人抱负，有的只是对自然的敬畏和对生活的热爱。他们通过辛勤劳作把日子过得安安稳稳、踏踏实实。他们是我们这个社会祥和稳定的基础。

80岁高龄还在种田的老党员孙埃厚

孙埃厚

那天，调研组一进村，便碰到围坐在村西头一起聊天儿的十几个村民，中间一位言行举止不同于普通村民的老人引起了我们的注意。

他头戴一顶深灰色的老式鸭舌帽，显得深沉而庄重。古铜色的脸上虽然刻满了岁月留下的皱纹，但依然能让人感受到民间知识分子的儒雅气质。问及年龄时，老人伸出手，边比画边清晰地说："我是1939年12

月 8 日出生的，名叫孙埃厚。"

老人说话一板一眼，声音虽然低沉，但语言精练、幽默诙谐。在给我们写他自己的名字时，老人神情庄重，用笔熟练，字迹工整大方。

交谈中我们得知老人曾经当过代课教师，虽然没有转正，但村民们都认可他的老师身份。看得出他和村民们相处得很好，关系很融洽。

老人一家是 2009 年从水峪关搬迁到宋家沟的，老伴儿今年 76 岁。俩人共育有六个孩子，五个女儿和一个儿子，都已经成家。孩子们大多日子过得不错，只有一个女儿是贫困户。儿子和他们不住在一个村，日子过得还行。

老两口儿在自家院子旁边有一个半亩地的大棚和半亩耕地，此外还承包了村里的一个一亩地的大棚，种了些豆角、西红柿等蔬菜，除自己吃之外，剩余的就托别人捎到县城里去卖。

村里许多壮劳力管护一个大棚都感到吃力，而一个 80 岁的老人竟然管护着两个大棚，这真是不多见，也着实了不起。

问及老人的收入，他说每年除了有 1000 元的退休代教补贴外，他和老伴儿还享受着国家每人每年 1000 余元的养老金，一年下来收入大概是三四千元，在村里维持生活基本够了。我们问老人日子过得幸福不幸福，老人笑呵呵地说道："比以前好多了，每天只笑不哭，哪里唱戏往哪里跑。"老人说，只要身体允许，就要一直种地，农民没有退休的时候。

我们又问老人身体怎么样，老人说老伴儿身体很好，自己有一些贫血之类的小毛病，经常头晕，但吃饭、干活儿没问题。

老人还很自豪地告诉我们他是名老党员，有 50 年的党龄。他要用实际行动现身说法，让身边的群众都说共产党好。听了老人的一席话，我们不禁肃然起敬，很显然，老人这一辈子是一个有着崇高信仰、奋斗不息的好党员。

调研组成员与孙埃厚在一起

临别时，我们提出为老人照一张相片，老人整理了一下衣角，将帽子摘掉，正襟危坐，说是拍张免冠照，并嘱咐我们一定帮他洗一张带来。

在宋家沟调研时，我们碰到过一些六七十岁还种地的老人，但像孙埃厚这样80岁依然种地的却是孤例。村里的许多老人，甚至一些新移民中年纪并不很大的人都不种地或无地可种，他们一般是冬天在街上晒太阳，夏天在树下乘凉。而孙埃厚老人只有在闲暇的时候才和村民们打打扑克。

种地对于孙埃厚老人来说，一方面可以增加收入，提高生活水平；另一方面就如同城里的老年人要去上老年大学、跳广场舞一样，能让他感到生活的充实，感到自己依然是一个有着强大生命力的社会成员。

当然我们也猜想，假如国家每个月给老人的钱再多一点儿，能够让他的生活水平再提升一些的话，老人还会不会在如此高龄时继续坚持种地。

在我国，老年人是社会保障兜底的对象，农村的老年人也能够享受养老待遇。60岁以上的老人即可领取养老金，80岁以上的老人享受最高标准。但农村老人的养老保险标准比城镇居民的低很多，这是造成城乡差别的一个重要因素。我们在走访中发现，目前国家给予像孙埃厚老人这样高龄农民的养老金仅能让他们勉强维持最低生活，仅仅是能够保障他们吃饱穿暖，并不能够让他们过上体面的生活。采访中，村里的老人在感谢党和政府的同时也希望国家在财力许可的情况下，能够适时提高农村养老金的标准，让他们也和城里人一样，过上幸福的生活。

"90后"的种田人吕凤龙

吕凤龙

走访那日下午，我们来到宋家沟西口的一处院落，院门口停放着一辆八成新的摩托车，价值约8000元。看到它，调研组的人不禁猜测：这户人家应该有年轻人。

院门虚掩着，我们敲了几下，里面无人应答。透过门缝我们看到院内屋门是开着的，家中应该有人。我们也就按照当地人的习惯径自推开院门走入院中，并吆喝道："有人吗？"但还是无人应答，想是屋里的人没有听见，我们便朝屋门走去。

屋内炕上躺着的一位年轻人听到动静后坐了起来。他约莫20岁的样子，留着寸头，体形偏瘦，身穿粉白相间的线衣和深蓝色的牛仔裤，一副迷迷糊糊的样子，显然我们打扰了他的好觉。

交谈中我们了解到，年轻人名叫吕凤龙，今年25岁，未婚，小学文化水平，2009年随父母从甘沟村移民搬迁至此。他们家的院子和房子是由宋家沟统一建造的，当时购买时花了7万元，包括院内土地的承包权。每户都是一个四间平房的独院，侧边院墙有一个门洞，过了门洞有半亩大棚和半亩耕地，与隔壁巷子里另一户人家的大棚和耕地连在一起，中间由栅栏隔开。

听吕凤龙讲，他家除了院里这半亩大棚和半亩耕地外，还另外承包了两个大棚，主要种些黄瓜、西红柿等蔬菜。他们家原来在甘沟村有70亩地，搬过来后因为路途遥远就不再耕种了，这让我们觉得很可惜。

吕凤龙家有五口人。父亲今年55岁，平日除了种地，还打些零工，最近在帮着别人家盖房子。母亲47岁，听力不太好，与人沟通有点儿困难，平时负责料理承包的两个大棚和家务事。大姐已经嫁到外村。吕凤龙在家中排行老二，也是家中的独子。他还有个比他小两岁的妹妹，在距离宋家沟50多公里的五寨县的一家饭店里打工，目前还没有结婚。

吕凤龙曾在内蒙古的一家洗煤厂打工，月工资4000元，听起来不算少，但企业不管吃住，每月扣除个人日常开支后所剩无几，于是2017年他就辞工回到了宋家沟。回来后他先在村里的薯宴食品厂干了一阵子，过了年就没再去。清明过后林场招人种树，他去干了两天就回来了。按他的话说，这活儿没法儿干，一天从早忙到晚，风吹日晒，这才两天手上就磨出了水泡，不能拿铁锨了，说着他还伸开手掌让我们看。

吕凤龙家的大棚

当时已是耕种季节，可他家的 5 亩地还没有翻整，他打算留下来把地种上。与我们聊了一会儿后，他猛地想起来上午约好来帮忙翻地的人这会儿还没到，于是打算出门去看看，看他要出门，我们也起身告辞了。

当我们转到对面王进夫妇家时，无意中看见吕凤龙已经从外面回来了。他一个人趴在自家院中的半亩田地上，在那里翻弄着，似乎在整理土地，也可能是在栽种秧苗，那种姿态俨然是一个种地把式，与之前同我们谈话时的形象大不相同。

听说村里还有一个年轻人和他情况类似，我们前往寻访时，家中却无人。

近年来，"'70后'不愿种地，'80后'不会种地，'90后'不谈种地"的现象普遍存在，农业生产陷入后继乏人的困境。我们在其他地方调研时，从没碰到过"90后"的种田人。在宋家沟的走访调查中，我们也发现村中年轻人大都外出求学或打工，留下来种地的寥寥无几。我们原以为宋家沟40岁以下的种田人都会很少，但吕凤龙的出现着实让我们感到意外。他的回来是暂时选择还是长久打算，是个案还是趋势？他能否留得住，能否种好地，能否在村里生活得好？是否会有更多的"90后"回归乡村？这些我们都不得而知，但是年轻一代对于农村的发展意义显而易见，没有年轻人的乡村是不会有未来的。年轻人是祖国的希望，也是乡村的希望。乡村振兴离不开人才支撑，而年轻人才是乡村振兴、保持农村可持续发展的关键。农村发展需要更多年轻人的参与，所以，下一步我们将对村中的青年群体进行长期关注。

在与吕凤龙的交谈中，他谈到了自己在种田方面的困惑和对前途的迷茫，我们希望政府部门应该重点关注年轻的种田人。既然像吕凤龙这样的"90后"有回乡种田的意愿，政府部门就应该为他们提供耕种方面的培训指导，帮助他们树立信心，调动他们的劳动积极性，充分发挥年轻人学得快、脑子活的优势，帮助他们留下来、留得好，成为乡村振兴事业的接班人。

生活无忧却依然拖着老病之躯种地的王进夫妇

王进和老伴儿刘白云居住在村西头早期独门独户的移民安置院里。在宋家沟，像这样的移民安置院共有37个，都是半亩耕地加半亩大棚的建筑构制。

王进

我们推门走进院子时，王进正在院子中的半亩地里翻地。听到狗叫声，知道有人进来了，王进便停下手中的活儿从地里走了出来。

院子里养着两条狗，一条是本地土狗，另一条是在农村很少见到的较为名贵的宠物犬哈士奇。老两口儿养狗的目的很简单，就是为了看家护院。有人来时，狗一叫他们便听见了。

刘白云听到狗叫声也从屋里走出来。我们表明来意后，她边招呼我们进院，边忙着坐到凳子上，喘息着说："我的腿摔坏了，不能长时间站着。"其实，她的腿脚不利落我们也注意到了，当她向我们走来时，明显感觉她走得非常吃力。老人坐定后，与我们交谈起来。她说，老伴儿王进今年75岁，身体不好，患有脑梗。她自己今年68岁，身体很差，腿上装有钢板，心脏也不好，去年还装了起搏器，此外还有气管炎，也不能干重活儿。老两口儿看病已经花了20多万元了，每年吃药输液就得花万数块钱（数万块钱：岢岚方言，意思是大约一万元），好在家里的孩子们都孝顺，有钱的出钱，有力的出力，老两口儿并没有像其他一些人一样因病致贫。几个儿子让他们过着衣食无忧的生活，他们实际上并不需要依靠种地维持生活。

老两口儿说，他们共有四个儿子。大儿子在村里生活，就住在前排，娶的媳妇儿带着一儿一女，现在一个已经大学毕业，一个还在读大学；二儿子大学毕业，现在是水峪贯学区联合校长，媳妇儿也是老师，日子过得不错；三儿子是村委委员，有过两段婚姻，目前一个人生活；四儿子毕业于天津大学，在浙江金华定居，是一所技术学院的老师，媳妇儿是一家医院的医生，用老人自己的话说，是人人羡慕的"双职工"。老两口儿现在住的房子就是四儿子花钱买的。孩子们很孝顺，经常会来看他们，给他们送些吃穿等用品。

老两口儿都是文盲，当年家境很不富裕，却把四个孩子拉扯大，鼓励他们读书，并培养两个儿子读了大学，这让我们由衷地敬佩。

调研组成员在采访王进的老伴儿刘白云

老两口儿跟我们说，他们实际上体力不行了，也干不动了，但实在不忍心让地荒了。再说不种地也就没事做了，彻底闲下来还真不习惯，能干一天就干一天吧。除了自家院子里的半亩耕地和半亩大棚，他们还和大儿子、三儿子一起种着12亩地。

我们在调研中发现，有为数不少的年龄较大的村民，虽然生活无忧，但还在种地，他们虽然不依靠种地生存，却离不开土地。他们习惯了在田里干活儿，习惯了日出而作、日落而息，对于他们来说，种地不仅仅是一种职业，更是一种生活方式，是他们每天生活中不可或缺的内容，他们对土地有着一种深深的眷恋。这种根植于灵魂深处的土地情结，凝结成生活习惯的劳作行为，成为中国农民最显著的精神特质，是乡村文化最核心的构成部分。乡村振兴必须包括乡村文化的振兴，乡村文化首先是关于土地和农民的，我们必须激发人们对土地的热爱和对乡村生活的向往。热爱劳动的人多了，乡村振兴就很容易实现。

"技术农民"田建军

在宋家沟西北部，宋前街的北侧有两排大棚，共有25个，每个面积大约是8分或1亩，是由乡政府统一修建的，租金是每年每平方米15元，一般5年为一个租期，主要是为了解决移民的土地问题，有的是由原住村民租赁，有的是免费让贫困户使用。在宋前街的南侧，与村民的院落连在一起的大棚还有37个，分别是2009年和2010年为吸引周边自然环境较差的村子里经济条件较好的村民易地搬迁而修建的，院落连同半亩耕地加半亩大棚，一共7万元，供村民居住与种植。

在我们走访的所有大棚种植户中，一个叫田建军的人格外引起了我们的注意。

我们首先遇到的是他父亲。田建军的父亲田有拴今年68岁,是宋家沟原住村民。前几年他和老伴儿花了7万元在村里买了套带大棚和耕地的院子。在与他交谈中,他告诉我们他的两个女儿都出嫁了,一个儿子帮着岢岚县职业中学看大棚,每年能挣2万多元。听到这个消息我们不禁好奇起来,在宋家沟居然还有职业中学的大棚!在我们的请求下,田有拴带着我们找到了他的儿子田建军。

田建军

见到田建军时,他刚从大棚里出来,肤色黝黑,说话略有些结巴。迷彩裤上满是尘土,绿色胶鞋上也沾满了泥。我们提出想进他的大棚里面参观一下时,他爽快地答应了。

一进大棚,就感觉到与其他大棚不一样。大棚里竟然种着火龙果!另外还种植着其他大棚里没有的生菜、草莓和小番茄。

调研组的人都吃过火龙果,却没见过火龙果的植株长什么样。田建军说道:"火龙果是我专门去南方考察学习以后引回来的。这种水果北方有卖的,但我们这里很少有新鲜的。我种了一些,给学生上课时讲这些他们没见过的植物,会激发他们的学习兴趣。火龙果喜欢温暖潮湿的生长环境,产果期较长。大棚里种植火龙果虫害少,种植过程也相对容易,只需在开花那几天进行人工授粉,就不需再投入太多精力了,与种植一般农作物相比，火龙果的收益更高。"

调研组成员在观看田建军大棚里的火龙果

大棚西侧有一个田建军自制的浇灌装置，几根胶皮管子连着一个利用秸秆等农业废弃物制作生物有机肥的沤肥池，水从沤肥池里引出，通过一个滴灌装置进行浇灌，形成了一个小型的灌溉系统。这种装置在宋家沟仅此一个。我们以前只在专业公司投资建设的高档大棚里见到过类似的装置。

他的大棚虽然投资不高，但看得出他对大棚非常用心。这是我们整个调研中看到的管理最好、技术含量最高的大棚。

田建军称得上是村里的种植专家，他管理的这个大棚是岢岚县职业中学从村集体租来的，用作学校的种植基地。学校聘用田建军为兼职老师，给学生们讲授作物的栽培与种植。在向我们介绍植物种植情况时，他讲得头头是道，既专业又条理，全然没有了初见面时的结巴。他一边说着还一边热情地摘下熟了的番茄往我们手里塞，并告诉我们这不是普通的番茄品种，而是经过改良的小番茄新品种，很好吃，非让我们尝一尝。

品尝着他种的绿色无公害小番茄，我们开始问起他的个人情况。一说到自己，田建军的兴奋劲儿一下子就没了。他告诉我们他今年46岁，曾经在煤窑打工，因为事故伤了股骨头才又回到村里，至今股骨头处还装着钢板。他曾经娶过一个"媳妇儿"，生了两个孩子，他受伤后"媳妇儿"便带着女儿走了，给他留下了一个儿子。儿子今年18岁，在岢岚县职业中学读书。因为当初结婚时没领结婚证，所以他也没有另立户口，还和父母在一个户口簿上。虽然遭遇了太多不幸，但他并没有一蹶不振，而是凭借着自己所掌握的现代农业技术，得到了这份每个月收入2500元的工作。

这几年，农村大棚种植非常普遍。规模大的投资约10万元，年收入3到5万元；中等一些的投资7000到8000元，年收入5000元左右；差一些的就只能看见围墙和龙骨，其他设施都没有，村民直接将它们当成普通的水浇地进行种植。大棚种植不同于传统农业，它几乎不受外界天气的影响，并能获得更好的收益。但它需要对光照、温度、湿度等进行控制，要求大棚管理者有一定的专业知识，掌握一定的专业技术，这些并不是普通农民能够具备的素养。我们在其他地方进行脱贫攻坚民主监督和调研中，也发现农村许多地方在政府的支持下建起了大棚，但由于缺乏像田建军这样的人才，许多都已经废弃了。在宋家沟，共有大棚62个，但目前实际使用的大棚数量是56个，造成这种现象的原因，除了租金的因素外，许多人觉得大棚的技术不好掌握而不愿意承租。

田建军已经不是传统意义上的农民，他是在宋家沟本土成长起来的"技术农民"，也是掌握了一定现代农业知识和种植专业技术的"技术农民"，这种"技术农民"才是真正的现代农民。当前要实施乡村振兴战略特别是要提高土地的使用效率和增加土地的收益，离不开像田建军这样的"技术农民"。

另外，村集体把大棚租给学校等单位，再雇用村民打理，既增加了农民的收入，也实现了承租单位教学科研方面的目的，一举两得。我们应该鼓励村集体与中小学特别是职业类学校进行合作，把土地充分利用起来，作为生物及农业技术类课程的实习实训基地，使学校和农村获得双赢。政府则应该制定一些优惠政策，鼓励这种形式的合作，一并解决农民增收、土地闲置等问题。

利用新媒体自学成才的新时代农村女性吴美兰

见到吴美兰时，她正在自家院子里干活儿。看到有客人来，她便停下手里的活儿，热情地招呼我们进去看看。

她家院子很大，足有一亩半，这么大的院子在宋家沟并不多见。院子里有两条狗，堆放着一些杂物。走近后，我们发现她身旁到处都是盆盆罐罐，还有一个大水缸，便好奇地问这是在干什么，她笑着回答："今天正好有些空闲，做点儿土豆粉留着自家吃。"

吴美兰今年46岁，读过高中，她的丈夫叫侯东，平日喜欢喝酒。我们去她家时，侯东正好不在家。问及去向，吴美兰顺口说道："喝酒乱串去了，回来保不齐还要撒酒疯呢！"听吴美兰讲，侯东脾气不太好，喜欢喝酒，几乎天天都得喝两口，这么多年两个人经常打打闹闹，但也就这样过下来了。她的语气里多少透露出些许无奈，让我们不禁产生了一些同情。

吴美兰和侯东育有两儿一女，大儿子25岁，去年退伍，现在和朋友一起组装光伏发电板，一天能挣 100 元；二儿子 23 岁，今年刚去内蒙古呼和浩特市打工，学习修理汽车电路，学徒期间没有工资收入，两个儿子都还没有娶媳妇儿。女儿 20 岁，目前在太原经贸学院读书。吴美兰最发愁的是给两个儿子娶媳妇儿。在农村，买房置地，加上动辄几万元的彩礼，让普通老百姓叫苦不迭。他们家的生活压力之大可想而知。

在农村，男娶女嫁这种中国传统婚姻模式的背后，就是重男轻女封建思想依然存在的现实。在大多数村民看来，女儿终究会成为外人，儿子才是传宗接代、家业兴旺的主要力量。然而，一旦到了适婚年龄，曾经给这个家庭带来无数欢喜的男孩儿，却给父母带来最大的压力，也是家庭致贫的主要因素。为了儿子能够娶妻生子，"节衣缩食""没黑夜没白天地拼命干活儿""负债累累"已经成为当下农民的一种普遍状态。

吴美兰自己身体不错，她丈夫侯东却因车祸落下残疾，腿部至今装着钢板，不能干重活儿。但吴美兰不离不弃，坚强地扛起生活的重担，成为家里的主心骨。

交谈中我们还得知，她家承包了六七亩地，其中普通耕地三四亩，大棚两个，一个在院子北边，另一个在村西头。我们想就近看看院子里的大棚，吴美兰爽快地答应了。大棚里，葡萄架整齐而有序，藤上已经结出了小果实。大棚靠里还种了草莓，红嫩欲滴，很是诱人。吴美兰说等过两个月果实熟了，会卖给外面的人，很好吃呢。她还告诉我们，村西头的大棚种着西瓜，到了收获的季节，她的丈夫就会拉到县城里去卖。

看到她把大棚种得这么好，我们就问她这技术是从哪儿学来的，吴美兰告诉我们，她是通过网上的视频和光盘自学的。《宋家沟村民调查问卷》相关数据显示：宋家沟村民整体学历偏低，高中及以上学历的仅占总调研人数的 6.7%，像吴美兰这样拥有高中学历的女性更是凤毛麟角。而且，依靠视频和光盘自学种植技术，这在宋家沟应该尚属首例。

从吴美兰家出来，我们恰巧遇到了她的丈夫侯东。他刚和人喝完酒，正与村民们围坐在一起高声闲聊着。侯东能说会道，与村民们相处得很融洽。

吴美兰的丈夫侯东

在宋家沟走访调研中我们发现，本村村民和移民之间不太熟悉，很少往来。而侯东作为本村村民，却能和移民打成一片，这让我们感到非常意外。

当得知我们刚在他家结束调研时，他的话匣子便打开了。提及自己的媳妇儿，他脸上更是满满的自豪，并告诉我们："媳妇儿勤劳、善良、有文化，种大棚的技术都是她自己看书、看视频学来的。我家的西瓜种得好，每年都早种早卖，收入也不错。媳妇儿还很乐于助人，总是毫无保留地把自己学到的技术教给需要帮助的村民。"用他的话说，自己富了，也应该想着让其他村民一起富起来。交谈中，侯东还跟我们谈到了村民普遍存在的缺少技术指导、卖菜难等实际问题。

作为一名农村女性，吴美兰虽然面临着很多压力，但她与时俱进的新理念，敢于创新、善于尝试的精神，不能不说是中国农村妇女从封建走向开放的完美蜕变。面对困难，她没有怨天尤人，而是勇敢地接受现实，并努力用自己的智慧改变生活。吴美兰为新时代中国农民尤其是女性农民树立了标杆，乡村振兴需要更多像吴美兰这样的农民。

想尽一切办法致富的吴福虎夫妇

吴福虎　　　　　　　　张改莲

53 岁的吴福虎和他 51 岁的妻子张改莲是宋家沟的原住村民，二人育有两个儿子和一个女儿。大儿子今年 28 岁，在岢岚县城打工，已经娶了媳妇儿，房子是他们夫妇花 20 多万元帮着购买的；二儿子今年 23 岁，在内蒙古呼和浩特市打工，做些杂活儿；女儿今年 24 岁，在北京销售化妆品。

他们夫妻二人在村里承包了 10 余亩土地，种些玉米、谷子、土豆等。在走访中我们了解到，在宋家沟，耕种面积达 10 亩以上的已经算是种地多的了。许多村民认为种地是个付出多收益少的营生，且不说老天爷经常靠不住，就算是风调雨顺，收成好了但农产品卖不上价，农民的收益也提不上去。所以一般人的想法都是种二三亩地，够一家人吃喝就行了。我们按照每亩地 600 元的收入来计算，10 多亩地每年的收成也就是 6000 元左右。

很显然，吴福虎两口子光靠种地来满足两个儿子娶媳妇儿的开支让全家人过上幸福生活，会是一件十分困难的事，他们必须在种地之外另想办法，另找门路。他们养着 7 只羊，2017 年又买了 8 头猪。除此之外，他们还磨豆腐、卖豆腐，两天大概能卖一锅豆腐。

为了增加收入，张改莲还去种树。种树时，每天早晨 6 点半就得统一乘车到种树地点，在林子里一待就是一天，有时中午连饭都顾不上吃，晚上 6 点才能回家。种树是计件工作，村里许多年轻人都吃不了这个苦，但她一个农村妇女硬是咬牙坚持着。用她的话说，二儿子还要娶媳妇儿呢！

吴福虎家的院子不大，三分左右，院子里堆放了很多杂物，再加上院子里的羊圈、猪圈、豆腐房等，看上去显得十分凌乱。这家人从早到晚要干的活儿太多，连收拾院落的时间都挤不出来了。

生活的重压使得他们别无选择。种地、养殖、经营，凡是村里能赚钱的门路他们都想过了，能赚钱的方式也都用上了。我们很难想象他们两口子是如何同时做这么多事情、经营这么多项目的。两口子一致地回答，他们一年四季除了吃饭、睡觉就是干活儿，从来没有闲暇的时候。根据我们的观察，他们已经将体力用到了极限，他们的生活除了劳动再无别的内容，享乐和享受与他们无关。这对农民夫妇正是凭着苦干实干、省吃俭用才攒下 20 多万元为大儿子买了套结婚的房子。

种树归来的村民

吴福虎夫妇不属于贫困户，他们对现在扶贫中存在的一些"扶懒"现象很是不满。他们说，我们是凭辛苦挣钱呢，有些人却在"等、靠、要"。我们每天忙得连喘气的工夫都没有，人家什么也不用干还有吃、有喝、有房住。

在我们走访中发现，个体自身懒惰是造成贫困的一个主要原因，"扶贫先扶志"已经成为人们的共识。因此，必须下大力气转变部分群众的懒惰习惯，让他们变"索取"为"自取"，不再被动地接受别人的物质救助，而是学会通过自己的辛勤劳动创造生存机会和个人财富，实现自我价值。对于像吴福虎夫妇这样靠勤劳致富的村民，政府一定要予以肯定和鼓励，不能让他们感到吃亏。要从政策上形成扶贫和脱贫的激励机制，激发农民的内生动力，让他们愿意靠自己的双手争先脱贫、勤劳致富。

与失去丈夫的田荣凤搭伙过日子的庄稼汉周润林

周润林

在宋家沟，早期搬迁来的移民大都住在村西头带半亩大棚和半亩耕地的院子里。我们调研时，对这部分村民挨家挨户进行了几次走访。

进到其中一处院子里时，我们看到院内整齐地码放着瓦片。院子当中，一位个子矮小、相貌平平的中年男人正忙着修理三轮车。见我们进来，他也并未停下手中的活儿，而是用眼神打量了一下我们，表情平静，似乎对我们这样的访问者已经习以为常了。他并没有像其他村民那样问我们是做什么的，从哪里来。不爱说话是他留给我们的第一印象。

表明来意后，我们便同他交谈起来。他名叫周润林，今年53岁，以前一直是单身，是2017年从甘沟搬迁来的，因为是一个人，所以只分到了一间房子。我们奇怪地问："甘沟的搬迁户大都住在村东头，你为啥住在这儿呢？"见我们有些疑惑，他不紧不慢地说："这院子是我'老婆'田荣凤的，三年前我们住到了一起，开始搭伙过日子。"

从他的讲述中我们了解到，田荣凤一家是辗转了几个村才搬到宋家沟的。田荣凤今年49岁，有些耳聋，丈夫早些年去世，留下了三个女儿和两个儿子。女儿们都已出嫁，日子过得也还不错，两个儿子一个在太原打工，一个在内蒙古打工，但都还没娶媳妇儿。在农村，娶媳妇儿可是件最大、最重要也最花钱的事情。一个农村妇女，既要拉扯家，又要张罗着给儿子们娶媳妇儿，生活压力之大可想而知。

周润林和我们聊这些时，始终没有停下手中正在干着的活儿。他说三轮车出了点儿小问题，出去修太费钱，自己修理修理就行了。三轮车是周润林用来拉砖跑运输赚钱的，每年能跑150天左右，每天差不多能赚200元。院子里码放整齐的瓦片，就是他从别人家拆房子丢弃的建筑垃圾中挑拣出来，用三轮车拉回来准备出售的。

周润林除了在院子旁边种着大棚和半亩地外，还租种了别人的15亩地，租费是每年每亩100元。十几亩地在他眼里算不得什么。按他的话说，十几亩地用机器种很快，几天就种好了。我们那次调研时正值农历三月初，天气还有些寒冷，村民们大都才刚刚开始整地，但田荣凤家院子旁边的地都已经种好，地膜也已经铺好了，收拾得整齐利落。我们问他，为什么种这么早？他憨厚地笑着说："早种早好嘛，种好地，还要抽空去打工哩。"

在周润林老实木讷的外表下，我们能感受到他的朴实、勤劳与能干。也许正因为此，田荣凤才相中他并愿意与他一起过日子吧。聊到田荣凤的两个儿子时，周润林毫不犹豫地说，将来两个儿子娶媳妇儿，该招呼的一定会招呼。

周润林靠着自己的勤劳能干，与田荣凤一起支撑起破碎的家。像他们这样，人到中年搭伙过日子的现象在农村并不少见。村里的光棍儿或者寡妇只要条件合适，便愿意搭伙过日子。他们不进行结婚登记而同居在一起，避免了财产纠纷，在生活中还可以相互照料、互相扶持，单从社会学、心理学的角度来看，这种现象的存在有一定的合理性。但是，农村妇女在搭伙过日子的过程中，由于缺乏相应的法律保护，难免会和对方产生摩擦，个人权益也会受损。如何能把这一现象从合理变为合法，如何从法律层面加以引导规范，是值得我们思考的问题。

村里的经营户

晋人经商，历史悠久。据史料记载："晋省多商贾，视为重要恒业，次为务农耕，再次者方读书求吏。"现如今到山西旅游的人大都会参观由明清晋商修建的大院，如晋中的乔家大院、王家大院和常家大院等，还有一些大院虽不太知名，但也气势恢宏，见者无不称叹，如晋城李寨乡的刘家大院、忻州代县阳明堡的和家大院等。令人惊叹的是，晋商大院许多都坐落于乡村，足见农村人历来不仅仅从事农耕，经商做买卖也是历朝历代山西乡村人安身立命的事业。

山西地处黄土高原，除汾河流域土地肥沃外，其余地区地表沟壑纵横、自然条件差，均不利于种植业发展。为谋生计，人们不得不经营四方。历史上，山西是"一带一路"大商圈的重要组成部分。晋商凭借着开放诚信的晋商文化和拼搏进取的晋商精神纵横欧亚九千里、称雄商界五百年，其贸易活动推动了商业市镇的兴起和繁荣，促进了民族间的文化交流与融合，对我国社会经济的发展做出了重要贡献。

目前，山西的经济实力相对于其他省份并不算强大，商品经济在农村并不发达，但农村的许多家庭在耕种之余会兼营一些小本生意。他们既种庄稼，又在农闲时从事种植以外的生产和经营，以增加家庭的现金收入，努力实现家庭生产资源效益最大化。也有部分农民由此脱离农业，最终转向第二、第三产业。

费孝通先生早年在做农村调查时提出，在市场经济条件下，虽然交通和通信便利、物流发达、物品流动速度快，但是对于广大农村来说，还是需要一个为其发展服务的社会实体作为地区经济、政治、文化中心。

这个社会实体就是由一批并不从事农业生产劳动的人口为主体组成。农工贸一体是许多中国乡村的特色。

走访中我们发现，宋家沟作为周边村庄易地扶贫搬迁安置点，当地政府在改建重建移民新居时着眼未来发展，修建了不少商铺。目前，宋家沟主街道上的商铺大部分已出租营业，还有小部分商铺虽已挂上牌子，但尚未开业。村中的经营项目有村民自产自销的豆腐、凉粉、碗托等山西特色美食，还有当地的毛尖茶、红芸豆等特产及手工艺品等。整体来说，其商业贸易发展比忻州市大多数乡镇要繁荣，这得益于 2017 年习近平总书记的到访，使其知名度迅速提高并成为旅游景点，也为商业贸易发展营造了良好的环境。通过商品买卖，不仅满足了本村村民的日常生活需求，还为乡镇干部、外来人员、周边村民及游客提供了服务。村中从事商业贸易的经营者成为推动乡村繁荣发展的主力军，为乡村振兴提供了内驱力，商业贸易是这个新型农村经济发展的"活水源头"。

因贫辍学却自强不息的"90 后"返乡创业者康卫东

漫步在宋家沟的主街道上，一家写着"宋家沟电商体验店"的临街门店吸引了我们的视线。

这家门店不大，有 20 平方米左右。两排货架依墙而置，上面整齐地摆放着包装精美的当地特产，有胡麻油、红芸豆、黑豆面、银盘蘑菇等，还有一些手工制品。见我们进来，看店的人热情招呼着，当得知我们想和店主聊聊时，便主动帮助我们联系，并约好下午见面。

下午 4 点左右，我们见到了这家电商体验店的经营者康卫东。他非常热情地接待了我们，一边介绍情况，一边顺手从货架上抓了几袋醋泡黑豆让我们品尝。

康卫东

康卫东衣着非常整齐，白衬衣，黑西裤，皮鞋擦得锃亮。他个子不高，体形精瘦，举止大方得体，语言表达十分流畅，给我们的第一印象是一个思维敏捷、精明能干、见过世面、受过高等教育的人。他的左眼皮有些耷拉，他说是因为这几天盯电脑时间太长得了眼疾。很明显他是一个特别勤奋的人。

康卫东今年27岁，是"90后"，岢岚县水峪贯乡张家沟村人。2017年11月，他们家通过整村易地搬迁被安置在县城广惠园小区，他和父母住在一起，尚未结婚。康卫东的父亲今年62岁，母亲59岁，搬迁前一直在村里种地。兄弟姐妹四人，他在家中排行最小，大姐、大哥、二姐都已经成家。

康卫东14岁时因家庭贫困被迫辍学，从此便踏入社会，开始闯荡。小小年纪的他，开过挖掘机、装载机，学过电焊，下过煤矿，做过水果批发生意，从内蒙古到广东、天津，再到北京，他跑遍了大半个中国，从一次次失败中站起来，凭着一股不畏艰辛、勇往直前的韧劲儿，凭着自己的吃苦耐劳，硬是攒了一些积蓄，闯出了一条路子，还参加了全国自考。

"父母在，不远游，游必有方。"远离父母，久居城市，有了一些收获的他却愈加怀念家乡。借着回乡探亲的机会，他参加了岢岚县的创业培训，并获得"优秀学员"的称号。那次培训，使他萌生了返乡创业的念头。

2015年，他毅然回到家乡。凭借着三年从事公益活动的经历，首先从宣传公益事业开始打造自己的名气，发展自己的人脉，一步一步为实现返乡创业梦铺平道路。他成立了公益读书会——"中立读书会"，并担任岢岚县青年志愿者协会副会长一职，积极捐款捐物、造福乡亲。由于他表现突出，被团县委推荐参加了山西省青年电商及返乡青年创业培训。这次培训更加坚定了康卫东以电商扶贫及信息扶贫带动农民增收、为家乡做贡献的信念。

2016年12月，他注册成立了岢岚县新农村电子商务有限公司。2017年6月，他投资15万元，在岢岚县开了第一家线上线下同步运营的特产店——岢岚县世纪昌鑫商贸中心，主打自己的品牌"晋味良印"，以"企业＋电商＋合作社＋贫困户"的模式经营，通过线上线下同步批发销售岢岚特色农产品。2017年8月，宋家沟乡政府为了引进新农村电子商务，提出免费提供门面等优惠政策，希望他在宋家沟开设一家电商体验店，帮助宋家沟发展。康卫东毫不犹豫地投资了3万元，开了这家电商体验店，注册商标"宋乡情"。由于他平时在县城的门店里办公，宋家沟的门店就雇用本村贫困户张海莲看管，以每月500元的底薪加销售提成的10%来支付工资。宋家沟的人流量不大，每月销不出去多少，旅游旺季的那一两个月，销售额最高也只能达到每月5000元。但他坚定地认为，他的店和宋家沟的乡村旅游目前只是处于起步阶段，困难是暂时的，未来应该是美好的。

宋家沟电商体验店——宋乡情

谈话间，一位上了岁数的妇女请他帮忙填个表，他接过表看了看，耐心地告诉她应该如何填写。看得出来在村民们的眼里，他是一个热心肠、肯帮忙的能人。

访谈当晚，我们在夜色中回到岢岚县城，去康卫东的世纪昌鑫商贸中心继续调研。员工们已经下班了，只有康卫东一个人还在忙碌着。

这是一家上下两层的门店，一层是商铺，摆放着柜台和商品，二层是办公场所，装修较为精致，有很多台电脑、办公桌和文件柜，上下两层加起来有200多平方米。康卫东告诉我们，房子是租朋友的，一年的房租加水电暖等费用大约要5万元。

柜台上摆着许多特产，康卫东拿出一个清单让我们看，主要有红芸豆、黑豆、小米、荞麦米、高粱米、薏仁米、银盘蘑菇、羊肚菌、地皮菜和当地毛尖茶等。这些特色商品有的产自当地，有的是从别的地方进的货，价格不等。普通豆类的价格是每斤12到15元，而经过深加工的商品，如即食的醋泡黑豆等则要贵一些。

每种特产的包装都非常精美。康卫东说这些包装都是他自己设计好，在网上定做的。用他的话说，现在人们生活好了，追求高品质了，他的这个"晋味良印"就是要通过品牌传递品质，把杂粮做精做细。他收购回来的原材料还要雇人精挑细选后才进行统一包装。也正因为如此，他的红芸豆比市场上每斤6到8元散装出售的要贵一些。他还向我们解释，现如今商品定价不能太低，太低了人们就会认为东西不够好、不上档次。

公司的销售模式是线上线下同步运营，但实体店的销量并不大，主要是依靠网上销售。2017年公司的销售额为35万元左右，扣除员工工资、房租水电等成本外，几乎没有利润。公司现有员工9人，工资每人每月1000到3000元不等，此外还雇了一些贫困户做零工，干一些像分拣豆子之类的简单工作，这也是一笔开销。

康卫东还处于创业初期，谈不上利润，但他却坚守着回乡创业的初衷，即实现自己的人生价值，带动家乡的百姓实现共同富裕。2017年，他带动当地35户72人增收，其中贫困户10户24人，户均增收1100元。一步步走来，他离自己的梦想越来越近了。

和他聊了好一会儿，占用了他太多的时间，我们有些不好意思，便主动提出在他的店里买些东西为他增加点儿营业额。调研组的一位同事看上了柜台里摆放着的面盆，说要买一个，他却坚持要送给他。另外的同事想买一些红芸豆等特产，他仍然不肯收钱。透过这些细小的举动，我们能感受到他那份难能可贵的朴实与慷慨，不过我们还是坚持把钱付了。我们也想尽我们的所能支持这位艰苦创业的年轻人。

"大众创业、万众创新"是李克强总理在2014年9月的夏季达沃斯论坛上提出来的,之后全国便掀起了"大众创业""草根创业"的新浪潮。特别是首届互联网大会后,利用"互联网+"创业的态势迅速扩大。康卫东很好地将两者结合在一起,既扩大了就业,又在创造财富的过程中更好地实现了自己的精神追求,体现了自身的价值。

尽管如此,康卫东前行的道路依然很艰难。资金不足、贷款不易、人流量少、宣传力度不够等是他当前面临的主要困难。

乡村振兴应当鼓励年轻人参与,对康卫东这样的"农创客"、返乡青年,政府制定出台的政策扶持、政策优惠等一定要到位,要通过政策来吸引他们、鼓励他们大胆创业、勇于创业。同时还需要借助政府的力量牵线搭桥,帮助他们解决一些实际问题,让这些有理想、有能力、有经验,愿意为家乡做出贡献的年轻人既能回得来,又能待得住,还能发展好。

曾经的村主任,今天的致富带头人王四猫

岢岚县海平山山鸡养殖场位于宋家沟东头一个平缓的小土坡上,占地面积约1亩。我们到宋家沟调研时曾多次前往,每次都是大门紧锁,这次再来时恰巧大门敞开着,我们便叩响铁门走进了院子。

院子里有两台拖拉机,中间站着一位中年男子,听见我们打招呼,他回头看了一眼,然后继续干手中的活儿,任由我们这几个外乡人在他的院子里面转着。

挨着西墙圈起来的饲养场面积很大,里面用铁丝网隔成了几个区域,养着一群山鸡、野鸭、鹅,还有两只孔雀,旁边堆放着大量晒干的玉米

棒子。西南角停放着一辆白色面包车和一辆小型货车。南边是一排仓库，四个红色铁门有两个是敞开的，可以看到其中一间房内还停放着一辆拖拉机，另一间堆放着些杂物。顺着仓库往东走，在院子的东南角，用木头栅栏围起来一个场子，里面竟然圈养着好几只狍子，看见我们它们似乎受到了惊吓，迅速躲窜到仓库后面去了。

王四猫

我们在院子中转着看了好一会儿，才转到中年男子的身旁。他身穿一件深蓝色夹克外套和深色工装裤，头戴一顶深蓝色尼龙帽，皮肤黝黑，布满皱纹，手里拿着一根油门线。身旁的两辆拖拉机，一辆七成新，一辆看起来有些年头了。看这架势，他正在修理拖拉机呢。

他叫王四猫，今年63岁，中共党员，年轻时当过兵，复员回家后在宋家沟当了20余年的村委主任，3年前卸任回家，专心种地、做生意。

这处院子原来是村里的粮站，后来被他以每年3000元的价格承包下来并改造成养殖场。在村里，我们见到有好几家养猪、养羊、养鸡的，但他养的这些动物在宋家沟应该算是独一份，我们对此很感兴趣。

他最初养的 15 只种羊，是当时贷款 5 万元购买的，5 年下来挣了 30 来万，后来村里养羊的人少了，他便把种羊全卖了。听说东北那边很多人养狍子，肉质鲜美，还可以做药材，他就到榆次买了两只，现在已经繁殖到 9 只了，一头成年狍子可以卖到 3000 元，收益还不错。他还养过鸵鸟，但国家对这块没有补贴，买家也少，后来就处理了。他告诉我们，养殖场的生意很好，都是买家自己找上门来，过年都不得闲。

听王四猫讲，除了这个养殖场，他家还有十几亩地，专门种些玉米喂牲口用。另外，他还承包了村西头的一个水塘，养些草鱼、鲫鱼、鲤鱼等供游客垂钓，也算是一个休闲旅游项目。2017 年收入 7 万余元，扣除投放鱼苗花去的 5 万元，纯利润达到 2 万余元。

正在修理的拖拉机，是他购买的第一台拖拉机，也是宋家沟的第一台耕种拖拉机。当初他看中了机器耕种的快捷，便从银行贷款 5 万元买了下来，除了用于自家耕种外，还向村民提供租赁服务，第一年就把本钱挣回来了。看到势头这么好，他又陆续购买了两台，以每亩 40 元的价格向外出租。平时他一个人就干得过来，农忙时再雇上两个人，按照每亩 10 元的价格支付酬劳，每亩他还可以赚 30 元。不过这两年随着国家扶贫补贴力度的加大，很多村民也购买了拖拉机，干起了租赁生意，他的营生大不如前了。

院子里停放的货车是他用来拉货的，村里谁家有需要他就提供运输服务。

相比于村中的其他经营户，王四猫可谓是多产业经营，"海陆空"全方位发展。

在与我们的交谈中，王四猫有问必答，却始终没有停下手中的活儿，其间还接了几个联系业务的电话，看来他是真得很忙。我们开玩笑地说："见你真不容易呀，我们也算是三顾茅庐了！"他听后笑着说："我不住在这儿，每天过来喂完牲口就走，今天是因为拖拉机坏了才待得时间长了些。""那么多活儿你一个人干得完吗？"我们疑惑地问道，"没雇个人啥的？"王四猫回答："早点儿起晚点儿睡就啥都干了，咱不像那些天天吃饱饭就靠在墙根晒太阳的人，享不了那福气，闲下来就难受。"

调研组成员与王四猫交谈

　　王四猫告诉我们，修机器、磨玉米、喂牲口这些事情全是他一个人干。他每天早上 5 点起来干活儿，9 点回家吃早饭，吃完就去地里了，到中午时回家吃口饭就又去地里了。我们粗略算了一下，他每天至少工作 15 个小时。

　　王四猫说他老伴儿也闲不住，前几年得了癌症，看病花去 40 多万元，现在身体好些了，除了料理家务还在村里做清洁工，每月能挣 800 元。

　　王四猫的两个儿子都已成家。大儿子跑运输，夏天跑大车，冬天跑小车，每年收入 10 余万元；二儿子是高速公路上的电工，一个月工资

4000多元。王四猫给两个儿子都在县城里买了房和车。孩子们也很孝顺，经常往家里送些吃的和穿的。说着，王四猫得意地告诉我们："咱老汉出门穿的衣服也是上千元的！"

王四猫的老伴儿

对于自己现在的生活，王四猫十分满意，用他的话说："老婆生病时我们家也当过低保户，知道那种滋味，自己挣钱比靠谁都强。我们这儿天蓝水清，比城里人过得还幸福咧。"

从最初的低保户到如今年收入20余万元的致富带头人，王四猫算得上勤劳致富的典型。王四猫和老伴儿都已年过六十，每人每年享受国家养老金1100余元，自己每年还能领到退伍军人补贴3000元，再加上其他补贴款等，这几项加起来一年也有1万多元。按说老两口儿有固定收入，养儿育女的任务也已完成，本可以安享晚年，轻松过日子，但是尝到了勤劳致富甜头的王四猫，仍然充满着干劲儿。他告诉我们，自己还有两处地皮，计划今年建一个养殖场，这样就不用再租别人的场地了。

"幸福都是奋斗出来的",王四猫就是村里勤劳致富的生动典型。国家扶贫政策的导向就是要在广大群众中灌输勤劳致富、脱贫光荣的观念,激发贫困群众的内生动力,提高贫困群众的自我发展能力,让贫困群众通过自己的努力去创造和积累财富,这样才能使他们真正脱贫过上幸福的生活。

在我国,农民受教育程度普遍较低,接受的外界信息量较少,再加上比邻而居的居住特点,从众心理较强。村里哪户人家做了什么,什么做得好,什么赚钱快,都会在村民中迅速传播开来,然后纷纷效仿。尤其是像王四猫这样,曾经是村干部,在村里有一定威望,又凭着自己的努力富裕起来的能人,他的经验和做法更容易赢得村民的信赖和认可。所以,在一定层面上推广像王四猫这样的成功经验,借助他们在村里的影响力,充分发挥榜样的引领示范作用,可以带动更多的村民想办法脱贫。

和父母一起经营的返乡青年王宏斌

第一次去王宏斌家是小年那天,天气很冷,风也很大,天空蓝得彻底,没有一丝云彩。街道上几乎没有行人,仿佛还没有从漫漫的长夜中睡醒。空荡荡的宋水街上只有我们调研组的几个人,在凛冽的寒风中蜷缩着身体前行着。

桥东宋水街的第一户人家就吸引了我们。院门很气派,青灰色的砖瓦,朱红色的大门,一对儿大红灯笼挂在门上,平添了几分年味儿,木质门匾上刻着"仙仙农家乐",想来是间不错的民宿。门被敲了许久,才有人应声回答。开门的是一位中年男子,表明来意后,他热情地招呼我们进去。

王宏斌

这是一个小四合院，面积约500平方米。东南西北各有几间屋子，一台九成新的红色拖拉机停放在院中，院角搭的棚子下整齐地堆放着炭块。

我们随着中年男子走进西屋。一进屋，满屋子的热气顿时让我们冻僵的手脚都舒展开了。贴在墙上的习近平总书记的画像格外醒目，客厅中央的炉火烧得正旺，炉火上的水壶突突地冒着热气。一位中年妇女正坐在茶几旁用红纸剪着窗花儿，看到我们进来，忙起身让座，并张罗着给我们沏茶。

房间约40平方米，中间用半身高的墙体加一米多高的玻璃将客厅与卧室隔开，卧室里没有床，砌着农村特有的土炕，上面铺着花花绿绿的褥子，整洁干净。屋内家电齐全，家具陈设也很整齐。

我们坐下后，便同中年男子聊了起来。他叫王金柱，今年58岁，媳妇儿叫郑仙仙，今年57岁。我们询问他家里的情况，他指着挂在墙上的照片告诉我们，这是前年拍的全家福。他有两个儿子，大儿子今年37岁，二儿子今年33岁，都已成家。老大在太原兴华街开了一家饭店，老二也曾在太原打工，今年回来了。

王金柱和郑仙仙夫妇

王金柱和媳妇儿是宋家沟的原住村民，一直住在村里。他家种着10多亩地，主要种玉米、土豆、谷子等，今年还打算种些红芸豆和高粱。他告诉我们，种地收入不高，收成好时一年能挣个万数块钱，收成不好时能收回成本就不错了。

他家收入来源的一部分是给村民们放电影。王金柱和其他7位村民是宋家沟乡的电影放映员，一人一台机器，每人每年工资2万多元。从4月到10月，只要天不下雨，他就和媳妇儿一起，白天种地，晚上到乡里的各个村子去放电影。

一年有2万多元的固定收入，难怪日子过得如此殷实。

说话间茶沏好了，红褐色的茶叶把水染成了深红色，汤质浓稠润滑，入口甘甜醇厚。这是当地特有的红茶，学名岩青兰，别名毛尖，长在山顶的石缝间，一年一季，与杂草混生在一起，摘拣起来十分费劲儿，是靠人肩扛从山上背下来的。据说这种茶具有疏风清热、凉肝止血的功效，本地人非常喜欢喝。岢岚县城的需求量就很大，游客们买的也不少。我们喝了后也感觉不错，便花200元买了4斤。

我们提出想看看他家的农家乐，夫妻二人爽快地答应了。王金柱领着我们介绍着："西屋是留给大儿子的，现在我们老两口儿暂时住在这里，北屋是二儿子的家和游客住的客房，东屋是新盖起来的餐厅，南屋堆积着杂物。"

我们走进他二儿子的家，屋内宽敞明亮，像是刚装修过的。床头挂着小夫妻俩的结婚照，客厅摆着液晶电视和台式电脑，摆设几乎和城里人一样。

游客住的客房也是土炕，屋内设施还算齐全。郑仙仙兴奋地指着墙上的照片，向我们描述习近平总书记来村里看望群众时的场景："我当时是群众代表。这个穿红色衣服的就是我！"顺着她手指的方向，我们在照片中找到了她。我们问："你和习总书记握手了吗？"她激动地说："握了！握了！"

夫妻俩说，虽然他们不是扶贫对象，但是也沾了政策的光。村里整修了街道，建造了公共浴室和图书室，统一改造了院墙和大门，连倒垃圾也有固定地点了，居住环境大为改观。临走时，夫妇二人邀请我们夏天再来，我们答应一定来品尝他们家的农家私房菜。

再次见到王金柱时已经是春暖花开的五月了。

王金柱家院门口站着一个年轻人，上前一问，果然证实了我们的猜测，正是他的二儿子王宏斌。

王宏斌身材魁梧，皮肤黝黑，说话有些腼腆。他身旁有两个货摊，上面摆满了包装好的杂粮、茶叶等特产和一些小商品,墙上还挂着一些剪纸和手工鞋垫。

他出售的商品中,有我们之前品尝过的茶叶,当时是散称的,现在已经有了精美的包装。他说只有提升茶叶的品相,才能卖得出去,现在价格已经涨到每斤 80 到 100 元了,去年他家采回来的 80 多斤茶都卖光了。在茶叶的外包装上,他还特意加了二维码,方便人们二次购买。

王宏斌之前和媳妇儿在太原打工,他做家具护理生意,媳妇儿卖灯具,两个人加起来每月能有 8000 多元的收入,但城里消费太高,除了日常开销外,还得付房租和儿子上幼儿园的费用,压力很大。去年习近平总书记到宋家沟视察后,他感觉机会来了,便想着回来发展。

王宏斌家院子里晾晒的茶叶和山货

乡政府支持年轻人回乡创业,免费为他们提供货架。王宏斌出售的小杂粮、茶叶、蘑菇等都是当地特产,小商品是从外地进的货,鞋垫、剪纸还有织绣品都是他母亲自己做的。

他说从回来到现在已经投入 1 万多元，还没见到收益，钱都在货里滚着呢，基本上是卖点儿货，再进点儿。他的货摊上还摆放了些古玩之类的东西，他告诉我们他喜欢古玩，爱好收藏，已经花了不少钱购买这类东西。

放弃城市生活，回到小山村，王宏斌对未来充满了憧憬。

王宏斌告诉我们，2017 年 7 月他就回来了。"家里开着农家乐，又摆着小摊，还放着电影，光靠我父母忙不过来。"回来后，他就与父母一起摆摊做生意，和父亲去放电影。我们疑惑地问怎么小年前后没有见到他，他呵呵笑道："冬天是旅游淡季，我在县城里打工，还是做老本行家具护理。"

王宏斌说，去年他家招待了不少客人，吃饭的多，住宿的大约 100 人，一个旺季下来，能赚 3000 到 4000 元，但因为吃住条件还不太成熟，效果不太理想。现在暑期快到了，宋家沟的旅游旺季又快来了，他和父亲正在抓紧时间收拾餐厅和客房，以便多留些客人，让客人们吃住得更舒心。

王宏斌和媳妇儿原本在太原打工，收入还不错，虽说城市的生活压力较大，但凭他们的收入还是可以维持一个较为稳定的生活。他们之所以想回来发展，一方面是因为农村生活成本较低，另一方面是看到了乡村振兴战略实施给想要在农村创业的创业者带来的契机。当前"乡村振兴""农村双创"掀起了返乡创业的热潮，不少在大城市打拼的青年想要或者已经将个人事业转移到农村发展，"新农人"成为实施乡村振兴战略的主力军，这也正是农村发展所需要的。

创业维艰，农业领域的创新创业尤为不易，因此乡村振兴的返乡创业者还需要多方的共同呵护。除了创业者自身努力外，政府部门也应该健全相关政策体系，为创业者提供政策咨询、技术支持、资源对接等多元化的服务，帮助农业创业者以更大的热情投入乡村振兴事业中，让农村事业发展后继有人。

经营家庭超市的退伍军人崔志强

崔志强

村西头有间规模较大的超市——大丰收商铺，门前临街的空地上摆着一个烧烤摊。蓝色的大遮阳伞下支着两张桌子，崭新的电烤炉、新鲜的食材、整洁的烧烤盘和调料罐等一应俱全摆放在上面，一位年轻人和一位上了年纪的人正站在烧烤摊旁井然有序地忙碌着。几个背着书包刚放学的孩子在家长的陪同下正围坐在墙根的桌子旁津津有味地吃着烧烤。

我们点了一些"羊"肉串和时蔬，都是1元1串，摊主很诚实地告诉我们那是猪肉串，羊肉串太贵，那个价钱买不了。在等待烤串的空隙，我们与摊主聊了起来，开始了我们的调研。

他叫崔志强，今年43岁，长得精干帅气，外表看上去30多岁的样子，谈吐气质像是城里人。他一边麻利地翻转着手中的烤串，一边与我们交谈。

他的烧烤摊开了快一个月了，因为吃的人少，生意一直不太好，最好时一天也就卖个二三百元，扣除水电气和食材成本后，几乎没有利润，所以不敢雇人。这两天天气暖和了，吃烧烤的人渐渐多起来了。站在他身旁帮忙的老人是他的母亲，怕他一个人忙不过来，便过来搭把手。他告诉我们，他的烤串都是自己穿的，从购买食材、准备烤串到烧烤太耗时间，自己做生意还得让母亲跟着受累，他有些过意不去。

谈话间，又陆续来了几位买烤串的人，有的在等着他烤，有的索性自己动手烤起来了，很明显他们与崔志强很熟。

随着红白相间的肉串在烟气中慢慢变得焦黄，空气中开始弥漫起烤肉的香味。这时，坐在烧烤摊旁屋檐下的一位七八十岁的老人也缓缓走近烧烤摊，掏出两元钱想买两根烤肠。崔志强说送给老人吃，可老人执拗地坚持付钱。我们夸崔志强心地善良，他有些不好意思地说："他是本村的，没有老伴儿，和儿子就住在对面的院子里，但各过各的。他做不了饭，每天没个正经吃的，经常是喝酒就着饼子吃，以前也没见过个烧烤，这么大岁数了，想吃就让他拿去吃吧。村里人来超市买东西，我也经常少收个1元或5角的，实在是手头紧的，也让他们赊账。"

崔志强说这些话时很自然，完全没有买卖人的斤斤计较，让我们感觉到村里人的憨厚和他们独特的经营方式。

崔志强家有弟兄三人，大哥在忻州一家企业上班，二哥在岢岚县政府部门工作，他在部队当过6年消防兵，于2002年年底复员回到岢岚县，他们那批退伍回来的十来个人，基本上都是自谋职业。2003年他买了第一辆面包车开始跑运输，生意还可以，几年下来换了三辆车，现在这辆新买的车已经是第四辆了。空闲时他也跑出租，还在朋友开的煤厂看过两年厂子，但这些活儿都是零星的，他开始琢磨干个长久的生意，考察一番后便决定开超市。但在县城找门面费用太高，按照他当时的经济状况根本干不成。于是他看中了老丈人家在宋家沟临街的房子，如果将其改造成超市，费用会少很多。与媳妇儿周艳花商量后，他俩便把这个想法告诉了丈人、丈母娘。得到二老的大力支持后，他们自己动手将房子进行了翻新与改造。虽说超市是他们小夫妻俩开的，但媳妇儿为了照顾在县城上学的儿子，找了份做保洁的工作，根本顾不上这边。平时超市主要是靠他和丈母娘照看，遇上他外出跑车时，超市就只能交由丈母娘代管了。

我们问他开超市的时间、当初的投资情况以及现在的生意是否已有起色，崔志强说，刚开始做时手头紧，货架是买的二手便宜的，货也是在朋友那儿先赊了一万元拿来的，卖了再付款。这样运作四五年下来，前后共投入5万多元才开成现在这个样子。在村里开超市不比县城，利润很低，最好时一天能卖上1000元左右，赚个百八十元就已经很好了。一年下来到底能赚多少自己也没细算过，钱基本上就在货里滚着呢，但满足一家人的日常开销不成问题。

我们走进超市看了看，面积大约有40平方米，超市内货品繁多，摆放整齐，从日常生活用品到休闲商品一应俱全。左边一间15平方米左右的房间是供村民们休闲娱乐用的，中间摆着一张麻将桌，右边一间同样大小的房间则是崔志强的临时住处。超市后面的旧房是丈人、丈母娘居住的地方。崔志强很善经营，常瞅准时机进一些流行的货品，他的超市引领着宋家沟的消费时尚。

见有人进来，崔志强的丈母娘热情地招呼我们。她今年63岁，老伴儿65岁，身体都很好。老伴儿是林场的退休职工，每月有3000多元的退休金，她是宋家沟村民，平常就是帮着女儿、女婿照看超市。老两口儿还有一个儿子，在岢岚县电视台工作。老人告诉我们，他们给儿子买了房子，也没给过女儿什么，钱上帮不了大忙，体力上帮帮忙也算是为女儿做了点儿事情。

调研组成员与崔志强的丈母娘聊天儿

崔志强说丈人、丈母娘对他们特别好，自己当初买房时，丈人家帮着出钱；开了超市，丈母娘又帮着看店；现在卖烧烤，老人们还帮着穿烤串、卤肉。生活中平平凡凡、点点滴滴的事情他都看在眼里、记在心上，说起来满满的都是感激。

谈话间，有村民来超市取寄放在这里的自家钥匙，看得出来，大伙儿很信任他们。

聊了半天，我们准备付钱，崔志强说啥也不收，推让了好几次，我们把钱塞给了他母亲，但他坚持抽出了其中的一张10元还给我们，他的朴实又一次打动了我们。在宋家沟走访调研中，这样的事情我们已经遇到过多次。原本素不相识的访客，短暂交谈后便如此真诚热情，这是村民们留给我们最深的印象，也深深地感动着我们。

　　崔志强一家，让我们感受到平常百姓家庭的那种和睦。在他们家，父母对儿女无私的爱，以及儿女对父母的感恩已经深深地化为一种自然而然的生活习惯。村民之间相互信任，互帮互助，简单而又亲近的人际关系平实却很感人。此外，我们还注意到，乡村超市还具有城市超市纯商业经营之外的其他功能。一个小小的超市，除了满足村民日常购物之外，还为村民们相互往来、相互照应提供了一个非常便利的场所。

　　费孝通先生在《乡土中国》中谈到，乡土社会就是个熟人社会，是一个"从心所欲而不逾矩"的社会，是一个"抬头不见低头见"的社会，是一个生活成员之间互相了解、相互信任的社会。而这也是生活在城市中的人们感到普遍缺少却又非常渴望的最淳朴而又最珍贵的内容。

开办胡麻油坊的韩石柱夫妇

　　57岁的韩石柱是宋家沟的原住村民，他和妻子王改存开了一家店名为"韩氏胡麻油坊"的作坊。街坊邻居说，这家油坊已开了很多年，是村里唯一的一家油坊，十里八乡的人们都会来他家买油。

　　和大多数经营者一样，韩石柱将自己临街的房子略微改造就变成了店面。店面门楣上醒目地刻着"韩氏胡麻油坊"几个字，牌匾很新，是乡政府为经营户统一定制的。

　　门店不大，只摆放着一排货架，上面陈列着他们家生产的桶装胡麻油。见我们进来，屋内的一位中年妇女便起身热情接待。我们说明来意后，便和她聊了起来。

韩石柱

　　她便是油坊的老板娘王改存，他们夫妻俩自 1992 年结婚后，便开了这间油坊，到现在已经经营 26 年了。他们育有四个孩子，三个女儿和一个儿子，都已经成家。大女儿和三女儿在岢岚县城，没有工作，专门照看孩子，二女儿在太原移动公司上班，儿子在运城做工程监理。

　　韩石柱 19 岁去新疆乌鲁木齐当兵，23 岁复员回到岢岚县，与王改存结了婚。婚后他下定决心发家致富，就四处考察项目。在县城看到榨胡麻油的作坊，他阅读了榨油机的说明书，了解了一下有关榨油的技术，感觉这个项目技术要求不高，投资也不大，而且岢岚县胡麻种植很普遍，原料充足，便决定自己也开一个油坊。他从亲戚朋友处借了 3 万元投资兴办榨油坊，又雇了 4 名工人 24 小时两班倒生产胡麻油。一开始因为不懂技术，只靠着说明书，经常会出现一些问题。后来他就自己琢磨，认真学习，不断总结经验，慢慢地熟练起来。第二年本就回来了，目前每年大约有 10 万元的收益。

油坊就在门店后院的房子里，胡麻油的特有香味弥漫在空气中。房间里放着一口炒锅和一台榨油机，炒锅是当时花了 6000 余元从岚县购买的，到现在已经用了十来年，榨油机是花了 10000 多元从忻州买来的，据韩石柱说，这已经是他更新的第三台榨油机了。

胡麻油又名亚麻籽油，是一种传统的食用油，是从胡科植物脂麻种子中榨取的脂肪油，具有健脑促智、降血脂、扩张小动脉和预防血栓形成等功效，有种特殊的香味，吃惯胡麻油的人会觉得它比现在流行的花生油、色拉油等更有味道。胡麻产量低、出油率不高，因此一直未被广泛推广。胡麻喜高寒，只适宜生长在我国西北寒冷地区。山西的西北部，如忻州的五寨、神池、宁武，大同的左云等县都有种植。岢岚县曾经也大量种植，但后来由于退耕还林等原因，种植面积减少了。

我们问韩石柱，他的胡麻籽是从哪里买的，他说，早些年在岢岚县就能买到原料，后来产量减少了，女婿就开车去宁武县拉，现在主要是自己雇车去拉。常年做油坊生意，也有了固定的收购点。宁武县的胡麻量大且质量好。每斤胡麻收购价是 2 到 3 元，一般 3 斤胡麻出 1 斤的油，还会出 2 斤左右的麻饼。现在每斤胡麻油卖 10 元，每斤麻饼卖 1.2 元。韩石柱说，卖油赚不了钱，除去烧炭、电费、人工等成本外，基本持平，利润来源主要是麻饼。麻饼是极好的牛饲料，除了村里的人散买外，主要供应大同市区和山阴县的奶牛场，仅去年就卖了 6 万斤。

这些年来，他家胡麻油的销量持续增长，特别是每年八月十五打月饼时，本地人都要用这种油，需求量很大。去年仅 8 月和 9 月就消耗了 6 万多斤的胡麻。

除了这家油坊，夫妻二人还承包了 10 亩地，种些土豆、谷子，去年种地的收成约 10000 元。

今年"6·21 宋家沟乡村旅游季"火热开幕时我们再次前往"韩氏胡

麻油坊",当天店里的客人很多,大家都排队购买胡麻油。据韩石柱说,当天销售量不错,一天卖了20多桶。这次我们到宋家沟时,在他家店里正好碰见几位五寨的游客购买胡麻油。在兰花花客栈上班的油坊老板娘王改存告诉我们:"今天兰花花客栈用我家的油炸了很多油糕,味道非常美,被人们一抢而光,客栈老板准备明天炸更多的油糕,你们一定要来品尝。"我们当即决定第二天就在兰花花客栈吃午饭,品尝一下用胡麻油炸的油糕。

在"韩氏胡麻油坊"买胡麻油的游客

通过对韩石柱的了解,更加印证了当前农村普遍存在的一个现实:农民单靠种地发家致富的难度很大,想要日子过得更好一些就需要打工或从事工商业。57岁的韩石柱做的是村里的传统生意,他和利用当下"互联网+"来进行创业的年轻人康卫东形成鲜明的对比。

乡村振兴发展既需要引进新兴产业,也需要保护和支持农村地区以本地物产作为原料的传统加工业。这些传统产业一方面能够保证本地特有的种植产品有固定销售渠道,另一方面也能满足当地居民饮食习惯的需求。胡麻油的食用口感与营养价值都不错，我们估计，如果能够得到有效推广，会有越来越多的人喜欢。我们也相信"韩式胡麻油坊"的生意会越来越兴旺。

助力宋家沟振兴发展的民营企业家闫云生

闫云生在为村民炸油糕

到过宋家沟的人，都应该对村中的兰花花客栈印象深刻。客栈位于宋前街中间地段，开放式院落内包含戏台、食堂、客房三部分，是村里最大的一处院落。

客栈正北方是一个面积约60平方米，砖木结构的戏台。青灰色石板地面，镂空雕花木门，仿古小青瓦房顶，别具一番特色。对面墙上安装着一块长3米、宽5米的LED显示屏，靠墙处摆放着几把藤椅。戏台取名"畅首阁"，是晋北方言"唱首歌"的谐音。这里平时是村民们聊天儿、跳舞的集聚地，遇到活动时就成为比赛、文艺表演的场所。

依戏台而建的院墙，左右两个半弧形门洞上挂着"兰花花客栈"的门匾，过了门洞是一排客房，目前可供住宿的有6个房间。房间内布置得简单干净，还有独立的卫生间。我们调研组的两位同志曾在这里住过一个晚上，还品尝了客栈的特色烤肉，据说是山上的野猪肉，非常美味。

兰花花客栈

客栈的东边是食堂，大厅内摆放着10张圆形餐桌，可容纳100人就餐。食堂除对外营业外，还负责为搬迁到村里的五保户、贫困户、残疾人、高龄和失能老人等提供三餐。墙壁上贴着每日三餐的菜谱，荤素搭配、花样丰富，逢年过节时菜品更是丰盛。记得去年冬天我们来时正赶上农历小年，一大早食堂师傅们就备好了一盆盆的猪肉、羊肉，准备包饺子。为了让老人们过个祥和温馨的春节，38岁的厨师王成龙整个假期都没有休息，每天中午和晚上都炒七八个菜。

该客栈的经营者是岢岚县民营企业家闫云生，村民们都叫他"闫老板"。提起闫老板，宋家沟人都说他是个有本事的人，也是个热心人，村民们想要寻点活儿干或需要帮忙啥的都会想到去兰花花客栈找闫老板。

闫云生并不经常在客栈，日常事务主要由他的妻妹李巧琳负责打理，我们几次到访都未见到他。那日我们再次去宋家沟调研时，恰巧赶上岢岚县首届"宋家沟"杯职工厨艺大赛将在这里举办，为忙活这事，闫云生正好在，我们便让李巧琳为我们引见。

闫云生今年56岁，岢岚县城人，他有四个儿子，大儿子35岁，在国新能源岢岚分公司上班；二儿子33岁，在岢岚县民政局上班；三儿子21岁，山西金融职业技术学院在读，准备去当兵；小儿子12岁，在太原一所小学读书。妻子在县城经营着家里的超市。闫云生打趣地说："我们家里没有闲人。"

闫云生告诉我们，除了客栈和超市外，他还经营着一家机械租赁公司和一家牧场。如此多的经营项目，让我们想到他的人生阅历一定很丰富。他回答说："我干到今天这么大的摊子的确吃了不少苦。"

闫云生回忆到，父亲曾经当过县商业局局长、供销社主任，母亲是家庭妇女，家中有兄弟姐妹五人，这么一大家子人仅靠父亲每月21元的工资养活，勉强能吃饱。为了生活，家里的孩子们早早就开始工作了。他在家中排行老四，16岁初中毕业后就开始上班。一开始在副食品商场干，后来又去粉丝厂干了几年。他脑子活，人也闲不住，8小时上班时间外就干自己的。他摆过地摊，养过猪，还骑着摩托车到处卖过羊皮。20世纪90年代初超市开始兴起，他在太原看到后，便租下岢岚县农机局的门面房开了岢岚县的第一家超市——丰华超市，后又转到自己的门面房继续经营，生意特别好。赚到人生第一桶金后，他又琢磨着干点儿别的生意。这期间，通过熟人介绍，他揽到了给部队做工程的活儿，一干就是11年。在那里他学会了开车、开挖掘机、修机器，还买了岢岚县的第一台挖掘机，他的事业得到迅猛发展，并成立了忻州岢岚县丰华机械租赁有限公司。经过20年的发展，公司已拥有挖掘机17台、装载机8台，对外承接各种工程。近几年，为了圆他年轻时的养殖梦，他开始涉足养殖行业，并于2014年正式注册成立了岢岚县祥熙农牧业养殖有限公司。他的这些公司，带动了贫困户60余人，为此他本人多次受到岢岚县委、县政府的表彰，2017年，又被忻州市委授予"全市脱贫攻坚奉献奖"。

我们问他已经有了这么多产业，为何还会想着在宋家沟开客栈。闫云生告诉我们："去年6月，宋家沟忙着进行旧村改造新建工程，当时村里的工作人员、扶贫干部、清洁工等近180号人没地方吃饭，县政府的工作人员找到我，希望我在村里办个食堂，先把这些人的吃饭问题解决了。你不知道当时紧张成啥了，恨不得今天通知明天就开张。我第二天就从太原拉了些灶具和桌椅板凳，搭了个临时厨房就开火起灶了。改造工程完成后，建筑队工作人员都撤了，村委会也建起了职工餐厅，但五保户、贫困户等还要在食堂吃饭，县政府希望让我继续管着，并表示政府对这一块会有补贴。他们的用餐标准是每人每天15元，早、晚餐各3元，午餐9元。65岁以上的个人支付3元，65岁以下的个人支付6元，其余部分由政府补贴。我想既然开始了就接着干吧，现在宋家沟变了样，借着宋家沟的发展平台，搞搞旅游或许生意还行，牧场的牛羊肉也有了销路。于是就又投入40多万元对客栈进行装修，建成了现在的样子。"

他接着说："客栈的生意不太好，除了五保户和贫困户，没几个来吃饭的。"李巧琳也在一旁补充道："村子太小，留不住客人，一瓶矿泉水喝不完就逛到头了，消费不了个啥。"

闫云生告诉我们，村中心广场小桥处的宋水寺也是他投资修建的，那是在村里寺庙的原址上重建的，仅塑佛像就花了26万元，现在也成了村里的一个景观。

问起牧场的事情，闫云生说他共有三个牧场，并邀请我们去他在吴家岔的两个牧场看看。

第二天一大早，我们便随着他一起驱车来到距离岢岚县城20公里的吴家岔村。村子西、南两边群山连绵，山高谷深。这里生存条件较为恶劣，在实施整村移民搬迁后，已无人居住，整个村子只剩下原来的村委会和几间未拆除的旧房子。当年闫云生以每亩200元的价格承租了500余亩土地，承包年限为20年，用来开办牧场并种植牧草。

牧场依山而建，饲养区、繁育区、活动区都是分开的。饲养区包括一进村口路南搭建的10栋单排羊舍，一片由焊接钢管围起来的面积约2000平方米的栅栏区和山脚处用防火岩棉钢结构搭建的牛棚。培育幼崽的繁育区是一个独立的院子，沿着院墙建有一个"L"形的棚子，里面有一群牛和几头驴。闫云生告诉我们，这里的小牛都是刚出生不满1个月的小牛犊，需要母牛和饲养员的照料。他雇用的饲养员都是有放养经验的村民，每年工资45000元，这在当地已算是高工资了，但需要长期待在山上，有家有口的村民都不愿意干，所以饲养员大都是困难户。

现在正是夏季，牲口都在山上吃草，于是闫云生继续带着我们开车上山。这是一条当初建电站时用铲车推出来的坑坑洼洼的土路，仅容一车通过。一路颠簸后我们到达山顶，果然看到一群牛和几头驴聚集在发电风车处或卧或站或低头吃草，悠然自在。车子又开到另一个山头，我们看到两个包裹严实、拿着皮鞭的放羊人正看着一群在坡上吃草的羊，闫云生问了几句牧场的情况，便带着我们去寻找另外的羊群了。

山林很大，所望之处都是漫山遍野的青草和茂密的灌木丛，确实是片绝佳的天然牧场。我们沿着另一条小路下山，途中又参观了牧场的一处野猪圈和一处绒山羊圈。

绒山羊圈

问到牧场现在的经营情况，闫云生一脸苦涩："我建的牧场是岢岚县规模最大的，吴家岔这边约有1200头乳牛、5000只羊、200头驴和40匹马，主要是良种扩繁。道生沟村石料厂那边还养着300多只羊、250多只公牛用来育肥。这些年一直在繁育建群，都是赔钱经营着，每年这一块的投入就得200多万元。当时为了建场批地，县政府还专门开了常务会议。垫地、建场、买牲口……前前后后投入近3000多万元，之前攒的钱全投进去了，还在银行贷了一部分款，每月光利息就得30多万元，压力非常大。好在挖掘机和超市的收益还行，勉强能还上银行的利息。养殖业投资大回报慢，再加上管理、技术等方面的原因，动物容易生病。有一年赶上传染病，病死的牛、羊有140多头。今年我打算卖些牛、羊，缩小一下规模。"问及国家对这块的扶持补贴政策时，闫云生说："公家的事情我也搞不明白，之前听说对养殖项目有补贴，我去问了，人家说牧场面积在500到1000平方米的项目才补，你这个面积太大了没法儿补。当时给村里垫地时县里说可以给补助，这都垫出200多亩了，也没见到钱，希望补助能早点儿拿到手。"

从山上下来时已近中午 12 点，我们本想回酒店，但闫云生坚持把我们拉到兰花花客栈并吩咐厨房多炒几个菜，请我们吃完饭后才将我们送回。一路采访下来，我们发现闫云生虽不善言谈，但做事风格干脆利落，有着企业家的那种踏实干劲儿。

很明显，闫云生是因为看好宋家沟发展乡村旅游的美好前景才投资兴办了兰花花客栈，同时他也相信政府会大力支持乡村旅游业的发展。然而，我们在走访调研中发现，宋家沟的旅游发展尚处在起步阶段，并且还存在一些问题。一是宋家沟地域面积较小，且乡村旅游仅停留在点上，并没有在乡镇或是县级区域范围内形成线和面，难以形成旅游氛围。宋家沟占地面积 233.4 平方公里，除去耕地，村里就前后两条街道，整个村子走下来不到 1 个小时，旅游项目少，对游客的吸引力小。据了解，宋家沟周边有很多极具开发价值的自然景观和人文景观，如逶迤的岢岚山、美丽的岚漪河，还有不远处的宋长城，目前都尚未成为旅游景点。二是产业链条短，旅游产业没有与农业、手工业等充分结合起来，对其他产业发展带动力不强。三是村中经营项目比较单一，品位不高，忽视了对乡土风情、民俗传统、名胜古迹等文化内涵的挖掘和利用，无法满足都市人康复养生、旅游观光、全家同乐、亲近自然、生态回归等高层次的休闲追求。宋家沟发展旅游产业还有很长的路要走，还需要做很多事情。

发展乡村旅游需要政府鼓励和引导社会资本参与乡村旅游基础设施的建设和运营，也需要像闫云生这样的民营企业家的积极投入。宋家沟是幸运的，能够吸引到闫云生这样的民营企业家投资兴办客栈，使宋家沟的乡村旅游业有了一个非常好的开端。我们希望地方政府能继续创造良好的经商环境，支持企业家做好做大企业，为乡村振兴发展发挥更大的作用。

村里的经营户——有想法且懂管理的李保平

李保平

在宋家沟，短短的一条宋前街上就有三四家便利店，"乡里乡铺"便是其中的一家。它位于中心广场，人流量相对较大，店面不大，有30多平方米，呈长方形，除了中间一排迎门货架外，靠墙还有一排"L"形货架，货架上摆放着烟、酒、副食等各种日杂用品，看上去货很齐全。

"乡里乡铺"是我们调研组成员在宋家沟经常歇脚的地方。第一次去时，看见店铺里的烩菜做得非常好，便在铺子门前的摊位上吃了顿农家饭，每人20元。正是因为吃这顿农家饭时与店主闲聊的几句，使我们与"乡里乡铺"的这户人家成为朋友。之后，我们又数次到宋家沟调研，有时忙到饭点便会要求"乡里乡铺"的老板为我们做个烩菜。2018年9月，调研组分两组补充经营户的资料，我们这组便又一次来到了"乡里乡铺"。

"乡里乡铺"前的热闹情景

掀开店铺门帘，便看到屋内炕上躺着一位老妇人正在睡午觉，听到有人进来，她便起身坐起来。我们忙说："不好意思，打扰您休息了。"老妇人微微一笑说："没事，睡了一会儿了。"看见我们几个是外乡人的模样，老妇人下意识地问我们是做什么的，我们说明了来意，并提醒她原来在这里吃饭时见过几次。老妇人带着歉意说："哦，原来是你们呀，年纪大了，记性不好，快坐下。"

老人招呼大家坐下后，我们便与她攀谈起来。老人名叫梁林娥，今年74岁。她告诉我们这是三儿子的店，她帮着照应一下。我们问她有几个孩子，老人一一为我们讲述着：大儿子叫李建平，今年56岁，和媳妇儿在广西防城港开着一家大饭店，他们有一个女儿和一个儿子，孩子们也都大了。二儿子叫李润平，今年52岁，以前在北京是武警，转业后被安排在岢岚县环保局工作。二儿子也有一个女儿和一个儿子，女儿已经结婚，儿子刚20岁。三儿子就是这个店铺的主人，叫李保平，今年46

岁，经历比较丰富，以前在外打工，现在回来开超市。他也是一个儿子和一个女儿，儿子在打工，女儿还在上学。四儿子叫李平，今年43岁，在长治与人合伙开饭店，也是一儿一女，女儿正在读大学，儿子刚刚上小学。此外，老人还有一个姑娘，叫李翠平，今年50岁了。姑娘有两个儿子，目前在长治四儿子的饭店里打工。

这一番叙述下来，我们感到老人谈吐清晰，逻辑性很强，忍不住夸赞起来。老人自豪地说："我是老牌中学生，从小失去父亲，因为家里穷，上不起学了。"见我们对这些话题很感兴趣，老人继续说道："我年轻时考忻州的卫校是以第一名的成绩考中的，但因为各种原因没上成。"说起这件事，老人心里满满的遗憾，说自己命不好，没有走出去。

听了老人的这些经历，也就不奇怪她为什么说起话来与宋家沟的普通村民不同了。我们又问她老伴儿叫什么、做什么的，她答道："老伴儿叫李休民，今年77岁，原来是民办教师，后来转为公办教师，现在已经退休在家，每月有3000元的退休金。"看到我们赞叹不已，她又补充说，自己的老伴儿一直都是模范教师。

父母都是有学识、有文化的人，也难怪子女们都比较有出息，几个孩子过得都不错，这和两位老人的家庭教育是分不开的。

谈话间，三儿子李保平回来了。我们与他打着招呼，他母亲也忙着介绍说："她们是老来咱家吃饭的那些人，想问问情况。"李保平长得高大魁梧，看起来很精神。招呼我们坐下后，他也在旁边的椅子上坐下，跟我们聊了起来。

李保平说，他16岁就去煤矿打工了，当时是按照五年一换的轮换工去的，后来又转为合同工，一干就是30年。有30年在煤矿上的工作经历，我们想他一定积累了许多经验。李保平说自己在煤矿上干得不错，干活儿之余，还学会了开机器。这些都为李保平后来找工作提供了极大的帮助。

合同到期后,李保平便返乡了,他说那是在 2003 年,自己带着 5 万元的返乡金和之前工作攒下的钱回到了宋家沟。当时两个孩子还在上学,媳妇儿身体也不好,他便打算出去再找些营生。

在朋友的介绍下,他去内蒙古、陕西打过工,开过掘进机,也干过调度,每月赚 6000 元左右,但都干不长。干的时间最长的是在吕梁离石煤气化,干了 3 年,当时是搞管理,挣的也不少,每个月都有 8000 到 9000 元的收入,不过后来也不干了。

与李保平交谈中,我们能感觉到他不同于宋家沟的其他农民,这应该与他常年在外地打工,还曾经干到管理层,经历较为丰富有关吧。和我们交谈,他叙述得也比较清晰,不像之前访谈时遇到的一些村民,经常一个问题需要反复问好多遍。

说起现在的超市,李保平说这是以前他大哥开的,后来大哥为了孩子们上学,出远门打工,这个超市就不开了,大概停了两三年吧。2016 年的时候,赶上扶贫帮扶,当时他还在外面打工,考虑到家里曾经开过超市,有一定的基础,于是在山西省总工会的帮扶下,又把超市重新开了起来。当时山西省总工会帮扶了 6000 元,自己大概花了 10000 元。超市开起来后,因为有以前的货源关系,进货都是先把货送来,赚了钱再慢慢回笼、慢慢周转,就这样一直开到现在。

超市刚开时,李保平偶尔还要外出打工,他便用媳妇儿的名字办了经营许可证,想着媳妇儿能帮着照看。但后来媳妇儿因身体不好住到了县城,超市就由他和父母一起照看。

我们问超市的收入怎么样,他说自己也没算过,反正需要花什么钱,从超市里拿就行。货没了就拿钱进货,家里用什么也从超市拿就行,自家的门市,自家人在管,不用算那么清楚。但我们还是问了一下每天大概的营业额，他告诉我们一天大概能卖 100 到 200 元，但赶庙会人多的那几天，每天能卖 1000 元，那几天父母和他都忙不过来，还得叫亲戚朋友来帮忙。不过这种情况很少，平时基本没什么人，一天的收入很少。

赶庙会人多的时候，他还在超市门口摆起了烧烤摊。他说当时摆摊的那些货车和工具等都是由乡政府免费提供的，说到这儿，他忙连声夸赞共产党好！

除了超市外，我们问他还有没有别的收入，比如种地什么的。他说自己不种地，和父母共有 20 多亩地，退耕还林了 6 亩，以每亩每年 100 元的价格租出去十多亩，剩下的老父亲在种，但是也没什么收入。

和他聊了好一阵后，我们问他住在哪里，他说现在的超市用的是大哥的房子，他的房子就在超市附近。我们提出想过去看看，他爽快地在前头带路，边走边说，他的房子现在自己只住了一间，其余的以每月 500 元的价格租给工地上的人了。

谈话间，我们来到了李保平的院子，院子里种的葫芦格外引人注目，还种有萝卜、白菜等蔬菜。我们问他这都是他自己种的吗，他说不是，是父亲种的。看来，他父亲不仅是个文化人，而且也很勤快，家里的地和儿子院子里的地他都给承包了。

我们听到院子北面那一排房子里传出来了打麻将的声音，他笑着说，人们闲得没事干，就打打麻将。他自己住的房间在南面这排房子里，宋家沟的冬天十分寒冷，他在房间的墙壁上挂了一个暖风机。看得出来，他对生活品质还是比较讲究的。当我们看到他的房间里还摆放了茶具时，更是惊讶。茶艺是一种高雅的艺术，普通人很难去触及。李保平也许并不是精通茶艺之人，但他对于生活品位的追求却让我们刮目相看。

我们问起他未来的打算时，李保平说，自己腰不好，干不了重活儿，但光靠小超市也赚不了钱，宋家沟现在小超市很多，游客又少，光靠这个是发展不起来的。他说他想做一些独门买卖，比如卖馒头啥的。他解释道，这个是和人们的日常生活分不开的，人们离不开吃饭，而且宋家沟还没有人做这样的买卖，或许会好一些。为此，他还买了和面机、馒头机。我们称赞他有想法、有行动，可是李保平却面露难色，并说馒头机需要三相电，他已经向电业局提过申请了，但是跑了好几次手续都批不下来。

对于像李保平这样的人，有想法，也想干，政府应该给予支持。一来可以鼓励他们创业，让他们获得更好的发展，二来可以充分发挥他们的带头作用，激励和带动周围的人。

李保平一家三世同堂，虽称不上书香门第，但也算是知书达理的一大家子，家庭氛围很好，言谈中我们也能感受到"兄道友，弟道恭"，整个大家庭和睦而幸福。俗话说"家和万事兴"，我们在基层百姓的生活中再次印证了这句话。

与我们道别的一家人

三位立志与宋家沟共同发展的青年创业者焦小刚、赵亮和李勇

前几次到宋家沟调研时就听村民们说,"岚漪情土特产"店铺是由三位年轻人开办的,他们很能干,生意做得很好、很大,为村里和贫困户做了不少事情,你们应该好好采访一下他们。不巧的是,我们每次去时店门都是关着的。

"岚漪情土特产"店铺

7月是旅游旺季,为调研宋家沟乡村旅游的发展情况,我们再次来到这里。宋前街游人川流不息,这与我们前几个月走访时的景象形成了鲜明的对比。"岚漪情土特产"店铺也开门了,店门外,乡政府为各经营户统一配置的流动货车上摆满了密封包装的红芸豆、荞面等当地特产,两个穿着黑色T恤的年轻人正坐在旁边的长凳子上注视着来往的游人,见我们走过来,便主动站起来招呼。

这是一个面积约60平方米的里外套间,外屋倚着西、北两面墙呈

"L"形摆放着一溜儿货架，各类剪纸工艺品、胡麻油等特产错落有致地摆在上面。南面窗户下堆放着一排标重10斤的袋装面粉，屋子中间还整齐地码放着产自当地的盒装月饼及杂粮。里屋是储物间，堆放着一些库存商品及杂物。这时，正好有一个从太原来的百人旅行团在导游的带领下走进店铺，有些客人对店里的玉米面、莜面、胡麻油等很感兴趣，两位年轻人立即拆开面袋子，打开密封的油盖，热情地向顾客介绍产品。他们告诉我们，这5天连续对接的旅游团都在100人左右。

待客人们走后，我们与忙碌了一阵的两个年轻人聊了起来。一个叫焦小刚，是这家店的店长；另一个叫赵亮。他们与另外一个去太原办事的年轻人李勇，合伙开办了这家特产店。

这家店铺是2018年4月开办的，当时焦小刚、赵亮、李勇三人主动找到岢岚县政协副主席、宋家沟乡党委书记刘鹏德，希望通过"信息—旅游—电商"的经营模式来助推宋家沟的发展，带动贫困户脱贫。刘鹏德对他们的想法给予了充分肯定，并代表宋家沟乡党委表示全力支持，还为他们免费提供店铺。三人经过商量后，决定说干就干，前期共同出资5万元分头设计并定做了一些商品，开始在店铺内销售。五一小长假期间，店铺最高销售额达到每天5000元。

经过几个月的运作，他们对宋家沟旅游业的发展更有信心了。2018年6月，三人又注册成立了岢岚县中泰旅游有限公司，与山西好玩儿旅游开发有限公司对接，形成了"游玩岢岚县，吃住宋家沟"的旅游方案，对外地旅行团实行了"吃在村中的兰花花客栈，住在宋家沟村民家"的一条龙服务。为达到城里人的基本入住条件，他们又出资4万元将当地村民家的基础设施进行了简单装修与改造，按照每人每天60元的价格收取住宿费，其中35元返给村民，两个月累计帮助贫困户50余户。

2018年6月21上午，"6·21宋家沟乡村旅游季"在宋家沟三棵树广场火热开幕,当日,宋家沟国家 AAA 级景区授牌仪式暨乡旅研学基地挂牌仪式同步举行。他们告诉我们,这次乡村旅游季的"美食节"活动是乡政府委托他们策划的。2017 年 6 月 21 日,习近平总书记视察山西时来到宋家沟,向广大干部群众发出了"撸起袖子加油干"的号召。时隔一年,为牢记习近平总书记的嘱托,带领群众脱贫致富,推进全域旅游的发展,岢岚县委、县政府特地举办了"6·21 宋家沟乡村旅游季"的活动。这次活动历时 4 天,吸引入驻摊点 50 余个,游客人数达到 5 万余人次,带来旅游收入 30 余万元。

三位年轻人立志与宋家沟共同发展,短期内就取得骄人的成绩,得到党委政府和村民们的认可,令我们刮目相看,也引起了我们进一步深入了解他们的兴趣。

焦小刚,今年 31 岁,一个互联网时代成长起来的"新农人"。他是团员青年的带头人,地地道道的"80 后"创业青年,目前担任共青团岢岚县委兼职副书记、大学生创业园团委书记、岢岚县青年志愿者协会会

焦小刚

长等职。他和许许多多的年轻人一样，创业之路充满了艰辛。他是在弟弟焦小强的影响下开始接触电商的，了解电商以后，他认定这将是一个发展的潮流。在外从事这项工作并积累了丰富的经验后，他于2013年8月毅然回到岢岚县开办了县里的第一家农产品电商，随后又创立了岢岚县晋鑫电子商务有限公司。他从一个普通的返乡创业青年做起，脚踏实地、艰苦奋斗，用3年的时间发展成为拥有两家公司、雇用大学生8名、年销售额近百万元、年均利润20余万元的企业经营者。

1987年出生的赵亮也是一位创业达人。2011年从天津市渤海职业技术学院毕业的他，曾经通过岢岚县大学生公益岗位招聘到当地一家企业和县扶贫办工作过一段时间。但年轻的他不甘于平凡的生活，怀揣着一个创业梦，一心想干一番自己的事业。2012年从公司辞职后，他去太原学习了奶茶制作技术，并于2013年在岢岚县繁华地带开办了岢岚县第一家奶茶店——CC奶茶店，生意非常好。挖得人生第一桶金后，他又开办了一家电信营业厅。2016年又注册成立山西同城小帮信息技术有限公司，

赵亮

专门做"互联网+"综合智慧型服务平台。公司以信息互联为主，通过信息互动衍生出同城点餐、配送、直播、电信、淘宝客等业务。公司自成立以来分别注册了9类、35类、42类商标"指尖城市"，是岢岚本地最有影响、用户最多的综合性平台。

李勇是名"90后"，是三人中年龄最小的一个。2011年7月他从山西老区医学院毕业后，义无反顾地回到家乡发展。他最早是经营生长在岢岚的野生中药材，包括柴胡、党参、枸杞、百步、黄芪等。3年后，由于各种原因生意无法持续下去，他又开始寻求新的发展目标。经过一段时间的磨砺，于2016年创立了岢岚县众才人力资源服务有限公司，短短两年时间，为200余人提供了就业岗位，解决了很大一部分人的生活难、就业难问题。2017年年初，李勇开始把目光转向岢岚特产毛尖茶。他一边向老乡们学习传统毛尖茶的制作方法，一边外出考察学习现代化的制茶工艺。经过摸索，他成功地做出口感色泽俱佳的好茶，仅2017年就收购了当地茶叶5000余斤，目前正在筹划将毛尖茶加工包装后推向市场。

李勇

这三位年轻人都是地地道道的岢岚本地人，对家乡共同的热爱让他们不约而同地选择了回乡创业发展，将自己的青春和事业奉献给了养育他们的这片土地。

焦小刚生长在岢岚县一个小村子里，对农村的一草一木都非常熟悉，农民生活的艰辛，使他立志干出一番事业后一定要帮助农民过上好日子。刚接触网购时，他很自然地想到，能否立足家乡的土特产，通过互联网这一先进平台，帮助家乡的农民增加收益。创业取得一些成效后，他没有忘记自己的初心。当了解到贫困户手中的黑豆滞销时，他劝说自己的弟弟焦小强，让他的山西二小子电子商务有限公司以高于市场价 20% 的价格收购贫困户家中全部滞销的 3 万余斤黑豆，解决了贫困户的燃眉之急。随后，他又与县政府多次沟通，对症下药，创造性地提出了"电商+贫困户"的脱贫发展模式，让贫困户负责种植特色无公害农产品，由政府提供农资补贴，种出的产品由他以高于市场价 20% 的价格收购，真正让利于贫困户，达到脱贫增收的目标。

曾在岢岚县扶贫办工作的赵亮，亲眼看到农民辛辛苦苦劳作一年后，手中产品销不出去的难处与辛酸，心中一直想做一个物产信息交换平台，帮助农民进行土特产销售推广。2015 年，他毅然将 CC 奶茶店转租给他人，利用自己的信息专长全身心地投入土特产互销平台的创建中。2018 年 4 月，这个土特产交易平台正式投入运营，他希望以网络的便捷性将土特产商品信息发送到全国甚至全世界。目前该平台已拥有来自山西、河北等地的特产商品 460 余种。

生长于宋家沟的李勇，对宋家沟的贫困有着很深的体会，也看到宋家沟因为缺少青壮年而导致难以实现可持续发展。多年来，凝聚青年力量，为村里出点儿力做点儿事一直是李勇的心愿。2017 年看到宋家沟的发展变化后，李勇就计划以村里秀美的自然环境和新时代乡村文化为基础打造宋家沟的文旅品牌，并召集和带领村里的年轻人利用互联网发布一些文字、图片等宣传宋家沟的新村风光。下一步，他还计划在省内各高校宣传宋家沟的众筹民宿、众筹四合院等特色项目，让更多的年轻人走进宋家沟，留在宋家沟。

在发展事业之余，他们三人还都非常热心公益事业。2016年6月，共青团岢岚县委组建了岢岚青年志愿者协会，并在民政局注册登记，焦小刚被选举为协会会长，赵亮、李勇、康卫东担任副会长，目前该协会发展注册会员76人，微信群280人。青年志愿者协会成立后，每周五都会组织志愿者召开例会，并已在环境清洁、扶贫助困、交通协管、法制宣传、校园安全、团员青年交流等领域开展了40余次公益活动。2017年开展的"爱在身边，关爱孤残儿童"暖冬行动，累计捐赠衣物达2.3万元。他们还有针对性地带领青年志愿者开展扶贫工作，如到宋家沟给村里老人理发、洗衣服，积极扶贫助困。由于他们的积极作为，青年志愿者协会受到当地党委政府及社会各界的赞扬。

乡村创客是发展农村的驱动力。他们用创意妙招激活乡村，用技术知识助力农村发展，就像星火燎原，带动了整个乡村的发展活力。从土特产店到乡村文化旅游，从实体店经营到"互联网+"网络销售，从一个人单打独斗到聚力广大回乡青年助力扶贫攻坚，青年乡村创客们的创业项目不仅盘活了宋家沟的乡村资源，也让农民的生活变得红火起来。

三人的创业历程深深地打动了我们。出身于农村的他们，没有条件去进行更高层次的教育深造，专科毕业后就在社会上打拼挣钱。虽然起点不高，但是他们对理想的追求和个人的奋斗目标超越了很多家庭出身优越、受教育程度高、物质条件好的城市青年。他们从农村走到城市，在打拼成功后，不忘家乡，带着他们在网络营销、电子商务、市场开拓等方面的技术特长回乡创业。他们把个人事业与家乡建设结合在一起，把自己的未来寄托于家乡的发展。我们相信，他们为家乡贡献力量，家乡也会回报给他们一个更加美好的未来！

经营着超市又新开了汾酒专卖店的王永光

2018年夏末，我们再次前往宋家沟调研，走在熟悉的宋前街上，一家新开的汾酒专卖店引起了我们的注意。我们疑惑街上什么时候开了这样一家店，便迈步走进店里。

一个看上去二十几岁，身材高挑的女孩儿立刻迎了上来，她说她是这家店的店员，叫刘慧。刘慧告诉我们，这家店刚开业十几天，只雇了她一个店员，负责看店、打扫卫生。我们问她一个月能领多少工资，她回答，底薪900元，另外还有销售提成，不过开了十几天还没卖出去一瓶酒。

我们在店里转了一圈儿，20多平方米的店面装修得十分别致，东边还设置了一间茶室，可以接待客人。店里货架上摆放着各类汾酒，每瓶价位从35元至1380元不等。

我们看到这家汾酒店竟然与隔壁"宋家沟供销社便民超市"相通，便穿过内门走进了便利店超市。前台坐着一位中年男子，见到我们就起身招呼。我们做了自我介绍，并询问这家店的老板是谁，是否在家，旁边站着的村民打趣道："他就是二当家的，你们有什么就问他吧。"中年男子忙解释道："我是帮忙看店的，老板叫王永光，岢岚县城人，在县城还有生意，平时不怎么过来。"老板不在，我们便先和他聊了起来。

他叫许尚忠，今年56岁，忻州河曲人，之前在太原一家国有企业上班，前两年办理了内退手续，现在每月能领到3700元的退休工资。退休后的许尚忠与几个朋友来到岢岚，本想做点儿生意，可惜由于一些原因没有成功。2017 年 6 月，王永光在宋家沟开了这家超市，当时没有招到合适的店员，就找许尚忠过来帮忙照料一下。因为二人是亲戚关系，许尚忠也不向王永光要工资，而且一待就是一年。许尚忠说："我也不图那点儿钱，就冲着人情。我和老伴儿都退休了，只有一个儿子在太原上班，他不着急结婚，平时也不用我们管。我反正也闲着，在这儿就当给自己找点儿事做。"

替王永光看店的许尚忠

许尚忠说，他在岢岚县城买了一套房子，老伴儿在太原住腻了就过来这边住两天。如果是自己一个人，就直接住在超市里。超市东边墙上有一个小门，打开后里面是间小卧室，摆放着一张单人床，还有电磁炉等物品，许尚忠平时吃住都在这里。

我们问他在这边住得惯吗，他回答，村里没有市里热闹，年轻人肯定待不住，但是我们老了，这边安安静静的挺好。岢岚这边凉快，夏天住挺好的，冬天需要烧电暖炉。

交谈中，有几个村民过来买东西。许尚忠与这些村民已经很熟了，相互间开个玩笑，逗个乐，关系很好。有位妇女在超市拿了一箱水果罐头，没有付钱就走了。见我们疑惑，许尚忠解释说，都是附近的邻居，经常来买东西，隔几天结一次账就行了。通过我们的观察与访谈，发现许尚忠是一个为人热情、性格豁达、不计较得失的人。

之前调研时曾几次路过这家超市，只是由于宋家沟街上像这样的便利超市有五家，因此没有对它太过关注。超市货架上摆放着各类烟酒、副食、百货等商品，满足村民日常所需没有问题。问起当初王永光为何会来宋家沟开超市时，许尚忠说，当时宋家沟新村建成后，县政府也算是招商引资吧，找到王永光，希望他可以在这里开个超市。王永光是岢岚县城大型副食品批发商，也是岢岚地区汾酒总代理商，经济实力较强，在县城的公司雇有20多名员工。所以无论是开超市还是汾酒专卖店，对他来说都不是难事。作为招商条件，县政府免费为他们提供了商铺，包括室内的简单装修，货架也是由县供销社免费提供的，他们2017年过来时直接摆上货品就开门营业了。因为汾酒集团对其加盟店的装潢有要求，王永光又请来了汾酒集团的专业设计师重新进行了设计装修，并特制了酒柜，总共花费了17万元。

我们问两家店经营状况如何，许尚忠说，超市开了一年了，平均一天的销售额就是个百八十元，扣除进货成本，一年下来毛利润能有个10000多元吧。但是这边冬天太冷，需要24小时开着电暖气，每月电费要2000多元，所以扣除电费开销后，挣不下什么钱，也雇不起个人。汾酒店开了半个月了，还没卖出去一瓶酒，雇了一个人也是因为汾酒集团要求必须有专职店员。

根据许尚忠提供的信息，结合我们前期在村里调研掌握的情况，造成店铺生意不景气的原因主要有两点：一是宋家沟村民消费水平较低。村民大多为老年人，生活比较简朴，消费需求较低，基本上属于家里有啥吃啥。就拿酒类消费来说，买瓶装酒的村民很少，更别提上百元一瓶的高档酒。店里最便宜的瓶装酒也要18元一瓶，这是很多村民几天的饭钱。村里有几个爱喝酒的，平时顶多打几两散酒，价格在每斤12元左右。二是旅游拉动消费不足。来宋家沟旅游的人不少，但是在这儿消费的却不多，这也是我们在访问村中其他经营者时大家提到的一个共性问题。宋家沟的旅游产业才刚刚起步，旅游景点单一，村里商家经营产品类别基本一样，对游客吸引力不足，大部分游客来这里逛一圈就走了，几乎消费不了什么。再加上汾酒店开业时间短，错过了旅游高峰期，所以销售情况不好。

我们后来电话联系了老板王永光，他正在忻州出差，我们便对他进行了电话访谈。对于店铺未来的发展，王永光的态度还是比较理智和冷静的。一方面，他看好宋家沟未来的发展。宋家沟作为习近平总书记到访过的地方，在过去一年受到了全国人民的关注，参观者络绎不绝，这是宋家沟发展商业的优势所在。他希望借助宋家沟2018年被评为国家AAA级景区以及政府大力推动县域旅游战略的契机，能够带来更多的游客，带动消费增长。另一方面，他也做好了长期准备。就店铺目前的经营情况来看，是不容乐观的。造成的原因有共性的，也有个性的，解决这些问题需要政府、企业下功夫、花心思、想办法，这可能需要一个过程。

村里的经营户中，像王永光一样在岢岚当地有一定经济实力，来宋家沟投资开店的企业家还有很多。他们的参与带动了产业的发展，盘活了闲置资源，丰富了村民的生活。乡村振兴靠产业，产业兴旺盼能人。引进有雄厚经济实力、有社会责任感的能人回乡投资兴业，共助脱贫攻坚和乡村振兴应该是各级政府的重点工作。地方政府必须勇于担当、主动作为、因地制宜、分类施策，从用地、金融、基础设施配套、政策性资金争取等多方面，对回乡创业项目优先安排、重点倾斜，同时优化环境，为能人回乡铺路，为企业发展搭台，为产业兴旺服务，聚天下人才而用之，把"落后的乡土"变成"希望的田野"。

玉石店老板王保平

王保平

宋家沟的村中心广场有一家"宋家沟玉茶缘坊"，门前写着"赌石"二字，我们第一次到宋家沟时这块招牌就引起了大伙儿的好奇。在我们的印象中，城市里玩"赌石"的人尚且不多，大部分还都是有钱人。在宋家沟这样一个还未实现人口全部脱贫的农村，能有生意吗？带着这样的疑问，我们走进了这家店铺。

　　我们进去时，老板王保平并不在，他的母亲王玉花在店里照应着，她对我们十分热情，又是给我们搬板凳，又是拿出平时卖的小零食给我们吃，说是听她儿子提起过我们。我们问她王保平去哪儿了，她说，这两天乡镇医院在周边村庄义诊，需要一个司机，院长和他爸认识，叫他过去帮忙开车，一天给 100 元。看来玉石店的生意不是很好，王保平还需要接些小活儿，挣个外快。

　　我们仔细观察了一下这个玉石店，整个店面积也就 30 平方米左右，一席竹帘将屋子隔成两块，里面做成了茶室，外面是商铺。屋顶用铁丝将树叶串成串做装饰，四面墙体从上至下挂着竹帘。靠墙一溜儿全是货架，其中一个三层铝制的货架上摆满了形状各异的石头，旁边的玻璃柜台里摆放着王保平已经雕刻好的玉石成品，价格从几十到上千元不等。再边上为一个四层木质货架，上面摆放着一些古书和工艺品，最下面一层放着一些用真空袋包装的豆面粉、土豆粉等。货架前面有一个方桌，桌上堆着一沓剪纸、几身汉服和一些小孩儿的玩具。王玉花告诉我们，剪纸是宋家沟乡建文化院的院长送来的，他们帮忙卖一张可以挣 2 元。汉服是儿子买来供游客拍照用的，穿一次收费 10 元。店内左侧有个隐形门，门上贴着"游客止步"。经主人允许，我们推开小门，里面是一间卧室，摆放着一张单人床，晚上王保平就睡在这里，他将其命名为"梦龙阁"，别具新意。不大的店铺摆得满满登登的，站上三四个人就显得有些局促了。

　　听王玉花讲，他们不是宋家沟人，家住在岚县东口子村，走路到这里需要 20 分钟左右。她今年 63 岁，老伴儿 65 岁，育有一儿一女。儿子王保平今年 33 岁，初中毕业就出去打工了，儿媳妇儿是内蒙古包头人，二人是在包头市打工时认识的，结婚后他们就去太原打工了，直到去年冬天王保平才回到宋家沟开了这家店。现在儿媳妇儿和孙子还在太原，儿媳妇儿在超市做促销员，孙子在太原一所小学读五年级。他们在太原租房子住，每月房租2500元。女儿今年39岁，山西农业大学毕业，在太原一家企业做会计，女婿是文水人，在北京读的大学，在山西六建上班，二人在太原买了房子，有一个11岁的儿子。说到自己的一双儿女，老人不禁感慨道：还是多读书好啊！

老人告诉我们，她平时没事就过来店里照应着，帮忙卖个冰糕、矿泉水啥的，自己也做些凉粉、凉饸饹等小吃来卖，我们进来时也看到了店门口支的小吃摊。他家在东口子村有9亩地，种些土豆、玉米、高粱等作物。他们还在村里开了一家杂粮加工作坊，买了磨面机，货架上的豆面粉、土豆粉就是他们用自家的粮食加工的。老人还告诉我们，一袋80斤的土豆可以磨出25斤的面，1斤面能卖6元，这样一袋土豆做成面就可以多挣100多元。他们现在最大的困难是缺乏资金，因为自家产的粮食有限，想要批量生产就得去收购别人家的粮食，可是又没有钱购买。他们也曾考虑过向银行贷款，但是由于老两口儿的年龄都已超过60岁，王保平又是打工人员，不符合银行的贷款条件，也就作罢了。与老人聊了一会儿，还是等不到王保平，我们决定先去村中其他人家了解情况。

再回到玉石店时，王保平已经回来了。见到我们，他脸上依旧是一副腼腆的笑容，说话慢条斯理。从交谈中得知，现在这个店铺是他以每年6000元的价格租的，当时装修花了不少心思，光墙面就整修了好几次，前前后后连装修带进货总共投资了9万余元，这是他前些年打工攒下的全部积蓄了。

王保平虽只有33岁，工作经历却十分丰富。他17岁出门打工，先是在长治学了3年厨师；2006年又到包头做了2年面点师傅；回到太原后，起初在北京华联超市饮酒部做理货员，月工资只有350元；后来在青龙电脑城卖电脑，由于表现出色还被宏碁电脑太原地区总代理看中，提拔为分店店长，2年后由于上层决策调整，分店被关闭，王保平又没了工作；之后他又到了美的空调太原办事处做装线工，没干多长时间，又到景田水站做了4年送水工；2014年王保平自己开了一家水站，经营了约3年时间。3年前，王保平认识了一位朋友，其在太原经营着一家玉石作坊，做玉石雕刻。王保平因此接触到了玉雕并产生了浓厚的兴趣，开始跟着朋友学习雕刻。如今王保平的雕刻手法已日渐成熟，作品也受到不少客人的喜欢。开一家属于自己的玉石店的想法在王保平脑海中酝酿已久，但一直迟迟未动，直到去年他参加初中同学聚会时，听同学王宏斌讲，现在的宋家沟大变了样，王宏斌还与父母在宋家沟开了一家"仙仙农家乐"，生意还不错。同学的话让王保平动了心，他到宋家沟考察一番后，决定将玉石店开在这里。起初父母对此并不赞同，认为好不容易走出农村咋能再回来。但妻子对自己的事业十分支持，并鼓励他说："大不了赔光了，咱再回去打工。"妻子还特意回老家帮他说服了父母，有了这颗定心丸，王保平说干就干。

位于中心广场的玉石店

2017年年底，王保平的玉石店正式开业了。万事开头难，创业尤其如此。玉石店生意刚刚起步，收入还不太稳定，有时生意好了一个月的销售额能达到四五千元，少时只有两千元左右。为了增加收入，他也想方设法增加了不少其他经营项目，比如我们前面提到的卖水、做小吃等。我们疑惑地问道：玉石店开在农村能行吗？为什么不改行做点儿其他的？比如开个饭店什么的。面对我们的疑问，王保平语气平和地说："不少人质疑过我，也劝过我，但是我觉得干一件事情，如果别人说不行你就不做，那你可能什么事都做不好。任何事物的发展都有一个沉淀过程，我喜欢做玉雕，相信在农村也会有爱好它的人，有人就有市场。"他的语气淡然，目光却坚定。我们继续追问："你对未来有没有一个打算，如果失败了怎么办？"对于成败，王保平已做好心理准备，他说："现在老人身体还挺好，孩子也长大了，所以在家里条件允许的情况下，我给自己两年时间，如果能扎住脚跟就再多租两家门店，现在的这个店面太小了；如果失败了，我考虑把店迁到岢岚县城去，但还是会继续做这个行业。我告诉自己，宁可死在上山的路上，也不愿躺在高山的脚下。"王保平的最后一句话深深地震撼了在场的我们。

正如世界著名剧作家萧伯纳所说，一个尝试错误的人生，不但比无所事事的人生更荣耀，而且更有意义。没有人知道哪条路会通往成功，只有敢于尝试才会有获得成功的可能。不管选择哪条路，都需要有破釜沉舟的勇气和不忘初心的毅力。33岁，正是奋斗的好年华。乡村振兴需要青春力量，我们很高兴地看到，有像王保平和王宏斌这样的一群热血青年愿意回乡创业，将自己奋斗的战场放到最需要年轻人的农村，将个人命运与乡村发展事业连为一体。

中国是爱玉之国、崇玉之邦，中国人把玉看作是天地精气的结晶。由于玉的外表及色泽，人们把玉本身具有的一些自然特性比附于人的道德品质,比如"宁为玉碎"的爱国民族气节,"化为玉帛"的团结友爱风尚,"润泽以温"的无私奉献品德,"瑕不掩瑜"的清正廉洁气魄。在中国古代封建社会,琢磨于帝王宫苑的玉制品曾经被看作是显示等级身份地位的象征物,是上层社会、高端人群的专属用品。如今随着人们生活水平的提高,玉器等早已走进寻常百姓家,满足了大众对玉器收藏和日常佩戴的需求。

随着扶贫攻坚工作的开展、乡村振兴战略的实施,农民的收入水平也将有所提升,农村有可能成为玉器市场新的增长空间。另外,随着宋家沟知名度的提升,前来旅游的游客日益增多,他们也是王保平玉石店的潜在客户,我们调研组的一位同事就看中了他店中的一块吊坠并购买。很多成功人士都是在市场还未成熟时,以非凡的洞察力和决断力,在别人不看好的情况下开始了创业。王保平正是看中了玉石行业在宋家沟未来的发展前景,敢于在别人看来并不那么成熟的市场上率先尝试,这也恰恰说明了他具有长远的眼光和过人的胆识。

用青年力量,让农业年轻!

我们祝福王保平,祝他事业成功,也希望有更多的年轻人回到乡村开拓事业。

村里的贫困户

贫困及其衍生出来的饥饿、疾病、社会冲突等一系列难题一直困扰着许多发展中国家。中国作为世界上最大的发展中国家，多年来一直致力于与贫困做斗争。改革开放之初，中国农村贫困人口高达 7.7 亿，贫困发生率达到 97.5%。40 年过去了，中国 7 亿多人摆脱了贫困，贫困发生率已降至 4.5%，取得了举世瞩目的成就。到 2020 年，中国将全部消除绝对贫困人口，全面建成小康社会，这是中国政府对全国人民乃至全世界做出的庄严承诺。为了兑现这个承诺，中国正在深入推进一场改变数千万人命运的脱贫攻坚大决战。

在岢岚县，宋家沟的条件相对不错。这里虽没有什么矿产资源，但靠山临河、交通便利，离县城也较近。因此，岢岚县委、县政府决定将周边邻近的长崖子、甘沟等交通不便、生存条件恶劣且大部分是贫困户的 14 个行政村的村民搬迁安置在宋家沟。据统计，2016 年宋家沟全村建档立卡的贫困户有 165 户 283 人，其中，原住村民贫困户 47 户 128 人，移民搬迁安置贫困户 118 户 155 人，贫困发生率为 26.9%，高于全国平均水平。致贫原因包括因残、因病、因学、缺技术、缺资金、缺劳力六种。为此，当地政府按照国家扶贫政策采取了通过扶持生产和就业发展一批、通过易地搬迁安置一批、通过生态保护脱贫一批、通过教育扶贫脱贫一批、通过低保政策兜底一批的措施。2016 年全村实现脱贫 21 户 71 人，2017 年实现脱贫 26 户 57 人。目前，宋家沟原住村民贫困户全部实现脱贫，剩余贫困户计划在 2018 年全部脱贫。

知屋漏者在宇下，知政失者在草野。对扶贫工作成效的最佳考量就是看贫困户生活中发生的实实在在的变化，就是听贫困户口中说出的幸福获得感，就是想贫困户心里的顾虑与担忧。从 2018 年年初开始，民盟山西省委会宋家沟调研小组走访了村中的所有贫困户，从中选取各类致贫原因中具有代表性的典型贫困户进行深入访谈，以考察脱贫攻坚的整体成效，并关注脱贫攻坚政策落实过程中的具体问题。

脱贫明星沈姚付

沈姚付

对沈姚付的了解最先始于网上的一条表彰新闻，"宋家沟村民沈姚付被忻州市脱贫攻坚领导小组授予 2017 年忻州市脱贫攻坚奋进奖"。

获奖的贫困户是什么样子的呢？带着这样的好奇，我们找到了沈姚付家。

沈姚付家住在三棵树广场旁的一栋独院里，是村里位置非常好的地段，门匾上"温俭居"三个字，不同于村里的其他门匾，倒有几分文人墨客的味道，让人很自然地想到儒家"温良恭俭让"的五种美德。门上的一副春联也别具特色，上联是"脱贫致富奔小康"，下联是"汗水换来幸福田"，横批是"走出贫困"，与宋家沟现在的形势十分相应。院子收拾得干净利落，屋门前有一对儿红色灯笼，平添了几分喜庆祥和。院中的两分平地种着西红柿、辣椒、豆角等蔬菜，盛夏时节一片绿油油的景象，充满生机。院子东、西两个角落里各有一小间平房，分别是厕所和储藏室。

我们去时，沈姚付与母亲、妻子刚吃过午饭，正围坐在茶几旁聊天儿。见到我们便十分热情地邀请我们坐下，我们抱歉打扰了他们的午休，沈姚付笑答："不碍事，不碍事，你们过来我们高兴着呢！"

提起家门口的那副对联，沈姚付自豪地说道："这是我自己想出来的，很多字忘了怎么写，就从电视里面找，不会用毛笔就找乡建院的人帮忙。"令沈姚付感到意外和欣喜的是，现在贴在他家门上的对联成了宋家沟的一个景点，经常有游客留影拍照。沈姚付自己粗略统计了一下，从2017年到现在，到他家参观的人数已接近两万了。我们问道："这么多人到你们家不嫌乱吗？"沈姚付说："大家从那么远辛辛苦苦跑到宋家沟来，说明我们这儿好啊，高兴还来不及呢！我们留他们坐一坐，喝口水，没啥麻烦的。有些游客找不到厕所，我就让他们来我家上。我们能过上现在的日子多亏了党和政府，帮助一下别人也是应该的。"之前受人帮助，在自己有能力帮助别人时能将这份爱心传递下去，这正是构建和谐社会所需要的。

听沈姚付讲，这已经不是他第一次写对联了，临近十九大时，他写的对联是"撸起袖子加油干，双手办起农家乐"，横批"心想事成"。只有小学文化水平的沈姚付，写的都是自己的切身体会，都是贫困户生活中实实在在的变化。

沈姚付作为精准扶贫户，是2017年4月从口子上村移民搬迁到宋家沟的，距离这里有2里地。小小的村子，不多的村民，用他们自己的话说，全村逛遍了也就数得见的几个人。村里家家户户住的都是土窑洞，遇到连雨天容易滑坡，路也泥得下不去脚，家里想买袋盐还得专门去趟宋家沟，最困难的还是吃水问题，得赶着毛驴去拉水。

据了解，宋家沟作为全县8个中心安置村中最大的一个，率先实施了易地扶贫搬迁政策。2017年，宋家沟乡党委、政府对居住在全乡的14个行政村145户精准贫困户进行易地扶贫搬迁，其中就包括沈姚付家。沈姚付告诉我们："村里五保户搬走四家，贫困户搬迁两家，村里只见老的，不见小的。第一批贫困户主要是搬到县城的广惠园小区，第二批是搬到宋家沟。"

沈姚付夫妻二人共有两个女儿，大女儿已出嫁，他们和未出嫁的小女儿3个人都是精准扶贫的对象，每人补贴2.5万元易地扶贫款，3人共7.5万元，沈姚付用这笔钱购得了宋家沟搬迁新区的3间房作为一家人的新居，家具、橱柜、床单、被罩等生活用品全部是政府免费提供的，搬家时只带了自家的米面口粮。老伴儿刘林桃说："现在住上了新房子，吃上了自来水，锅里做着饭再去买盐一点儿也不误事。吃完早饭去街上逛逛，和人说说话，吃完午饭再去街上逛逛，街上人多，红火。"沈姚付84岁的老母亲也笑着点头称是。

搬到了宋家沟，住进了明亮宽敞的新房子，生活条件有了质的提升，刘林桃就开始寻思：走出了穷窝窝，怎么干才能走上致富路？在山西省总工会驻口子上村第一书记宁建红的动员下，刘林桃支起小摊卖起了凉粉、碗托，收入非常可观。2018年"6·21宋家沟乡村旅游季"活动当天，老两口儿从早上5点就开始备材料做凉粉了，上午不到一个小时就已经卖了 30 多碗凉粉。刘林桃告诉我们，每年 3～6 月属于生意旺季，这 4 个月下来，光卖凉粉、碗托就能收入 6000 余元，比过去一年的收入还多。沈姚付有个美丽的愿景，那就是随着宋家沟乡村旅游季的举办，村民们的日子会越过越好。除了小吃摊，沈姚付在口子上村还有 10 亩耕地，分别种着 3 亩谷子、3 亩黑豆、2 亩土豆和 2 亩玉米，自家吃不完时也往外卖。空闲时间沈姚付还在村里打些零工，帮忙打扫卫生、吊个灯笼啥的，一天能挣 100 元。除此之外，他们家 7 亩地有种地补贴，玉米每亩 49 元，杂粮每亩 79 元，土豆每亩 59 元，每年共计 532 元；退耕还林 21 亩地，每亩补贴 300 元，一年下来共补贴 6000 多元；新农合参合费用补贴每人每年 180 元；62 岁的沈姚付还享受国家每年发放的低保金 2676 元；以个人名义贷款 50000 元，交给企业经营，每年能够分红 4000 元。这样大大小小的收入加起来，沈姚付一家年收入达到 20000 元应该不成问题。

　　政府的帮扶，再加上自身辛勤劳动，沈姚付一家在 2017 年成功脱贫，沈姚付还被授予"脱贫攻坚奋进奖"。提起获奖的事，夫妻俩立马从柜子里拿出一堆奖状、奖牌，一一摆在炕上展示给我们看。得的奖真不少，除了沈姚付的奖状外，妻子刘林桃在 2017 年也被忻州市妇女联合会评为"脱贫致富'最美女性'"，他们家还被评为"最美家庭"，同时还是宋家沟的"卫生模范户"。从靠国家扶持的贫困户，到勤劳致富的脱贫明星，沈姚付一家是最最普通的农村家庭，却有着中国农民身上的勤劳、朴实、与人为善等最珍贵的优点，这也是他们获奖的根本原因吧。

　　采访快结束时，村里另一个小吃摊的经营者王保平夫妇也来到了沈姚付家。原来小两口儿看沈姚付家的小吃摊今天没出摊，过来瞧瞧是怎么回事。移民搬迁户物质生活的满足靠经济收入，而精神生活的富足则源于邻里之间的关心和睦。

与我们挥手告别的沈姚付夫妇

当前，贫困问题仍然是我国经济发展中最突出的"短板"，而"一方水土养不起一方人"的贫困问题则是"短板"中的"短板"，必须付出更大力气、采取超常规举措补齐这块"短板"。习近平总书记指出，易地搬迁脱贫一批是一个不得不为的措施，也是一项复杂的系统工程，政策性强、难度大。

面对村多村小村穷、自然灾害多发、基础设施滞后等诸多不利条件，岢岚县把易地扶贫搬迁作为破解深度贫困的关键之举，全县规划"十三五"易地扶贫搬迁3389户8445人。其中，对全县115个山庄窝铺3537口人实施整村搬迁，按照推进精准识别对象、新区安置配套、旧村拆除复垦、生态修复整治、产业就业保障、跟进社区治理"六环联动"的做法，先行启动宋家沟中心集镇搬迁安置工作，2016年实现搬迁551户1604人，2017年搬迁1368户3285人，剩余1470户3556人计划在2018年全部完成搬迁。

搬迁移民作为改变命运的关键抉择,破解的不仅是深度贫困的一道难题,而且是穷僻老区人民群众走向美好生活的开始,美丽的移民新村让贫困户看到了希望。目前,忻州市推出了实施整村搬迁的"3673"计划,力争每年建成100个像宋家沟一样的扶贫开发新农村,用3年时间实现300个新村的建设目标,并着力解决人往哪里搬、钱从哪里筹、地在哪里划、房屋如何建、收入如何增、生态如何护、新村如何管7个问题,确保实现"搬得出,住得稳,能致富"。

因残致贫的刘明堂夫妇

刘明堂家是我们走访的第一家贫困户,为获得比较全面的调研数据,从2017年8月到2018年7月,我们前后去过他家三次。

第一次去时,习近平总书记刚刚视察过宋家沟,整个村子还沉浸在一片热闹欢喜的氛围中。在村里三棵树广场北边的一处安置房前,一对儿老夫妇见到我们几个外来访客,便热情地招呼我们进屋坐坐。男人叫刘明堂,今年65岁,甲午马年生,妻子沈改娥58岁,眼睛先天有残疾,左手踝关节有些向外翻。他们是2017年3月从7公里外的东沟村移民搬迁到这里的。

现在老两口儿居住在村里的移民安置房内,按照每人20平方米的安置标准,他们家分到的是一个面积40平方米、由村里统一建造装修的一卧一厅一厨一卫的套间。房间的里屋是卧室,外屋是客厅、厨房和卫生间。卧室砌好了一个大炕,厨房里垒好了灶台,卫生间安装了坐便器,地面上贴好了地板砖,墙体也粉刷得四白落地。大衣柜、桌子、木质沙发、茶几甚至连铺盖卷和锅碗瓢盆都由村里统一备好了,是真正的"拎包入住"。刘明堂自己又添置了冰箱、彩电、洗衣机等家电，居住生活用品一应俱全。他们还将卫生间改造成储藏间，在洗衣机旁边腾出一块地方储放些暂时用不到的物品，一家人则使用村里的公共卫生间。

对于现在的居住环境，刘明堂两口子十分满意。沈改娥指着挂在墙上的照片告诉我们，那是他们原来的家。我们看到那是一间破旧的泥瓦房，墙体上还有几条细小的裂纹。照片上标注着"刘明堂，贫困户，住房面积45平方米"的字样，这应该是搬迁前由村里统一拍摄的。听沈改娥讲，原来他们住的村子吃水非常困难，需要用桶去河里取水，再用牲口拉回家。"以前家里舍不得用水，刷锅就用那一口口水。现在有了自来水，啥时候用都有水了。"沈改娥高兴地说。

夫妻俩还激动地向我们描述了习近平总书记来村里时的情形，告诉我们储藏间存放的米和面就是习总书记送给大家的。

第二次去刘明堂家是在2018年2月，因为马上就是农历小年了，刘明堂家的厨房里正炖着过年吃的猪肉。掀开锅盖，一块块猪肉炖得色泽红润，整个屋子都弥漫着炖肉的香味。沈改娥说她自己不吃肉，肉是煮给丈夫和孩子们吃的。我们问她："过年的年货都准备好了吗？"沈改娥回答："都准备好了！快过年了，村里的驻村工作队、村委都来看望我们，还给我们送来了花生油、猪肉以及1000元钱。今年能过个好年啦！"说着打开冰箱门，让我们看放在里面的各种食物。对于政府对他们的帮扶，老两口儿满是感激。

我们发现坐在沙发上的刘明堂身上多了两个尿袋子。原来，刘明堂前一阵子在帮助村里卸大棚的骨架时不幸被砸伤了尿管，刚在山西省第二人民医院做了手术，尚未痊愈。手术总共花费了约5万元，除了新农合医保报销部分外，剩余的由个人和村委共同承担。刘明堂个人花了约5000元，对于这个家庭来说，已经算是一笔不小的开销。

调研组成员在刘明堂家中进行调研

  暑期我们第三次来到他们家。刘明堂去村里的寺庙看社戏了，沈改娥留在家里给外孙和外孙女做饭。见到我们，她热情地打着招呼，并邀请我们进家里坐坐。我们询问刘明堂现在的身体情况，沈改娥告诉我们："现在已经不用带尿袋子了，过一阵子准备去医院复查一下。这两天因为给两个孩子做饭，走不开。"

  我们每次去刘明堂家时都能看到一个七八岁的小女孩儿，大大的眼睛，聪明乖巧。她是老两口儿的外孙女，是大女儿家的。老两口儿有两个女儿，大女儿今年35岁，在岢岚县城一家餐馆打工，5年前因为家暴与丈夫离婚，之后她一个人带着一儿一女生活。16岁的外孙一直在县里住校，外孙女年龄还小需要人照看，女儿平时工作忙顾不上，就由刘明堂两口子帮忙带着。家庭虽不完整，但两个孩子都十分听话，今年外孙以638分全校第一名的中考成绩考入了忻州一中，外孙女在老人身边也十分懂事。我们上次调研时听刘明堂说大女儿原本要把孩子接回县城小学读书，但后来宋家沟中心小学换了校长，教学质量得到了提升，就改变了主意，现在外孙女已经在村里的小学读一年级了。时隔3个月，小姑娘已不记得我们，沈改娥就笑眯眯地帮她回忆我们上次在她家做客时的情景，还说她爱吃的八宝粥就是我们送的。老两口儿还有一个小女儿，今年30岁，嫁到离石后，有一家子人要照顾，不经常回来。

村里的贫困户家中都摆着一个"贫困户脱贫明白卡"，上面逐条列出了这一户的贫困程度与帮扶内容。刘明堂家的"贫困户脱贫明白卡"上清楚地标注着"因残致贫，贫困人口2人，低保贫困户"等内容。看到最下面一栏的脱贫年度中标注着2017年，我们不禁问道："你们家已经脱贫了？"沈改娥告诉我们，过完年，村干部来过她家一次，告诉他们他家已经脱贫了。沈改娥说："我们家现在的日子比起以前确实好多了，住进了新房子，每年存折上还给打钱，逢年过节政府还会送来米、面啥的，去年习总书记来时送的面粉家里现在还有两袋。这边的邻居看我家没有土地，还时常给我们送来自家种的蔬菜，我们可感激呢。脱贫了是个啥样子？是不是村里就不再发东西了？他自从受伤后，原来做清洁工每月挣的800元也没有了。我又是个残疾，干不了重活儿。"说到这里，沈改娥的脸上流露出一丝担忧。

我们算了一下，他们家现在的主要收入来源为刘明堂每年的养老金1140元，夫妻二人每年的残疾人补贴4299元，还有每年将吴家岔的2亩多平地承包给他人得到的租金200元。除了以上的固定收入外，他们家还参与了村里"东信合作社劳动"产业项目帮扶，每年可得到500元分红；参与"五位一体"金融扶贫项目，以个人名义向银行贷款50000元，交给企业经营，每年能够分红4000元。这两个项目为期3年。这几项收入加起来一年有10139元，人均5070元，按照2017年山西省对精准扶贫户每人年均收入3200元的标准，刘明堂家确实脱贫了。

扶贫工作是中共中央、国务院的一项重要战略部署。2015年11月23日，中共中央政治局召开会议，审议通过《关于打赢脱贫攻坚战的决定》，确定到2020年通过产业扶持、转移就业、易地搬迁、教育支持、医疗救助等措施解决5000万左右贫困人口脱贫，完全或部分丧失劳动能力的2000多万人口全部纳入农村低保制度覆盖范围，实行社保政策兜底脱贫。

对于像刘明堂夫妇这样丧失劳动能力且没有经济来源的贫困户，国家确实需要通过政策兜底的扶贫措施帮助他们脱贫。在宋家沟，贫困户靠每人易地搬迁扶贫补贴的2.5万元获得了安置房的使用权，解决了住房问题。再通过新农合参保，得到医疗保障。对于丧失的土地，政府给予退耕还林补贴。另外，按照搬迁户意愿还可加入宋家沟连心惠农互助专业合作社，按配股分红。每年的养老、低保、残疾人等补贴资金，维持基本生活应该没有问题。刘明堂夫妇对国家相关扶贫政策和村里的扶贫工作队，也是十分感激的。

在山西，疾病和残疾是导致贫困的主要原因。刘明堂夫妇的贫困类型属于病残致贫，他们脱贫的首要需求是医疗救助。对于这部分贫困户群众来说，如果政策兜底只解决他们的温饱还远远不够，还应该兼顾到贫困户群众的特殊要求，对于造成他们贫困的特殊原因，如因病致贫、因残致贫，要进一步完善兜底措施，在医保、新农合方面给予更多的扶持，解决他们的实际困难，让他们也能够健健康康地生活。

幸福的家庭总是相似的，而贫困户群众贫困的原因却各不相同。精准扶贫贵在精准，就是要针对每一个贫困人口的致贫原因，帮助他们摸索出适合自己的脱贫路线，不让任何一个贫困户群众在致富的道路上掉队。

身有病残但志存高远的王鹏程

王鹏程

  2018年初夏的一天,宋家沟的街道上行人寥寥。我们调研组正在"韩氏胡麻油坊"进行走访调研,这时,一个中年男子骑着三轮车迎面过来。看到他,我们赶紧抓拍照片,他也非常配合,与我们之前走访过的行为拘谨的村民完全不同,停下车来大方地让我们拍照,并与我们搭话:"这样能拍好吗?""应该能行吧。"说着,调研组的同志从相机的显示屏上让他看给他拍的照片,他看后说挺好的,并说照片有人物就生动了。没想到眼前这位普普通通的村民居然还能点评几句摄影,这让我们刮目相看。当得知我们是来宋家沟做扶贫调研的时候,他的话匣子便打开了。

  他叫王鹏程,今年42岁,是宋家沟的原住村民。他主动与我们聊起了他对扶贫的看法。"国家搞扶贫是好事,给老百姓办了不少事,尤其像村里的那些五保户们,现在都有地方吃饭了。不少村民也做起了小买卖。

但是现在搞的这些都是小打小闹,我觉得宋家沟扶贫应该做更大的事情。"

我们好奇地问:"什么是更大的事情?"王鹏程说:"我一直在想,粗放式农业怎么向精品农业转型,怎样才能让农民实现增收,怎么改变农民原有的种植模式,也在想方设法寻找出路。我有很多想法,也考察过很多项目。去年我去了山西省非物质文化遗产创业创新中心,见到了陈老师和他用葫芦制作的工艺品。回来后我脑子里就一直琢磨,又在网上查了很多资料,还有机器雕刻葫芦的视频。岢岚人不太重视对当地文化的挖掘,人们应该多开发一些具有文化价值的产品。"

王鹏程越说越兴奋,他接着说:"我觉得可以在宋家沟开发一条文化产业链。由村里农户负责种植葫芦,然后依托合作社,邀请名家在葫芦上设计绘制宋家沟的特色风貌,将葫芦与宋家沟的乡村文化结合起来,在提升宋家沟文化产业的同时,也实现了农民创收。下一步我打算去拜访一些书画艺术家和文化名人,看他们有没有合作意愿。我觉得不管啥东西,贴上名人标签就好销售了。"

王鹏程告诉我们,今年开春后,他已经试着先在自家的 1 亩地里种上了葫芦,并多次登门拜访,与陈老师沟通了自己的想法。陈老师为他讲解了葫芦文化、葫芦工艺制作,以及如何种植葫芦,并送给他一些葫芦籽和葫芦工艺品。他也在网上搜了些种植葫芦的方法,还从网上买了些葫芦籽。

种植葫芦不是件容易的事,1 亩地要投入 2000 多元。早些年宋家沟曾有人种过葫芦,但因为种植环境、技术等方面要求较高,慢慢地就没人种了。王鹏程说:"村里目前还是水渠引入灌溉,水量不宜控制还容易流失,应该改为塑料管道加装喷头,既省地方又喷洒均匀,这是新疆石河子大学的研究成果。"王鹏程一边说着一边娴熟地打开手机,图文并茂地为我们做解释。他对网络的掌握与使用和对技术知识的钻研,让我们看到了他和村里其他村民的不同之处。

对于结果，王鹏程也看得很开，他说："人生路上没有绝对的保险，只有经历磨难，才有机会体会成功。我们这儿的村民思想太保守，什么都不敢想、不敢做。早些年我想过种高粱，我们本地有家酒厂可以回收，但是父母思想保守，不同意。虽然现在种葫芦他们还是不支持，但是我一定要尝试一下。人的一生很短暂，总要去做些什么。"

王鹏程给人的感觉是一个思想开放、喜欢新鲜事物的人。我们好奇一个村民是如何获取这么多的信息，王鹏程说，他的信息主要来自于朋友间的交流，他很喜欢结交朋友。王鹏程手机里的联系人很多，有些还是山西小有名气的人物。他说大家之间的交流，可以实现信息互换，自己有什么问题就会通过手机去查询，把感觉有用的资料保存到 U 盘里。

一个只有初中文凭，也不是村干部的村民，张口却是关于全村甚至全县发展的大事，想的都是农业转型、种植模式升级的大问题。我们不禁想对王鹏程做更深一步的了解。

我们提出想去他家看一看，王鹏程爽快地答应了。我们来到宋后街的一栋独院里，一辆正在充电的电动三轮车停放在院门口。这是一个典型的乡村四合院，进了街门就是院子，以中轴线贯穿，由单层房屋围成了一个口字形院落。王鹏程与妻子贺润平带着 13 岁的儿子住在正房，年近 70 岁的父母住在西房，东房暂时空着。南房的屋门敞开着，里面放着两台机器，旁边堆放着好几大袋豆子。王鹏程告诉我们，这是他们家做豆腐的工作间。我们这才知道原来他是做豆腐生意的。

民间有句俗语："世上有三苦：撑船、打铁、卖豆腐。"形容做豆腐买卖的辛苦和利润微薄。王鹏程告诉我们，做豆腐时需要头一天晚上先将豆子泡上，第二天凌晨 4 点起床，经过磨豆子、烧浆等多道工序后，差不多得到早上 8 点左右才能把一切收拾停当，然后他再用家里的三轮车把豆腐拉到村中心广场去卖，那里村民较为集中，人流量较大，村民们闲时都喜欢聚集到那里聊天儿，消磨时间。有时候在村里卖不完，他就要把豆腐拉到外村去卖。

王鹏程在村中心广场卖豆腐

王鹏程说，1 斤碾了皮的豆子能做 2.5 斤左右的豆腐，一锅豆腐大概 120 斤，1 斤卖 2.5 元。一锅豆腐可以卖 300 元左右，扣除成本也就能挣个 80 元左右，一般两天能卖一锅豆腐。王鹏程特别强调，他用的豆子不是那种转基因产品，而是专门花钱收购的好品种，蛋白质含量高。关于豆子的品质和营养成分，他还专门在网上查过资料。

我们看到王鹏程家里也摆着一张"贫困户脱贫明白卡"，家庭人口 3 人，王鹏程结婚后就把户口从父母户籍上迁出来了。当看到致贫原因一栏标注着"因残致贫"时，我们大吃一惊，完全没有想到眼前这个对生活充满激情斗志的中年男子竟然是一位经历坎坷、生活艰辛的残疾人。

原来王鹏程 2011 年在为一家建筑公司做护坡时摔断了腿，导致自己的双下肢骨折，左腿断了两节，右腿断了一节。前期治疗花去了家里 6

万多元，自己也由于长期卧床、体质下降，得了慢性结肠炎、慢性湿疹。而妻子又在去年患上了腔隙性脑梗死，在山西省第二人民医院做了检查后，医生建议去北京做手术，手术费用将是一笔不小的开销，这让原本就不富裕的家庭更是雪上加霜。受伤后，王鹏程不能再外出打工，也正因为此，他才从 2015 年开始做豆腐。

王鹏程家在 2016 年实现了脱贫。当时家里的收入项目包括：卖豆腐一年净收入 10000 余元，7 亩玉米地一年净收入约 6000 元，再加上享受的粮食补贴每年 350.9 元，义务教育补贴每年 500 元，新农合参合费用补贴 3 人每年共 540 元，王鹏程一家年收入约 17390.9 元。

今年是第一年种植葫芦，王鹏程告诉我们，1 亩地预计可以产 400 个大葫芦和 2 到 3 万个小葫芦，按照市场价 20 元一个大葫芦，3 毛钱一个小葫芦，扣除成本后，靠种植葫芦一年可得净收入 12000 元左右。我们问他葫芦收上来好不好销，他倒是很乐观："没问题。我都打听过了，像咱们山西文水县吴村的葫芦根本不愁卖。陈老师那儿也需要葫芦，他有时候在当地买不到葫芦，还需要上网找了。"

不过，上有年迈的父母需要照顾，下有正在县城读小学的儿子需要抚养，妻子又得了病需要治疗，葫芦种植尚在尝试阶段，可以想象王鹏程的生活压力还是比较大的。王鹏程说："人生下来就是来受苦的，历经天磨真铁汉，是我对自己的激励。"

王鹏程颠覆了我们对村里贫困户的原有看法。他没有因为贫困、病残一蹶不振，总是保持积极向上的生活态度，给人一种随时整装待发、奋勇向前的感觉。脱贫后，王鹏程对于如何发家致富、带动其他农民增收、促进宋家沟发展，有很多自己的想法，而且勇于尝试。

从王鹏程家出来，我们又来到了他家的地里观看。平整的土地上，已经铺好了透明地膜，搭好了木头棚架。开春时播下的种子，如今已长出地面一拃多高。绿油油的幼苗，虽柔嫩却也在奋力生长，就像是王鹏程心中那颗希望的种子，一直都在生根发芽。

调研组成员在王鹏程的葫芦地里

"扶贫先扶志，致富先治心"，我们开展扶贫工作首先要让贫困户有想要脱贫的意愿，有参与脱贫的积极性和主动性。贫困户的志气一旦树立起来，观念一旦更新，致富的办法和干劲儿自然就有了，脱贫致富才有希望，扶贫的目的才可能真正实现。同时，在国家政策的激励下、在驻村干部的引领下，越来越多的贫困户和农民的内生动力被激发，变被动接受扶持为主动谋求发展，变只顾自家脱贫为带富其他贫困户，变单打独斗为抱团发展，这才是我们希望看到的。

"脱贫"是最低目标，对于有能力、有想法的贫困户，应该帮助他们找到致富的渠道，实现长远发展。由于农民群体资源有限、自身能力有限，他们想要创业，想要做成一件事，需要花费更大的力气，也面临更多的困难,这就需要政府多给予信息技术等方面的支持帮扶。相对于之前只能扶一时的物质扶贫,技术扶贫、产业扶贫的带动性更强,更能从根本上解决贫困问题。

王鹏程关于宋家沟开发文化产业链的想法是否可行,葫芦种植能否成功,我们调研组无法预期,也不好评价。尽管王鹏程的母亲认为自己的儿子有些不务正业、不安心做豆腐生意,但是一个村民能有这样的想法,还是十分难能可贵的。我们会继续关注王鹏程,也期待能看到一个好的结果。

在扶贫工作队帮扶下做起了鸡禽养殖的刘改娥

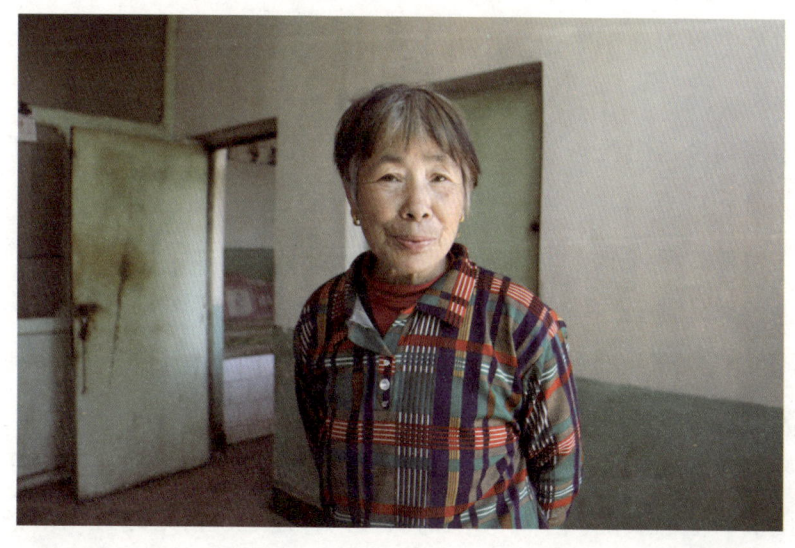

刘改娥

鸡禽养殖是山西省总工会在宋家沟全力推进的一项为贫困户增收的产业项目。自2015年实施以来,山西省总工会与当地贫困户结对帮扶,进行一对一精准扶贫，使不少贫困户走上了脱贫致富的道路。宋家沟原住村民刘改娥就是该项目的受益者之一。

刘改娥与丈夫郭二子是村里的低保贫困户。刘改娥今年62岁，人长得精瘦，头发也白了大半，家里的10余亩土地主要靠她打理，种些土豆、玉米和谷子。丈夫郭二子大她8岁，今年70岁，年轻时在村里生产队的磨坊看机器，挣不了几个钱。现在身体不好，有高血压，干不了重活儿，平时只能帮她打打下手。

刘改娥老两口儿共育有三个儿女，为了抚养他们长大，俩人吃了不少苦。现如今孩子们都已各自成家，大女儿嫁到了太原，二女儿嫁到了岢岚县坪后沟村，最小的儿子今年也已37岁，在岢岚县的一家酒楼做厨师，平时就住在县城，不常回村里。孩子们都有了自己的家，老两口儿的日常生活就只能靠自己了。闲下来的刘改娥早就想通过养殖来增加收入，但是家里实在困难，拿不出钱来投资，这事就被搁下来，一直没办法实现。

宋家沟乡是山西省总工会的扶贫点。2015年年初，山西省总工会的帮扶队员和村干部共同研究决定帮助该村的贫困户通过鸡禽养殖来增加收入。通过走访摸底，山西省总工会的帮扶队员了解到刘改娥家的实际情况，考虑到他们两口子年龄较大，也没什么技术，便帮助他家购买了200只价值2900元的蛋鸡和一台价值1100元的饲料颗粒机，希望通过养鸡解决他们生活中的困难，尽快走出贫困。

刘改娥动手干起来了。她倚着自家院子的南院墙用砖砌了一圈半身高的围墙，上面又加固了半米高的铁丝网，建起了占地约五六十平方米的鸡圈。在鸡圈的最里面，还用蓝色彩钢瓦搭起来一个简易窝棚，隔出了鸡下蛋的地方。我们去她家调研时，看到一群白色羽毛的母鸡正"咯咯咯"地围着鸡圈溜达着，一只黑色公鸡混杂在其中，显得格外抢眼，这是鸡圈里唯一一只雄鸡。院子里有几棵梨树、李子树，是早些年整理院子时种的，如今也已枝繁叶茂，遮挡住了大部分阳光，使鸡圈在炎热的夏日里也有了阴凉儿避暑的地方。刘改娥告诉我们，养鸡后，她只在搭鸡圈和给鸡买药时花了1000余元，除此之外再没花过一分钱。自家种的粮食，除了老两口儿的吃用外，其余的都通过饲料颗粒机加工成鸡饲料。在她的精心喂养下，当年年底鸡就开始产蛋，每天大约产30到40枚鸡蛋，每斤售价15元，当年收入4000元左右。

2016年，时任山西省总工会主席的田喜荣等人到宋家沟调研时还专程来到刘改娥家，为包括刘改娥在内的村里的几位贫困户详细测算了养鸡的投入、成本、收入，了解了饲料来源、市场变化等情况，鼓励他们安心养鸡，早日脱贫致富。

尝到了养鸡甜头的刘改娥干劲儿更足了，几年下来，她家已成为村里规模最大的养鸡户。由于她坚持用粮食喂养，她家的蛋鸡不仅营养价值丰富、安全性高，销路也非常好。最近，我们调研组的一位成员前往她家购买鸡蛋，由于只有少量几个，便千叮咛万嘱咐，希望她可以把这两天的鸡蛋积攒下来，我们隔天再来取。没想到我们再去取时，刘改娥已将鸡蛋卖给了别人。她不好意思地向我们解释道："真对不住，一个老买家过来软磨硬泡的，我只好先给她了，反正你们也经常来，下次我一定给你们留好。"虽然没买到鸡蛋我们感到有些遗憾，但看到刘改娥家的鸡蛋这么畅销，我们打心底里为她高兴。

除了养鸡，刘改娥还要种家里的地。此外她还在宋家沟乡镇医院做一些打扫卫生、做饭的零工，一个月能挣800元。她每天早上5点半起床在家里忙活；6点到医院做早饭、打扫卫生；10点至12点开始在医院做午饭；大约下午1点回到家后，先是喂鸡，再招呼老伴儿吃饭。

刘改娥养的鸡

　　刘改娥说自己没有仔细算过一年养鸡能挣多少钱，鸡蛋卖了钱就直接贴补家用了。我们倒是帮她算了一笔账：如果按照10个鸡蛋1斤来计算，刘改娥家一年养鸡的收入能达到10000余元。除此之外，年满60岁的刘改娥，每年领取的养老金为1140元；丈夫郭二子享受低保金，每年可拿到2604元；二人享受新农合参合费补贴每年共300元；家里的4亩林地每年可获得360元退耕还林补贴；享受粮食补贴1227.8元。另外，他们还参与了"五位一体"金融扶贫项目，即以个人名义贷款50000元，交给企业经营，每年能得到分红4000元；郭二子的年龄已超过65岁，通过村级光伏电站，每年可得到分红3000元。这些补贴收入加起来一年也有12631.8元，再加上养鸡收入和刘改娥打零工的工资，他们家的年收入超过3万元应该不成问题。2017年刘改娥家实现了脱贫。

　　蛋鸡的淘汰周期一般为500天左右。目前刘改娥家鸡圈里除了病死的、老死的鸡之外，还剩下80来只蛋鸡。随着鸡龄的增大，产蛋率也会下降，刘改娥打算今年再养上100只小鸡崽。生活虽然忙忙碌碌，但是他们觉得很充实、有奔头。

　　宋家沟乡坡梁纵横、土地贫瘠，农户习惯种植小杂粮、养羊养牛。山西省总工会在定点帮扶时，把重点放在了"精准扶贫、精准脱贫"项目上，并制定了详细的结对帮扶方案。"送鸡下蛋"项目就是扶贫工作队针对村里老人居多、劳动能力偏差，村民建议扩大养殖种类而开展的一项扶贫措施，目前已取得了不错的效果，但也存在一些问题。比如，这些养殖贫困户由于年龄偏大、技术水平有限、缺乏养殖经验，在养殖过程中会碰到一些养殖难题，从而影响扶贫效果。扶贫工作队在"送鸡下蛋"的同时，要注意普及饲养技术，提高成活率，确保扶贫鸡养殖效率。可以通过定期聘请专业技术人员到农户家中进行现场指导和培训，向饲养户详细讲解鸡苗孵化、育雏、防疫、成鸡、环境消毒、常见鸡病种类特征等方面的知识，帮助贫困户进一步掌握如何养好鸡、预防疾病等方面的饲养技术，增强贫困户早日脱贫致富的信心。

将大部分家庭收入投到女儿教育中的李世明、张云凤夫妇

　　李世明和张云凤是宋家沟的原住村民，我们前后去过他们家三次。第一次是在我们对全村进行调研走访时去的，初春时节，宋家沟乍暖还寒，很多村民都把家中的炉火撤了，但是他们家的屋子因为还烧着火炕，让人觉着十分温暖。第二次去时天气已经暖和起来，男主人李世明正领着几个村民重新修葺自家的院门，有和泥的，有砌砖的，几个人干得热火朝天。最近一次是在调查村中的因学致贫户时去的，已是盛夏季节，他们家院中栽种的牡丹花开得正盛，为农家小院增添了一抹亮色。

　　李世明因为工作不常在家，人也不怎么爱说话，我们对他家情况的

了解基本上都是通过张云凤得到的。

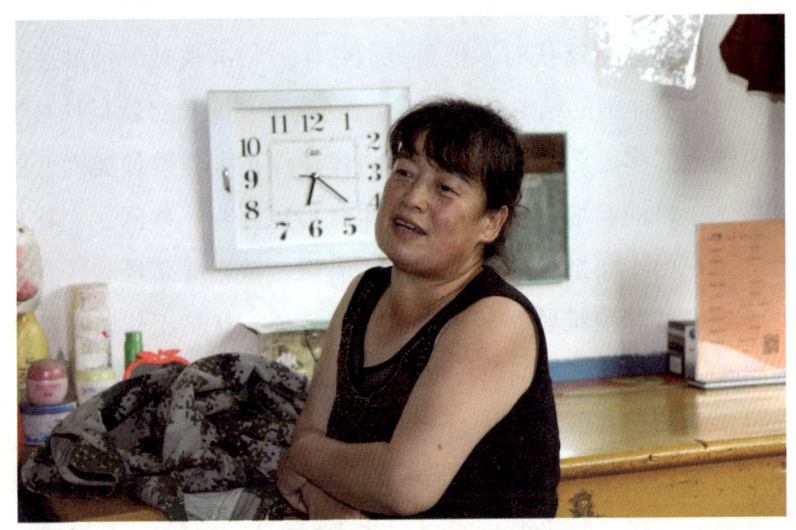

张云凤

张云凤今年49岁，是位普通的农家妇女，在家耕田种地做家务。他们家有7亩山地和3亩平地，又承包了别人家的5亩平地，这15亩土地种着当地的主要农作物土豆、玉米和谷子。一年生产的粮食除了自家食用外，其余的能卖三四千元。李世明今年52岁，是名泥瓦匠，平时跟着建筑队在外面盖房子，收入不稳定。前两年村里进行危房改造，工程量多，每年下来大约能挣20000元。改造工程结束后，今年的工程量明显减少，建筑队很多时候就没活儿干。李世明很能干，他们家的房子就是由他自己设计建造的，无论是房屋结构还是建造质量，在宋家沟原住村民中都是数得上的。北边4间正房是一家人吃饭和睡觉的地方，南边3间偏房是放农具、贮存粮食等杂物的地方。院中留有一小块平地，平时种些西红柿、豆角等蔬菜，足够一家人吃了。

张云凤7年前得过子宫附件瘤，当时在太原做手术花了16000元，通过新农合医保报销了6000元，便民服务中心的大病救助报销了1000元，个人承担了9000元。张云凤原本就不爱热闹，术后需要休养，地里没活儿时她就一个人待在家里绣鞋垫。我们每次去她家时，她都在绣鞋垫，炕头上放着画有不同花样儿的复印纸和五颜六色的彩线。

手工绣制鞋垫是民间的一种传统手艺，距今已有3000多年的历史，流行于黄河流域民间妇女之中。相传用千针纳成的手工绣花鞋垫具有消灾避难之效，可保佑主人平安吉祥，为民间喜悦吉祥之物。随着时代的发展，虽然城市里使用这种鞋垫的人已不多见，但是在农村，女儿出嫁时，家人还是要把几双绣着鸳鸯戏水、龙凤呈祥等图案的鞋垫作为嫁妆，既喜庆又表达着美好的祝愿。

张云凤告诉我们，绣制一双手工鞋垫需要经过做模子、打面糊、粘绣花鞋垫布、拟模、贴面、镶边和绣花等多道工序，尤其是绣花最费工夫，也最费神。手熟的妇女制作一双鞋垫也需要六七天的时间。

张云凤从20岁开始就学习这门手艺，已快30年了。我们提出想看看她已经做好的鞋垫成品，没想到她从衣柜里取出一个一尺见方的箱子，里面放满了一双双绣好的鞋垫。张云凤将这些鞋垫一一摆开，如数家珍般地向我们介绍："这是我这些年做的，一共52双，有男人的，有女人的，还有孩子的，分着不同的鞋码，好看吧！"这些大大小小的手工鞋垫各色各样、花色繁多，有象征爱情的"鱼戏莲""蝶恋花"，有寓意富贵的"花开牡丹"，还有绣着"福"字和"囍"字的。她绣制的鞋垫针法细腻、色彩搭配鲜艳，在宋家沟算是数一数二的，在我们这几个外乡人看来也算是顶好的绣工。由于张云凤的手艺好，好多村民准备结婚鞋垫时都来找她帮忙。

我们向她建议："如今宋家沟成了国家AAA级旅游景区，你可以把这些鞋垫拿出去卖呀。"张云凤回答："也去卖过，人们看到我做的鞋垫，都说好看，但是一听说一双要 150 元，就又放下走了。"我们说，那可以考虑降价销售嘛，她回答道："一双鞋垫买材料需要 20 元，手工绣制需要 7 天时间，一双卖 150 元一点儿也不贵。我不打算降价，降价不划算，我也不指望这个挣钱，孩子们都喜欢，让我把这些留下来。"绣制鞋垫是张云凤生活的主要内容，在她看来，每一双鞋垫都是她的用心之作，十分珍贵，是不可以打折出售的。

张云凤绣制的鞋垫

手工绣制鞋垫虽然样子精美，但是鞋垫的属性却限制了它的用途，不适宜作为工艺品摆放在家中。而且相对于市面上销售的除臭鞋垫、保健鞋垫等功能性产品，它在舒适性与使用效果上都有所欠缺。此外，由于手工绣制鞋垫的制作工序复杂，人工成本较高，它的价位往往高出普通鞋垫好几倍，导致市场销路不好，无法给制作者带来良好的经济效益。我们建议张云凤变绣制鞋垫为绣制布袋、收纳包、挂毯等流行商品，这样既能满足她的刺绣爱好，又能使刺绣品成为工艺品，提高其商业价值，还能迎合消费者的需求，价格也能提上去。

李世明、张云凤夫妇的年龄不是很大，俩人都有劳动收入，家中也没有老弱病残或遭遇重大事故。他们家不同于我们之前所写的因病、因残、因灾之类致贫的贫困户，属于教育负担较重而导致的因学致贫。据国务院扶贫办调查统计，这类贫困户在整个贫困人群中约占10%。目前，我国对这类贫困户的帮扶措施主要是减免学杂费和发放补助。

　　张云凤育有一双儿女。儿子张景豪今年19岁，在岢岚县高级中学读高中，一年学费3000元，杂费800元。张云凤家属于一般贫困户，根据岢岚县扶贫政策，对建档立卡贫困户家庭的子女，直接免除每学期的学杂费。另外张景豪还享受普通高中国家助学金，每生每年2000元。女儿张景华今年15岁，在岢岚中学读初中。岢岚县扶贫办对义务教育阶段的贫困户子女实施"两免一补"政策，"两免"即免除国家课程教科书费、免除学杂费，"一补"即补助每位初中生每学年1250元的生活费。我们看到，在国家现行教育扶贫政策的帮扶下，张云凤家的经济负担确实减轻了不少，他们家也在2016年实现了脱贫，现在处于贫困户巩固阶段。

　　今年，张云凤的儿子和女儿分别参加了高考和中考。儿子的高考成绩不是很理想，但可以上高职。根据国家"雨露计划"教育扶贫政策，建档立卡的贫困户子女参加当年普通高考后，如果接受中职中技、高等职（专）业教育，在校期间可享受每生每年2000元的补助。然而张景豪不打算继续上学了，在朋友的介绍下，刚去了江苏省的一家企业打工。女儿张景华今年中考成绩为520分，能上岢岚县高级中学的重点班，但是哥哥却坚决不同意妹妹再在岢岚当地读高中。原来张云凤有个侄女和儿子同岁，今年也参加高考，考了480分，虽然刚过二本分数线，但是比儿子的成绩高出200多分。侄女和儿子在同一所高中念书，刚开始两个人的成绩差不多，但后来侄女去了重点班，还上过一年双语，两个人的成绩差距越来越大。对于自己的这段学习经历张景豪有些遗憾，认为当初如果自己能去个好点儿的学校，也不至于是现在这个情况。岢岚县城只有岢岚县高级中学这一所普通高中，当地好点儿的老师有些还被外地聘请走了，所以儿子和侄女强烈建议张景华到外地读高中。现在，他们已决定将张景华送到教学质量更好的朔州市第二中学读书。

异地求学意味着费用更高了，张云凤告诉我们，去朔州上高中需要一次性缴纳三年的学费 25000 元，另外每学期还需再缴纳学杂费 400 元，再加上三年的往返路费、生活费等开支，可以说家庭收入的大部分都要投入女儿的教育上。这在我们看来有些意外，因为在农村，一般父母对儿子的教育培养重视程度要远远高于女儿，但是张云凤家在儿子的教育上并没有花费太多，反而在他们并不宽裕的条件下，愿意为女儿提供更高质量的教育。

我们在调研中发现，两个孩子都随母亲的姓氏，而且他们家贫困人口登记的是 3 人，没有李世明，张云凤替我们解开了心中的疑惑。原来，她和李世明是半路夫妻，四五年前张云凤的前夫去世后，她带着两个孩子嫁给了现在的老公。我们大吃一惊，因为在采访时完全感觉不出来这是个重组家庭，反倒觉得非常和睦，父母与孩子之间的关系比一般家庭都要亲近。张云凤也说，李世明和两个孩子相处得不错，也很重视孩子们的教育，将女儿送到外地学校读书是一家人共同商量后的决定。我们知道他们家的收入主要依靠李世明外出打工，而且工地上的活儿风吹日晒十分辛苦，但是他非常支持女儿的学业，这令我们十分感动。

一面是儿子放弃继续求学外出打工，另一面是全家人竭尽所能供女儿到外地求学，张云凤家两个孩子的不同选择也反映出当前我国教育领域存在的两种现象。

一种现象是越来越多的农村寒门子弟选择放弃高考。"村里的大学生越来越多，学费越来越贵，但毕业后找不到工作的也越来越多。"近年来,"读书无用论"成为越来越多农民的切身感受。据统计,2009年,全国84万应届毕业生退出高考,导致1977年恢复高考以来考生总量首次出现下降。2010年和2011年,全国900多万高考考生中,弃考人数接近100万,这其中除了约20%的考生选择出国外,其余的则是农村相当部分考生直接选择了打工。教育"高投入、低产出",读书改变命运这条路越来越窄,也越来越崎岖。现实情况是大多数农村寒门子弟只有考入一线名校,这条路才会相对平坦。而教育资源的不均衡,名目繁多的加分,高考内容的能力化导向等,都让农村寒门学子输在教育之路的起跑线上。

另一种现象是家长再苦再穷也要让孩子上最好的学校。重视教育是中国几千年来的传统,大多数中国人都相信"知识改变命运",中国的家长普遍认为读书才能为孩子找到好的出路,特别是贫困家庭的子弟,更是将读书作为实现自己鲤鱼跳龙门的跳板,所以很多家长都舍得在孩子的教育上投资。无论家庭条件好还是差,父母总是想方设法把孩子送到更好的学校,接受更好的教育。教育资源的不均衡导致不少家庭的孩子异地求学,甚至出国留学,高昂的教育费用致使不少家庭陷入"债务危机",尤其在一些经济欠发达地区,因学致贫、因学返贫的现象十分常见。李世明、张云凤夫妇将女儿送到教学水平较高的朔州上学,城市里有许多父母选择送孩子出国留学,这种现象在城市、农村都普遍存在。为了给孩子创造美好的未来,父母甘愿吃苦受累也要让孩子接受更好的教育,真可谓是"可怜天下父母心"!

教育是非常重要的民生问题,一个地区如果教育质量差、教育水平低,某种意义上也加重了当地的贫困程度。目前地方政府采取的教育扶贫措施多是为贫困户子女减免学杂费、发放生活费补贴,虽然可以在一定程度上为贫困户家庭减轻一些经济负担,但并不能从根本上破除地区性因学致贫的难题。做好教育工作，提升教育质量，也是各级党委政府脱贫攻坚工作中的一个重要内容，应该纳入乡村振兴的整体规划中。贫困地区的政府部门首先应该大幅度提高当地教师的薪酬待遇，防止优秀教师外流；还可以考虑通过完善教育资源的布局调整、加强教师资源的优化配置、规范农村小学和教学点的撤并和建设、加大教育投入等措施，解决教育资源配置不均衡等难题，促进教育精准扶贫。

有志气、爱学习、肯吃苦的吴润成

吴润成

那天，在村里的银行附近采访王丑丑的老伴儿时，由于她口音较重、反应较慢，我们与她沟通起来有些困难。这时，人群中一位年龄稍大的村民便主动帮着把我们的问题转述给她，再把她讲的话告诉我们，同时还热情地解答一些问题。从言谈中，能感觉到他对村里的情况和扶贫政策都比较了解。

当结束这项采访任务,准备去下一家调研时,我们便向他打听:"您知道吴润成家住哪里吗?"他笑呵呵答道:"我就是吴润成,刚才就是你们给我打的电话吧?我接到电话后马上就来街上等你们了。"

为了更有效地完成调研工作,我们在岢岚的盟员每次调研前都提前与村民约好,让他们在家中等着。吴润成专门到街上等我们,说明他非常热情。

吴润成请我们到他家坐坐。路过村中心广场时,一位卖豆角的妇女看到我们,起身收起摊子跟了过来,原来她是吴润成的媳妇儿刘改翠。吴润成说,他家今年种了1亩豆角,自家吃不完就拿到街上卖一部分,再晒干一部分留着冬天吃。昨天他刚拉了100斤到县城去卖,按5元3斤的价格,一上午就全部卖完了。

说话间,我们已来到吴润成家。

吴润成是宋家沟的原住村民,家住在村南毗邻国道的一处老院内,整个院子占地约900平方米。一入院门,就看见一片绿油油的菜地。盛夏时节,地里的南瓜、胡萝卜、黄瓜、西红柿等长得郁郁葱葱。菜地旁边还栽种着两棵杏树。靠着东墙有一间平房,是他家的杂物间。顺着小路往里走,坐北朝南有4间卧房,吴润成夫妇和89岁的老母亲就住在这里。房子看起来有些年头了,吴润成讲,这是1979年他自己盖的。当时22岁,到了结婚的年龄,他就向村委会申请批了这块宅基地建造房子。2014年,宋家沟进行整村危房改造,村里给每户补贴10000元的危房改造费用,吴润成就利用这笔钱重新修葺了自家的院墙,改造了厕所,重装了大门,几项共花费13000元,自己花了3000元。

吴润成今年61岁。18岁高中毕业后,他由当时的乡长推荐到乡里的社会主义工作队做了两年的借调干部,负责为村民们宣传农业知识。在这个过程中，吴润成也学习掌握了不少农业技能。他家的 20 余亩土地每年都采取轮流耕作的方式，这样既可以减少病虫害，又能提高产量。靠着种田和打零工，吴润成积攒了 10000 多元。他本打算购买 30 头牛，办个小型养牛场，然而妻子的一场大病使他的计划彻底破灭了。1994 年，吴润成的妻子被检查出患有双肾结核，在太原市中心医院住院治疗时共花费 30000 余元。当时农民没有医保，所有费用全部由个人承担。这意味着给妻子看病不仅花光了家里的所有积蓄，还欠了 20000 余元的外债。妻子出院后，身体需要康复，不能干重活儿，吴润成一个人又是打工又是种地，靠着在工地上干一天挣 5 元的微薄工资，用了 8 年时间还清了家里的债务。

吴润成夫妻日子过得很辛苦，一双儿女的生活也不轻松。吴润成的儿子今年 32 岁，曾在北京的一家海鲜馆做厨师，包吃包住每月收入 6000 元，但为了照顾家里他又回到岢岚县，在妹妹开的饭店里帮忙，每月工资 4500 元，这在县城已算是不错的收入了。但儿媳妇儿不工作还迷上了网购，花钱大手大脚。用吴润成的话说："她有网瘾，十天半个月就得在网上买点儿东西，她一个人一年就要花去 40000 多元。"今年年初，儿媳妇儿又在网上看上了一副金手镯，需要 10000 多元，儿子与她因为购买手镯发生了争执，最终导致离婚。现在 7 岁的小孙子跟着母亲过，儿子一个人在县城，不经常回来。当年儿子结婚时在村里购置的小院，如今就只能由吴润成照看打扫。吴润成的女儿今年 27 岁，虽在县城经营着一家饭店，但不幸的是，小外孙在 1 岁时检查出了脑瘤，在北京协和医院看病已花去十几万元，家里的负担也挺重。

养殖一直是吴润成心中想做的一件"大事"，但这些年挣的钱都用于还债和给儿子买新房了，家里已没有钱再投资养殖了。2015 年，岢岚县政府为鼓励贫困户发展养殖业，为每户养殖贫困户发放了帮扶圈舍补贴

7500元，农机具补贴3000元，花甲之年的吴润成又重新燃起了早些年未实现的养殖梦。请不起工人建猪圈，他就自己动手砌砖、电焊、搭猪棚。没钱买材料，他就到工地上搬砖、和水泥，一天下来挣120元。庄稼地里长草了，他就先去地里干几天活儿，回来再接着盖猪圈。凭着这股蚂蚁搬家的精神，靠着一点一滴的积累，2016年吴润成在儿子家的后院建成了面积约280平方米，可容纳150头猪的猪圈。

猪圈建好后，买猪还需要一笔资金。根据岢岚县出台的金融扶贫政策，建档立卡的贫困户可以申请扶贫小额贷款，额度为50000元，期限为1年，扶贫办给予贷款金额5%的利息补贴，但要求贷款人年龄在18周岁至60周岁之间。吴润成由于超龄，不符合银行贷款条件，他就以儿子的名义向银行贷了50000元。

吴润成说，买1头50斤重的猪崽，成本约1000元，养到300斤，可卖到3000元，出栏周期为10个月，饲料就是自家种的玉米。如果不计饲料和人工成本，养1头猪可净赚2000元。吴润成去年养了14头猪，其中病死2头，卖了5头，毛收入15000元。但因为凑不够50000元的银行贷款，吴润成又按照2%的月利率，通过民间借贷凑足50000元还了银行贷款。50000元高利贷每月需向出借人支付1000元的利息，养猪挣的钱一部分还了高利贷利息，而且还承担着无法再拿到扶贫小额贷款的风险。这50000元的缺口成了制约吴润成发展的主要因素。

家人也不理解吴润成为什么非要折腾做养殖。儿女们经济独立，老母亲虽已是耄耋之年，但除了有点儿耳背外，身体还算硬朗，每年可享受养老金1140元，光伏发电年分红3000元，"五位一体"金融扶贫项目分红4000元，高龄老人生活补贴360元，再加上两节慰问补贴，等等，一年收入达8000余元。吴润成两口子靠着种地，每年有粮食补贴1119元，每人每月还有低保收入330元，一年下来，收入也有9000余元，在农村地区维持一个较为安稳的生活没有问题。

但是吴润成说自己就是那种不折腾就难受的人。他告诉我们，他有个朋友也做过种猪养殖，前期投资了20多万元，后来由于种种原因全赔了，朋友因此心灰意冷，现在靠打工过日子。政府虽对养殖业有补贴，而且养猪比种地收益高，但养殖户自身还是要承担一定的风险，所以村里的养猪户并不多。自己虽已年过六旬，但是夏天不中暑，冬天不感冒，身体比小伙儿还棒，完全可以再拼几年。现在猪圈里养着6头母猪、1头公猪，有2头母猪已怀孕1个月左右，3个月后一窝可以下8到10头小猪，他准备全部养起来，这样规模就扩大了。对于目前的资金缺口，吴润成说如果去找乡政府求援可能也会给予帮扶，但是他不想给政府添麻烦，有困难还是要靠自己克服。吴润成打算把自己现在住的老院子卖了，一家人搬到给儿子买的院子里住，再给儿子在县城买套80平方米的房子。前两天有人愿意出价18万元买他家的院子，但吴润成希望卖到20万元，双方还在商谈中。

吴润成养的猪

吴润成家里的茶几上堆放着很多报纸杂志。吴润成告诉我们，这其中的《山西农民报》《忻州日报》是他订阅的，其他的是免费送的，他每年订阅报刊需要花费 800 多元。我们不禁感到疑惑："你家屋门的锁坏了都舍不得换，怎么舍得花钱买这些报刊？"吴润成笑着回答："精神生活比物质生活更重要啊。"说着，他又与我们聊到了中美矛盾、钓鱼岛事件和中国体制的优越性。

吴润成上过高中，也关心时事，阅读报刊也是为了了解国家的政策。他通过摸索经验以及与村里兽医的学习交流，掌握了一定的养殖技术，平时自家猪得了感冒之类的小毛病，都是他自己给猪治疗。

吴润成的人生充满了太多的意外，给他的家庭造成了经济上和精神上的巨大压力。虽然经历了几次坎坷，吴润成却从没想过放弃，一直顽强地与贫苦做斗争，与命运抗争。眼前虽然还有一些困难，但是吴润成对国家的扶贫政策还是心怀感激，对自家的养殖事业依然充满信心。

像吴润成这样的贫困户不缺乏脱贫的志气，也掌握技术、了解政策，是新型农民的代表。导致他家贫困的原因主要有两个：一是家庭成员患病；二是养猪过程中带来的金融债务负担。对于像他这样的贫困户，我们不需要政策宣讲，不需要再寻求项目，只要在资金方面助推一把，他就可以很快地运转起来，甚至可以通过养殖致富。从吴润成身上我们看到了农村振兴的希望，当地政府也可以将其作为精准扶贫的示范户。

扶贫是一项需要持续攻坚的任务，具有长期性和复杂性。目前我国的扶贫政策还存在一刀切的弊端，在贫困居民、贫困农户的具体帮扶工作中还存在一些盲点。如金融扶贫中小额贷款的发放条件，年龄上限制在 18 周岁至 60 周岁。其实对于有能力、有项目、有发展潜力的贫困户，可以适当放宽贷款条件和贷款期限。吴润成虽然超过 60 周岁，但是如果不出现那么多的意外，凭他的精神面貌、身体状况、知识技能，完全具备偿还贷款的能力，可以考虑对其给予金融救助。精准扶贫贵在精准，各级政府一定要按照习近平总书记强调的"实事求是，因地制宜，分类指导，精准扶贫"的工作方针，重在从"人""钱"两个方面细化帮扶方式，确保帮扶措施和效果落实到户到人。

连遭变故，从小康之家转为贫困户的秦明云、降九英夫妇

秦明云、降九英夫妇

2017年年底，宋家沟村委进行扶贫对象动态调整，在国家多项扶贫政策的帮扶下不少村民摘掉了贫困户的帽子，而秦明云、降九英夫妇却在这一年被增补为贫困户。为了解其中详情，我们找到了秦明云家，不料他家大门紧锁。听隔壁邻居讲，他们夫妇二人外出打工了，很少回来。我们通过邻居联系上了秦明云，并找到了他们打工的地方。

在距离宋家沟 10 公里的王家岔乡正在进行危房改造，施工队招了不少附近的村民，秦明云和降九英就是在这里打工。58 岁的降九英负责每天给工地上的 15 个建筑工人做饭，一个月挣 2000 元。62 岁的秦明云在建筑工地做小工，每天从早上 6 点干到中午 12 点，再从下午 2 点干到晚上 8 点，一天能挣 130 元，除去下雨天，平均一个月工作 25 天左右。老两口儿现在住在当地乡镇企业的一间闲置房内，只有在下雨天工地上停工时，才回宋家沟的家里看看。

秦明云告诉我们，他们刚过完春节就出来打工了。先是在村里栽树，半个月挣了 1000 多元。后来乡政府招人种药材，他又去了那里，一个人一天挣 100 元，从 4 月干到了 6 月，播种完成后，就没活儿干了。降九英是 4 月在宋家沟朋友的介绍下，找到了现在这份做饭的工作，秦明云随后便也来这边打工，已经干了十几天了。秦明云身材瘦弱，又有些驼背，看起来矮小单薄。年纪不小的他在工地上干得都是搬砖、和泥的体力活儿，在 7 月的盛夏，每天要在 30 摄氏度的高温下劳作 12 个小时，年轻小伙子尚感吃力，不知道年过花甲且身体有病的他能不能坚持下去。

宋家沟的村民虽谈不上多么富裕，但整体上生活过得比较安逸，尤其是村里的老人，身体不错的就种种地，农闲时三五成群聚在村中心广场晒太阳、闲聊，身体不好的基本就在家休养。外出打工的多是村里的年轻人，像秦明云、降九英这样年过半百还到基建工地打工的并不多见。问起为何要如此辛苦时，两位老人向我们倾吐了满腹苦水。

秦明云和降九英原住在宋家沟乡牛碾沟村，一个距离岢岚县城 25 公里的小村庄，当地村民多以农业种植和畜牧养殖为主。秦明云家有 30 亩土地，全是坡地，产量低且经常遭受野猪的侵害。为增加收入，秦明云养起了羊，从起初的七八只，慢慢扩大规模，到 2017 年已发展到 200 余只。二人育有四个孩子,两个儿子还要买房娶媳妇儿,为了挣钱夫妻俩不敢休息、不敢生病,下雨天别人都待在家里,他们还要上山挖野生蘑菇和药材,夫妇俩每年挖的野生蘑菇能卖8000元左右,药材能卖2000多元。

夫妻俩靠着辛勤劳动,日子过得忙碌而充实,家里的四个孩子也慢慢长大。两个女儿,一个嫁到了临汾洪洞,一个嫁到了岢岚县城。大儿子从小学习不错,高中毕业后顺利考上了北京工商管理学院,当初为了供他上大学,秦明云卖了家里的30只羊。毕业后,大儿子先是在北京的一家企业工作,后来又到内蒙古的一家加油站上班,老两口儿为大儿子在岢岚县城买了房办了婚礼,儿子自己又贷款买了一辆价值11万元的小轿车。由于工作表现出色,大儿子几年后升任为分站站长,每月收入3000余元。秦明云的二儿子与大儿子年龄相差2岁,学习成绩不如哥哥,也不想再给父母增加负担,初中毕业后就选择了外出打工,现在在岢岚县城做水电工,收入不稳定,但维持自己日常开支没有问题。二儿子今年刚结婚,二儿媳妇儿在岢岚县城的一个加油站上班,一个月工资1000余元,老两口儿为他们在县城买了一套100平方米的房子。

2017年年初,牛碾沟村实施自愿搬迁,村民可以选择县城的安置小区或者宋家沟中心村进行安置。秦明云的大儿子认为牛碾沟的生活环境不方便,建议二位老人搬迁到基础设施完善、交通便利、离县城较近的宋家沟。他们家户籍人口3人,在宋家沟分到了一处住房面积60平方米的独院,家具设施配备齐全。就在他们以为好日子要到来时,不承想一连串的不幸降临了。

2017年6月,秦明云全身无力到起不来床,家人将他送到岢岚县中医院,没想到被诊断出患了布鲁氏杆菌病,当地人称之为"懒汉病"。秦明云回忆说,自己应该是在2016年为羊接生时,不小心割破了手而染病的，其实他从2016年冬天开始，就不时感觉身体有些乏力、关节痛，但从没得过什么大病的他也没把这些症状当回事，没想到后来情况越来越严重。

布鲁氏杆菌病（布氏菌病）是由布鲁菌（布氏杆菌）引起的人畜共患的一种接触性传染病，各国的主要传染源不同，我国内陆以羊（绵羊、山羊）为主，临床表现非常复杂，病多缓起，主要症状为发热、多汗、关节痛、睾丸肿痛等。如果没有得到及时合理的治疗，病人易转为慢性，浑身没劲儿，无精打采，病期可长达数月、数年，甚至十几年，严重者可丧失劳动能力。听秦明云说，村里有5个人得过这种病。

因为治疗及时，秦明云在医院住了半个月就康复出院了，治疗花费了13000元，通过新农合医保报销了7800元。身体虽然康复了，但是秦明云生病期间，家中羊群无人看管，只好处理掉。按照当时市场价，一只成年山羊的价格至少在800元左右，但因为着急处理，他们家的200多只羊总共才卖了80000多元。搬到宋家沟后，距离原来村子有30里地，路远且交通不便，秦明云便将自家的土地让给了亲戚耕种。羊群是家里的主要经济来源，一年能带来收入20000余元。当初为了给两个儿子买房，家里背负了150000元的借款，原本依靠养殖和种地的收入，偿还这些债款应该没有问题，但现在没有了羊群，家里唯一的收入就是秦明云每年发放的1140元的养老金，维持二人的基本生活都有些困难。

然而厄运并没有就此停止。就在秦明云住院后的第五天，又从内蒙古传来噩耗，当时年仅33岁的大儿子在河里游泳时发生意外，溺水身亡。

在中国人看来，人生最悲惨的莫过于白发人送黑发人。大儿子一直以来都是家里的希望和支柱，大儿媳妇儿没有工作，7岁的小孙女刚上小学，三口之家一直依靠大儿子的工资生活。他的突然离世，让原本幸福美满的小家庭一下子塌了天。大儿子一直是秦明云夫妇的骄傲，这件事给两位老人带来了巨大的打击。时隔一年，在我们采访时，降九英提起自己的大儿子，依然泣不成声。她和我们说，自己因为悲痛过度，压力过大，引起了冠心病，需要随身携带速效救心丸。疾病，灾难，接二连三的变故，让这个原本看到希望的家庭再次跌入了深渊。

2017年年底，宋家沟村委进行扶贫对象动态调整时，秦明云、降九英夫妇被增补为贫困户，可享受相应的医疗救助和生活补贴。按照目前秦明云、降九英俩人的务工收入，其家庭收入已高于当地政府公布的人均每年3200元的农村居民最低生活保障标准。但是他们的工作随着工程项目的完成而结束，具有临时性，收入并不稳定持久。而且因为家庭成员发生重大疾病、遭遇重大意外事故，导致家庭经济状况发生重大变化，刚性支出远远超过承受能力而造成生活贫苦，属于支出型贫困家庭。

目前乡村两级干部在政策许可范围内对秦明云夫妇提供了最大限度的帮扶，但是，失去亲人给一个家庭带来的心灵和情感上的伤害往往比经济上的伤害持续时间更长，更难恢复。村委工作人员和基层医务者对这类家庭成员要多予以关注，给予关怀抚慰，进行必要的心理健康辅导，帮助他们尽快走出伤痛，若发现严重的心理障碍患者要及时转诊到专业机构接受治疗。

多年来，最低生活保障、特困人员供养、受灾人员救助等救助体系基本建立，绝大多数困难群众得到了及时、有效的救助。但是，社会救助体系仍存在"短板"，解决一些遭遇突发性、紧迫性、临时性生活困难的群众救助问题仍缺乏全面系统的制度设计。一些普通家庭由于大病、就学和意外事故等刚性原因造成家庭主要劳动力死亡、重残时常常导致生活陷入困境，但由于家庭收入高于最低生活保障标准，这些家庭往往不符合贫困救助条件，成为社会救助的"夹心层"。

2014年，国务院发布《关于全面建立临时救助制度的通知》(简称《通知》)，明确了临时救助的家庭对象，即因火灾、交通事故等意外事件，家庭成员突发重大疾病等，导致基本生活暂时出现严重困难的家庭。对这些家庭，应该给予临时救助。《通知》要求，县级以上地方人民政府应当根据当地实际情况，制定具体的临时救助对象认定办法，规定意外事件、突发重大疾病、生活必需支出突然增加以及其他特殊困难的类型和范围。目前，武汉市、鞍山市等地市已出台相应的规定办法，扩大救助范围，普通家庭意外致贫可申请临时救助，并不局限低保困难家庭。各级政府在开展扶贫工作时，也要注意普通家庭遭遇重大意外而致贫的情况，建立突发灾难致贫人员数据库，及时、准确、动态地了解这些人员的基本信息，形成监测网络，为有针对性地做好临时救助工作提供基本依据。

老党员张贵明

80岁的张贵明，是1970年入党，有着48年党龄的老党员，他是习近平总书记在宋家沟调研时入户看望的唯一一位村民。

张贵明家在村东头畜牧兽医中心站旁边，现已成为宋家沟的一个景点。他家院门外的墙上钉着一个深褐色的牌子，上面写着：张贵明家。2017年6月21日下午，习近平总书记亲自看望了张贵明，领袖的亲切关怀令张贵明激动不已，他对习总书记说："我是一名老党员，我与党一条路，一条心。"

习总书记走后，来宋家沟参观旅游的人络绎不绝，几乎所有的游客都会去张贵明家里看一看，省内省外，各行各业，不管是集体组织的，还是自助游的客人，只要来到他家院门口，张贵明都热情接待，主动招呼大家进屋坐，对大家感兴趣的话题也都不厌其烦地一一作答。

张贵明夫妇在家门口散步

张贵明告诉我们，从 2017 年下半年到 2018 年年底，到他家参观过的人数大约有几万，其中不乏省市县乡各级政府以及新闻媒体的领导和工作人员。此外，有些单位还邀请张贵明去给党员们讲党课，他都欣然前往，不收取任何报酬。

回忆起当初与习近平总书记见面时的场景，张贵明依然激动不已，他声音洪亮地讲道："当时是骆书记先进到我家院子里的，他一进门便说：'老张，你看谁来了？'我一看，是习总书记来了，赶忙迎上去。习总书记握住我的手说：'你认识我吗？'我连忙回答：'认得！认得！电视上总看见。'习总书记在我这两间屋里看了看，问我房子怎么样，我告诉他：'房子好，四间房子我一分钱没花就住进来了。'习总书记看到崭新的大衣柜，问：'这是谁买的？'我说：'是共产党给的。'习总书记又问：'沙发、茶几是谁买的？'我还说：'是共产党给的。'习总书记问我：'共产党好不好？'我回答：'共产党好，我与共产党一条心，心连心。'习总书记还问我：'平时是怎么上党课，怎么学习的？'我告诉他：'宋家沟村委会就组织党员学习，我经常去参加。'最后习总书记问我想没想到过他会来，我回答说：'做梦梦到过。'习总书记接着问我做的是个什么梦，我回答说：'我做了个中国梦。'与我交谈了十几分钟后，习总书记就来到院子里，指着院子里种的菜苗，说这些是黄瓜、西红柿，那些是辣椒、茄子。习总书记还告诉我，他自己也是种地的出身。"

张贵明一家属于移民搬迁户，是2017年3月从长崖子村整村移民搬迁到宋家沟的。长崖子村全村共有30户80多口人，除了在外打工的9户外，其余的21户都得到了安置，有些人家选择去了岢岚县城，张贵明一家则选择了宋家沟。

在长崖子村时，张贵明家有55亩地，但大多是分散的坡地。其中20多亩地已经退耕还林，他们一家人在6亩多平地上种着莜面、胡麻、大豆等当地的作物，产量不高，除够自己家食用外，一年也只能有2000元左右的收入。搬迁前，他家里还养着一些牛羊，来到宋家沟后，一方面是因为岁数大了，无力放养，另一方面村里对环境卫生要求比较严，安置房院中没有饲养牲畜、存放过冬蔬菜和堆放杂物的地方，就都处理掉了。他甚至把家里那头拉水的毛驴也卖了，只带了一些锅碗瓢盆过来。

在长崖子村时，张贵明曾于1960年至1980年连续20年担任村支书，在1975年还被评为岢岚县"优秀党员"，是名副其实的"老党员"。

张贵明一家在宋家沟的安置房是一套带院子的四间房，相比村里其他搬迁户，显得更宽敞些。院内硬化的水泥地面中专门留出了一小块平地，夏天种些蔬菜，可供一家人食用。屋内是安置房统一装修的样式，中间的套间是张贵明夫妇与大儿子共同居住的地方，东边的一间是二儿子的家，靠西的一间堆放着一些杂物。

在张贵明家客厅的墙面上挂着许多照片，其中三张是他们曾经居住过的长崖子村。山洼子里的小山村有二十来间破旧的土坯房，房子的墙体上能清楚地看到和着黄泥的草根、破旧的栅栏门、胡乱堆放的杂物、歪歪扭扭的木窗户，好像一阵风刮来就能吹倒似的。张贵明告诉我们，原来的村子在深山老林里，交通闭塞，看病难、生活苦，吃水要靠毛驴拉。现如今的新居，交通便利，街道整齐，房内有自来水、卫生间，沙发、大衣柜、电视机等一应俱全，生活十分方便。

调研组成员在张贵明家中调研

80岁的张贵明与72岁的老伴儿周牡丹身体都不太好，他2017年做了前列腺造瘘手术，老伴儿有脑血栓、高血压。平日乡里村里的干部对他们家也是多加照顾。2018年，乡政府的张乡长还专门领着他老伴儿去忻州看了两回病，住院看病的花销也都享受了新农合的医保报销。

张贵明老两口儿共育有四个孩子，两个女儿和两个儿子。女儿们早已成家，一个在岢岚县城，一个在宁武县。她们时不时会回来看望两位老人，帮他们干些洗衣、做饭的家务活。我们前两次去他家调研时，曾碰到过他们的两个女儿，感觉她们都挺孝顺的。

张贵明的两个儿子至今都未娶妻，都是光棍儿。大儿子今年49岁，小学没读完，人看上去老实木讷，反应有些迟钝。问他为什么还没找媳妇儿，他告诉我们长崖子的日子穷，找不下媳妇儿，到宋家沟来的时间短，也还没找下。一家人搬迁到宋家沟后，乡政府很快为他安排了清扫街道的工作，一个月工资800元，可他干了3个月就不干了。后来乡政府又给他找了份在林场除草的工作，每天能挣80元，他也没干多长时间。问他想不想种地，他说想呢，可是他家在宋家沟没有地，地都在20公里外的长崖子村，跑起来不方便。他告诉我们，明年开春后他打算去县城里打工。

张贵明的二儿子今年47岁，乡政府安排他做护林员，一个月工资也是800元。我们常在村里碰到他，不管早上还是晚上，遇到他时总能闻到一股浓浓的酒味。第一次知道他是张贵明的儿子时，我们曾想与他聊几句，但是村民示意我们不要接近他，说他酒喝多了爱闹事。与他简单聊过两句后，发现他性格急躁、脾气火暴。在他家调研时，我们也曾亲眼看到父亲张贵明一见到他就激动地训斥他的情景。

隆冬时节，调研小组成员再次来到宋家沟，其中一个目的就是想进一步了解张贵明一家的情况。当得知二儿子就在家里睡觉时，我们采访完张贵明就直奔他的房间。当时天色已黑，我们敲门进屋后摸黑儿找到电灯开关并打开了灯。他正在床上睡着，见我们进来，便坐起身来。他的两只眼睛肿肿的，依然是满嘴的酒气。桌子上十分凌乱，有吃剩下的半盆饭菜，还有喝剩下的大半瓶酒。床上铺的床单还算干净，但地面却脏脏的，满是烟头。我们问床单这么干净，是自己洗的吗，他告诉我们没人帮他洗，实在脏得不行，他就扔了买新的。他接着说自己这两天难活得不行。我们问他得了什么病，他支支吾吾也说不清楚。我们问他每天喝多少酒，他告诉我们每天要喝一瓶。我们劝他有病就不要再喝酒了，赶紧去看看，别耽误了，他说看不成啥，他快死了。说话间，他拉开抽屉，抓了把烟叶卷起纸烟来。他费力地抽着卷好的纸烟，使原本气味就不太好的小屋里又增加了呛人的烟草味。也许他的这种生活状态就是他娶不到媳妇儿的主要原因吧！我们转身告辞时，竟发现窗台上放着一本《大卫·科波菲尔》，我们问他书是哪来的，读了没，是否知道是啥内容，他依旧冷冷地说："瞎买的看了，这两天难活得不行，没看成啥。"

张贵明的二儿子给我们的印象与他父亲的反差极大，每次与他的沟通也不顺畅。

张贵明一家四口分着两个户，张贵明与周牡丹夫妇及大儿子在一个户口簿上，属于贫困户；二儿子单独一个户口簿，不属于贫困户。既然分了家，照理说应该各过各的，但按张贵明的话说，都是自己养下的，不能不管。

张贵明与周牡丹夫妇及大儿子作为贫困户，每人每年享受低保3036元；参与养殖大户带动养牛增收项目每年分红500元；"五位一体"金融扶贫项目每年分红6000元；夫妇俩每人每年享受养老金1140元；张贵明个人还有老干部补贴每年1200元；家里的55亩地，除早些年退耕还林的以外，剩下的23.7亩属于一家四口，总共享受粮食直补每年1601.3元；再加上两个儿子打工挣的钱，这样算下来，目前，张贵明一家四口人均年收入可达7500多元，按理说，这样的收入在宋家沟应该还是不错的。但是，张贵明告诉我们，"五位一体"金融扶贫项目分红还有一年就结束了，剩下的20多亩地今年也开始参加退耕还林，每亩800元，三年补清。他和老伴儿年龄都大了，身体都不太好，两个儿子年龄不大，领不到低保和养老金。话语中，他对自己和老伴儿的生活并不担忧，担忧的是在他们老两口儿百年之后两个儿子该如何生活。

我们前前后后一共采访了张贵明一家三次，每次采访时，老两口儿都是一同坐在长沙发上，一边回答我们的问题，一边不停地抽烟。张贵明之前一直说他对自己目前的生活状况非常满意，但这次在我们采访结束即将告别时，他还是忍不住说了一句话：我坚决拥护共产党，但是农民没有土地，就像战士没有枪一样。

张贵明的话引发了我们的思考。张贵明家两个儿子的状态只是个案，究竟是因为离开家乡没有了可供耕种的土地，还是他们本身的心性和修养欠佳？有关土地政策还有哪些方面需要调整？老党员这张名片能不能让不思顺应和变革的两个儿子拿来继续打？他们的未来该何去何从……

习近平总书记在岢岚县宋家沟视察时说："人民群众对美好生活的向往就是我们的奋斗目标。党中央就是要带领大家一心一意脱贫致富，让人民生活芝麻开花节节高。请乡亲们同党中央一起，撸起袖子加油干！"我们每次到宋家沟与村民聊天儿时，总能听到几个村民说"撸起袖子加油干"，结合前期的诸多访谈及对村民生活现状的观察来看，习总书记的这些话已经深入村民们的心坎里了。

总的来说，宋家沟的易地扶贫搬迁工作还是比较到位的，不仅提升了易地扶贫搬迁户的生活质量，就近解决了一部分人的工作，改善了就业情况，还提高了他们的家庭收入。但是我们也注意到搬迁后出现的一些新问题困扰着这部分村民，如何妥善解决易地扶贫搬迁户的土地种植、畜牧养殖、粮食储存等实际问题，让他们在提高生活质量、增加收入的同时能够期盼更加美好的生活前景，这些问题已成为新时代美丽乡村建设中事关农民切身利益的根本问题，也是需要合力攻关的难题。

用两间房置换了一处院子的低保户王丑丑

70岁的王丑丑是宋家沟原住村民,他的大名叫王金堂。"丑丑"原是家人称呼他的小名,但当时上户口时,由于工作人员的失误便登记成了"王丑丑",之后身份证、档案里一直就沿用下来,他本人并不是很在意。

王丑丑

王丑丑和妻子王好秀是宋家沟登记在册的低保户,我们在村委提供的贫困户花名册上注意到,他们家享受的帮扶措施一栏中有一项"危房改造补助10750元",这在我们走访过的贫困户中还是第一次见到。为了了解详细情况,我们找到了他家。

王丑丑家位于村里旧信用社西面的巷子里,与我们之前采访过的光棍儿闫二仁、闫久平父子是邻居。叩击院门,里面传来一个清脆的女声,操着一口标准的普通话喊道:"门没锁,我带着孩子不方便,进来吧。"我们推开院门进去,一位看起来20岁出头的女孩儿站在屋门前,怀里抱着一个一岁多的孩子,屋里床上还站着一个三四岁大的孩子。我们说明情况后，她说："王丑丑是我公公，到地里干活儿去了，要到晚上7点才回来。"我们便先向她了解了一些情况。

她叫李紫玉，今年23岁，山西长治人，老公叫王利军，今年27岁。俩人是在长治打工时认识的，如今已结婚4年，有两个儿子，大的4岁，小的1岁多。有了孩子后，李紫玉便回到宋家沟带孩子，王利军则一个人留在长治打工。

听李紫玉说，王利军做厨师一个月能拿5000元左右的工资，给家里寄1000到2000元的生活费。小儿子现在还要喝奶粉，每个月买奶粉需要五六百元。我们看到家里窗台上放着两罐奶粉，旁边还有一包粉色的袋装营养包。李紫玉说营养包是乡镇卫生院为6到36个月大的婴幼儿免费发放的，一人一天一包，每月发放一次。

为贫困家庭适龄婴幼儿免费发放辅食营养包是我国实施的一项健康医疗惠民政策，以帮助贫困家庭孩子改善营养，利于婴幼儿保持最佳的生长发育及健康状态。

王利军还有一个姐姐，名叫宰莉莉，今年40岁，嫁到内蒙古后，不常回来。我们疑惑她为何姓宰，而不是王。李紫玉解释说，公公和婆婆属于半路夫妻，王利军和宰莉莉是婆婆与第一任丈夫所生。在王利军6岁时，他的亲生父亲不幸得病去世，一年后，婆婆带着两个孩子嫁给了现在的丈夫王丑丑，王利军也随着改姓王。王丑丑娶了王好秀后，对她的两个孩子如同自己亲生孩子一般抚养照顾。李紫玉对公公的评价很好，说公公白天出去干活儿，回到家就帮忙带孩子、做饭，家里的大小事主要依靠他。婆婆王好秀由于身体原因，不做家务也不带孩子，每天喜欢到街上闲坐着与人聊天儿，对此李紫玉有些不满。李紫玉对家里享受的补助情况不太了解，听说王好秀就在旧信用社门口坐着，我们便出门去找她。

到了那里，果然有一群人正围坐着聊天儿，一打听，大伙儿指着人群中一位穿着红色短袖汗衫的老太太，说她就是王好秀。

王好秀今年65岁，个子矮小，头发花白，皮肤白皙，眼睛有些问题，与人沟通不是很顺畅。听王好秀说，她一共生了五个孩子，但是其中三个还没满月就夭折了。问其原因，她说是被冻死了。她自己坐月子时也受了风，落下了腿疼的毛病，不能干活儿。我们问她家里房子改造的事情，但她口舌笨拙，说不清楚，反倒是站在旁边的村民吴润成帮忙解释了一下，但是具体情况还需要问王丑丑。我们通过短短的交流发现，王好秀除了腰腿有疾病，其实脑子也不是很正常，可儿媳妇儿还是将她作为一个正常人，认为她应该承担一些家庭义务，想来这是媳妇儿心里对她有些意见的原因。

等到晚上7点，我们再次来到王丑丑家。他已经从地里回来了，正领着两个小孙子在院里玩耍。虽然已经70岁了，但王丑丑身体看起来还不错，他自己也说，他们家的四亩八分平地全由他一人耕种，自家吃不完的还会拿出去卖。我们向他核实了他家享受的帮扶待遇，王丑丑和王好秀是贫困户，每人每年可领取低保金2604元；年龄满60岁，每人每年还可领取养老金1140元；王丑丑作为70岁以上的贫困户老人，可享受光伏发电年分红每年3000元；新农合参合费补贴每人每年300元，政府爱心煤每户每年230元。另外就是享受的危房改造补助10750元，属于一次性帮扶。

问起危房改造的事情，王丑丑说，当初他家只有两间土坯房，年代久了质量也不行，2016年宋家沟对村里的老房子进行危房改造，每家可补助14000元，分两批发放，第一批是10750元，后来又发了3250元。王丑丑用这笔补助款对房子进行了修补，花费了12000元。2017年3月，宋家沟实施整村提升改造工程，对主街道两旁的房子进行拆除重建，其中就包括王丑丑家。重建房子这段时间，村委会将王丑丑一家暂时安置在村中的养老院居住。2017年7月房子建好后，王丑丑一家搬进了新房子，但是家人觉得新房子临街，家中有两个小孩子不太安全，于是找到村委会希望可以换个地方。正好村中有一处院子，原来的主人在早些年搬走后将房子卖给了村委会，村干部研究后决定将它与王丑丑的两间房子进行置换，就是他们现在居住的地方。这样一来，既解决了王丑丑一家的顾虑和居住问题，也可以使他家临街的房子作为商铺出租，发挥更大的价值。如今，王丑丑家原来的两间房已成为宋前街上的沙棘养生馆。

王丑丑现在住的是一处独院，共有6间房，其中南边3间老房子是由原来房主盖的，王丑丑用作杂物房，北边3间新房子是村委2017年建造的，包括屋内的装修和一些家具，同移民安置房的标准一样，院中还可以栽种些蔬菜和果树。相比他家原来的两间房，现在的院子要宽敞许多，王丑丑对此十分满意。2018年，王丑丑又向村委会要了一些砖头，准备铺在院内的地面上。

王丑丑家的院子

对于现在的生活，王丑丑挺知足，说政府帮扶得不错，老两口儿最大的开支就是老伴儿的治病花销，每年治疗她的腰腿疼毛病需要花费 2000 到 3000 元，医保报销 70%，剩余的 30% 自费。

王丑丑与王好秀致贫原因一栏中写的是缺少劳力，据我们观察，他们家自身条件确实不是很好。两位老人年龄已大，王好秀身体还有疾病，连一般家务活都干不了，一双儿女不在身边，儿媳要照看孩子，已是 70 岁高龄的王丑丑却成了家里的主要劳动力，除了种地干活儿，还要帮忙看孩子、做家务。儿子王利军只每月寄些生活费，半年回家一次，帮家里做不了什么活儿，留下妻子和两个幼儿还需要老人帮忙照顾。这样的家庭如果没有政府帮扶、政策兜底，可能还住着两间破旧土房，靠着种地的微薄收入养活一家老小，连基本生活都难以保障。但是我们也看到，虽然有政府帮扶，他们家今后的生活压力仍然不小。王丑丑的两个孙子年龄还小，孩子的生活费、教育费等都是一笔不小的开销，而王丑丑随着年龄增长，劳动能力也会有所下降，下一代想要过上好日子，还是需要依靠王利军和李紫玉两个年轻人同心协力、共同奋斗。

虽是重组家庭，但王丑丑与家庭成员之间的关系还是十分融洽的，这离不开王丑丑对家庭的辛苦付出和对家人的悉心照顾。儿子、儿媳也看到了他这些年对这个家的贡献和付出，内心十分感激。儿媳李紫玉同样带给我们很多感动，她 19 岁结婚，从长治嫁到宋家沟，曾在城市生活过的她知道村里的生活条件不比城里，家里吃饭一般只有主食，炒个米饭就算是一个菜了。现在的日子过得很苦，每天都很累，然而她并没有被生活压得喘不过气，对生活中的困难、清贫，都能坦然接受；对异地打工的老公，也是充分信任。李紫玉告诉我们，等孩子大点儿可以上幼儿园了，她也会出去打工挣钱，希望可以改善一下家里的经济状况。在我们看来，这个女孩儿追求的是爱情和幸福，而非优越的物质条件。中国有句古话"家和万事兴",我们相信这样彼此依靠、甘愿为家庭付出的一家人,日子肯定会越过越好。

被疾病拖垮的李凤明一家

李凤明

李凤明,小名李三,今年 56 岁,宋家沟原住村民。若在村里打听李凤明,有些村民可能不晓得是谁,但一说家里有个从小患糖尿病的孩子,大家便会恍然大悟:"哦……那家人啊。"

住在乡政府后排巷子里的李凤明家应该是我们走访过的村民中最困难的一户了。那日我们到访时,只有李凤明一人在家,他穿着脏旧衣裤,歪戴着一顶迷彩帽,坐在地上,粗糙的双手正修补着一个有些破损的箩筐。看见我们几个陌生人,他显得有些疑惑和紧张。我们做了自我介绍后,李凤明请我们进家坐坐。

院子南、北各有 5 间房，南边的房子比较矮，看起来有些年代。外墙体没有粉刷，墙砖布满灰尘，看起来十分老旧。老式木头门窗，窗户纸早已掉光，窗棂露出屋内堆放的杂物，看来这边的房子应该是用来放杂物的。北边一排的房子比较新，水泥墙面外粉刷了一层白色涂料，塑钢玻璃门窗，这才有了点儿现在农村家户的样子。院子中间有一块用木头栅栏圈起来的菜地。站在院中，能闻到空气中飘散着的一股牛粪味，鸡圈里，几只羽毛掉得快要秃了的蛋鸡不安分地"咯咯咯"叫着。李凤明告诉我们，这是 2016 年山西省总工会帮扶送的 30 只鸡，病的病，死的死，只剩下现在的 5 只。

"你家房子挺多的啊。"我们说，李凤明回答："这是我五六年前花了 3 万元买的，我家原来就 3 间破瓦房，不能住人了，我用赔偿款买了这个院子。""赔偿款？"见我们疑惑，李凤明解释道："那是十几年前的事了，当时我跟着县交通局的工程队在高速公路上修路，一天工资 40 元，才干了一个多月就出意外了。一天，一台大型搅拌机倒废渣时我正好站在下面，没人注意到我，车斗翻下来时把我的腿砸断了。工程队出钱让我在岢岚县人民医院救治，后来又给了我 6 万元赔偿款。出院后我拄了两年多拐棍，才算能正常走路。"这次意外后，李凤明就再没出去打工，靠着种地为生。李凤明家的土地并不多，只有八九亩平地，种着些土豆、玉米、谷子，想来经济收入一般。环顾屋内，家中一件像样的家具也没有，甚是简陋。

问到家里其他人的去处，李凤明说，老婆带着儿子到城里照顾女儿去了，这段时间都住在那儿。李凤明的妻子赵秋华，今年 50 岁，山西阳泉人。俩人育有一儿一女，儿子李慧龙，今年 31 岁，未婚。女儿李霞，今年 29 岁，结婚 7 年了，丈夫也是本村的，在岢岚县城饭店做厨师。俩人在县城买了房子后，就搬到城里去住了。李霞刚生了二胎，赵秋华去城里伺候女儿坐月子了。儿子李慧龙与李凤明性格不合,在一起总是吵架,便跟着母亲去了县城妹妹家。

提起自己的这个儿子,李凤明既心疼又无奈。他告诉我们,儿子9岁时总说口渴,不停地喝水、上厕所。李凤明带他去县医院检查,没想到医生说儿子是得了一型糖尿病,而且这种病没有什么有效的治疗方法,只能靠胰岛素终身治疗。糖尿病对李慧龙的身体和智力发育都造成了严重影响,他小学没毕业就退学了,身高也只有1.2米左右,无法进行体力劳动。由于身体原因,李慧龙一直非常自卑,性格也变得很孤僻,不爱和村里人说话,在家却总是和自己的老爸抬杠,父子俩在一起说不了两句就吵起来了。现在李慧龙已出现并发症,而且越来越厉害,一只眼睛已经失明,有时还会突然晕倒。李凤明告诉我们,2018年夏天李慧龙就突然在家晕倒,家人赶紧将他送到医院抢救,住了20多天院才救回一条命,但是说不好什么时候又会晕倒。

上天没有因为李慧龙的不幸而善待这个家庭,家里的其他成员也接连生病。2016年李凤明在村中心卫生院组织的体检中也被查出患上了糖尿病,现在每天都要打3次胰岛素,因他患的是二型糖尿病,不在医保报销范围,所以一年打针买试纸就需要花费5000到6000元。2017年,老伴儿赵秋华又被查出冠心病,同年去阳泉医院住院治疗了半个月,出院后仍需服药控制。除了发放的免费药品外,赵秋华还需要自费购买波立维,每月花费1000元左右。再加上李慧龙每年的治疗费用约10000元,李凤明一家仅医疗费用支出一年就要20000元左右,对于这个普通的农村家庭来说根本难以接受。

国家对他家的帮扶措施有哪些呢?李凤明告诉我们,儿子李慧龙作为建档立卡贫困户,每月有200多元的低保收入,住院看病也能报销大部分。比如2018年夏天李慧龙住院20多天,扣除报销部分,个人只承担了 300 多元医药费。2017 年一型糖尿病被纳入慢性病医保报销范围，李慧龙每年最高可报销 3000 元胰岛素费用。2017 年岢岚县民政局的一位副主任在了解到李凤明家的情况后，为他办了低保，现在李凤明也可领取低保收入了。2017 年李凤明利用"国家对贫困户养牛每头牛给予 7500 元采购补贴"政策购买了两头母牛，头一年就下了两头牛犊，增加收入 10000 元。再加上女儿李霞不时接济，日子才算过得下去。

一家四口，三个病人，作为旁观者的我们都替李凤明家的未来担忧。我们问李凤明，觉得自己还需要什么帮扶吗？老实的李凤明愣了半天才说"也没什么要求了"。

送走了我们，李凤明又接着编补刚才未修补完的箩筐。我们在这位朴实憨厚的庄稼人身上没有看到过度的悲观、抱怨，甚至连再多的要求都提不出来。

走在返程的路上，我们心里感到有些憋闷。也许是因为从小患病的李慧龙，还没展翅翱翔就折断了双翼；也许是因为李凤明回答最后一个问题时脸上的那种茫然与不知所措。我们在准备贫困户这一章节时，了解过贫困户的致贫原因，也想象过可能出现的贫困问题，但是当真真切切见到李凤明这样因病致贫的困难家庭时，内心还是被狠狠地揪了一下。

"疾病"似乎总与"贫困"如影相随。全国政协原副主席张梅颖曾经公开在媒体面前说过，在我国，70% 的贫困就是因为疾病，一场大病能很轻松地毁掉一个家庭。哪怕是那些原本小康水准的家庭，当家中出现一个恶病缠身、需要常年看病治疗的病人时，也很可能会跌入贫困线以下。一个普通家庭与贫困的差距，也许就隔着一场疾病。

分析因病致贫背后的原因，除了贫困户自身经济条件较差外，更与现有医疗卫生体制存在的问题有很大关联。如果仅靠扶贫单位的物质帮扶和"办理低保、增加补贴"等这类简单政策，难以从根本上解决诸如因病致贫、因病返贫的问题。我们认为，要想彻底去除因病致贫的根源，还需进一步加大医疗卫生体制改革力度，让普通百姓都看得起病、看得好病。

村里的光棍儿户

我国 2017 年国民经济和社会发展统计公报公布，全国总人口 139008 万人。其中男性 71137 万人，女性 67871 万人，男性比女性多 3266 万，适婚年龄的男性比女性多 1000 多万。实际上，从 20 世纪 80 年代起，中国的男女比例就出现了失衡，而造成这种情况的一个最大社会问题就是剩男危机或光棍儿危机。

百度词条上对男性光棍儿的定义为，"年满 30 周岁的男子，只要未婚或者离异、丧偶，而且没有子女"即可称为光棍儿。和大多数剩女因个人选择造成单身的原因不同，光棍儿主要是被动单身。这种现象在偏远地区尤其是贫困落后地区更为严重，我们走访的宋家沟便是如此。宋家沟现有常住人口 262 户 556 人，35 岁以上单身人口约为 53 人（走访时部分人口外出打工）。考虑到目前现实生活中初婚年龄越来越晚，30 岁未婚较为常见，我们便将宋家沟光棍儿的调研对象放宽到 35 岁。

光棍儿这一群体，有着独有的特征。按照马斯洛的需求层次理论，人第一层次的需求为生理需求，这是人的最基本需求，很明显这一需求对他们来讲是缺失的。这部分群体没有配偶，性需求长期得不到满足。对他们来说，更为重要的是代际传递在他们这里是断层的。中国人讲究"不孝有三，无后为大"，他们的尊严和社会地位受到一定的影响。另外，这一群体自身以及父母的养老也是一大社会难题。

各类媒体报道显示，光棍儿群体带来的诸如社区安全等问题屡见不鲜。而且由于这部分群体生活满意度较低，也对整个社区的和谐稳定造成影响。

从表面来看，光棍儿的产生源于中国男女比例失衡，但深层原因应是千百年来的重男轻女思想，尤其是经济和社会发展不平衡的边远贫困地区。

我们前期走访的几户，光棍儿大多属于经济贫困型。当然，也与自身性格、身体缺陷等因素有关。接下来的篇章，将向大家陆续推送关于宋家沟光棍儿户这一群体的走访实录，帮助大家了解这一群体的生活状况、生存方式、社会地位、人际关系等情况，希望能为我们今后研究农村光棍儿户的相关问题提供一些实践依据。

与弟弟一家相依为命的五保户边和尚

边和尚

宋水街北边、三棵树广场斜对面的一条小巷里有一处小院。小院里有 5 间坐北朝南的屋子，每间面积约 20 平方米。屋门前的一小块儿平地上种着玉米、西红柿等。院子的东南角建有 3 间杂物室，杂物室旁边是 1 间公共卫生间。

这里住着 3 户从宋家沟周边村搬迁过来的移民户，最西边一户是一对儿光棍儿兄弟，哥哥叫边和尚，弟弟叫边保保。我们第一次见到边和尚时正值春节期间，那次去主要想看看宋家沟村民们过年的准备情况。我们敲门进去时，边和尚正斜躺在炕上，一个 30 岁左右的年轻女子在屋里忙活着。见我们进来，他坐起身来，年轻女子也热情地招呼我们坐下。说明来意后，年轻女子说这是她大爸（大伯）家，她是三侄女，过小年专门过来帮大爸收拾收拾。

他们介绍说，兄弟二人来自马跑泉村。马跑泉是宋家沟乡的一个行政村，距离岢岚县城 20 多公里，离宋家沟也有十几公里。当地人主要从事农业种植，但因为不是水浇地，土地产量较低，基本上都是靠天吃饭。

边和尚今年 71 岁，兄弟姊妹六人，他排行老大，弟弟边保保今年 59 岁，排行老六。以前农村生活、医疗条件较差，孩子成活率低，其他四个孩子在出生后不久就夭折了。无力改变客观现实的父母只能祈求上天的保佑，便为他们起名为"和尚""保保"，以求得到保佑。

2017 年，忻州市实施易地扶贫搬迁，第一批从马跑泉搬迁到宋家沟的一共 4 户，基本上都是村里的五保户，其中就包括作为五保户和一般贫困户的边和尚兄弟二人。按照人均住房面积 20 平方米的安置标准，兄弟二人分到了 40 平方米的住房，装修和家具都由当地政府统一置办。边和尚由于不习惯睡床，自己又找人砌了土炕，兄弟二人又为家里添置了彩电、冰箱、洗衣机等家用电器，房间虽小，东西倒也齐全。虽是两个老汉的住处，但也收拾得干净利落。

兄弟二人在马跑泉有 10 亩土地，之前俩人一直靠种地生活，5 年前村里实施退耕还林，土地种上树后，弟弟边保保便外出打工。边和尚由于年龄大，还患有高血压、气管炎，就留在家里。边保保现在在岢岚县城的成安饭店打工，负责看大门、烧锅炉，每月能挣2000元。听边和尚说，弟弟工作挺忙，一个人干两个人的活儿，白天都在饭店上班，有时晚上也需要住在那儿。

边和尚年轻时家里穷，自己也不善言谈，一般女子看不上他，父母就为他找了一个又傻又哑的女人做媳妇儿，但这女人到家里不到一个月就跑了，后来边和尚就再也没找对象。弟弟边保保有过正常的婚姻，他和老婆在一起生活了十余年并育有四个女儿，但由于俩人性格不合经常吵架，在小女儿六七岁时便离婚了。当初因为家里穷盖不起房子，所以兄弟二人一直没有分家，都住在父母盖的老宅子里。弟弟离婚后，边和尚便帮助弟弟一同照料四个孩子，挣钱抚养她们长大成人。

如今边和尚的四个侄女都已成家，大侄女嫁到了忻州市静乐县，二侄女和三侄女在岢岚县城安了家，四侄女嫁到了内蒙古赤峰市。四个侄女从小与边和尚生活在一起，与他的感情非常好。现在虽然出嫁了，但除了小侄女嫁的远不能经常回来，其余三个侄女经常来家里看望大爸。尤其是三侄女，每月都要过来几次，替边和尚洗衣服、打扫家务、买东西。说到这儿，边和尚指着手里拿的老年手机说，这就是三侄女给买的，三侄女女婿又帮着把家人的联系号码存到手机里。最近一次去时又碰到了他的大侄女，两个侄女都是带着孩子过来看望老人。听侄女们说，大爸从小节俭惯了，现在家里买有冰箱、彩电、洗衣机等，但老人嫌费电，老是舍不得用。为方便老人做饭，他们购置了电磁炉，但老人也觉得是费电的家什，每天就煮点儿挂面、方便面，她们劝了很多次，老人总是笑着答应但依旧如此。

边和尚作为五保户，每年由国家发放生活补助4000余元，还可享受国家健康扶贫医疗保障政策，如县域内乡镇卫生院基本医疗费用新农合全额支付、个人缴费部分全额补贴、每年一次免费体检等，逢年过节村委还会送来米面油等慰问品，可以说基本的物质生活得到了保障。现在边和尚的生活等一应开支，主要由弟弟边保保负责安排，每年发放的各种补贴等也都交给弟弟保管。平时边和尚需要买药什么的，就会给弟弟打电话，然后由边保保从县城带回来。老人说他虽没有妻子儿女，但一直与弟弟相依为命、互相照顾，四个侄女对他十分好，经常回来看望照顾他。老人对自己目前的生活比较满意，并说："现在有吃有喝，住的也好了，村子里人多热闹。"

在我国贫困群体中，五保户家庭应该是最为困难的一群人，也是当前国家最关注的群体。"五保户"常见于我国的农村地区，指农村中无劳动能力、无生活来源、无法定赡养扶养义务人或虽有法定赡养扶养义务人，但无赡养扶养能力的老年人、残疾人和未成年人。为解决这一群体的生存生活问题，国务院于2006年颁布实施了《农村五保供养工作条例》，由当地人民政府采取集中供养和分散供养相结合的形式，对五保供养对象保吃、保穿、保医、保住、保葬（孤儿为保教）。

在五保户的生活保障方面，地方人民政府在财政预算中安排当地五保供养资金，2018年虽然具体的补助标准还未出台，但根据国家相关规定，农村五保户补助费用不得低于当地农村居民上一年度人均收入的60%。住房方面，近几年国家一直在通过危房改造等方式来为农村五保户家庭提供安全的住房，甚至部分农村还会为五保户提供免费的住房，在2018年土地确权之后，五保户的房屋也能够进行确权登记，使五保户的住房权益得到保障。医疗看病方面，国家也明确提出农村的低保户、五保户、建档立卡贫困户、重度残疾人等群体将能够免费享受到新农合，五保户人员看病在享受了医疗保险之后，其自己支付的费用还能够享受到国家的大病救助等补贴，解决了五保户家庭的看病难题。

另外，政府在保障五保户物质生活的基础上，也要注意给予他们精神关怀。边和尚留给我们的印象是一个不太爱讲话的人，我们走访时曾在街上碰到过他好多次，每次他总是听别人说话，很少插嘴。只是听到别人说得高兴时，他才会陪着笑一笑。和我们交谈时，他也是问一句答一句。这也是大部分光棍儿的共同特征：性格内向、木讷迟缓、对周遭事物没有太大热情。

这部分人因为家庭不完整，没有老伴儿和子女，亲情缺失，缺少文化娱乐。这种情况下，注重满足他们的精神需求就显得尤为重要。当地村民委员会或者敬老院等农村五保供养服务机构应经常到五保户家中给予关怀慰问，进行必要的心理辅导，鼓励邻里团结互助，鼓励老年人形成自己的社团组织，在老年群体中间开展互助活动，使五保户享有和正常老年人一样的晚年生活。

同住一院却各自生活的闫二仁、闫久平父子

第一次见到闫二仁老人是在村西头"大丰收"前的烧烤摊旁。那日我们正在采访经营户崔志强，也许是被烧烤的香味吸引住了，坐在商铺台阶上的一位老人走过来，伸出几根手指比画着说自己要吃烧烤，我们听懂了他浓重的方言，将手里的肉串递给他，但他坚决不要。崔志强连忙将一个刚烤好的肉肠送给老人吃，说不必付钱了，但他坚持付了钱。老人引起了我们的注意，我们便与他聊了起来。看到我们这几个外乡人有意与他聊天儿，他的话匣子便打开了。

老人名叫闫二仁，今年83岁，是宋家沟的原住村民。他个子很高，约有1.8米，身穿一件脏旧的老式深蓝色中山装，脚穿一双布鞋。他的眼

睛有些浑浊，嘴角残留着一些食物碎渣，看上去腿脚不太灵活，也有些耳背，与人交谈时会主动将身子靠近，把耳朵凑到你跟前。

父亲闫二仁

闫二仁有一个姐姐、两个妹妹。姐姐今年 85 岁，嫁到了王家岔乡。两个妹妹都在宁武，大妹妹今年 57 岁，二妹妹也 50 多岁了，但具体多大他也记不清。此外，他还有一个"结三兄弟"。一开始我们搞不清楚什么叫"结三兄弟"，在他的叙述中，我们渐渐明白了。原来，闫二仁的亲生父亲 30 来岁就去世了，母亲带着几个孩子改嫁后，又与继父生了一个儿子，这个同母异父的兄弟就是他的结三兄弟，他的这个兄弟在 68 岁时便去世了。

问到老人的身体状况，他说以前很好，每天至少一斤酒、三盒烟。现在不行了，经常头晕，酒也不能喝了。但在聊天儿时，我们明显闻到他身上有一股酒味儿。崔志强跟我们说，老人自己不会做饭，每天基本上是饼子就酒，偶尔买些方便面、猪头肉啥的。

闫二仁家里原先的 10 多亩地，养老院占了 4 亩，退耕还林了 6 亩。他的生活来源主要依靠低保和养老金，一年下来有 5000 多元。这些钱除了自己的日常开销外，有时儿子会要，有时亲戚也会要。以前姐姐家娶媳妇儿问他拿钱，妹妹聘闺女也问他拿钱。自己的结三兄弟活着时也经常来找他借钱。大妹妹和他的关系一直不怎么好，以前二妹妹和他还不错，经常会给他买点儿东西送来，但后来因为拆旧房子，他们之间也产生了矛盾，这几年也不怎么来往了。

我们粗略算了一下，5000 元应该满足不了他每天一斤酒的开销。据村里人说，老人年轻时每天就这样吃喝上了，都说他手里有银圆，钱不够花了就卖些银圆。

闫二仁告诉我们，在他 36 岁时老婆就找了别的男人，并与他离婚了，给他留下了当时才 3 岁的儿子。这么多年来，他一直没有再娶，独自一人将儿子带大，但因为家里穷，儿子 15 岁时就辍学并开始在外打工。现在儿子已经 50 岁，一直没有娶媳妇儿。

宋家沟进行整村改造拆旧盖新后，他家的老宅子被拆除，补贴了 6 万多元，他们用其中的 3 万元买了现在的这处院子，儿子住在院子北边的旧房，老人住在儿子又花了 2 万多元新盖的西房。

说着，老人热情地邀请我们去家里坐坐，于是我们就随着他往他家走。原来，他家就住在崔志强家"大丰收"商铺对面的巷子里。

巷子不长，正对面就是闫二仁的家。推开紧掩的大红木门，我们走进了他家院子。院里的空地上种的大葱、玉米、包心菜等都已冒出了半尺来高的小苗，老人告诉我们这些蔬菜都是他自己种的。最近一次再去他家走访调研时，满院已经是一派丰收的景象了。在院子南边靠院墙处，整整齐齐堆放着柴火堆，足有 3 米多高。老人指着这堆高高的柴火说："这些都是我捡来的，够烧 20 年了。"看着这么高的一堆柴火，我们很难想象一个 80 多岁的老人是费了多大力气才将它堆起来的。

闫二仁拾的柴火

　　闫二仁居住的西房共两间,一间他自己住,另一间堆放些杂物。他住的那间屋子家具非常简单,只有一张桌子、一个大衣柜和一个土炕。家里没有电视,东西凌乱堆放着,炕上的被褥也因不常清洗已看不出原有的颜色。杂物间里堆放着一些旧家具。闫二仁告诉我们,当初搬家时没人帮忙,柜子等大件家具都是他自己先挪到木头上再滚动木头搬进屋里去的。我们问道:"儿子不帮忙吗?"他摇摇头说:"我们父子俩各过各的,儿子不管我。"

　　闫二仁的儿子名叫闫久平,今年 50 岁,也抽烟喝酒,还爱打麻将,有时候外出打工,但挣的不多。据闫二仁说,儿子没钱花了就会问他要,说是借,但从来都是只借不还。父子二人虽然同住在一个院子里却很少说话,生活上更是少有往来。这让我们感到不可思议,家里就剩下父子俩,父亲已经耄耋,儿子已经知天命,按理说更应该相互关心、相互依赖，但他们父子之间的关系却连外人还不如。

儿子闫久平

谈话间，儿子闫久平从他住的北屋出来了，我们便又同他聊了起来。

闫久平给人的感觉较为冷漠，似乎不爱说话，问什么答什么。说到自己和父亲，他说俩人的关系时好时坏，好时互相给点儿吃的喝的，不好时就连话也不说。我们又问是什么原因导致父子关系变成这样的，他并不直接回答我们的问题，而是说父亲住的那两间西屋是他盖的。我们再问他为什么不娶媳妇儿，他说没有钱，娶不下。问到生活来源时，他说主要是靠打工，有的活儿是自己找的，但大部分是通过别人介绍的。只要有活儿他就干，在内蒙古、太原都打过工。

自那次走访后，我们又去过几次宋家沟，总能在村里街上的某个地方遇到闫二仁，每次他都热情地招呼我们"回家吧"。因为了解他的情况，我们每次去时都会有意识地给他送些吃的，老人总是很感激，那种待人热忱的感觉也始终不变。这次又去宋家沟，老人告诉我们地里的葱已经长大了，非让我们带走一些。但我们明显感觉到老人的情况大不如前，步履更加蹒跚，耳朵也更背了，交谈时比先前更费力。

从严格意义上来讲，闫二仁并不属于光棍儿，因为他有一个儿子，但从他的生活状况来看，又和光棍儿有着共同的特征。他虽然与儿子同住一院，却独立生活，80多岁的年纪，饮食起居都完全依靠自己。而闫二仁的儿子闫久平，因为至今未婚，是彻头彻尾的光棍儿。

父亲闫二仁与儿子闫久平的性格截然不同，父亲有那种与人沟通的强烈欲望，而儿子却不喜欢讲话，性格孤僻。究其原因，应该是从小家庭不完整带给儿子的心灵创伤，这也应该是造成现在父子关系不亲近的主要原因。

在调研中我们发现，缺乏亲情观念是光棍儿群体表现出来的一种较为普遍的状态。由于光棍儿的经济条件相对较差，生活也比较困难，往往无力照看父母，时间久了，会比普通人更多地表现出自私、不孝顺的倾向。同时，由于光棍儿都是成年人，父母也不能过多地去管教他们，否则双方的关系会更加紧张。

此外，大部分光棍儿都不会做饭，不会操持家务，他们的生存能力、生活能力都很差。所以，对于现如今的贫困家庭来讲，孩子如果学习成绩较差，学点儿职业技能和生活技能或许能够让他们未来的生活变得容易些。因此，我们倡导中小学应该开设生活技能课程。

坦然接受"媳妇儿"跑了的丁明生

丁明生住在宋家沟旧信用社背后的一处院子里，按照事先沟通好的，我们在岢岚县盟员赵亮的带领下来到了他家。

丁明生

红漆铁质大门看起来要比别人家大很多。大门很宽，可以进一辆三轮车。我们边推门边问着"有人吗"，听到响动，屋内走出了一名中年男子和一名老妇人。

"您是丁明生吗？"我们问，男子笑着答道："是哩。"看来我们找对了人家。赵亮帮着我们用本地话说明了来意，丁明生靠在屋门口的墙上，拘谨地笑着。也许是刚开始见面，有点儿不太好意思吧。

丁明生戴着一顶迷彩帽，上身穿着蓝白相间细条纹的T恤，下身穿着一条普通的灰黑色裤子，一根红绳子在腰间胡乱地系着，脚上的棉拖鞋看起来有些脏旧。

丁明生今年46岁，有一个哥哥、两个姐姐。哥哥姐姐们都早已有了自己的家庭，且都有了孙子、外孙。大哥叫丁有生，今年57岁，在宁夏打工，大姐叫丁有凤，今年54岁，二姐叫丁改凤，今年52岁，丁明生在家中排行最小。他说，平时哥哥姐姐们不怎么回来，只有过年过节回来走走，看看父母。

我们又问丁明生的母亲多大年纪了，叫什么名字。老妇人干脆地答道："我叫张美人，今年78了。"丁明生的母亲在我们说话时一直站在那里笑着听着，她个子不高，花白的剪发头倒也精神，说起话来一点儿也不含糊。

我们继续询问老人家，身体挺好吧，她摇摇头说："不行哩，腿疼的，走路不灵便，还有胃下垂。"村里的人因为干重活儿大都落下了腰腿不好的毛病，尤其是那些上了年纪的，除了腰腿不好，往往还会有一些其他疾病。丁明生的父亲丁全全也是如此，今年81岁了，有气短的毛病。

因为没有分家，丁明生和父母在一个户口簿上。他们现在住的房子是大哥的，他说自己以前的房子有七八间，拆了后补了3万多元，原想着宋家沟盖起新房了（指安置移民的房子）能买到，结果安置房不能买，于是就一直住在大哥这里。说起这件事，母亲张美人和丁明生都有些不愉快。丁明生说，这个院子是旧信用社营业所的房子，大哥当时买了下来，自己的房子拆了后没有地方住，就住到了哥哥这里。大哥院子的北面有四间房，他们住了其中的两间，一间住人，一间放杂物。大哥如果回来，就住在院子南边的那排房子里。但大哥常年打工，很少回来。

我们问他收入怎么样，他难为情地说，没什么收入，全靠政府养活着了。我们看到他原先的贫困户明白卡上写着，他和父母三人都有低保，一年下来有9000余元。父母二人的养老金一年2000余元，再加上其他补贴，看起来日子过得还可以。见我们这样估算生活水准，丁明生赶忙解释说，自己身体有病，患有强直性脊柱炎，需要常年吃药，光吃药一年就得大几千甚至上万元。因为这个病，自己干不了重活儿，父母年纪大了，身体不好，也不能干重活儿，自家那五六亩地，只种了些玉米、土豆用于糊口，并没有什么收入。

一年大几千甚至上万的药费，对于普通工薪阶层来说负担都是很重的，更不用说农村的贫困户了。我们询问能不能享受到医保之类的，丁明生回答，新农合最高给报 5000 元，这样的话，还能减轻一点儿生活压力。

丁明生独自和两个老人住着，我们问为什么不找个媳妇儿，他嘿嘿一笑，有点儿自嘲地说："没钱吧，连自己都养活不了，怎么养活别人。"听得出来，他对村里人因为贫穷娶不起媳妇儿感触很深。我们问他从来没有娶过媳妇儿，还是其他什么原因造成了单身，他说原来从贵州娶过一个媳妇儿，花了 20000 多元，待了半年后，媳妇儿说住不惯，要走，后来就走了，自己花的钱也没往回要。

他讲这件事时，我们能听得出来其中的些许无奈。虽然是面带微笑、语气轻松地说媳妇儿走了，其实他也明白，就是"跑了"。不过他自己又说，能理解她，人家住不惯，想回去看看（指回贵州），虽然清楚这一回去"媳妇儿"就再也不会回来了，但总不能不让回吧。

这一番话丁明生说得倒很释然，他能理解"媳妇儿"在异乡的种种不习惯，所以明知道"媳妇儿"走了不会回来，他还是没有阻拦。

在农村，许多光棍儿因娶不到媳妇儿而"买"媳妇儿的现象较为普遍。为留住"媳妇儿"的心，他们好吃好穿地养着，希望"媳妇儿"能留下来，安心做他们的老婆，为他们生儿育女，但结果往往不能如人所愿，"媳妇儿"们大多都离开了。我们在调研中遇到的光棍儿户周玉生和本文主人公丁明生都是这样的经历。他们俩从贵州买回来媳妇儿，本想从此好好过日子，但却遭遇了"媳妇儿"以各种借口离开。他们想要拥有一个完整家庭的希望破灭了，钱财也损失了。尽管如此，周玉生和丁明生也从来没有采取像我们在电视上看到或者从周围听到的一些极端手段,想尽办法将买来的媳妇儿看住、锁住、拴住,不让她们和外界接触等。甚至在媳妇儿提出要走这件事上也坦然面对,欣然接受,将自己遭遇的不幸深深埋在心里。他们能站在对方的角度换位考虑,宽容理解,这让我们觉得难能可贵。

丁明生今年 46 岁,已然过了适婚年龄,再加上身体不太好,家里经济条件也较差,诸多原因使得他很难再找到合适的配偶。对于这类群体来说,他们今后的生活应该主要靠政府兜底来保障。我们希望随着国家经济的发展,社会整体生活水平的提高,针对这类群体的政策性福利也能水涨船高,让他们能够衣食无忧地度过后半生。

家境尚好、家庭和睦,但仍然单身的吕建东、吕旺东兄弟俩

吕建东和吕旺东兄弟俩,是宋家沟原住村民。我们按照事先的摸底信息确定哥哥吕建东为采访对象。8 月份去宋家沟调研时,在岢岚县盟员的带领下,找到了他们家。

我们敲了敲门,然后径直进去了。家中一名年轻女子正在准备午饭——胡萝卜猪肉馅儿和白菜猪肉馅儿饺子,一问才知她是吕建东的妹妹、吕旺东的姐姐,我们便先和她聊了起来。

她叫吕建华,今年 36 岁,已经成家了,目前定居在北京。一听说定居在北京,我们不禁一怔。从我们在宋家沟调研掌握的情况来看,村民外出打工挣了钱,一般会选择在岢岚县城购房定居,好一些的去忻州市或朔州市,再好一些的则去省会太原或内蒙古等地。至于在北京定居的,吕建华还是我们见到的第一位。

吕建东

吕建华说，她毕业于山西医科大学汾阳学院，大学毕业后去了北京打工，后来就在北京成了家。老公在北京铁路系统工作，夫妻二人在北京贷款买了房子。有了孩子后，她就专心在家带孩子，暂时不上班了。

吕建华的表达沟通能力很强，与带着浓重地方口音的村民相比，她的普通话很标准。她一边与我们聊天儿，一边继续着手里的活儿。她说："我不常回来，回来就给家人改善改善生活。他们平时忙得顾不上做好的，我今天准备包些饺子，调了两种馅儿，农民干体力活儿饭量大，肉馅儿耐饥。吃不了的就冻起来，让他们留着慢慢吃。"我们夸奖她有孝心又考虑周到，吕建华笑了笑没有答话。

说话间，一个大约7岁的小女孩儿从屋外跑了进来。吕建华笑着对她说，快问叔叔阿姨好，小女孩儿大方地和我们打了招呼。吕建华说，她趁着孩子放暑假，带孩子回来走走。说着吩咐女儿为我们洗些自家种的西红柿吃。小女孩儿十分懂事，也很愿意和外人交流。我们问她："城里好还是农村好?"她回答:"都好,姥姥家还有满园子的菜呢。"这时,一位老妇人走了进来,小女孩儿开心地冲着老妇人喊道:"姥姥!"小女孩儿的姥姥就是吕建东、吕旺东兄弟俩的母亲杨林女。

杨林女一边和我们打着招呼,一边靠到了床边,并亲切地问我们从哪里来,做什么的。吕建华用家乡话笑着帮我们解释道:"问询问询家里的情况,没什么。"我们了解到,杨林女今年62岁,身体还算可以,只是有点儿腰腿疼的小毛病。

谈话间,饺子馅儿已调好,母女俩便一起动手包起饺子来,我们当中的一位女同事见状,也搭手帮忙。这时,69岁的父亲吕永寿也回来了,老爷子十分热情,看见我们站着,赶忙招呼我们坐下,拿出小果子(一种当地的水果)给我们吃,还硬往我们包里塞,盛情难却,我们随手拿了几个。

听老爷子讲,他们家原有8间老房子,后来拆了6间,盖起了现在的房子。剩下的两间旧房子做草房,用来存放草料和拴自家的牲口。家里养着一头骡子,主要种庄稼用。还养了5只羊,用来育肥。家里有25亩地,种了些玉米、谷子、土豆和红芸豆,收成一般,而且土豆、红芸豆都卖不上好价钱。所以除了种地,他尽量在村里和附近寻点活儿,打个零工挣点儿钱。

近70岁的老人还要去工地上打工,我们认为他的身体还不错,他却摇摇头说,不行。女儿吕建华补充道:"我爸有胃病。"吕永寿继续说:"年纪大了,腿脚不好了,又做过两次手术,一次是疝气,一次是尿结石。虽然都不算大手术,但除去报销的部分,自家也花了14000元,有次还是闺女给打的钱。"他接着说:"咱家里穷,闺女上大学时家里只供了她两年,后来她奶妈接着供了一年,她姐姐又供了一年。"奶妈?姐姐?见我们疑惑,吕建华告诉我们,她是从小被抱养来的。自己的亲生父母住在岢岚县,条件还不错,因为计划生育政策,亲生父母把她送给了现在的养父母。刚才所说的供自己读大学的奶妈就是指自己的亲生母亲,姐姐是指自己的亲姐姐。亲姐姐对自己也很好,包括去北京打工,都是姐姐带着去的。我们问她是否还和亲生父母来往,她笑着回答:"来往,前几天刚去看了。"

虽是抱养的女儿,但吕建华与养父母相处得很融洽,家里的大小事她都会尽己所能,出钱又出力。与此同时,她和自己的亲生父母也常有来往。她享受着来自于两个家庭的爱,但是更多地承担着为吕家养父母分忧的责任。

看到吕建华定居北京,一家三口的日子也还不错,养父母为人热情,老实本分,家里也没有什么负担,可是为什么41岁的吕建东和32岁的吕旺东兄弟至今单身呢?我们把话题转到兄弟俩身上来。吕建华摇摇头说:"唉,我大哥是耽搁了。父母都是种地的,哪有钱供三个孩子读书?作为家里的老大,他就辍学打工赚钱供弟弟妹妹上学,到了该结婚的年龄,家里穷,他自己文化程度又低,没能及时找下媳妇儿。弟弟年纪也不小了,但还不算太晚,还有希望,这两年家里也是托人帮忙介绍着。"从吕建华的语气中能听得出来,她很替大哥委屈,很替兄弟俩的婚事操心。

谈话间,弟弟吕旺东回来了。他手里拎着一袋东西,看到家里有外人,便径直走向厨房,蹲在一个角落里开始摆弄起手机来。显然,他不善于与陌生人打交道。

父亲吕永寿告诉我们,这是二儿子吕旺东,他前段时日去北京打工,干了三个多月,拿回来5000元。二儿子身体不好,有先天性心脏病,2006年在西安做的手术,花了50000元左右。干不了重活儿,还没找到媳妇儿。吕永寿说着,又去拿月饼给我们吃,一个劲儿地劝我们坐下,吃点儿东西，中午留下来吃饭。

吕旺东

吕旺东玩了一会儿手机，起身说："我去烧开水，准备煮饺子。"然后他就到院子里取了一些柴火，到夏天当作厨房的旧房子里，蹲在地上开始生火。我们的一位同事站在旁边同他聊天儿，他说："农忙时我还是得回来帮家里种种地，父母年纪大了，哥哥身体也不太好，我不能不管。"说到找对象，他说肯定得找，只是一时半会儿还没有遇到合适的。我们感觉吕旺东是一个孝顺父母、有家庭责任感的青年。

到吃饭时间了，我们原定的采访对象吕建东还没回来，正在考虑要不要结束采访时，一位戴着眼镜，黝黑的脸上流着汗水，迷彩衣裤上沾着泥的男子走进了院子，他应该就是吕建东。他手里拿着几个装着剩菜剩饭的塑料袋子，先把其中两个袋子里的食物喂了自家的狗，然后又把剩下的一个袋子递给迎出来的父亲，说："这是过油肉，基本没动，你吃吧。"

因为提前联系过，吕建东知道我们的来意，一边同我们打招呼，一边坐在厨房旁边的一个小马扎上。

我们笑着说，这么晚才回来，辛苦了。他点了点头，看来这对他来说已经习以为常了。我们问他为什么没找个媳妇儿，他略带无奈地说："不好找吧。""为啥不好找？"见我们继续问，他顿了顿说道："2005年时托人从王家岔找过一个媳妇儿，当时也没领证，住了半个月，后来就分开了。""为什么呢？"我们问道，他苦涩地说："那个媳妇儿脑子有些问题。"

偏远落后农村的部分大龄男青年，迫于各种压力，会无奈地选择娶一个残障女子当媳妇儿，宋家沟也存在这样的情况。不过就吕建东的条件来说，找一个残障妇女确实有些委屈。好在当时托的介绍人比较厚道，把钱退还了一部分。他说当时总共花了10000多元，后来退了10000元。

问到他以后的打算，他告诉我们能找的话还是想找一个。他说找媳妇儿挺难的，得有熟人上心，找知根知底的才行。说罢，他又摇摇头，因为他感觉现实中这样的情况太少了。妹妹吕建华也坚定地说："肯定要找，这样一个人怎么能行。"

吕建东和我们交谈较为主动。事后我们给他打电话询问一些事情时，他每次都豪爽地表示，有事尽管打电话。和睦友好的家庭氛围养成了吕建东开朗的性格，并且从他身上，我们能感受到他作为家中老大哥的那种担当和责任心。

从吕建东、吕旺东家出来，我们再次深切体会到，贫困是农村地区光棍儿形成的主要因素。与村里其他贫困户相比，吕建东兄弟的家境尚好，但依然没有足够的存款来支付两个男孩儿现代婚姻的基本花费。单凭村里的几间瓦房，已基本丧失了对女孩儿的吸引力。即便是农村，女孩儿找对象也会理所当然地要求男方至少也在当地县城买楼房。尤其是家中的老大，往往会因为照顾弟弟妹妹而耽误自己的婚姻，为家庭牺牲得更多。吕建东本人身体健康、勤劳肯干，对生活和婚姻还是很向往的。吕旺东虽不善言谈，但性格沉稳、顾念家庭，手术后身体康复得不错，种地务工都没问题。兄弟俩所在的家庭关系和睦，热情好客。我们相信这样和睦的一家日子会越过越好，也希望吕建东、吕旺东兄弟早日如愿，找个好媳妇儿。

为照顾母亲放弃婚姻的周玉生

周玉生

周玉生是宋家沟的原住村民，住在村旧信用社附近。在村民的指引下，我们找到了他家。

他家的大铁门也是2017年宋家沟整村改造时统一修建的。推门而入，院子中的两棵梨树枝繁叶茂，结了不少果实，几株高大的向日葵在阳光的照耀下开得很灿烂，五六分地的院子里，满眼青绿。

因事先联系过，周玉生已在家里等候多时，见我们来了，便热情地招呼我们进来。

周玉生看上去憨厚淳朴，身体壮实。他头戴一顶白色遮阳帽，身穿浅灰色长袖衬衣、深灰色裤子，脚穿一双黑色旅游鞋。裤子上沾着一些泥，应该是刚干完活儿。他一开口便面带笑容，精神状态完全不同于我们在村里采访过的其他光棍儿，给人的感觉较注重礼仪，性格也挺好。

周玉生今年54岁，十几年前父亲去世后，他便一直与母亲生活在一起，相依为命，遗憾的是2017年母亲也去世了，对他的打击挺大。母亲去世前患有脑溢血，在床上瘫痪了近两年。都说久病床前无孝子，母亲病倒后基本上是由他一个人照顾的，他却无怨无悔。说到母亲时，我们依然能感觉到他的悲伤。

周玉生有三个姐姐、一个妹妹，两个姐姐嫁到了内蒙古，还有一个姐姐和妹妹住在岢岚县城，妹妹有空会来看看他。母亲去世后，村里就只剩下他一个人独自生活，好在和本村的叔伯本家走得较近，还能有个照应。

我们问他为什么不找个媳妇儿，他憨厚地笑着说："30来岁上娶过一个媳妇儿，当时花了20000多元，是贵州的，媳妇儿住了6年多，不习惯，走了。"我们打趣地问道："是不是和别人'买'的媳妇儿一样，你媳妇儿也跑了？"他摇摇头说："不是，我媳妇儿在这儿住不惯。她提议我跟她一起回贵州，但是我母亲身体不好，需要人照顾，走不了。"他告诉我们，媳妇儿走时，他也同意，也没要那20000多元，照他的话说，夫妻一场，都不容易，算了吧。他和媳妇儿虽然生活了6年，却一直没有孩子。我们问他有没有想过再找一个，他摇着头说："唉，不找了，也没钱找。现在找个老伴儿，得先拿出三四万元才有人愿意跟呢。"看来钱是像他这样的光棍儿解决婚姻问题的最大障碍。

问到周玉生的收入来源，他说母亲在世时是五保户，每年能有5000多元的固定收入，生活较有保障，母亲去世后，五保户被取消了，钱也没了。他现在种着4亩多地，粮食卖不上钱，收入来源主要靠自己打零工，好的话一天能有个百八十元，一年下来大概能赚上六七千元。我们问他有没有想办法多挣些钱，他说没啥门路，但动过脑筋。他指着院子里的一株不高的植物说："这是我种的人参，明年打算再多种一些，看能否靠这个多赚点儿钱。"

我们没有见过生长着的人参植物，一听来了兴趣，几个人都围着那株人参仔细观看、拍照，还有人打开手机App确认是不是人参。宋家沟居然还有人种人参，这是我们调研中的一个新发现。

人参是多年生草本植物，自古被誉为"百草之王"，在我国的药用历史已有2000多年，是大补元气之佳品，主要产于我国东北，是闻名遐迩的"东北三宝"之一，生长在北纬33°～48°的海拔数百米的以红松为主的针阔混交林或落叶阔叶林下，喜阴凉。

据周玉生介绍，他种的是一株野山参，种子是从内蒙古姐姐那儿弄回来的，宋家沟的气温和内蒙古差不多，比较适合人参生长。

从宋家沟调研回来后，我们也查阅了一些相关资料，了解到人参对气候、地理环境尤其是对土壤的要求很高。人工种植人参的土壤养分仅能供3年，就得从原始森林中再次寻找新开发的养分充足的土地再种3年，不然人参就养不活。看来，周玉生要想种好人参，种植技术也必须跟上。我们真心希望他种植人参能够成功，能够给这个孝顺善良的汉子带来更多的收入。

与周玉生聊天儿间，我们仔细参观了一下他的院子。他的院子在宋家沟算是比较大的，各种蔬菜、各色植物种得满满当当的，有我们认识的玉米、向日葵、西红柿、大葱和茄子，还有我们不认识的菜花、西蓝花，更有其他院子里没有的香瓜。一个人生活，居然种了这么多东西，看得出周玉生是个非常勤快的人。我们问种这么多菜是不是为了卖，周玉生笑着说："不卖，自己吃些，亲戚朋友来了再拿些。"说着，他随手摘了两个香瓜并洗了给我们吃。

周玉生种的植物多，养的动物也多。菜园中间有一个小隔断，旁边的小笼子里养着几只小白兔，洁白的皮毛、红亮的眼睛，煞是可爱。我们刚想问养这些兔子是不是为了换钱时，周玉生像是猜透了我们的心思似的说，这些兔子没人买，是自己养着留到过年吃的。谈话间还不时有猫在菜园中来回穿梭，周玉生告诉我们他一共养了3只猫，猫抓老鼠特别管用。院子最里面是一个鸡笼，养着10多只鸡，这是山西省总工会扶贫工作队统一给每户购买的，但他也不卖鸡蛋，鸡蛋除了自己吃就给了亲戚朋友。看得出来周玉生不看重金钱，也没有商业意识，对他而言够吃够喝就好，多余的东西与亲戚朋友分享就是物有所值。

在一般人的印象中，农村光棍儿大都是贫困户，他们普遍不善言谈、好吃懒做、缺乏亲情，而周玉生虽然也是光棍儿，却不属于贫困户，他靠着自己勤劳的双手，过着衣食无忧的生活。他待人热情，愿意与人交流，还是个孝顺儿子，情愿为了照顾年迈的母亲放弃自己的婚姻。同样是孤身一人，周玉生给我们的感觉却是淡然而不是淡漠。对他来说，自己无病无痛，打个工，种些菜，和亲戚朋友走动走动，生活就已经十分美好，应该满足。从他身上，我们看到了部分光棍儿简单而阳光的生活状态，这让我们觉得打光棍儿似乎也并不是一件十分可怕而悲伤的事情。

离开的时候，我们的心情虽然不那么沉重，但还是不由自主地思考党和政府能够为周玉生这样的光棍儿做些什么。他人好，身体好，也热爱劳动。如果真像他所说的找个老伴儿只需要三四万元就可以的话，帮助他这样的人挣够这个钱应该还是不难吧。

客栈老板王爱民和他悲惨的三弟

王爱民

"爱民客栈"位于宋家沟三棵树广场的正对面,属于村里地理位置极佳的中心地段,也是宋家沟唯一一家挂着牌匾的农家小院客栈。2017年6月21日,习近平总书记在山西考察调研期间,就是在三棵树广场听取了岢岚县精准扶贫工作及易地扶贫搬迁整体情况汇报,并了解了宋家沟的新村规划及建设情况。

客栈的经营者是一对儿兄弟,客栈的名字就是以哥哥王爱民的名字命名的。因为王爱民之前一直在外地打工,客栈主要由弟弟王爱生负责照看。我们多次去"爱民客栈"了解情况,都是王爱生接待的。直到2018年5月再去时,才第一次见到哥哥王爱民。

爱民客栈

据他们介绍，客栈这处院子的产权属于兄弟俩。2017年，他们建好房屋主体后，正赶上宋家沟移民安置和整村提升，乡政府看中了他家的院子，支持兄弟俩开办客栈，在他家院子的基础上由政府出资装修改造成供游人和来访者居住的农家小院样板房。目的是为了发展旅游业，吸引来访者或者游客租住。

客栈规模不大，只有一大一小两个房间，小的面积约30平方米，是按照一般酒店的客房标准装修的，有双人床、电脑等设施；大的面积约50平方米，是现代北方民居的样式，有带热水器的卫生间，房内摆放着实木饭桌、沙发等，但没有普通宾馆常见的床，而是北方农村传统的土炕和一个村里几乎家家都有的灶台，炕上能同时睡四五个人，比村里大多只有20来平方米的普通安置房宽敞得多。院中栽种着果树与各种蔬菜，一片田园农家景象。

我们调研组有人想在"爱民客栈"体验一下农家情趣，问到客栈的价格时，王爱民答道，整个院子300元一天。当我们提出下次来调研打算入住时，他勉强回答可以吧，并没有流露出喜悦的表情。在与我们交谈中，时不时有客人来询问客栈的租住情况，王爱民也只是简单地说一下价格，其他的一概不多说，对于询问者似乎并不热情。我们在与兄弟二人接触时感觉兄弟俩性格有点儿不同。王爱民不太愿意主动交谈，与人说话时总是有一搭没一搭。王爱生则不然，他开朗热情，与人交流时思维清晰、言语连贯。

"爱民客栈"的客房

据我们观察，"爱民客栈"只是在硬件上具备了居住条件，在软件服务方面，如怎样招待客人，怎样解决客人的餐饮问题，怎样做好保洁等，兄弟俩还没有做好充足的准备。

访谈中我们得知，他们的父母在他们还很小的时候就离异了。王爱民是家中的老大，底下还有两个弟弟和一个妹妹。二弟成家后定居在太原，很少回来，王爱生是他的三弟，妹妹王爱萍嫁到了岢岚县城，时常回来看看父亲和大哥、三哥。

现在，兄弟俩都与82岁的父亲王花小同住在村西头敬老院的房子里。他们家承包着20多亩地，出租了10多亩。王爱民说自己以前没种过地，又一直在外打工，弟弟王三（王爱生，排行老三）身体不好，也不能种地。他们今年就种了二三亩地，用他的话说，地没有规模就没有收入，他们家的地仅供自家吃喝。

王爱民今年51岁，一直没有结过婚，他说年轻时家里太穷，娶不起媳妇儿。他30来岁时离家外出打工，在北京地安门附近的一家酒店做汤品、果汁等，刚开始收入不高，后来每月能挣到四五千元，但北京开销大，攒不下钱。最近他刚回来，一方面是因为父亲年纪大了需要人照顾，另一方面主要是想看看借着习近平总书记来宋家沟的形势（指到访）能不能寻到发展机会。

弟弟王爱生今年46岁，患有哮喘，干不了重活儿，只能在周边打些零工，也一直没有结婚。不过就在2018年年初，王爱生和去年刚从甘沟搬来的周美凤开始搭伙过日子了，能有人帮着照料家务，王爱生挺心满意足的。

我们曾在"爱民客栈"见到过周美凤，后来几次看到王爱生骑着摩托车带着她在村中行驶而过，但因为正忙着其他的访谈，也没和他们打招呼。

8月中旬，我们再次来到宋家沟调研，在街上遇到周美凤，我们问："王三呢？"她回答："没了，找他干啥？"半天我们才反应过来，王爱生去世了。突然听到这个噩耗，我们感到非常震惊和难过。周美凤没有和我们说太多，为了解具体情况，我们就又去了"爱民客栈"，希望能够见到王爱民。

那天院门大开，里面坐着的一位年轻女子请我们进去。她自我介绍是王爱民和王爱生的小妹王爱萍。我们刚提起王爱生，王爱萍的眼眶就红了，眼泪止不住地往下掉，几乎泣不成声。

她哽咽着说，几个哥哥里数三哥（王爱生）对她最好，她与三哥年纪相仿，从小就在一起玩，和三哥的感情最深。出嫁后，三哥经常骑着摩托车把吃的喝的送到她城里的家。过年时，三哥还去帮她擦玻璃，打扫家。可现在，三哥就这样离开了。

说到此，她不禁痛哭起来。失去亲人的悲痛和无奈，让我们这些听者也感受到了那种锥心的痛，连忙递上纸巾让她擦擦眼泪。王爱萍继续说，三哥生前对人好，凡事总是替别人着想。因为大哥一直在外打工，这几年都是由三哥一个人照顾老父亲。今年刚找了媳妇儿，大哥也回来了，本想着好日子就要来了，谁知却出了事。

她抹了抹眼泪继续说："到现在三哥的事还没敢告诉老父亲呢，只告他说是出去打工了，父亲还埋怨这么长时间老三都不来看他。"她曾告诉自己的孩子，长大了好好孝顺三舅，可是还没等孩子们长大，三舅就不在了。看到王爱萍的情绪这么激动，我们实在不忍心再继续多问什么了。

车祸细节她妹妹没和我们说，我们也没好意思细问，有村民说可能是在骑摩托车时哮喘病发作，跌倒在路旁的沟里摔死的，并说车祸发生在他送周美凤的妈妈回老家返回宋家沟的途中。

窗台下，十多盆鲜花开得正艳，可它们的培育者王爱生却再也看不到了。

告别了王爱萍，我们的心情非常沉重。

我们与王爱生曾有过多次接触。自2017年7月，在民盟山西省委会对口忻州市开展脱贫攻坚民主监督工作时，调研组就曾与当时作为脱贫典型的客栈老板王爱生有过短暂接触。2018年我们开始对宋家沟进行专项调研，王爱生作为我们在村中开展调研工作后接触的第一户村民，曾热心地带着我们找人，陪着我们挨家挨户地走访，帮着我们与村民交流沟通。因为"爱民客栈"的缘故，王爱生接触了不少调研组和来访者，谈吐言行比普通村民强很多，是一个内心很有想法的人。

天有不测风云，人有旦夕祸福。突如其来的横祸，为刚刚感受到婚姻幸福的王爱生画上了生命的终止符，也给他的家人带来了巨大的伤痛。

抛开意外事件，回归光棍儿的话题。王爱民与王爱生兄弟属于中年光棍儿，这部分群体单身多是由于年轻时家中贫困、身有疾病或残疾等原因而导致的一种无奈选择，王爱民也说他们兄弟就是因为贫困而耽误了婚姻大事。现在虽然人到中年，但家里的经济条件得到了改善，他们的婚姻也有了新的希望。性格开朗的弟弟王爱生选择了与人搭伙过日子，虽没有履行法定程序，但过上了正常的夫妻生活，让他感受到了来自异性的温暖与关怀。哥哥王爱民年龄大一些，但身体、物质条件不错，各方面其实要比王爱生强，我们感觉随着家庭经济条件的进一步改善，他也会找到自己的另一半。

"爱民客栈"的地理位置不错，招牌也好，硬件设施已经一应俱全，经常有客人打听入住价格，我们希望王爱民和他的家人早日走出失去亲人的悲痛，好好经营客栈，使客栈的生意红火起来。

王爱生走了，我们祝福他的家人过上好日子。

光棍儿院里生活讲究的残疾人燕计福

宋家沟宋后街上有一处很新的院子，一看就是去年村里统一盖的移民安置房，但是又与我们走访过的其他安置房有所不同。

燕计福

院中建有两排住房，一排坐北朝南，一排坐西向东，相接成"L"形。每一排都是 5 间住房，每间房设有 1 个编号，按 1 到 10 的顺序排列。住房对面还建有 10 间杂物房，同样按 1 到 10 进行编号。每 5 间住房共用 1 个公共卫生间。房前地面是经过水泥硬化的，另外还留有一块土地，可以搞些种植。每间住房的结构大小相同，约 20 平方米，屋内附设 1 个小厨房，砌有当地农户常用的灶台。屋内装修统一，都是米色地砖、白色墙壁，靠墙砌着 2 米宽的土炕，摆放着同款木质沙发、茶几、电视柜等家具，甚至连床上的床单、被褥都是一样的，很像集体宿舍。

我们的采访对象燕计福就住在一进院门北边一排的第二户。还记得第一次见到他时的场景，当时院门敞开，很多屋子都锁着门，只有燕计福一个人正在厨房里忙活着。见有外人进来他便出来询问，得知来意后，他向我们介绍道："这个院子里住的人都是从宋家沟周边村子移民搬迁来的光棍儿，其中 5 人来自和尚泉，我和其他 4 人是燕家村的。这个时间点，其他人都在街上晒太阳，一般要等到在村里食堂吃过晌午饭才回来。"

10个光棍儿，难怪院内每间屋子都是按照一人的安置标准设计的。

我们问燕计福怎么不和大家一起去，他回答说："我不爱热闹，就留下来看家吧。正好中午有个朋友过来，我准备做上两个菜。"听到他要自己做饭，我们便提出想看看做了些啥，在得到他的允许后，我们走进了他住的屋子。只见厨房的案板上放着几个塑料袋，分别装着一块生肉和几样新鲜蔬菜，旁边的面盆里有些絮状面疙瘩，看来燕计福刚才正在和面。他说："先和上面醒着，中午吃刀削面。"我们笑着说："看来你的厨艺不错嘛！"燕计福回答："我可会做饭了。我之前就在河曲县帮人家做饭，去年才回来。"他的语气和神色略带些得意，显然对自己做饭的手艺较为自信。

从厨房出来，我们又仔细观察了一下他家。家里收拾得十分干净整洁，床单铺得平平整整，被子整齐叠放在炕头，地面、桌子也收拾得一尘不染，和主人燕计福一样干净利落。燕计福虽衣着普通，却收拾得十分齐整，他上身穿件条纹衬衣，下身穿深色西装裤，从装束上看根本想象不出他是个光棍儿。采访时，他还拿出过年时买的果汁饮料，硬塞到我们手里，让我们喝，还要替我们打开。这让我们感觉他热情大方，熟悉待客之礼，是个见过世面的人，也猜测他的生活应该还不错，因为在宋家沟，家里备有饮料的并不多见，有几户家里放着一些奶制品的，要么是家里有小孩儿，要么是亲戚朋友做客时带的。自己一个人还备有饮料的，燕计福是我们碰到的第一个。

相对于村里的其他中年男子，燕计福的形象还是不错的，更是打破了我们对光棍儿的原有印象。我们也更加好奇，这样一个又会做饭又讲究生活的人，为什么会是个光棍儿呢？

问起单身的原因，燕计福明显没有了方才聊天儿时的兴奋劲儿，神情有些落寞地说道:"我是个残疾人,谁会找我呢?"顿了顿,他又接着说:"我的左腿是条断腿,现在装的是假肢。"说着他掀起左边裤腿,将腿上的假肢取掉,我们看到他的左小腿只有短短一小节,末端皮肤由于经常与假肢摩擦而有些发皱,颜色暗红。看着眼前的情景,我们心中很是同情却又不知该如何安慰。

原来,燕计福之前在大同的一家私营煤矿打工,干些挖煤、拉煤的体力活儿,当时拉一筐煤可以挣 3.5 元。2003 年煤矿打炮时炸伤了他的腿,导致左小腿截肢,事后这家煤矿给了他 2.5 万元作为补偿,他离开大同回到了忻州。身体康复后,他在忻州市河曲县找了个做饭的工作,一个月管吃管住挣 1000 元。2017 年燕家村实施易地扶贫搬迁,率先安置了村里的一批五保户,燕计福才搬到了宋家沟。

燕计福今年 56 岁,意外发生时他 41 岁,如果说事故发生后是因为残疾而影响了他找寻配偶,那么 41 岁之前他为何一直没有结婚呢?

据燕计福说,他有一个大自己 2 岁的姐姐和一个小自己 1 岁的弟弟,父母在他十几岁时就不幸去世了,只留下两间破旧的房子和 20 余亩地,是姐姐把他们拉扯大的。姐姐嫁到偏道沟后,燕计福就承担起家里种地养家的责任。多年前大同煤矿在山西招轮换工,5 年为一期,姐姐通过关系争取到 1 个指标,燕计福毫不犹豫地将指标让给了弟弟。弟弟在煤矿打工时结识了现在的妻子,5 年期满后,俩人回到了燕家村老家。燕计福又将老家的房子和土地都让给了弟弟一家人,自己选择外出打工。

在老家时家里穷娶不起媳妇儿,外出打工时又居无定所不好找媳妇儿,后来又遭遇事故落下了残疾,怕拖累女方不愿找。贫穷、意外、残疾,导致燕计福成了光棍儿。

燕计福靠着这些年打工挣的钱,攒了一些积蓄,每年还享受低保金、残疾人津贴等 6000 余元,政府提供的安置房保障了他的住房需求。装了假肢后，燕计福在生活方面照顾自己没有问题，如果不是他说，别人根本看不出来他有残疾。总的来说，他现在的条件还算不错。我们问他不计划找个媳妇儿吗，他回答："咱这身体谁找呀？之前村里有六七个人从四川'买'媳妇儿，每个媳妇儿得花5万到10万，结果媳妇儿生了娃还是跑了，留下个小娃娃。唉，都是快进棺材的人了，再说吧。"

我们能感觉出来，燕计福很在意自己的腿疾缺陷，不愿意让人知道他是残疾人。然而，他身残心不残，一直坚强而积极地活着。他告诉我们，与假肢接触的那片皮肤由于经常摩擦而变得很薄，长不出茧子，容易破损，他需要每天擦拭碘伏清洁。我们建议他暂时不要带假肢，可以先拄拐，等皮肤长好后再装假肢，但是他没有答话，似乎并不准备这样做。他还告诉我们，自己残疾后，燕家村村委当时就打算为他申请低保，但是他觉得自己可以打工，不需要靠低保。去年是因为政策规定只有贫困户才能享受住房安置，他才申请了低保。因为老家的房子早就给了弟弟一家，他这几年在外打工一直居无定所，他觉得人老了总得有个归处，有个家。另一方面，对于婚姻燕计福还是有所追求的，他不希望通过交易或者别的原因找个人凑合过日子，他想找一个接受自己、欣赏自己，能够真心相待，愿意同自己踏实过日子的人。即使一个人过，他也尽量享受生活，以一种积极的人生态度维持一种相对较高的生活品质。

燕计福说："这个院子里住的都是上了年纪的人，最大的85岁，最小的也五六十岁了，可能数我最精干了吧。"说到这里我们和他都笑了。他接着说："大家住在一起，没事时聊聊天儿，解解闷儿，相互之间也算有个照应。"他对现在的居住环境还算满意。

后来我们在村里调研时，几次路过那个光棍儿院子，曾经看到燕计福与同伴们坐在门口，几个老汉看着来往行人，有时在聊着什么，有时就那样静静坐着。

我们的心中不免有所感慨。燕计福他们这个年龄段的人本应儿女绕膝，享受家庭温暖，但是由于种种原因，他们成了光棍儿，独自一个人生活。独居之后，单身汉的社会交往更少，并逐渐退出亲属网络，成为被遗忘的人。尤其是村里的光棍儿，他们没有酒吧可去消愁，也不能够去 KTV 释放，有些人甚至连电视都不看，长夜独守，白日晃荡。他们内心的苦楚和生理上的煎熬是我们这些有着正常家庭生活的人无法感同身受的。

当地政府采取这种集中安置的方式，将周围几个村的光棍儿规整安置在一个院落，每个人都享有标准独立的居住空间，既不彼此干扰，又可互相照应，类似于人们所说的"结伴儿养老"。这在一定程度上避免了光棍儿独处的落寞寂寥和可能出现的安全隐忧。这种举措，可谓一举多得。

男多女少是当下中国短期内不可能逆转的一个现实，这就使得一部分中国男人注定要成为光棍儿，特别是偏远贫穷的农村地区。真心希望政府有更多实实在在的政策和措施能够帮助丰富他们的文化生活，提升他们的品位和修养，为他们提供力所能及的居家工种，帮他们打开更为宽阔的择偶平台，让他们不只是"单"有所养，还能够"单"有所为，让千千万万像燕计福这样的光棍儿活得有滋有味有尊严，有属于他们自己的幸福！

有妹妹、外甥照顾的王角旗和与他人搭伴儿过日子的弟弟王毛小

64 岁的王角旗和他 52 岁的弟弟王毛小是去年从马跑泉搬迁来的移民安置户。听王角旗说，马跑泉共有 40 多户村民，去年搬过来 5 户，主要是村里的五保户，他和弟弟就是其中的一户。

王角旗

兄弟二人在宋家沟的房子是一个独院，面积约 40 平方米，有独立的卧室、客厅、厨房和卫生间。院中还有一间杂物室和专门留下的一小块空地，可以用来种植蔬菜。夏末，院中栽种的大葱长得郁郁葱葱，差不多一米高，看着十分喜人。王角旗告诉我们，他去年种的是西红柿和辣椒。相对于几户人家合住一个院子，他们的房子在移民安置户中算是条件不错的。

王角旗身材瘦高，总是戴着个帽子，穿着长袖衣裤，说话时语速不紧不慢，脸上常带着笑容，看起来憨厚老实，村民们都亲切地叫他"角角"，那是他的小名。

第一次见到王角旗是在 2018 年 3 月，我们正对宋家沟进行初步调研，当时他刚从马跑泉过完春节回来，正在家里收拾。我们看到原先粉白的墙面变得黑乎乎的，尤其是墙脚，地板上也是一层煤灰。问及原因，王角旗说："房屋施工时砌的灶台结构可能不太合理，一烧火就往外跑烟，用了半个月，墙都被熏黑了。"我们问他是否向村委会反映过，他回答："反映了，村干部答应过阵子来修。"现在他已改用电磁炉做饭，半年交了400元电费，这对于节俭惯了的王角旗来说还是有些心疼的。

王角旗被熏黑的家

后来，我们还特意为这事找到村委会核实情况，村干部解释说："村委已经去村民家里看过了，可能是当时砌灶台时炕坯没有完全干透就封上了，灶台有些潮湿，导致烟往外跑。我们已经对有问题的家户进行了统计，并与施工方商定好，等天气暖和后就会到村里给大家统一修整。"

　　王角旗的父母都是乡下种地的农民，家里的土地本就不多，还都是坡地。王角旗除了弟弟王毛小，还有两个妹妹。父母将四个孩子拉扯长大已属不易，无力再为两个儿子盖房子和娶媳妇儿了。两个妹妹早已结婚成家，大妹妹今年54岁，嫁到了本村，育有两个儿子；二妹妹今年49岁，和丈夫定居安徽，育有一儿一女。王角旗和王毛小却因为家里条件差，迟迟找不上媳妇儿。

王角旗说，自己是家里的老大，早早地便出去打工，之前跟着县交通局工程队在高速上修了27年公路，一天挣30元。后来有次掏土时不小心被机器砸伤了胳膊和大腿，虽然看病治疗的费用全部由工程队承担，养病期间每月还给他一些伙食补助费，却落下了类风湿性关节炎的毛病，天气一冷，关节就会变得僵硬、疼痛，所以他总是比别人穿得厚些。受伤后，王角旗便不再外出打工。

我们去过王角旗家两次都没见到他的弟弟王毛小。听王角旗说，弟弟也没什么手艺，只能到处干些力气活儿。忻州市五寨县有一户人家，家中有80多亩田地，弟弟长期在那儿替人家种地、做工。去年，那家的男主人不幸去世，女主人看上了王毛小的老实本分，愿意与他一起搭伴儿过日子。女主人的儿女们也都同意，王毛小便留了下来，一直住在五寨。今年春节时，弟弟与"新媳妇儿"回来看望王角旗，王角旗对二人说，宋家沟的房子还给他们留着，啥时候想回来就回来住。弟媳妇儿倒也大方，说房子就让给哥哥住吧。

老年人搭伴儿过日子已不是什么新鲜事，无论是城市还是农村都比较常见。老年人生活上需要有人照顾，精神上需要有人陪伴、聊天儿，当另一半因为疾病或者是其他原因离开自己时，很多老年人会选择找一个新的伴侣搭伴儿生活，但大都不领结婚证。这种现象有其存在的合理性与必要性，应该得到社会的认可和支持。我们也在思考如何健全相关的法律法规，使这种关系合法化，避免不必要的纠纷。

王毛小找到了相互扶持、共同生活的另一半，在后半生过上了正常的夫妻生活，享受到了家庭的温暖，我们为他感到高兴。与此同时，少了弟弟陪伴的王角旗，今后的日子又会如何打发呢？

据了解，王角旗作为五保户，每年可享受政府发放的生活补助4300元，并领取养老金1400元，另外还享受了国家健康扶贫医疗保障政策中的好几项，如县域内乡镇卫生院基本医疗费用新农合全额支付、个人缴费部分全额补贴、每年一次免费体检等，逢年过节村委会还会送来米面油等慰问品，可以说基本生活有了保障。日常生活方面，王角旗基本可以自己照顾自己，一天三顿饭都是他自己做。去年村委会给每户发了20斤白面，他自己又买了10斤小米、10斤莜面，这些粮食够他吃上三四个月。

一个人生活，最怕的就是生病无人照顾。王角旗说，妹妹和外甥对自己很好，经常过来看望。住在马跑泉的妹妹每周都会过来替他清洗换下的脏衣服，外甥知道他有风湿病，还帮他从网上购买了药品，王角旗用后感觉效果不错，前一阵子又让他买了一次。前年王角旗生病，在岢岚县中医院住院治疗了10天，都是外甥帮忙办手续和照顾，外甥媳妇儿每天在家做好三顿饭按时送到医院。有政府帮扶、有家人照顾，王角旗对自己现在的生活十分知足。

我们在对光棍儿群体的调研中发现，像王角旗、边和尚这类的光棍儿，其侄女、外甥等近亲对他们提供了很多帮助，主动承担了对老人生活上照料和精神上慰藉的义务，使他们能够有所依靠、安享晚年。对于他们亲属的这种奉献精神，政府部门和社会应该给予肯定，新闻媒体应该宣传报道，可以在开展类似于"道德模范""××好人"等评选活动时给予适当考虑，以此弘扬中华民族孝老爱亲的传统美德。

作为村里的光棍儿户，王毛小找到了搭伴儿过日子的另一半，结束了光棍儿的生活；王角旗虽然还是单身，但家人给他的亲情很大程度上弥补了光棍儿身份导致的感情空白，可以说他们还是比较幸运的。王角旗因为得到了家人亲戚的关心照顾，他的生活状态给我们的感觉并不十分悲惨，但是我们还是希望除此之外，政府部门以及社会团体能够更多关注光棍儿群体的物质和精神需求，多给予他们一些特殊的关爱。

性格开朗、喜欢交际的乐天派梁二平

梁二平

  54岁的梁二平是宋家沟原住村民，住在乡政府后面的巷子里，我们通过向附近村民打听，找到了他家。朱红色铁制院门，颜色明亮，款式气派，在当地家户中算是数一数二的，我们由此猜测这家人的经济条件应该还不错。敲了敲门，有狗吠声传出，但半晌无人应答，于是我们拨通了梁二平的电话。在电话里我们说明了来意，并询问他是否方便回来接受我们的采访，梁二平爽快地答应了，并告诉我们，他现在就在村中心广场，离家不远，让我们稍等。

  站在巷子口，望着通往村中心广场的方向，不一会儿，我们就看见从远处走来一位中年男子，走路一跛一跛的，姿势不太协调，整个人的身体向右侧倾斜，右边小臂弯曲地夹在身侧，左腿向前迈步，右腿则靠身体的力量甩到前面，如同画了半个圈。待他走近后，我们看到，他上身穿着蓝色条纹 T 恤，下身穿着深蓝色牛仔长裤，脚蹬黑色运动鞋，穿戴得倒也齐整。男子面带笑容地看着我们，因为之前没见过梁二平，我们心里嘀咕他会是我们要找的人吗，于是率先问道："您是梁二平吗？"他回答："是咧，先回家吧。"说着从腰间皮带上取下钥匙，转动门柄，打开院门，一系列动作都是通过左手完成的。

我们跟在他的身后一同进了院子。一只黄色土狗用铁链拴在院门口，见到主人梁二平后，乖巧地摇着尾巴。他家的院子在当地算是中等，房子也比较新。4 间水泥浇筑的平房安装着铝合金门窗，屋门前一块约一分地大小的菜园子，种着玉米、芹菜等，菜园子四周还用木头栅栏围了起来。梁二平告诉我们，他家原是两间老房子，年代长了不好住，2016 年以 15000 元的价格卖给了村委会，又花了 30000 元买了现在的院子，买来后他们自己又搅腻子、刮水泥，对房屋稍微整修了一下。院门是去年刚换的，当时宋家沟进行整村翻修，工程队租了他家两间房住了两个月，支付了 2000 余元租金，梁二平就用这笔钱换了大门。现在梁二平与父亲

梁二平家的院子

住在这里。

调研组的同事夸奖他家菜园子里的庄稼长得不错,梁二平笑着说,这些都是他用一条胳膊刨种的。种地本就是体力活儿,再加上身体残疾,做起来更是辛苦。我们不禁佩服梁二平面对生活考验时的毅力和提起身体残缺时的那份淡然,同时对他身体致残的原因也颇感好奇。

梁二平告诉我们,自己小时候不爱念书,初中毕业后就不上学了。20岁开始跟着村里人外出打工,后来做了水泥工,跟着施工队帮人家盖房子,一天挣60元工钱。虽然挣的不多,但也算是个养家糊口的营生。没想到在他38岁那年,一场意外改变了他的生活轨迹。那天他骑着摩托车从县城回家,不小心摔倒撞到了头部,当时伤势较重,家人连夜将他送到太原的医院救治,由于伤到了脑神经,医生建议做开颅手术,但存在一定风险,家人商量后决定选择保守治疗。梁二平在医院昏迷了12天,治疗了半个多月,前前后后花了约50000元,把他前几年打工挣的钱全花进去了,还落下了右胳膊和右腿的残疾。

听到此,我们心里一阵唏嘘,也疑惑好好地骑车怎么会摔倒。梁二平有些不好意思地说"那天喝了两口酒"。唉,我们不禁叹息,一次酒驾酿成了一个青年人后半生的悲剧,真是"桌上多贪一杯酒,醉驾空留一生愁"。

谈话间,梁二平掀开门帘请我们进屋坐。这是一个里外间,里屋是卧室兼客厅,外屋是厨房和餐厅。卧室门开着,一位老人正躺在卧室的长沙发上睡觉,只见他身穿浅色长袖衬衣和深色的确良长裤,左手支着脸颊,神情安详,睡得正酣,丝毫没发现有人进来,他就是梁二平的父亲梁启斌。梁二平要叫醒父亲,请我们到里屋坐,我们劝阻了他,在外屋的凳子上坐下。梁二平告诉我们,父亲今年80岁了,以前是名兽医,在村里的兽医站工作,初中文化水平。老人有退休工资和医保,我们问他老父亲每月能领多少退休金,梁二平说:"我不晓得,都是他自己拿着工资本,有时我的钱不够花了,他还会给我点儿,我估摸着能有3000多元吧。"老人年龄虽有些大了,但除了有点儿耳背外,身体都还挺好。

梁启斌是城市户口,在村里没有地。家里的七八亩地还是梁二平母亲名下的,其中3亩多坡地现在空着,剩下的平地以每亩每年100元的价格租给了别人。梁二平兄弟姐妹四个,他排行老二,哥哥今年57岁,住在本村,育有一儿一女;大妹妹今年51岁,住在岢岚县城,也是一儿一女;小妹妹今年47岁,也在岢岚县城,有一个儿子。除了梁二平是个光棍儿外,其余兄弟姐妹都家庭美满。梁二平说,他们兄弟姊妹间关系挺融洽,相互间也经常来往,但大家成家后,各有各的生活。母亲几年前去世后,家里就剩下梁启斌与梁二平父子俩,每日三餐都由老爷子做。看来身有残疾的梁二平还是需要父亲的帮忙照顾,我们不禁担忧起他今后的生活,并询问他有没有打算找个媳妇儿照顾自己。对此,梁二平倒是看得很开,说不准备找了,如果剩下自己一个人,就做成啥吃啥,过成啥算啥吧。

村里的光棍儿,尤其是年纪大点儿的,大多是因为家中贫困错过了寻找配偶的最佳时期,耽误了自己的终身大事。但是据我们观察,梁二平家的经济条件应该还不错。父亲有正式工作,是村里为数不多的"细粮户"。从父子二人的穿着、屋内的摆设来看,也不像是贫困家庭。那么梁二平在事故发生前,为什么一直没有结婚呢?梁二平只是告诉我们找不下媳妇儿,并没有解释具体缘由。我们的一位同事打趣地说:"是不是因为你爱喝酒,人家女孩子不愿意找你?"梁二平笑答:"年轻人在一起,谁不喝点儿酒,我出事以后就不再喝了。"说完,他又沉默了,不像聊其他话题时那样有兴致,我们能感觉得出来,他不太愿意谈论单身的话题,便也不再勉强追问。

梁二平属于因残致贫，丧失了劳动能力，现在主要以政策保障为生。目前享受的帮扶政策有四类：一是政策性补贴，包括低保金每年3696元、新农合参合费用补贴每年360元、爱心煤每年200元，这些都是长期性的收入；二是金融信贷扶贫款每年4000元，期限为3年；三是光伏扶贫款每年3000元，预计连续收益20到25年；四是结对帮扶，可享受赠送药品、免费体检、过节慰问品等。梁二平打开县医院发给他的"健康扶贫医药箱"，里面有几种活血化瘀的药。他告诉我们医院每年都会给他发一些药，价值约四五千元，除此之外住院还可享受医疗费用报销。我们算了一下，除去药品、节日慰问等物质帮扶，梁二平现在每年可享受的现金补助约11256元，就算金融信贷扶贫期满后，每年也有七八千元的收入。对于国家的扶贫政策，梁二平自己也十分满意，他笑着说："没有这些钱，咱也要活了，更何况现在国家一年还给发这么多钱。"

经济上有了政策保障，精神生活上梁二平也乐得悠闲自在。他告诉我们，他现在每天都会锻炼身体，帮助身体恢复。除此之外，自己每天的营生就是到村中心广场聊天儿。他和村里的人相处得都很好，就连去年来的搬迁户，交往得多了，也全认得了。很多残疾人或者光棍儿，往往会因为身体上的某种缺陷或者标签而变得自卑、敏感，不愿意与别人多交往，而梁二平能保持这种善交际、爱热闹的性格倒是难能可贵。而且在采访中我们发现，梁二平不论是对村民，还是对政府、对现在的扶贫政策，评价都很好。这也反映出他本人是个随和友善、积极向上的乐天派。

采访结束时，离饭点还有一段时间，我们起身告辞，梁二平也随我们一同出来，他锁上门后又到街上凑热闹去了。

看着他渐行渐远的身影，我们心中感触颇多。就梁二平自身经历来说，他是不幸的，早年遭遇车祸导致残疾，人到中年又无妻儿陪伴，让我们这些旁观者都替他忧心。但是与此同时，他又是幸运的，他赶上了好时候，享受着政府政策扶持；与父亲相伴，生活得到基本保障。最重要的是，我们在梁二平身上丝毫感觉不到任何负面和消极的情绪，他与我们聊天儿时始终保持微笑，谈论车祸和身体缺陷时也是平静淡然。谈及未来，倒有几分"千磨万击还坚劲，任尔东西南北风"的坦然与潇洒。

成人的世界里没有"容易"二字，遗憾或不完美本身就是现实生活的一部分。在我们无法改变的现实面前，正确地面对客观现实，保有一颗乐观向上、热爱生活的豁达之心，才不会使我们错过对多彩生活的丰富体验，也才能够深深体味平淡人生中的诸多美好。光棍儿或者残疾人的生活并不代表着灰暗惨淡、了无生趣，性格开朗、善于交际的梁二平在与外界的交往中获得了存在感与满足感，同样生活得有滋有味。"光棍儿"一词或许也终将摆脱人们印象中的刻板形象，不再是一个贬义词，这或许正是本次访谈对象梁二平带给我们的别样启发。

为家庭无怨无悔付出的青年光棍儿王存小

王存小，今年34岁，宋家沟原住村民，是我们采访到的光棍儿群体中年龄较小的一位。我们在打听他家时，问了几个村民都不清楚，后来碰到了之前采访过的种田人侯东，没想到他们两家是姑表亲，就由他带着我们去找。

在村东头的一处院子前，遇到了骑着电动三轮车从外面回来的一对儿母子，侯东指着骑车的小伙儿对我们说："他就是王存小。"随后喊道：

"大毛（王存小的小名），有人找你。"王存小身高 1.75 米左右，体形匀称，短发寸头，身穿蓝色 T 恤和卡其色休闲长裤，脚蹬与裤子同色系皮鞋，整个人打扮得干净利落，外貌条件在当地来说还算不错。同王存小一起的是他的母亲石改芝，二人刚在地里干完活儿，赶回家做中午饭。

王存小

表明来意后，母子俩请我们进去坐。他家的院子看起来有些年代了，听石改芝讲，这处院子还是在王存小的父亲 3 岁时由王存小的爷爷盖的，到现在已经 60 多年了。院子的大门和围墙是去年宋家沟整村提升时由村委统一改造的，看上去与这个老旧院子不太协调。进入院内，坐北朝南有 6 间平房。西边 3 间是纸糊的木头框架窗户，水泥墙面，由于年久失修不能住人，现在用来放杂物；另外 3 间显然是后来改造过的，已换成了玻璃窗户，墙面也刷成了白色，王存小 88 岁的奶奶住着 1 间，王存小同父母住着另外 2 间。西边院墙有一个砖砌的鸡圈，里面圈养着几只蛋鸡，羽毛掉得都有些秃了，看样子已经养了有几年了。沿着南边院墙新起了一间砖房，主体结构已经完成。我们原以为盖的是间住房，没想到石改芝说这是准备做杂物间的，因为去年收的谷子没地方放，下雨后都受潮了，不好卖。请的匠人这两天有事，工程就暂时停了下来。院子中间堆放着盖房用的水泥和石子儿，角落里还堆放着一些柴火和废旧杂物。

王存小家正在盖着的杂物间

母子俩把我们请进了他们住的屋子。这间面积不到 40 平方米的屋子，既是卧室，也是厨房，还是家里的客厅。靠窗砌着土炕，旁边是做饭用的灶台，靠墙摆放着一个老式衣柜和一张高脚桌，中间还有一张折叠床。平时王存小睡在折叠床上，父母睡在炕上。

石改芝今年 58 岁，丈夫王凤芸比她大 3 岁，俩人都是普普通通的农民，靠种地、喂牛养活一家老小。他们家原有 25 亩耕地，后来村里退耕还林，家里土地只剩下 10 亩左右，种着些玉米、土豆，去年收的粮食卖了 3000 余元，够维持家里日常开支。退耕还林后，山上没地方放牛，家里把牛也卖了。石改芝说，她嫁过来已有 37 年了，但是没过过一天顺心的日子。王凤芸曾因为肛肠、阑尾炎等疾病做过3次手术，这两天又由于胃不舒服由女儿领着去忻州看病了。自己前两年得了甲状腺增生，前后去太原的医院看过3次，医生建议做手术，但是家里实在离不开人，只能先靠药物治疗，目前光买药已花去10000余元。除了他们两口子，王存小的二叔在36岁时因为尿毒症去世了，三叔这几年因为疾病也做了3次手术，家里的钱都花在了看病吃药上。石改芝说，家里现在盖房子其实是因为听了一位风水先生的建议，说这样可以转运，他们才选择盖一间杂物库房的。据我们观察，他们家在当地确实不算富裕。

  王凤芸和石改芝夫妇育有三个孩子，王存小排行老二，他还有一个姐姐和一个弟弟。姐姐王存芳，比王存小大2岁，现在和丈夫、孩子一家3口住在岢岚县城。弟弟王存亮，比他小2岁，4年前结的婚，媳妇儿是当初在太原打工时认识的，父母为他们在村西头买了一处院子，现在夫妻二人住在那边，户口也与父母分开了。姐姐和弟弟都已成婚，唯独剩下王存小迟迟找不到媳妇儿。问其原因，王存小只是笑答："人家嫌我们这里穷，不愿意嫁过来。"石改芝替儿子说："我这大儿子不抽烟、不喝酒，又肯干活儿，就是太老实，有啥说啥，不会哄女孩子。二儿子抽烟、喝酒，干活儿不如他哥，但是嘴会说，倒是比他哥先娶上媳妇儿了。唉，现在老实人不好找媳妇儿。"

  在我们访谈中，王存小不太主动说话，除非专门提问他才答上两句，经常是还没说完就被母亲接上话茬儿抢着回答了，他对此似乎早已习惯，并不恼怒，继续站在一旁静静地听我们聊天儿。

  王存小的父母没受过什么教育，也不重视子女的教育，王存小勉强坚持到小学毕业，就开始跟着父母种地、喂牛，成为家里的壮劳力。在他24岁那年，村里进行退耕还林，家里的活儿少了，王存小便开始外出打工。山西、内蒙古等地哪里有活儿去哪里。由于没有学历、不懂技术，他只能干体力活儿，工作也不固定，也挣不上高工资。这几年他在北京的一家布厂打工，包吃包住一个月挣2000元，这对于一些年轻人来说可能还不够自己消费。即便如此，这几年王存小硬是省吃俭用，靠打工攒下了六七万元。

打工挣钱后的王存小，经常为家里购置物品，补贴家用，家里需要用钱时，他也从不吝啬。石改芝说，当初家里为二儿子结婚买房子需要60000元，王存小二话没说拿出了50000元。今年家里盖房子又要花钱，石改芝本想向银行贷款，可惜不符合贷款条件。王存小知道后，把自己剩下的积蓄拿出来又是买材料又是请匠人，父母劝他把钱留下来将来娶媳妇儿用，可是王存小却说："钱花了以后可以再挣，我现在有钱就不能让父母为难。"他不仅舍得给家里花钱，也舍得为家里出力。考虑到盖房子对家里来说是个不小的工程，年迈的父母不可能完成，王存小春节过后就没有外出打工，主动留下来帮忙。他愿意为家庭多出力，为父母分忧。

弟弟王存亮高中毕业后，在晋南一所职业学校上了一年半后就退学出去打工了，现在是名电焊工。王存亮之前也在北京打工，2018年春节过后经同学介绍去了内蒙古，现在每月能挣5000元左右。结婚后，王存亮挣的钱都由他自己保管，父母有需要的话他也会接济一下。王存亮答应父母，等哥哥结婚需要用钱时，他也会拿出一部分支援家里。媳妇儿尚引枝评价大伯哥王存小，人不错，但有些老实木讷，兄弟二人关系倒是挺好。

采访时恰巧临近七夕情人节，我们告诉王存小，岢岚县城有相亲联谊会，可以去报名试试。王存小笑而不语，好像并不打算参加。

对于自己的婚姻，王存小也许是考虑到家中的经济情况，不想给父母太大的压力，也许是对相亲有些失望，只是说慢慢再看吧。母亲石改芝坦言，她现在最挂心的是大儿子的婚事，无论如何这两年要攒点儿钱，帮他找个媳妇儿。

关于王存小单身的原因，我们认为，一方面当然与他的家庭贫困有关。在中国农村，男性的家庭条件仍然是决定婚姻的重要因素，而王存小父母作为一般贫困户，自然无法为子女提供优越的物质条件。另一方面，个人能力也是女性挑选对象时考虑的重要因素。相对于相同家庭条件下的弟弟王存亮，王存小可能在某些方面处于弱势。

首先，受教育程度方面。王存亮虽然职校没毕业就外出打工，但相对于只有小学文凭的王存小来说，其文化水平要高出很多。传统观点认为，学历在一定程度上代表着一个人的修养和能力，对于大部分女性来说，都希望可以找到一个学历高于自己的男性做配偶。

其次，职业技能方面。兄弟二人同样都是在外打工，王存小由于没有一技之长，只能到处打些零工，每月工资收入在2000元左右，而且他向我们反映，自己在找工作时存在一定的难度。而王存亮由于掌握电焊技术，可以跳槽到待遇更高的企业，目前每月工资收入可以达到5000元。俗话说："嫁汉嫁汉，穿衣吃饭。"男性的职业和收入，影响着夫妻二人的经济物质基础，是女性择偶时考虑的重要因素。

最后，性格特征方面。由于弟弟王存亮在内蒙古打工，我们并没有见到本人。但是通过父母和王存亮妻子的描述以及我们的观察，王存小性格偏内向、不善表达，弟弟则活泼开朗、能言会道。随着社会的开放进步，男女婚前的交流沟通越来越多，外向、善于沟通的男性更容易获得女性的注意和青睐。

访谈结束，走出王存小家很远，我们还在想，家境贫穷、受教育程度低固然是制约其娶妻的主要因素，但从王存小身上我们也很容易发现当代青年人难能可贵的一些优秀品质。

一、有着自觉的担当。王存小从来没有把家庭责任、义务以及琐碎的家庭困难看作一种负担。为了成全弟弟弟媳二人的婚事可谓倾囊相助；从小就外出打工贴补家用；地里的重活儿、累活儿从不推卸偷懒、抱怨诉苦……这种担当似乎是与生俱来，无须鼓励和培养的。

二、有着平和乐观的性情。王存小五官端正、壮实利落，脸上总是挂着笑，哪怕是在诉说生活的艰辛时，哪怕是自己的婚姻还没有着落，也没有表现出怨天尤人、愤愤不平的情绪。

三、有着好男人的诸多优秀品质。顾家节俭、直率平和，没有不良嗜好，从不自暴自弃、惹是生非。仔细想想，这不正是婚后男子应该具备的优良品质吗？但这也成了制约其婚配的短板，莫非真应了人们常调侃的那句话："男人不坏，女人不爱"？果真如此，女子的择偶观是否也存在调整的必要呢？

对于像王存小这类的单身青年，我们认为各级政府和社会各界可以通过提供成人继续教育、职业技能培训等方式，帮助他们提高个人能力和竞争力。当地的乡镇政府和妇联部门可以举办一些择偶技能培训，比如沟通技巧、魅力展现等，并通过组织一些联谊相亲活动，为适龄青年男女提供更多交流互动的机会。相信在大家的帮助下，王存小应该可以找到合适的结婚对象，过上幸福的婚姻生活。

村里的本土干部们

村干部作为贯彻执行党在农村各项方针、政策的具体组织者、实施者,是团结和带领广大农村群众脱贫攻坚、脱贫致富、全面实施乡村振兴战略、全面建成小康社会的骨干力量。

2014年3月,习近平总书记在河南兰考县考察时对农村基层干部寄语:"乡村处在贯彻执行党的路线方针政策的末端,是我们党执政大厦的根基,在座各位可以说是这个地基中的钢筋,位子不高但责任重大。"

移民新村宋家沟,一个处于社会末端的小乡村,活跃着这样一批村干部,他们身处贫困村脱贫攻坚工作的前沿阵地,肩负着带领广大村民脱贫致富、振兴乡村经济、建设美好新农村的神圣职责。"上面千条线,下面一根针",大到党的方针政策,小到夫妻吵架,每一项工作都与村干部有关,这些工作,既艰巨复杂,又烦琐具体,每一项都要靠村干部消化解决。随着改革开放的不断深化,我国农村经济迅速发展,面貌日新月异,农民群众的利益诉求和思想意识与过去大不相同。农村基层干部组织原有的单纯以管理为主的工作模式越来越难以适应现实情况的变化和广大群众的需求,这就给农村干部提出了新的适应和转型的要求,宋家沟的村干部们同样面临着这样的考验和挑战。

面对新时代、新情况、新常态、新起点,建设一支政治上坚强有力,经得起风浪考验的高素质、高能力、重服务、有担当的乡村干部队伍,对振兴新农村至关重要。这支队伍建设得如何、作用发挥得怎样,直接关系到党在人民群众心目中的形象,关系到党的宗旨在基层群众中的切实体现,关系到脱贫攻坚决战决胜的进程和效果,关系到贫困地区的长远、健康及稳定发展，意义重大、作用特殊。

带着这样的思考，民盟山西省委会的调研小组再次走进宋家沟，聚焦那里的村干部们，对他们进行一对一的深度访谈，关注其工作和生活方面的心路历程，并将调研成果与大家一起分享。

支部书记雷文斌：翱翔在农村天地间的一只山鹰

雷文斌

山鹰，大型猛禽，国家一级保护动物。体态雄伟，性猛力强，全长86厘米左右，体羽主要为栗褐色。多栖息于高山草原和针叶林地区，平原少见，遍布于我国东北及中西部山区。

"山鹰"是雷文斌的微信名，他是现任宋家沟村支部书记。20余年来，他一直在从事农村工作，勤勤恳恳、踏踏实实、无怨无悔。他喜欢农村的土地山川、一草一木，从没想着要到城里工作。他说："农村是广阔的天地，在农村干一番事业，带领老百姓脱贫致富，为老百姓办一点儿力所能及的实事，是我一生中最大的价值和乐趣所在。"

他就是一只奋发翱翔在农村广阔天地间的山鹰。

本轮访谈中，雷文斌是我们小组第一个约定，却最后一个采访到的村干部。

9月27日，深秋的宋家沟下着小雨，有点儿阴冷。调研组一行八人刚下车，就碰到了正在街上处理村务的雷文斌，因为在来的路上已经联系好了，他便让我们去村委会等着，说忙完了就过去。等了一阵，未见他过来。我们便决定调整采访顺序，先采访碰到的其他有空的村干部。采访其他村干部时，虽几次看到他，但都是正在处理事情，寒暄几句话，便又转身不见了。接近傍晚，调研组的人打电话过去，问能不能见见，电话那边雷文斌说到村头清理河道垃圾去了，估计很晚才能回来。第二天一早联系时，他已到乡里参加电视电话会议了，直到中午12点多才回电话说，会议刚结束，下午可以访谈。

下午4点半左右，雷文斌终于能够抽出时间来接受我们的访谈，这让大家着实有点儿小兴奋。我们奔过去见他时，他还在大街上忙着，说是正在准备明天的全省电子商务参观活动，在约定地点村电子商务中心继续等了十几分钟后，才终于见面，开始了我们的专访。

雷文斌，男，47岁，中共党员，公务员，宋家沟乡副乡长兼宋家沟村支部书记，2017年当选为山西省第十二届人大代表。

每次到宋家沟调研，街头巷间，我们总能见到忙碌着的他。一米八几的个子，身材魁梧，身穿蓝色夹克和黑色裤子，脚穿黑皮鞋，表情坚毅沉稳，眉宇间透露出一股昔日从军时的凛然之气。

他说话简洁明了，做事风风火火、雷厉风行，却又有条不紊、认真细致。陪我们一路走着，看到地上偶有掉落的废纸、烟头、石子儿，便会随手捡起，扔进路旁的垃圾箱里。路过村里一户正在盖地基的人家，他就停下来询问其进展和完工情况。安顿好这些事情之后，又迎面碰上乡里商业、土地等单位下来提前验收明天电商活动准备情况的干部们，他便上前招呼交谈、汇报进展……

雷文斌的脑子似乎一直在转，很少有闲下来的时候，总是一副若有所思的样子。做着一件事，又同时考虑着村里的另一件事，可以说村里的大事小事、桩桩件件，从上到下、从前到后，方方面面他都得随时考虑、随时处理。

他将大部分精力都聚焦在了自己的村干部工作上，交谈中，很少见他提及自己的家人、朋友和生活琐事。20多年的工作磨砺，使他深谙农村村务，对有关政策门儿清，熟悉村里的家家户户、角角落落。

18岁高中毕业后，雷文斌外出当兵，服役的第二年（1991年）便入了党。三年的军旅生涯，让他的政治思想素质和管理能力得到了极大的提升，也为日后的农村工作打下了扎实的基础。退役后，他又参加县里的农村干部考核，取得了到岚漪镇一贫困村当村支委干部的资格，之后又被提拔为村委委员，一干就是9年。2016年，雷文斌被选拔为宋家沟村支部书记，主持村里的所有工作，开始了他在宋家沟躬耕陇亩的村支书生涯。

陇亩，百度词条的含义为"田地"，但雷文斌心中的"陇亩"并非只是田间地头，更多的是在新形势下，把党的农村政策灌输到每个老百姓的心田，抓住机遇，带领老百姓脱贫致富，建设新农村。

宋家沟是岢岚县易地扶贫搬迁的一个集中安置点，作为村里的支部书记，雷文斌的工作多、任务重，既得抓好移民新村建设、易地扶贫搬迁安置工作，主持好新村后续的产业发展，以及农林水利环保等方方面面的工作，让搬迁户能够"迁得出，稳得住，能致富"，还要和一村两委的干部们一起努力,激发老百姓的内生动力,更好地完成全村471户人家"两不愁,三保障",即不愁吃、不愁穿,住房有保障、看病有保障、上学有保障的基本目标。

谈起脱贫攻坚工作,他说,宋家沟土地贫瘠,缺少资源。该村土地全是25度以上的陡坡地,自然环境制约着当地的经济发展,养殖种植业不发达,增值难度大,生产生活条件差,一方水土养不活一方人。在这种环境下,要实现全县脱贫摘帽,是一场硬仗中的硬仗,所以就得想办法,开发旅游景区,提升农家乐档次,通过专业合作社的带动鼓励老百姓经营电商、做点儿小买卖、搞点儿小产业,还有温室大棚呀,养殖种植业呀,等等,千方百计,想方设法,让老百姓脱贫致富。

雷文斌在村里查看沙棘叶采收情况

为此,雷文斌付出很多。他经常到老百姓家去串门儿,一户一户地亲自摸底,对村民的生活状况了如指掌,基本上做到了心中有数。村民们也不回避他,遇到问题也敢毫无保留地都说出来。他说:"反正每天工作就在这村里边，一天最起码要工作10小时以上，一星期回家一次。家家户户都离不开你呀，'上边千条线，下边一根针'，看不见我一上街，这个拦住有事情，那个拦住有问题，你都得给人家解决。"

通常情况下，村里没有什么大的突出的矛盾性问题，都是些鸡毛蒜皮、家长里短的小事。只要有问题，他就和村干部们共同努力，一件一件耐心细致、用心地去解决，直到村民们满意为止。在解决问题的时候，他必须要确保不逾越法律法规。在脱贫工作上，关键是要着力激发老百姓的内生动力，让他们在心底里有自主脱贫的意识。目前，村里90%的老百姓都已经有了这种自主意识，都在争着抢着干，努力增加自己的收入。特别是习近平总书记来过以后，老百姓一个个干劲儿可大了，原住村民和新搬迁户都有了一种获得感、舒适感、幸福感和荣耀感。

尽管如此，工作中还是会遇到这样那样的困难。比如，村民的综合素质普遍不高，有些人爱钻牛角尖，争着抢着要当贫困户，也有少数贫困户好吃懒做，"等、靠、要"思想严重，不是靠自己去努力奋斗，而是躺在精准扶贫的温床上等着别人来帮忙。还有些老百姓很难满足，村里一而再，再而三，一如既往地对他们进行各种帮扶，可还是不满意。人心不足蛇吞象，帮得越多，胃口越大，反而要对你狮子大开口。有些时候一件小事情，一些村民会提很高的要求，要想解决，需要做很多耐心细致的工作，需要将事情的要点反复解说清楚，还需要一定的时间等老百姓自己慢慢消化。这个时候，他早年在部队接受的思想教育及工作方法就派上了用场，和老百姓坐下来谈一谈国家政策，讲一讲精准扶贫对象的识别确立指标、帮扶的标准和依据。他告诉大家，习总书记说：幸福是靠奋斗出来的，好日子是靠勤劳的双手创造出来的，不是靠"等、靠、要"得来的。就这样，聊一聊，磨一磨，等一等，慢慢地也就把事情解决了。

雷文斌在村里查看街道修建情况

雷文斌并不是铁打的，他也有脆弱的时候，好在有县乡党委的坚强领导，有村支两委的积极配合，雷文斌也就有了底气，多了帮手，心里也就不觉得累了。他平时经常和村干部们在一起谈论工作，有问题和困难就坐下来交流谈心，学习各地农村工作的先进经验，互相帮助，共同解决。遇到意见不一致的时候，会通过上会的方式征求大家的意见，民主集中，统一思想，少数服从多数，也就解决了。

不知不觉来到宋家沟已经两年了，雷文斌就这样一直坚守着，耕耘着。

鹰的视野是敏锐的，是广袤的。宋家沟的这只"山鹰"，没有把自己的视野拘泥于一个普通的农村，而是有着更为宽广长远的见识。

他说，新形势下宋家沟的发展稳中有升，是向好的。特别是习总书记去年视察山西来了宋家沟，让老百姓和党中央一起"撸起袖子加油干"，给了我们很大的鼓舞、很大的力量，这就很厉害了！一方面激发了我们的内生动力，老百姓的干劲儿足了；另一方面也给了我们力量和智慧，给了我们很多发展的机遇，老百姓的收入也无形中增加了。习总书记视察之后，宋家沟已经发生了翻天覆地的变化。

谈起宋家沟的经济振兴，他觉得还是得靠党的政策，主要是生态脱贫和光伏扶贫，最终走上产业化发展的道路。生态脱贫，退耕还林，让老百姓摆脱了传统农业的束缚，突破了祖祖辈辈靠天吃饭的无奈局面，退耕的土地一部分用于种植沙棘，一部分用于种植药材，这样，特色经济林搞好了，老百姓积极参与、直接受益，便有了满满的获得感。光伏扶贫，共计451千瓦，覆盖全村所有的贫困户（71户），户均6.7瓦，每户每年平均受益2000多元，该项目预计会持续30年。在此基础上，再通过招商引资，争取和先进的企业合作，引领全村走上产业化发展的道路。比如：开发功能食品，如沙棘茶、红芸豆等，激活旅游业，通过专业合作社带动村民自发入股分红，其中连心惠农互助专业合作社已经运营了三四年，有57户村民自发入股受益。宋家沟每年会在春节、五一、六月六、6·21、国庆节等日子举办多种活动（其中的6·21是2017年习近平总书记到村里视察的日子，在这期间宋家沟会举办6·21乡村旅游季系列活动），活跃和丰富老百姓的生活，吸引和服务更多外来游客，拉动当地经济发展。总之，方方面面，多渠道、多路径，只要能给老百姓带来收益、增加收入就可以。

聊完宋家沟的经济振兴，他兴奋地和我们畅想描绘起宋家沟未来发展的新农村图景。他说，宋家沟一定会越来越好——绿水青山，林地面积更大，耕地更多，来往游客更多，陆续进驻的产业也会更多，民宿文化更有特色，到那时地道舒适的乡村客栈也都会陆续地火起来。

让宋家沟成为未来新农村的典范，这是他和两委干部们的美好愿景。他说，乡村振兴不是让你把农村全部弄成水泥混凝土结构，而是要像习总书记所期望的那样，让人们能够看得见山、望得见水、记得住乡愁，让农村有农村的风味，让农村更像农村。

访谈结束后，雷文斌带着调研组的几位同志到村东头参观了那里的25亩大棚，讲述了大棚开发的思路和愿景。该产业挣钱之后不光用于扶贫，其他村民也会跟着受益，能够平衡一下大家待遇不均衡的心理，等于是村里安抚和鼓励大家的举措。随后他又带我们到宋家沟的村标广场前看了看，一边走，一边给我们介绍沿街墙上挂着的一幅幅手绘农村图画。走到一处，只听他自言自语地说：这里应该有五幅，怎么少了一幅？往回走时，他一边陪我们说着话，一边观察村里一街两巷灯笼的更新情况，察看沿街路面流动小水渠上的小石板铺放情况，碰到村里的老百姓，他会时不时地停下来用地道的家乡话和他们拉拉家常、聊聊家事农事，笑着问走过来的一个年轻女孩儿给你爸爸做好饭了没有，做的什么好饭……落日余晖照在他硬朗的脸上，平添了几分柔和之感。

调研组成员向雷文斌了解村里的情况

看着他忙碌的样子，我们不禁好奇地问道："如果给你一次机会，让你重新选择，你会做什么？"他说："当年部队一起退役的战友们，有的经商了，有的在城里工作，很多都挣了大钱。但如果让我重新选择，八九不离十，我还是会选择当农村干部。因为我生在农村、长在农村，农村是最适合我的天地，我只能做这样的事情，取之于民、用之于民嘛。"言语之中，可见其扎根农村的笃定心态。

20余年来，雷文斌一直在从事农村工作，可以说，身为一个农村干部，他真正做到了"一懂两爱"——懂农业，爱农村，爱农民。

"救火队长"村委会主任游存明

游存明

村主任，是村民基层群众自治组织村民委员会的一把手，负责主持村民委员会工作。有人形象地把村支部书记比作一个村子的大当家，负责把握政治方向，主持村党支部的全面工作，是一切组织和全部工作的领导核心；将村主任比作大管家，主抓村里具体工作的安排与落实。在我们看来，宋家沟的村主任游存明不仅是村里的管家，还是一名"救火队长"。称他为"救火队长"，一是因为我们经常会看到游存明行色匆匆地行走在宋家沟的大街小道，操着一口浓重的晋北方言，或在打电话安排事情，或带领着大伙儿忙着干活儿，雷厉风行的样子就像赶赴火场的救火队员一般；二是因为不论什么事情，大到旧村整改工程，小到疏通下水管道，游存明都是事事亲力亲为冲在前头，其他村干部只要遇到解决不了的问题，就会第一时间找他帮忙处理。

2014年宋家沟上一届村主任郭丑子因车祸去世，乡政府领导找到时任宋家沟乡政府企业管理员的游存明，希望他可以临危受命，接替村委会主任的工作。3年过去了，2017年10月宋家沟举行村民委员会民主换届选举，在800张有效选票中，游存明以760票高票当选。对于游存明来说，这一张张选票既是对他过去3年工作的肯定，也承载着广大村民对他的信任和希望，更是一份沉甸甸的责任。

我们与游存明的第一次见面算是偶遇。当时已经是傍晚7点钟了，我们正在村民王成柱家做访谈。一位身材高大、穿着打扮一看就是本地人的中年男子过来排查移民安置房中的灶台。我们问道："这么晚了还工作呢？"男子回答："村里下班没有时间点，白天老百姓要下地干活儿、上班，我们就只能瞅着晚上有人在家的时候来了。"之前我们在调研时也听村民反映过灶台跑烟的问题，于是便询问具体情况。男子向我们详细解释了灶台跑烟的原因，并告诉我们村委会已经和施工方协商好，将对有问题的灶台进行修补，修补用的沙子和石料也已经采购好运到村里了，现在就是在挨家挨户进行统计，待雨季过后将开始修补工作。他怎么对村里的情况如此熟悉？我们一问才知原来他就是宋家沟村主任游存明。

调研组成员采访游存明

除了灶台问题，游存明还主动向调研组人员和王成柱解释了村民普遍关心的一些其他问题，如移民搬迁户的土地问题，冬天自来水管道上冻问题，等等。游存明说："群众反映了问题，我们就要想办法解决，暂时解决不了的要向群众解释清楚，将心比心才能赢得群众的认可，村委会的工作才好开展。"接下来游存明还要去下一家查看，我们不便占用他过多的时间。他特意留了自己的手机号给我们，并说有什么事情需要帮忙可以随时给他打电话。临走时，游存明对着王成柱笑骂道："整天到处圪游（圪游：当地方言，意思是游逛不干活儿），这肚子越发大了，等你媳妇儿回来收拾你。"王成柱笑呵呵地摸着自己的肚子，送走了游存明。看得出来，虽然这些搬迁户来到宋家沟还不到一年，但游存明已经与他们十分熟悉了。

这次对村干部进行系列专访，我们一早便来到村委会办公室，只见游存明正与几名村干部讨论村里的扫黑除恶专项斗争工作，我们表明了来意，他和我们打招呼后，便先给在场的几名村干部安排了工作，又出去打了几个电话后才回到屋内开始了访谈。整个访谈历时约1个小时，这中间游存明又签署了几份文件，接了四五个工作电话。看得出来，身为村主任，游存明的工作内容繁杂、工作节奏很快，但他处理事情的效率很高，经常三下五除二就把问题解决了。

对于村主任这份工作，游存明总结为"三多"，即"责任多、事情多、挨骂多"。他回忆道，去年旧村改造、建造移民新村是最难熬的一段时光。他和村支部书记雷文斌连续3个多月吃住都在单位宿舍，白天跑线路、规划设计图纸、施工改造，晚上挨家逐户走访村民，沟通协调关系，争取他们的支持理解，几乎每天都是从早上6点忙活到半夜才结束。虽然自己家就在离单位不远的村西头，但他只回了3趟家，雷书记也只回了4趟家，都是回去拿了换洗衣服就马上回来。旁边的驻村干部插话："我们游主任特别能干，啥也能上手，人手忙不过来时，他二话不说亲自驾驶三轮车清运垃圾。"

高中文凭的游存明理论水平不高，不会讲什么大道理，他处理工作的方法都是多年实际工作的经验总结。游存明自1987年考入宋家沟乡政府，开始扎根农村工作，如今已走过31载春秋。性格直爽、声音洪亮是他的标志，正是这种直爽热情、不拘小节的性格，才能与群众打成一片，成为一家人。与同事相处，游存明身上没有官气，村干部有解决不了的事情都找他，不管大事小事，他都不嫌麻烦，从不推诿。遇到涉及全村的重大事情，大家就开会集体讨论。我们采访时正好雷文斌书记过来，大家便一起讨论今年光伏发电扶贫款的发放办法，几个人你一言、我一语，各抒己见、畅所欲言。根据我们的观察以及从其他村干部、群众中了解到，游存明与雷文斌虽性格迥异、做事方式也不尽相同，却是一对儿配合得很好的搭档。宋家沟党政班子在俩人的正确领导下，心往一处想、劲往一处使，带领着村民们形成了齐心协力干事情的好局面，大多数村民对这一领导班子也是非常满意和认可的。

事业和家庭难以兼顾，全身心扑在工作上的游存明，难免会疏忽对家人的照顾。他的第一任妻子年仅34岁就不幸去世了，游存明带着三个孩子又当爹又当妈。后来游存明与同样丧偶的安翠萍搭伴儿过日子，两个人抚养五个孩子，其中辛苦可想而知。妻子安翠萍在吴家岔村的龙源风电厂做饭，一个月收入3000元，厂子距离宋家沟约10公里，往返步行得2个小时左右。安翠萍不会开车，也不会骑摩托车，两地也没有通公交车，所以她平时都住在山上。安翠萍有次生病发烧，打电话想让游存明过去照顾，但正赶上村委会有工作走不开，直到周末游存明才得空去看望妻子，挨了妻子好一顿抱怨。说到此，游存明的神情有些愧疚与无奈。但是当问及是否愿意继续干这份工作时，他毫不犹豫地回答："只要村民选我、领导信任，我就接着干！"

好在如今五个孩子都已长大成人，不需要家里过多的照顾。大儿子在内蒙古的一家饭店当厨师，月收入七八千元；二儿子在太原西山煤电有限责任公司搞机器维修，一个月收入上万元；一个女儿在朔州市财政局上班；一个女儿嫁到岢岚县城；最小的儿子今年也专升本在太原上大学。游存明说："我是个粗人，不会给孩子们讲什么大道理，我只告诉他们，家里帮不了你们什么，你们只能自己学本事吃饭。"最质朴的语言却蕴含着做人做事最基本的道理。幸福都是奋斗出来的，于个人、于村庄、于国家都是如此。

游存明对村主任一职不仅仅是受命担任，更是由衷地热爱。村委会主任不是国家干部，没有编制，只有每天41元的生活补贴。另外，他担任的乡政府企业管理员一职，属于事业编制，每月工资1320元，两项收入加起来每月还不到3000元。游存明24岁就拿到驾驶证，开过大车，跑过运输，也做过其他生意，每项工作的收入都比当村干部多得多，但他还是更喜欢现在的这份工作。

作为宋家沟的老门老户，游存明目睹了家乡从一个破土烂瓦、信息闭塞、产业单一的贫困山村变为房屋修葺一新、道路干净整洁、产业发展成效明显的移民新村。看着宋家沟的变化与发展，游存明发自内心地高兴，为身为宋家沟人而自豪，为有幸参与其中而激动。谈到宋家沟的未来，游存明信心满满地说："我们会牢记习总书记的嘱托，和党中央一起'撸起袖子加油干'，让好日子芝麻开花节节高！"

采访结束后，我们调研组的同事也开始思考新时代的农村到底需要什么样的村干部，高学历、懂理论固然重要，但是对村民来讲，还是更喜欢与他们亲近贴心，能为大家办实事、出力气的当家人吧，就像我们的"救火队长"游存明。

醉心于乡村事业的妇联主席李爱岚

初见李爱岚，是在村委会的办公室里。当时，一群人围在办公室的一台电脑旁，其中有一位穿着讲究、身材高挑、形象出众的女士，一袭黑色的打底衣裤，脚蹬黑色短靴，外罩浅灰色的长羊毛开衫，褐色的卷发在头顶高高地绾成一个发髻，正在忙碌着，一看就是个利落能干的女人。

有人告诉我们，她就是村妇联主席李爱岚。等她忙完，我们迎了上去，听说我们要对她进行个人访谈，她微笑地说道："我们到巧手坊吧，到那里我可以边干活儿边和你们聊天儿，这样两不耽误。"两个小时的访谈中，李爱岚一边回答我们的问题，一边和另外一位妇女一起给巧手坊更换各种新的窗花儿。

李爱岚

　　李爱岚说话语速很快，一句接着一句，思路清晰，言语对答衔接流畅，回答问题基本不假思索，但应对到位，这既表现出她坦率干脆、风风火火的性格特点，又可见其对当前农村政策的熟悉程度。一路跟随下来，很少看到她有情绪低落的时候，总是面带笑容、精神饱满，感染着身边的每一个人。

　　李爱岚今年40岁，高中毕业，中共党员。她已连续4年担任村支委组织委员兼妇联主席，去年又新当选了村委副主任。家里在村西头开了一个小店——"惠生活"商铺，由她自己抽空打理，父母和老公偶尔会帮忙搭把手。去年习近平总书记来访后，各家收入都增多了，唯有她家小店的收入却减少了。一是因为自己在村里的工作忙，顾不上打理；二是因为改造后村里的主街道不再经过她家小店，现在一天收入不过几十元，仅够维持日常小开销。家里在村西头种有3亩地，主要由她和老公二人得空耕种。

李爱岚是家中的独生女，老父亲李喜人，78岁，农民，患有脑梗、风湿、腰椎间盘突出等慢性疾病；母亲郭翠莲，68岁，农民，心脏、腰椎也不大好。因自己大部分时间都在村委会，工作繁忙，照顾二老的担子就落在了老公身上。

老公吕涛，45岁，寸头短发，穿着蓝色的夹克，看上去精干利落、稳重随和。年轻时在太原63军当兵，退役后待业两年，之后被乡政府安置为林场职工，月收入2000多元。吕涛兄妹五人，四男一女，他排行第三（老二和吕涛是一对儿双胞胎兄弟），大都接受过高中教育，家教严明，这点让李爱岚很是服气。因忙于村里的工作，李爱岚常常顾不上家里，老公便承担了很多，早上5点多起来做好早饭，先照顾家里老人吃了，才去上班，赶上老人们生病住院的时候，还要前去照应，每天得空回来还要在店里忙碌。长此以往，难免会有抱怨，但抱怨归抱怨，他实际上还是一直在用行动默默地支持着妻子的工作，从未拖过后腿。

儿子吕宗谐，16岁，在县城读高一，住校，一个月回来一次。

说起刚上高一的儿子，李爱岚流露出隐隐的担心，她说自己有时会想，如果不是这么忙于村务，儿子的学习会不会更好。最近儿子回来和她谈心："妈妈，你看小学的时候我是优秀的学生，是在大家的赞美声中成长起来的，到了初中时我成绩一般，今年中考虽然没有考到优异的成绩，但还是上了县城的高中。现在我们学校设立了第二课堂，我想选修播音主持，一来因为你们工作忙，和我沟通交流少，爸爸又管得严，我便不太会与同学和朋友交流。我想通过学习播音主持提升交流沟通的能力，再者也可以训练我的普通话，对我各方面的成长都会有所帮助。"说到这里，李爱岚停下了手头上的活儿，有些走神儿。

高中毕业后，李爱岚便外出打工，先后在太原、大连等地做酒店大堂经理，管理过三五百号员工。这样的实践锻炼让李爱岚开了眼界，长了见识。从那时起,她便立志要把自己所学到的东西教给乡亲们,把这些新思想、新血液注入百姓心中,让家乡的文化生活更丰富,让家乡的人与人之间互相尊重、互相理解,让家乡的人民生活得更幸福。李爱岚是这样想的、这样说的,也是这样做的。

从 2005 年开始,李爱岚就回乡开了个小店,刚开始只有一间,后来又加盖了一层,把店面扩大了。小店不仅是一个购物中心,还是百姓们聚集聊天儿的好场所。在这里,人们听李爱岚聊外面的世界,学习这个外出归来友善大方的年轻小媳妇儿的言谈举止、为人处事,她的点点滴滴潜移默化地影响着身边的乡亲。她不经意地将酒店的服务意识用于小店的经营管理中,年龄大的老人买了东西拿不动,李爱岚就亲自送到家中;有的人家手头拮据时,她心一软就把利润免去……这样的善举感动着身边的人,也让她得到了大家的信任和依赖。4 年前村委选举,她高票当选支委委员兼妇联主席。当选举结果出来时,她自己都深感意外,便有了下面一段精彩对白:

村民:爱岚,你当了领导了。

爱岚:你净瞎说,我能当什么领导呀。

村民:是啦,是啦,就是啦。

村主任:就是选上你了,你去干哇。

爱岚:能不能不干?

村主任:不能,选上就得干。

爱岚:干啥啦?

村主任:我叫你干啥你干啥!

爱岚:那行!

从那以后,她就在村里老干部的带领下,一步一步地走上了村干部之路,一干就是 4 年,慢慢地成为一个成熟能干的新农村妇女干部,去年又被选举为村委副主任。李爱岚的女干部之路还很宽，很长。

李爱岚负责村里的妇女工作。主要包括：新农村技能方面的培训，比如剪纸、面塑、刺绣等；文化学习活动的组织，比如跳舞、唱歌等健身活动，以及孝老、妇女保健、生活潮流以及时事政治等方面的研学活动；还兼管家事调解、环境卫生等工作。参加活动的妇女们年龄大多在40～65岁之间，全村经常参加学习、培训各种活动的妇女有30多个。

在组织平时的活动时，因为缺乏经费，不能给予大家物质上的支持和鼓励，不能满足大家提出的补贴需求，逢上农忙时节或活儿多辛苦时，姐妹们难免会表现出偶尔的不理解，会有这样那样的怨言。但为了调动姐妹们配合工作的积极性和主动性，李爱岚不仅和村委领导沟通，为姐妹们申请记工补贴，而且加大培训力度，带领姐妹们认真学习，努力提升剪纸装裱等手工工艺技能，争取把巧手坊的各种纯手工工艺品做精做好，吸引更多外来游客关注购买，想方设法提高姐妹们自主创收的能力。此外，她还时常从自己的小店里拿些零食小吃犒劳大家。

李爱岚带领村民剪窗花儿

作为村委副主任和村支委组织委员，李爱岚还要参加各种会议，负责两委会议记录、资料整理及建档等常规工作，还兼任村里的旅游接待工作，负责全国各地来此旅游参观学习团体的接待解说任务，我们这次到宋家沟访谈的当天一早她就接待了来自国家教育部一行的参观访问。

李爱岚经常和村干部们一边工作一边谈心，重要问题总能达成共识，她觉得村两委成员和省里边的驻村干部之间相处融洽，就像一个和谐的大家庭，工作之余大家也经常开开玩笑。

肩负多种工作任务，李爱岚每天都十分忙碌。虽有四个村妇联副主席协助她，但每个人都各有各的事情，她承担的工作任务还是特别多。一年365天少有余闲，经常从早忙到晚，每晚睡觉基本上都在11点左右。

9月27日，我们再次来到宋家沟调研。

一早，李爱岚接到村委领导的电话，让她到村委给国家教育部前来参观学习的一行领导们做解说，进行了一个多小时的接待解说和交流。

之后，她又赶到村妇联工作基地巧手坊，给街道两旁的窗户更换新的大红手工剪纸窗花儿。

刚吃过午饭，又接到乡妇联要"两最"（最美家庭、最孝敬人物）人物推荐视频申报材料的通知，她便着急忙慌地到村里被推荐的"两最"人物吴爱兰家里录制小视频，接着赶到村委给乡妇联工作人员上传发送刚刚录制的视频和相关申报材料。这也就是我们见到她时她正在忙碌的事情。

接下来的两个小时，她一边接受我们调研组的专访，一边和村里的另外一位妇女一起给巧手坊更换各样新的窗花儿。

访谈结束后，应调研组几位成员的要求，她答应带我们到自家的"惠生活"小店去看看。一路沿街走来，李爱岚不停地和来往的村民们亲切地打着招呼,还不忘推进自己的工作,问其中一位 60 岁左右的妇女是否参加国庆期间村里组织的活动,是要跳舞还是唱歌,并提醒对方抽空抓紧练习。

走进李爱岚的"惠生活"小店,我们看到摆满了各种各样的生活用品和小食品,一进门的柜台上还摆着一台小型复印机,可以给有需求的村民提供服务。吕涛正在给前来买东西的村民拿货。一进小店,李爱岚马上转换了自己的角色,俨然一位小店女老板的模样,边卖货,边头头是道地介绍小店里售卖的各种地方特产的价格和质量。

谈到自己的工作,李爱岚说:"我挺喜欢这份工作的,因为我作为本村的女儿,也作为本村的媳妇儿,更是咱们现在村委的人,于公于私,不管上边给不给钱、给多少钱,在咱们宋家沟这样好的发展形势下,我都应该尽我自己的一份力量。我从来不问能拿多少钱,只要有需要叫我,我肯定积极地去配合做各种事情。"还说:"人在做,天在看。你做什么,肯定会影响周围的人。"她希望自己做一个正能量的人,虽然自己给不了别人经济上的帮助,但能够带领大家向好的方向发展。

谈到宋家沟的今昔对比,李爱岚更是激动得滔滔不绝,她觉得家乡的变化很大。首先是外在环境的变化,让人赏心悦目。其次是村民心态的变化,宋家沟百姓的性格原本较为内敛,以前看演出时觉得好时,大家只会一动不动地看,不会拍手叫好。自从去年习总书记来访后,激发了老百姓的礼节意识,变得更讲礼貌了。来了客人大家都会伸手欢迎,主动问候,性格也慢慢地变得外向开放起来,精神面貌更是发生了潜在的变化,村民们的脸上时常洋溢着由衷的幸福、满足和自豪。

李爱岚对党的扶贫政策非常满意。她觉得宋家沟作为全国的一个移民安置示范点,给那些处在穷乡僻壤的村民带来了福祉,让这些移民搬迁户有了新家,给他们解决了大病就医难、日常随诊难、水电交通不便等实际困难。宋家沟的村民人口也增多了，由原来的 548 人上升至现在的 1058 人，增加了将近一倍的数量。现在村里的人气旺了，做事情的人也多了，但不足之处是一些从闭塞的山沟里搬迁过来的新住户习惯不大好，粗话不离口，还常有抱怨，会对来来往往的参观者表现出不大愿意接纳的态度。针对这种情况，李爱岚就趁这些村民们去她家店里买东西时，与他们亲切交流、嘘寒问暖、耐心沟通，说说笑笑中就把说服教导工作做了。

李爱岚在贫困户家中走访

说到宋家沟今后的发展状况，李爱岚说，我们村虽然说是起步了，但老百姓还是没有真正地富裕起来，比起那些发达地区还是差得很远很远。她觉得还是应该与外来公司签约合作，共同发展村南面的蔬菜大棚，要给村民们创造就业增收的机会，也会提升村集体的经济收入，这样才能给老百姓做更多的事情。还有就是要开发羊山旅游资源，发展旅游业，向城里学习，要打造几个优质、卫生、舒适、便捷的民宿客栈，吸引更多游客前来，形成一个较为健全的旅游产业链，让游客既能有新农村的体验，还能有和城里一样的享受。这样一来，不光硬件弄好了，软件方面的精神生活也丰富起来了，姐妹们唱唱跳跳，业余生活也变得更加丰富、更有活力，宋家沟也就有了新农村的样子。

李爱岚对未来宋家沟的认真描绘和美好憧憬，让我们调研组的成员也不禁陶醉起来。

李爱岚作为一名农村的女党员，一名新农村建设的年轻女干部，可以说是宋家沟的一张名片。她阅历丰富、视野开阔、为人率直热情、精力充沛、不计得失，醉心于乡村事业，在村民的文化素质提升方面做了大量的工作，称得上是乡村文明建设中先进思想的传播者，乡村新农村建设女干部中的领头雁，乡村振兴需要更多这样的优秀女干部。

在我们结束访谈，即将返回太原的第三天中午，听村里人说，李爱岚刚刚被评为"忻州好人"。

实至名归，我们祝愿她的基层女干部之路越走越宽。

村干部中的后备力量郭志光

郭志光，男，37岁，中共党员，大专学历，2017年12月在村支部换届选举中当选为宋家沟村支部委员会支委委员（学习委员）。

那日我们到宋家沟时，不巧郭志光正好去忻州办事，晚上才能回来，于是便与他约好第二天早上9点在村委会见面。

第二天一早，我们如约来到村委会，一辆白色长安小轿车随着我们停靠在门前。车上下来一位穿着皮夹克，打扮与城里人没两样的小伙儿，笑眯眯地看着我们，他主动询问："你们是昨天打电话说要采访我的人吧？"我们说是的，也明白了他就是郭志光。

郭志光

郭志光将我们请进村委会办公室，不好意思地说道："我昨天正好去市里办事，让你们多跑了一趟，耽误你们的时间了吧。"让我们顿时觉得这位年轻人十分亲和、知礼节。

郭志光祖辈几代都住在宋家沟，他自小在村子里长大。小学和初中都是在村里的学校上的，直到高中才去了县城唯一一所高中岢岚高级中学读书，后来又考上了华北工学院（2004 年更名为"中北大学"）。在太原市上了 3 年大专后，郭志光回到家乡打拼。结婚时父母东拼西凑，为他在县城里买了一套 90 多平方米的房子。媳妇儿赵慧芳与他同岁，在岢岚县温泉乡政府工作，是 2008 年招考的大学生村官。俩人有一儿一女，儿子今年 11 岁，在县城上小学，女儿今年刚 2 岁。赵慧芳的工作单位离家比较远，女儿白天由郭志光的母亲在城里帮忙照顾。郭志光还有一个哥哥，哥哥当初结婚时，父母为他在村里买了房子，如今因为孩子在县城上学，一家又到县城租了房子。

郭志光的父母以种地为生，家中有五六亩平地。除了种地，父亲郭丑子还曾担任多年的宋家沟村支书。1977年郭丑子退伍返乡，由于他读过书、当过兵、有见识，人品也不错，便被乡政府任命为村支部书记，当时郭丑子只有二十几岁，儿子郭志光还没出生。郭丑子办事认真、为人公道，多年来一直得到上级和党员们的认可，村支书一做就是37年，直到2014年突发车祸意外去世，才由游存明接替。曾经与郭丑子搭班子近20年的原宋家沟村主任王四猫说，郭丑子人很好，与村里的干部们处得来，大部分村民都十分拥护他，是位好干部。据郭志光回忆，父亲做村支书那会儿，宋家沟只是一个不知名的小村庄，村里人也不像现在这么多，也没有这么多各级领导重视，脱贫的任务也不像现在这么重，所以那时候的党支部、村委会不像现在这么忙。在郭志光的印象中，父亲与村里的其他庄稼人没什么两样。

郭志光认为他之所以被大家推选为支委委员，很大程度上是村里的党员们出于对老支书的敬仰和怀念，同时也寄希望于他能够像他父亲一样做一名好党员，继续为村民服务。对于自己的当选，郭志光虽然感到有些意外，却十分高兴，家人也认为这是一份荣光。谈起支部的工作，郭志光有些不好意思地说，自己其实参与的并不多。作为村支委学习委员，主要职责是负责组织党员学习，协助村支书对入党积极分子进行教育和培训。郭志光告诉我们，自去年当选后，他组织村中党员召开了七八次学习会，自己不在村里时都是由组织委员李爱岚主持学习的。

除了履行好村支委委员的职责外，郭志光还需要挣钱养家。头脑灵活的郭志光一直在努力做自己的事业，他曾经在县城开过一家羊蝎子加盟店，但是由于县城饭店多、吃饭的人少，再加上店铺的租赁费、人工费、水电费每日都要开销，生意不是很好，最终难以为继，前不久刚关了门。

前几年他还在村里投资种树苗，尽管当时家人并不支持，但他还是想尝试一下，于是花了10万元采购了一批松树苗，种在家里的4亩地上，原计划培育 1 年后销售，但因为没找到合适的买家，小树苗没有及时卖出去，如今已长成 1 米多高，只能等松树长大后再做考虑。虽然郭志光的创业历程不是很顺畅，但这并没有影响他继续创业的热情，最近他又在积极地寻找下一个投资项目。

当问及对宋家沟的看法时，郭志光不假思索地说，如今看到宋家沟发生了翻天覆地的变化，从一个穷沟沟转变成现代化的新农村，自己由衷地感到欣喜和自豪。他认为这应该归功于党的富民政策，应该感谢各级领导对宋家沟的支持和帮助。与此同时，他也替宋家沟未来的发展忧心。他说："现在村民们虽然生活的环境改变了，但是经济收入还是提不上去。现在宋家沟出了名，成了旅游胜地，村民们想趁机做点儿生意，但没有项目也不懂得经营之道，看别人家做什么自己也学着做，趋同化太高，一条街上仅小超市就开了四五家，但其实宋家沟并没有那么大的消费需求。据我了解，村里很多店铺的经营情况并不乐观，就比如租了我父母房子的王保平，他在村里开了一家玉石店，店铺开了半年多，想来生意不是很好，如今王保平已将店铺关门停业，又出去打工了。"我们问："那你对这些问题有什么想法？"郭志光回答："宋家沟要想真正实现经济振兴，还要继续开发旅游产业，想办法把客人留住。如果按照县政府规划，将周边宋长城、荷叶坪等自然景观与移民新村有效结合、联合开发，形成一条县域旅游产业链条，让游客游玩在岢岚，吃住在宋家沟，那么宋家沟的未来还是很有希望的。"

虽然郭志光自己说他对宋家沟没做什么贡献，但是我们从他谈论宋家沟未来发展时的滔滔不绝中，能看出他对养育自己的这片土地充满了热爱，对宋家沟的未来充满了信心。像郭志光这样的年轻村干部，他们现在在村里不是主要干部，工作担子还不是很重，首先考虑的是把自己的事情做好，自己先富起来，为其他村民做个好榜样，同时也能树立起自己的威信。

我们认为实施乡村振兴，既离不开那些有能力又熟悉农村工作的"老支书"的带领，又需要有理想、有知识、有朝气、有技术、有能力的年轻干部加入。近年来，我国诸多省市以开展党员干部驻村活动为抓手，确实引进了不少年轻干部下乡驻村，为农村地区注入了新鲜血液，有助于在短期内解决人员结构老化的问题。但是，选派来的干部一方面对农村工作不熟悉，一些人缺乏农业常识、缺少农村生活体验，成了"村里的城里人"；另一方面驻村干部受驻村年限限制，流动性较大，难以在一个村子里长期驻扎。所以，农村干部队伍中还需要培育一批像郭志光一样，生长于农村，对自己的村子有感情、有想法、有抱负的本土干部，使其成为未来乡村干部中的中坚力量。

各级党委，特别是组织部门应该关注并重视农村本土青年干部的培养及使用，最大限度地发挥他们的优势作用，建立健全"乡村振兴年轻村干部"的培养机制和队伍培训制度，对素质好、潜力大的优秀年轻干部，大胆启用、放手使用，为他们打造做工作的条件、干事业的舞台。另外，还要补齐乡村地区的社保、医疗、教育等短板，尤其是要重视乡村教育，办好乡村学校，让像郭志光这样的农村年轻干部不至于单纯为了下一代的教育问题而离开本土，陪孩子进城接受教育。

我们希望有越来越多的像郭志光这样的年轻干部能够接好父辈们的班，带领村民走上乡村振兴的幸福路。

村干部中的搬迁户杨金柱

2018年9月28日早晨，雨后的宋家沟空气格外清新，天气晴朗，阳光明媚。时值国庆前夕，主街道两边的农户小院、商铺以及村委会大门前都插上了鲜艳的五星红旗，还有一些村干部带着村民正忙着更换沿街各户的灯笼和窗花儿。桥边和街中心三五成群地聚集着一些老头儿和老太太，他们一边晒太阳一边聊天儿，并早已应时地戴上了棉帽，身上穿得也挺厚实。蓝天白云下，青砖泥墙、灰色瓦顶、石板小路、红旗、红灯笼、红色剪纸窗花儿，再加上老人们穿着的各种颜色的衣服，使得小小的宋家沟有了浓浓的节日气氛，很是惹眼入画。

杨金柱

调研小组刚联系上杨金柱时，他正在村东头挂灯笼，让我们过去找他。沿街一路走着问着，绕了一大圈，终于在聚集着搬迁户的村东头碰上了迎面走过来的杨金柱。灰白的头发，紫棠色的脸庞，鼻梁高挺，面带微笑，上穿一件略微泛白的蓝色夹克，半敞开着的夹克里露出黄绿色的绒衣，下穿一条蓝色的牛仔裤，身材瘦削。

他把我们迎进了自己的家里。屋子不大，陈设也很简洁。一张桌，一把椅，一台老式的海棠牌绿色双缸洗衣机，一个通炕，炕上的彩色被褥铺放整齐，炕正中央的墙上贴着习近平总书记和夫人彭丽媛的画像。炕头坐着一个上了年纪的老人，是杨金柱的父亲，面色温和，精神尚可。简单寒暄后，我们开始了对他的访谈。

杨金柱原是木家村的村民，今年54岁，高中文化程度。母亲已去世多年，父亲叫杨三毛，农民，今年90岁，身体还行，享有每月

杨金柱与村民在村里挂灯笼

280元的低保补助和每年1140元的养老金。杨金柱是老人抱养的独子，他二十四五岁时和本村一女子结了婚，婚后第三年因双方脾气不合便离婚了，也没有孩子。整村搬迁时，他和老父亲二人在岢岚县城的集中安置小区广惠园分得一套50平方米的移民集中安置房，最近刚完成抓阄分户，还没拿到钥匙。现在这间房是租住宋家沟村民的，另外还租了一间用来堆放杂物。

杨金柱在搬迁前当过3年村干部，曾任吴家岔、木家村、东沟三个自然村的村主任。搬迁到宋家沟后，在去年11月换届时又被选为宋家沟村委副主任。他每年有3600元的干部补贴，在木家村分有30来亩地，大多为坡地，已退耕还林10来亩，每亩补贴800元，按"332"方式分

3年返现，剩余的四五亩平地租给邻居种草养牲口，每亩年租金100元。此外，他还兼着村里的护林员和防疫员，护林员每月收入800元，防疫员每月收入100元，加上村里薯宴公司"五位一体"金融扶贫项目的贷款分红每年4000元，共分3年，杨金柱的个人年收入有20000元，和老父亲两个人的生活过得还算不错。

自从担任村委副主任以来，杨金柱主要负责吴家岔、木家村、东沟三个自然村移民安置工作中个人信息的登记填表、退耕还林的资料更新完善等事宜，还有村委领导安排布置的其他杂事，比如值班、挂灯笼等。

谈到自己的工作，杨金柱说，这几年因为扶贫任务重，基本是从年头忙到年尾，营生可多了！光是填表写资料，一忙起来，在桌子上一趴就是两三天。农村工作不好做，总会遇到一些不好解决的问题。一方面村子里外出打工的人多，好多人不在跟前，麻烦事太多。要落实退耕还林的基本信息情况，联系不上人，又找不见地在哪里，有的地又不知道是谁家的。要报送各家各户的材料，基本信息了解起来很不方便，开会时又都有着各种原因回不来，只好思谋着想想办法，找找原来的底子，一户一户地上门服务沟通落实。另一方面，扶贫工作中，部分老百姓的心理不平衡，老觉着别人得的多，自己得的少，有怨言，不配合，这让不善言谈的杨金柱颇感为难。碰上这种情况，他只能耐着性子给大家说道理、摆难处、讲政策。

杨金柱对当下的农村扶贫政策非常满意。他说，原来的村子只有十来个人，交通不便，村民们种的庄稼也被野猪祸害得很严重，搬到宋家沟后，觉得这个村很不错，住的人也多，居住环境也改善了不少。新旧村民之间的融合也没什么大问题，因为大家以前就比较熟悉，许多人还有亲戚关系，谁是谁的二舅子了，谁家的姑娘嫁给谁家的娃了，还有平时村里唱戏搞活动也让很多人相互熟悉了，所以邻里相处得都挺好。另外，一对一的结对帮扶工作中，山西省总工会也给大家做了不少事。发了鸡，更换了地膜和土豆种子，投资40万元修了一个土豆窖，还给贫困户中上高中、大学的子女提供了经济方面的扶持（每生每年3000元），帮着村里往太原晋祠宾馆卖土豆、红芸豆，等等，找了很多增收的门路。在县城集中安置的搬迁户，分了房但还没有下来的，工会每人每月给100元的补贴，用于在宋家沟租房，他们父子俩租的两间房就是这样的。

搬迁过来的六七个村里，也有些村民担任过原来村里的干部，但杨金柱是唯一一个入选宋家沟村委会的干部。分析其中的缘由，我们以为主要是因为他有文化，能写会算。他却说也不全是，从吴家岔搬下来的村干部中也有写得不错的，比如韩支书。看来，除了文化水平和工作能力外，之所以获选，还有性格和为人方面的缘故。

杨金柱性子随和、为人厚道、人缘挺好，许多老百姓有了问题都会和他反映，谁家的灶台跑烟了，谁家的房子让水泡了，谁家的水管冻了……对于老百姓的小困难，他总是看在眼里，记在心上，能解决的就及时解决，解决不了的他会马上向上级村干部反映。刚好来他家串门儿的老婆婆也连夸了几遍，他人可好了，经常给我帮忙。

尽管这样，杨金柱还是觉得自己做得不够好，心理压力也很大，晚上睡觉时躺在床上常常会想着不干了，不受这麻烦了，但多年来村干部的经历，又让他养成了为村民做事的习惯，有了一种不自觉的担当意识，这让他自感没有退路、不能放手，只能继续做下去。他说："村民们相信我选了我，自己虽然做得不太好，做得不容易，但一直在努力做着，我想我会坚持下去，等脱贫任务完成后这种情况自然会好些。"他的这种状况引发了大家的思考：村委会是不是应该为有心理压力和困惑的老百姓提供心理方面的援助。

访谈接近尾声，我们询问起了杨金柱眼里宋家沟的发展变化。他觉得宋家沟现如今的发展非常好，过去村里穷，没个看头，现在变化大了，又是发展旅游，又是搞大棚经济。他还兴奋地和我们谈起 2017 年 6 月 21 日习近平总书记到访那天，他和习总书记握手时的情景，说当时只顾着激动了，听习总书记讲了几句，自己啥也说不出来。言语之间，杨金柱流露出难得的骄傲和自豪。我们调研小组的人问他，你能想象一下将来宋家沟会发展成什么样子吗？他说："我觉得这阵子已经很好了呀，还能好成个啥？"惹得大家哈哈大笑起来。

在笑声中，我们离开了杨金柱的小院，结束了对他的专访。

在宋家沟，杨金柱属于生活负担不大、年富力强、人缘好、有一定群众基础的村委会干部，在宋家沟今后的乡村振兴工作中应该能够发挥更大的作用。我们在关注宋家沟经济发展前景的同时，也应该关心村民的生活幸福状况。杨金柱作为一名离异单身的村干部，更应引领村里的其他光棍儿，通过多种路径一起努力寻找自己的生活伴侣，丰富提升自己的生活品质。我们觉得，随着宋家沟旅游业的发展，村民收入不断增加，经济实力不断提升，会吸引更多的女性走进宋家沟，宋家沟的光棍儿们也会迎来自己的春天。

村干部中的贫困户吕如堂

宋家沟村委会办公室墙上的展板内挂着村两委的成员名单及职责分工，吕如堂的名字显示在支委成员一行，名字后标注着"纪律委员"的字样。令我们感到意外的是，这位村干部不仅是 2017 年才搬迁来的移民安置户，而且还是位贫困户。他的这两个身份让我们感到十分好奇，想着尽快采访他。

吕如堂

　　与吕如堂的见面几经波折，我们先来到村委会办公室，村主任游存明讲，吕如堂平时不坐班，只有支部委员会开会时才来。不过游主任告诉我们，吕如堂家就住在村东头入口处斜坡下的第一户院子里，可以去家里找他。

　　按照游主任所说的位置，我们找到吕如堂家，却发现大门紧锁。隔壁邻居告诉我们，吕如堂可能回甘沟放牛去了，这几天没见到他。我们又尝试着拨打吕如堂的手机，打了几次，一直处于无法接通或无应答状态。

　　联系不到本人，我们便想着去甘沟找找看。甘沟距离宋家沟约20公里，如果吕如堂真在那儿放牛，应该能打听到。我们正准备驱车前往甘沟时，吕如堂却回过电话来，这让我们喜出望外。电话里吕如堂告诉我们，他正在王家岔乡贾楼底村修路，山里信号不太好、噪音又大，他刚刚才看到有未接来电。我们问他是否回家，他说这两天就住在工地上，如果需要的话他可以晚上回趟家，但是得等到7点以后。考虑到他干了一天活儿很累,不想让他来回奔波,我们当即决定前往贾楼底村,与他在那里见面。

之前在采访贫困户秦明云时我们到过王家岔乡,贾楼底村还是第一次去。这里正在进行乡村综合整治工程,一路上看到的都是工人们修建道路两边村舍房屋的景象。正在操作的铲车和靠边停放的运土车,使得原本就不宽敞的道路变得更窄了。

正在建设中的贾楼底村

一连路过了几个村庄都不是贾楼底村,我们便停下车向路边的一位村民打听。根据村民指的方向,我们继续行驶了十几分钟,穿过一座石桥后,终于看到了四五个正在修路的工人,忙停车下来打听是否知道吕如堂这个人,工人们都说没听过此人,让我们到前面再问问。

我们继续向前走,大约又过了5分钟,看到远处一位中年男子正站在路边的挖掘机旁朝我们这里望着,我们猜测他应该就是吕如堂。待车开近后,我们下了车,男子面带笑容地看着我们,经询问果然证实了我们的猜测。

吕如堂个头不高，身材微胖，古铜色皮肤，一身工装衣裤，裤腿上沾了些泥，头上歪戴着一顶蓝色尼龙帽，眼角、额头上那几条深深的皱纹在这个中年男子的脸上刻画出岁月的痕迹。他与我们想象中的村干部形象有些出入。

因为是第一次见面，吕如堂略显得有些拘谨，基本上是我们问什么，他答什么。据了解，吕如堂今年55岁，妻子周三桃51岁，二人育有两个女儿和一个儿子，孩子们都已成家。吕如堂家还有一名特殊成员，是他三叔留下来的今年33岁的堂弟吕亮虎。吕亮虎两三岁时，父亲不幸去世，后来的一次高烧使他落下了后遗症，导致浑身肌无力，丧失了劳动能力。吕亮虎的母亲改嫁时，吕如堂的父亲便把吕亮虎接过来抚养，这一养便是20余年。2014年父亲去世后，吕如堂便主动承担起兄长的责任照顾吕亮虎，如今吕亮虎已随吕如堂夫妻搬迁至宋家沟。

吕如堂家原本就是个普通的农民家庭，虽在甘沟有90亩土地，但尽是坡地，土质不好，产量低，还经常遭受野猪侵害，基本上属于种一半荒一半，收成全"看天"，吕如堂靠着外出打工略有积蓄，让家里的日子过得虽不富裕但却平实安宁。不料，接二连三的变故打破了这个家庭平静的生活。

2017年7月，甘沟村实施整村移民搬迁，吕如堂在搬家时不小心砸到了脚，导致三根脚趾断裂。就在他看病住院期间，儿子带着媳妇儿和大女儿开车去医院看望，没想到在路上发生了车祸，大女儿因伤势过重去世，儿媳也因受伤导致一只眼睛失明及下颚粉碎性骨折。之后，老伴儿又被查出患有甲状腺乳头状癌。自己身体未愈，亲人又一个离世，一个残疾，一个患病，一连串的打击使这个家庭跌入痛苦的深渊。如今再提起这段往事，眼前的这位硬汉仍然眼眶微红。

疾病、事故不仅给这个家庭留下了心理创伤，也带来了很大的经济压力，几个人的治疗费用无疑是一个天文数字，很快就让家里入不敷出，还欠下了近 20 万元的债务。村委会考虑到他家的特殊情况，2017 年年底将吕如堂父子的动态调整为贫困户。

悲伤过后日子仍要继续。"靠别人长久不了，想过好日子还得靠自己。"既勤奋又爱动脑筋的吕如堂开始谋划着如何挣钱还债，如何脱贫致富。听说国家对贫苦户养牛有扶持，经过一番考察后，吕如堂与村里其余几名贫困户决定合伙搞养殖。2018 年，他向银行申请了 10 万元贷款，购买了 12 头西门塔尔牛，利用县里在旧村原址上盖的养殖圈棚，采取统一管理、集中养殖的办法，每家轮流抽人回去照看，剩下的人就能腾出精力干自己的活儿，养殖、种地、打工都不耽误。他们成立的"岢岚县互惠养殖专业合作社"，也是由宋家沟贫困户自发成立的第一家养殖合作社。

除此之外，他把旧村的 30 亩土地进行了退耕还林，每亩可获得 800 元补助，分 3 年支付，年底吕如堂就能领到近万元的补助款。但是他不等不靠，主动申请当上了护林员。轮班时就骑着摩托车去山里执勤，有时候就干脆住在那儿，每月能收入 800 元。吕如堂之前跟着县交通局做过修路的工程，因他性格稳重、办事牢靠，与他打过交道的人都成了他的熟人朋友。王家岔这边开发旅游线路，交通局的朋友就介绍他过来负责管理施工现场，才来了四五天，还没有提报酬，不过吕如堂觉得只要有活儿干、能挣点儿就行。

如今，吕如堂的儿子在内蒙古打工，老婆在城里帮儿媳妇儿照顾孩子，朋友们都同情他家的遭遇，帮忙为堂弟吕亮虎找了份给场子看大门的工作，一个月挣 800 元。在吕如堂的带领下，一家人齐心协力、共渡难关。虽然经历了这些大的打击，但是吕如堂对未来仍充满信心。他对我们说，只要勤劳肯干，自己脱贫应该没有问题。作为一名老党员，在摆脱贫困上更应该起带头作用。

吕如堂是 2017 年 12 月在宋家沟两委换届选举时被大家推选为支委成员的。当时村里有 37 名党员投票，吕如堂获得了 16 票。吕如堂没想到自己会被选为村干部，他觉得，既然人家信任咱，让咱当，咱就干吧。谈起村干部这个身份，吕如堂有些惭愧，说："咱能力不高，帮不上政府什么忙。"吕如堂在村支委的工作主要是配合村支书调解民间纠纷，促进家庭邻里和睦。每月一次的党支部学习例会，吕如堂只要在村里都会按时参加，平时如果需要参会协商村里的大事，他也会积极参与，提出自己的意见。用他的话说："给咱分配的任务，咱尽力做好。"他将自己定位为配合协调的角色。

吕如堂在 1994 年时就在甘沟做过一届村委会主任，那时正值城乡二元结构土地管理体制改革，大量农村土地被政府收购征用，农民手中土地流失，补偿收益又难以得到保障，使得村民、政府、村委会之间的矛盾纠纷日益突出，吕如堂感觉工作压力大、力不从心就辞职不干了。他也是在担任村主任期间入了党，如今已是个有着 22 年党龄的老党员了。

有过村干部的工作经验，为人忠厚老实，又勤快能干，想必这也是选民选举吕如堂的原因吧。吕如堂作为村干部中唯一一位搬迁户和贫困户，与村里的搬迁户和贫苦户有更多的共同话题，也有良好的群众基础。我们希望吕如堂在照顾好自己小家的同时，可以利用好"村干部＋贫苦户＋搬迁户"的身份，在今后村支委的工作中发挥更大的作用，尤其是在移民安置过程中做好协调工作，在脱贫攻坚中以身示范，带领更多贫困户脱贫。

村委大院的"守护者"王成虎

王成虎

我们几次去宋家沟村史馆参观,总看见旁边的图书室里坐着一位中年男子,微笑地打量着进进出出的各种人,当有人需要帮助时,他便热情地指引。还记得调研组采访康卫东时,就是由这名中年男子帮着联系的。后来我们再去宋家沟调研时,常在街上碰到他,也经常在康卫东的门店里见到他,见面后相互打个招呼,却从未问过他的姓名,也不知道他是村里的干部。

这次我们计划走访一下宋家沟的村干部,按照事先掌握的名单,便直奔村委会去了。

到了村委会,我们照着名单,打听王成虎这个人,屋里人指着院门口的方向说他就在那儿。我们旋即转回到村委会门口,看到一个中年男子,面熟得很,咦,这不就是看图书室的那名男子吗?我们惊讶地问道:

"原来您就是王成虎呀？"男子笑着连连点头。听说要采访他，他连连摆手："哎呀，你们可别采访我，我这人笨着哩，嘴不会说话，你们去采访别人吧。"我们笑着说："村干部都要挨个走访呢。"见我们这样说，王成虎便不再推辞了，"好吧，到我这边来吧，"一边说着，一边招呼我们往旁边的图书室走去。

村委会

宋家沟村委会位于宋前街中心地段的一套院子里。院子在村里算是大的，大门正对着村史馆，村委会办公室在院子南面，图书室在院子西面，也就是王成虎日常办公的地方。

图书室只有一间房子，也就20来平方米，房子靠墙有一排书架，书架上摆放着各类图书。9月底的宋家沟已经很冷了，我们去时正赶上阴雨天，有人已穿上了薄棉衣，图书室里也插上了电暖器。

一进图书室，王成虎就忙招呼我们坐下。我们坐定后，便同他聊了起来。

王成虎今年 44 岁，是宋家沟原住村民。他的父母也居住在宋家沟，就是我们采访过的王进夫妇。当初采访时，王进夫妇提到他们有个儿子在村委会当干部，直到这次采访王成虎，我们才对上号。

王成虎弟兄四人，他排行老三，二哥和四弟定居在外地，大哥虽然在本村居住，但是常年在外地打工。村里基本上就是他自己和父母居住，父母有什么事也都是由他照料着。

王成虎有过两段婚姻，分别给他带来一儿一女，离婚后，孩子都由各自的母亲抚养。两段失败的婚姻似乎给王成虎心里留下了一些阴影，他好像对婚姻已经失去了信心。我们宽慰他，你还年轻，也精干，完全可以再找一个。他却说："不考虑了，没啥意思，觉得挺累。"虽然父母也逼着自己再找，但他始终没当回事，也没打算再找媳妇儿。用他的话说："一人吃饱全家不饿，这样挺好的。"

我们见他不太愿意多聊这件事，便开始谈论起他的工作来。王成虎说自己在 2014 年就当上了村委委员，当时是全村选举，莫名其妙地就被选上了，虽然他压根儿想不到自己会当选，但选上后还是很高兴、很感动，因为这代表着村民对他的信任。

刚当上村委委员时，王成虎自己也不知道应该干些什么。时任村主任的游存明就干什么事都带上他，渐渐地他对要干的工作也熟悉起来，基本上就是协助游主任做一些村中的杂事，那时不用整天坐在图书室。王成虎说，从 2017 年宋家沟旧村改造开始，特别是习近平总书记到访后，村里的工作多起来了，来往的游人也非常多，他便开始在这个新修的院子里全日坐班，主要负责登记人员来往情况。王成虎说最多时一天有成百上千的人。

除此之外，村里有什么事，他也会帮着做，需要入户、填表、通知村民什么的，他都会帮忙。特别是村里谁家有困难，上了年纪的人干不了重活儿等，他都会帮着去干。之前调研时我们听到有村民反映安置房的火炕烟道有问题，熏呛得不能住，王成虎解释说，已经处理过一些了，他最近仍在忙着挨家挨户登记有问题的炕道，等登记好一批再集中处理。

我们问他工作中存在哪些困难，王成虎说："有些村民不太好说话，有些事和他们说不通，有时候还真气得不行。"我们又问遇到类似这样的难题怎么处理，王成虎洒脱地说："哎呀，我一看要找麻烦了，就赶紧打发他们去找书记或主任。"听到这儿，我们不禁被王成虎的坦诚和率性逗乐了。

王成虎自小就在宋家沟长大，目睹了宋家沟前前后后的整个变化。他说宋家沟以前破得不得了，看看现在，走在大街上，变化真是太大了。他以卫生来举例，现在连街上的老人们看见地上的烟头都知道捡起扔到垃圾桶里，村民的整体素质确实提高了，慢慢养成了一些良好的习惯。

我们问他移民搬迁对宋家沟有没有什么影响，王成虎说，一方面外来人员增多，增加了人气，宋家沟比以前热闹了；但另一方面，也加大了管理的难度，因为搬迁来的尽是老弱病残和光棍儿，人多嘴杂，不好管理，加大了村干部的工作量。不过整体来说，国家的扶贫政策非常好，村民们得到了实惠。搬来的人什么都不用发愁，有吃有喝，比以前的日子好过多了。

对于宋家沟今后如何发展，王成虎表示自己没有在这方面考虑过太多，他认为应该还是靠旅游业吧，但是具体要怎么做，自己也说不上来。谈到这里，王成虎又一次强调自己真的嘴笨，不会说什么。我们问他是什么学历，他不好意思地说，小学毕业。

我们问作为村干部有什么收入或者待遇，他说每个月只有600元的补贴，还是从2017年才开始有的。这么少的收入，我们问他愿不愿意继续干时，他却憨憨地说："愿意哩哇，村民选了你，对你就是一份信任，再说了，看到村里人流量多时，村民摆摊都能挣了钱，自己都觉得来劲儿。"

临别时，我们提出想到他家看看，他把家门钥匙大方地一递，说："我还得去挂灯笼呢，你们自己去看吧，光棍儿的房子，嘿嘿，别嫌脏乱就好。"说罢，便提着灯笼出去干活儿了。我们拿着钥匙，感觉到村里人的质朴是由内而外随时散发出来的。习惯了城市中的各种防备，这种突如其来的信任反倒让我们一下子有点儿不太适应。

王成虎在村干部中属于一个协助村主任做好工作的角色，他虽然没有挑重担，但是该做的事情一样都没有落下。村委会所在的院子，一直都是由他看管着，感觉像是一个"守摊子"的人，更像是一台大机器上的螺丝钉，工作不起眼，却不可或缺。从我们刚开始踏入宋家沟时就多次碰到过他，每次遇到问题时，他都会热心地帮助我们解决。我们之间并没有刻意打过交道，却在不知不觉中有了许多交集，一直把他当成一位热心的村民，这也是当我们得知他是村干部时十分惊讶的原因。默默无闻的"守护者"，用这一标签形容他应该再贴切不过了。

在宋家沟的村干部中，王成虎不是特别显眼，是村干部队伍中的一个配角，他虽然不当大任，但任劳任怨、甘于奉献，能够主动协助村支书、村主任等村干部工作，有利于村两委班子的团结，有利于整个村子的稳定。像宋家沟这样规模的村两委必须要有一个好的当家人，也需要有一个好管家，但也离不开像王成虎这样的看家人。乡村振兴战略的实施，需要有思想解放、敢于担责、勇于开拓的带头人，更需要有一批低调谦和、不争权夺利、默默奉献的好帮手。

村干部中的"贤内助"村委委员张海莲

在康卫东的"宋乡情"电商体验店里，我们见到了张海莲。当时天色已晚，店里已经亮起了灯，还开着电暖气。张海莲外穿一件玫红色呢子大衣，里面一身黑色衣裤，梳着一个长马尾辫，正在教几个年龄稍大点儿的妇女操作手机，说话不急不缓，面色颇为和悦。

张海莲

张海莲今年 41 岁，初中文化程度，原籍岢岚县走道峁村，19 岁嫁到宋家沟，目前在"宋乡情"电商体验店打工，负责实体店线下的农产品销售及往来账目登记工作，每月底薪 500 元，外加提成。家里有 3 间砖木结构的房子，当地人叫作"起脊房"，在村东种有 3 亩地。

张海莲的父亲名叫张青元，今年 67 岁，患有腰椎间盘突出；母亲高改英，今年 61 岁，患有类风湿性关节炎。二老仍居住在老家走道峁村，均是农民，因身体不好，干不了重活儿。张海莲的公公前年因食道癌去世，婆婆田三女今年 63 岁，一个人生活，自己能照顾了自己，但干不了重活儿，今年家里的 10 来亩地是由小叔子帮着种的土豆。妹妹张海萍，今年 39 岁，早些年嫁到岚县，生了三个孩子，两男一女。虽然岚县与岢岚县相隔不远，但自从妹妹出嫁后，姐妹俩就很少见面。弟弟张海林，今年 37 岁，住在岢岚县城，目前给一家运输车队开大车。

张海莲的丈夫名叫游旭光，今年 46 岁，平素在北川打工，只有农忙时才回来和她一起忙地里的活儿。夫妇俩育有两个男孩儿，老大游新程，22 岁，毕业于忻州艺术学校，擅长跳舞，平时在外地的婚庆公司打工，生活还算独立；老二游鹏程，今年 8 岁，在村小学读二年级。

2017 年，张海莲当选为村委委员，主要职责是协助村委领导做些内务性的工作，诸如村贫困户的档案管理和资料填报、新搬迁安置户的内务整理、协助李爱岚做些妇联工作等。张海莲说，她挺喜欢这份工作的，在村委会做的工作和她正在做的农产品电商销售工作一样，都是刚刚起步，接触时间短，经验不足，虽感觉新鲜却又充满挑战，不懂的地方还比较多。村委会就在"宋乡情"电商体验店隔壁，遇到问题时，她就会到那里请教有文化的村委干部，比如驻村干部杨涛书记。她说，自己还得虚心学习，这样才能不断进步。

张海莲嫁到宋家沟已有 22 年，对宋家沟今昔的变化感触颇深。"我 19 岁就嫁到宋家沟了，那时的宋家沟很穷很穷，特别特别不好。"她告诉我们，那时老百姓的日子真叫个苦，平常日子里，大家没什么事干，也就晒晒太阳、聊聊天儿、打打麻将、玩玩扑克。现在可不同往昔了，宋家沟人的变化很大，日子也越来越有奔头了。相比以前，个个都变得格外勤快，村容村貌也发生了很大的变化，变得漂亮、干净、整洁了，不像前十来年那会儿，村里乱七八糟的，街上到处都是土，一脚踩下去扬起一层灰。现在，村民们从老到小，都有自己的活儿干，收入增加了，日子也好了，过得忙碌而充实，只有在阴天下雨时才顾得上打打扑克，好天气就忙着出来挣钱了，有的卖油糕，有的卖凉粉，还有好多村民把自己家里的土特产拿出来卖……收入也逐渐增加。张海莲笑着说："过去的话，没有游客，只有本村的人，你就是有这个想法，东西卖给谁呀？大伙儿都是到了中午就各自回家做饭吃饭，谁买谁的呢？"她还补充说："我发现现在村里人说话文明多了，说闲话的人少了。不像前几年，净是说东道西的，听起来很不入耳，感觉特别不好。"

对于集中移民安置给村里带来的利弊，张海莲有她自己独特的观察视角。她说，搬迁到宋家沟的好多都是贫困户，年龄偏大，患有这样那样的慢性病，再加上他们刚来到一个新环境，离开了原来的家乡和土地，大都没事干，喜欢说一些风凉话。搬迁户刚到宋家沟时，村委会专门为他们设了集体食堂，但有些人习惯不好，不懂得惜福，打好多饭，就是那种占小便宜的心态，反正也不是花自己的钱，吃不了就倒掉，很是浪费。后来村里只好想办法改革，象征性地向他们收点儿钱，老年人3元/顿，年轻人6元/顿，慢慢引导后，这种现象才有所改善。今年，村里计划搭建一些蔬菜大棚，建好后，就可以带动这些贫困户忙碌起来，也就不会整天无所事事，在街上东家长西家短的了。

当问到她对宋家沟今后发展的看法时，张海莲觉得宋家沟还有很大的提升空间，不会停留在现在的状态。她说，宋家沟应该通过旅游大开发来推动经济发展，让未来的新农村更热闹、更美丽，人流量更大，这样才能为老百姓带来更多的创收机会，老百姓的收入才能得到稳定持续的增加，老百姓才能变得更加进步、更有理想。

张海莲作为一个普通的农村妇女，简单接触后，我们感觉她传统平和，并不善于表现，也不喜欢挑剔。我们不禁好奇地问道："村民们为什么会选你当村委干部呢？"她说："我也不知道，估计是觉得我人还可以就选了吧，选了也就干了。"

她就是这样的人，与人聊天儿，有一说一，从不刻意渲染、夸大其词，性格温顺善良，做事谦恭认真。19岁婚嫁，全凭父母之命媒妁之言。

别人给她介绍对象，父母亲说："不错，你嫁给他吧！"她看也没看就嫁了，嫁过来从来没有觉得有什么不合适，可以说是个标准的贤妻良母。在电商体验店里访谈的不长时间里，就有三五个村民因为这样那样的小事情进来求教，比如手机怎么用了，衣服上的重污渍怎样清洗干净，等等。村民无论有什么需求，她都很随和地一一帮着耐心解答。

作为村委委员，张海莲更多的是在配合其他村干部做协助型、服务型的工作。平时她还帮着村委会办公室做些烧水、倒茶、开门、值班的工作，她总是认真地完成村委领导安排的各项具体任务。

仔细想想，村委会既需要有魄力、有闯劲儿，能够独当一面的得力干将，也需要像张海莲这样协助型、服务型的村干部。张海莲没有什么家族背景，从她的入选可以感受到，新形势下，村干部选举制度越来越公开透明，村民自治、民主选举已逐步在农村得以深入实施，这有助于创建出让老百姓满意的平安村庄、民主村庄、和谐村庄。

"90后"选调生温宏霞

10月的宋家沟渐入深秋，风吹在身上已有几分寒意，让行人不禁缩紧了脖子。一大早，村委会不大的办公室里六七名村干部已开始忙碌起来。在一群以深色系穿搭为主的中年干部中，一个穿着青春时尚的年轻女孩儿引起了我们的注意。浅粉色七分袖时尚大衣，白色镂空小花纹打底衫，一条黑色铅笔裤，十分精干，姣好的面容上画着淡妆，更显精神。在这样一个小村庄里，这个女孩儿给人的感觉犹如一幅黑白画中多了几抹颜色，让人眼前一亮。女孩儿名叫温宏霞，是2017年山西省委组织部招考的选调生，被分配到宋家沟乡，现在是一名包村干部，主要负责宋家沟。

温宏霞

那天我们走访村干部时，温宏霞正坐在电脑前忙碌着，一边点击着鼠标，一边时不时地回头和第一书记杨涛核对一些数据。看到她熟练地操作着电脑，我们心想，在宋家沟像她这样熟练掌握电脑的人应该不多吧。趁她工作间隙，我们同她聊了起来。

温宏霞今年刚刚23岁，1995年出生，2017年毕业于吉林财经大学。父母都是岢岚县东街示范小学的老师，家里还有一个21岁的弟弟，在沈阳读大学。

问及她为何会选择做一名基层干部，温宏霞说这得从她毕业找工作说起。大学毕业后，父母希望她能找一份稳定的工作，比如公务员之类的。当时她自己也没有什么好的打算，就想着先考一个试试吧。正好赶上2017年招选调生，她就特意了解了一下。

选调生是公务员的一种，录用后直接为公务员编制。根据中央组织部有关政策规定，全日制普通高校大学本科及以上学历的优秀应届毕业生可以报考，但必须同时符合三个条件：党员、学生干部、应届毕业生。从报考的条件来看，报考者也算是大学生中的优秀者了。温宏霞想，选调生的报考条件这么高，报考的人应该会少一些，于是决定试试。2017年4月，温宏霞参加了山西省选调优秀高校毕业生考试，经过笔试、面试后，在众多竞争者中脱颖而出，成为30名选调生中的一员。

30名选调生按照户籍所在地划分工作地点，温宏霞是岢岚县人，便被分配到了岢岚县宋家沟乡，职务是乡团委书记。由于宋家沟乡大都是普通农民，年轻团员很少，乡团委书记一职并没有多少事情要做。正好当地脱贫攻坚任务十分艰巨，于是乡里决定让她兼任宋家沟的包村干部。

成为包村干部后，很快便有很多事务性的工作交到温宏霞手里。村里的事务分工不是特别明确，通常都是有事情大家一起做。温宏霞起初有些不适应，最让她不适应的是村里的工作效率不高，这也是她工作中面临的最大困境。她说这一点很难解决，因为村中的干部大都年纪较大，他们不适应现代化快节奏的办公效率，另外就是村里人的文化水平普遍较低、理解能力有限，尤其是一些老人，反应比较慢，听不懂新鲜名词，工作起来不太好沟通。做一些事，往往要费很多口舌，需要和村民反复沟通，还不一定都能说通。贫困村民和受过现代教育、城市长大的大学生中间隔着一条难以逾越的鸿沟，每天做着重复、琐碎、低效的工作，与当初的理想相差甚远，宋家沟的工作现实让温宏霞有了些许无奈和迷茫。

尽管心里有些失落，但是对待工作，温宏霞依然兢兢业业、尽职尽责。访谈那两日正赶上宋家沟有活动，她临时负责为外地一个团队进行讲解，再加上平日负责的常规工作，温宏霞较往常显得更加忙碌，我们时常看到她匆忙的身影穿梭在人群中。用她自己的话说，即使不是太顺心，但还是要尽自己最大的努力把眼下的工作做好。

谈到宋家沟前后的变化,温宏霞作为岢岚人,还是比较有发言权的。她说她舅舅家就在宋家沟,小时候也常常来,记忆中的宋家沟脏脏破破,特别是路非常难走,儿时记得有一条特别陡的坡,十分危险,每次走这个坡时都要特别小心。现在再看宋家沟,已经发生了翻天覆地的变化,村容整洁、村貌优美,还成了岢岚县的一个热门旅游景点。村民也发生了很大的变化,很多村民懂得注重仪容和讲卫生了,也懂得了善恶美丑。

不过,宋家沟作为搬迁村,整体条件虽然好了,但还是存在一些问题。比如一些搬来的村民不把现在的房子当作自己的家,也不把自己当作本村的村民。在他们的观念中,认为现在住的地方是公家给的,一切都应该找公家。对于他们自己来说,这里的房子只是一个暂居地而已,有些搬迁户甚至连家里灯泡坏了、缺米面油了都张口来要,很多搬迁村民并没有融入现在的生活中。

在看待宋家沟今后的发展问题上,温宏霞与其他村干部的看法也有所不同。她觉得宋家沟现在完全依靠政策、依靠政府,如果将来政策发生了变化,政府不再下这么大力气帮扶的话,估计宋家沟就难以有更好的发展。对于这点,温宏霞说最好政府能引导村民自发地行动起来,主动参与到村子的建设和发展中来。但是目前绝大多数村民的思想还比较狭隘,想让他们做一些事还比较困难。她举例说,今年"6·21乡村旅游季"时,村委会为村民免费提供了20辆流动小车供其摆摊做买卖,但是村民们没有经营意识,主动申请车辆的人并不多,后来在村干部的动员下,总算把20辆小摊车派出去了,活动当天效果不错,很多摆摊的村民都获得了不少收益。其他村民见别人赚了钱就眼热啦,也开始找村委要小车。类似这样的事情还有很多,温宏霞觉得有时候确实很难开展工作。

村民缺乏内生动力是很多贫困村落面临的共性难题。除了老弱病残这类确实没有劳动能力的村民外,勤劳的人若没有意外发生,其实根本成不了贫困户，很多贫困户都是"懒人户"，是那些"等、靠、要"惯了的人。温宏霞说，这部分人是最难脱贫的，说到这里，她反复强调说只要村民自己肯行动，就肯定能脱贫。

我们问她作为村干部，对国家当前的扶贫政策怎么看。温宏霞说，政策确实好，普通老百姓也确实从中受益了，不过在落实中还存在一些漏洞，比如监管不力，她说2017年宋家沟乡就查出几起倒卖移民安置房的事件。这些行为不仅浪费了国家资源，败坏了社会风气，更让那些应该享受到国家好政策的贫困百姓得不到应有的保障，和国家的扶贫出发点相悖。

作为一名年轻的村干部，我们问她对自己的将来有什么打算。她面露难色，但还是非常坦诚地跟我们说，其实她自己喜欢当老师，对于现在的工作，她想先看看情况再做打算。她说山西省对于选调生的政策正在制定中，一切还不太明朗。选调生需要先在基层干满两年，两年后根据自己的情况再做下一步决定。

和温宏霞道别后，我们陷入了思考。选调生是一群有着较高学历、懂政策、有技术、接受能力强、正值青春好年华的青年群体，党委组织部门将他们作为后备干部选派到基层农村工作，就是希望他们可以充实基层干部力量，让他们在农村地区能够发挥所长，在脱贫攻坚、乡村振兴事业中能够发挥作用。我们希望相关部门尽快出台关于选调生培养使用的相关政策，使选调干部能够快速成长，成为当地干部队伍中的精兵强将。

此外，关于选调生的另一个突出问题是，这些应届毕业生在通过选拔考试后直接参加基层工作，缺乏对基层百姓生活的深入了解和体会，缺少基层干部的阅历和经验，许多人在适应工作环境、进入工作角色过程中往往会产生这样或那样的迷惘和困惑。对于这一问题，我们建议首先应在高校中加大对选调生政策的宣传力度，让想要报考的学生了解什么是选调生，选调生应具备的职业素养和工作职责，让大学生们做好充分的心理准备。其次，对已经录用的选调生要进行有效的岗前培训。选调生具备学历高、热情足的优势，但在经受基层历练、增进群众感情、善做群众工作方面还有所欠缺，他们在基层工作过程中难免会遇到很多具体困难和现实阻力，对其开展岗前培训或实践教育是十分必要的。

村里的驻村干部们

中共十八大以来，以习近平同志为核心的中共中央把脱贫攻坚工作纳入"五位一体"总体布局和"四个全面"战略布局，作为实现第一个百年奋斗目标的重点任务，做出一系列重大部署和安排，我国全面打响了脱贫攻坚战。中共十九大明确把精准脱贫作为决胜全面建成小康社会必须打好的三大攻坚战之一，并做出了新部署。在全面把握打赢脱贫攻坚战三年行动的总体要求中指出，要"派强用好第一书记和驻村工作队"。

2017年12月，中共中央办公厅、国务院办公厅印发了《关于加强贫困村驻村工作队选派管理工作的指导意见》，要求"优先安排优秀年轻干部和后备干部参加驻村帮扶。每个驻村工作队一般不少于3人，每期驻村时间不少于2年"，并且"实现建档立卡贫困村一村一队，驻村工作队队长原则上由驻村第一书记兼任"。

山西省作为全国脱贫攻坚的主战场，从20世纪80年代起就开始了驻村帮扶工作，近几年更是采取了超常规的举措，加大力度开展驻村工作。全省每个深度贫困县都有1名省级领导联系帮扶，3到5家省直单位包村帮扶，至少1名专业技术人才、1名金融业务骨干挂职帮扶。

目前，在全省脱贫攻坚战场上，活跃着40000余名驻村干部，他们用激情与赤诚践行着驻村诺言，用拼搏与奉献推动着脱贫攻坚。

第一书记——杨涛

第一书记由来已久，最初主要指地方党委第一书记这种党内职务的设置，从中华人民共和国成立一直延续了 30 多年。一直到十三大党章明文规定后，地方党委第一书记的党内职务才逐渐淡出。而如今，"第一书记"这一称谓又以一种新的形态重新回到人们的视野。

杨涛

第一书记是指从各级机关优秀年轻干部、后备干部，国有企业、事业单位的优秀人员和以往因年龄原因从领导岗位上调整下来、尚未退休的干部中选派到村（一般为软弱涣散村和贫困村）担任党组织负责人的党员。

在全面建成小康社会的新征程中，全国各地纷纷选派优秀党员干部到村担任第一书记，助力基层党组织建设和贫困村脱贫攻坚。2015 年 4 月，中共中央组织部、中央农村工作领导小组办公室、国务院扶贫开发领导小组办公室联合印发了《关于做好选派机关优秀干部到村任第一书记工作的通知》，标志着选派第一书记工作由地方性的自选动作上升为全国层面的规定动作。很多优秀机关干部被派驻到村里担任第一书记，担负起脱贫攻坚和加强基层组织建设的重要职责。

第一书记在乡镇党委的领导和指导下，依靠村党组织，带领村两委成员积极开展工作，帮助建强基层组织，推动精准扶贫，为民办事服务，提升治理水平。第一书记任职期限一般为两年以上，不占村两委班子名额，不参加换届选举。任职期间，原则上不承担派出单位工作，原人事关系、工资和福利待遇不变。党组织关系转到村，由县（市、区、旗）党委组织部、乡镇党委和派出单位共同管理。

2015年8月，山西省从各级机关年轻干部、后备干部，国有企业、事业单位的优秀人员中选派9395名党员干部，到全省2697个党组织软弱涣散村和7994个建档立卡贫困村担任第一书记。2017年到了两年一轮换的时候，又开始了新的第一书记轮换工作。杨涛就是在这样的背景下以第一书记的身份来到了宋家沟。

杨涛今年38岁，原单位是山西省总工会下属事业单位工人疗养院。我们这是第一次同他接触，平整的短发，深蓝色短薄棉上衣，一看就是一个很精干的小伙子。见面后，他热情地同我们握手，招呼我们坐下。面积不大的村委办公室一下子被我们调研组的几个人占得满满当当。

杨涛说，他是2017年4月到宋家沟的，当时上一任第一书记也在。为了实现无缝对接，他提前三个月到岗，与上任第一书记一边交叉工作一边办理交接，三个月后正式接任上岗。

我们询问第一书记是指派还是报名，他说一般都是单位本着"硬抽人抽硬人"的原则指派，因为当前脱贫攻坚任务很重，所有工作都要围绕打好打赢这场战役来开展。

我们问及他家里人对于他担任第一书记这件事怎么看，是否支持。杨涛不好意思地说，刚开始爱人不太适应，毕竟离家远，一周才回一次，孩子只能由爱人一个人照顾，给他们的生活带来诸多不便，但后来慢慢就习惯了。到现在已经一年多了，家里基本上没什么问题，对他的工作也十分支持。

  杨涛向我们介绍说，到宋家沟后，他的主要工作任务就是脱贫和党建，不过脱贫还是重中之重。山西省总工会包了五个村的脱贫工作，宋家沟是其中的一个。杨涛作为山西省总工会派驻的第一书记，既要参与山西省总工会的帮扶工作，也要负责村里的事务性工作，和村委们的工作是同步的。虽然宋家沟2017年已经实现了脱贫，但帮扶不脱钩，山西省总工会还要继续对宋家沟进行包村帮扶。

  山西省总工会对宋家沟的扶贫工作是从2010年开始的，截至目前，山西省总工会前后共派出驻村工作人员46人。为了方便扶贫工作开展，2015年山西省总工会在宋家沟建立了专门的扶贫工作站，为驻村工作人员设立食堂、宿舍等，提供生活保障。

山西省总工会扶贫工作站

  2015年以来，山西省总工会累计投入400余万元用于该村的基础设施建设和产业帮扶。2016年山西省总工会在养殖业及农机具购置等方面投入帮扶资金40.25万元，为贫困户购回农机具18台、羊210只、牛11

头、猪 15 头，投资 3.75 万元为全村贫困群众调运优种 1.43 万斤、发放土鸡 1720 只。2017 年又投入 40 余万元为宋家沟修建了一座存储量为 270 吨的土豆窖。

从我们走访宋家沟开始，山西省总工会的帮扶成果便被大家看在眼里，听在耳中。无论是看得见的蔬菜大棚改造、打坝护村增地、升级油坊工艺、送鸡下蛋创收，还是村民们对山西省总工会干部为自家送来米面油的感激之情，无不是对他们帮扶工作的肯定与称赞。我们询问村委其他干部时，大家也都纷纷表示，山西省总工会的帮扶力度确实特别大。

杨涛之前在山西省总工会工人疗养院主要负责党务和业务方面的工作，上班时间较为宽松。但自从到了宋家沟，加班加点成了常态，访谈中他说的最多的一句话就是，工作量很大，任务很繁重。不过让他最为头疼的并不是工作太多，而是许多工作必须要重复做。说到这里，看得出杨涛有些难言之隐。顿了顿，他又接着说，关于脱贫攻坚工作，上级党委还在不断摸索，探寻更加有效的方法，一些政策、规章制度也在不断地调整完善。这就导致基层干部在政策把握上出现困难，因为政策常常会发生变化，经常是一项工作还没有做完，中间就变了，之前所有的辛苦就都白费了。杨涛叹了口气继续说，这样的工作特别浪费时间和精力，有心对老百姓做一些实事，但毕竟自己精力有限，有些力不从心。

杨涛是一个很敬业的小伙子，对自己的要求也很高。他评价自己做得还不够好、不够多，如果按 100 分计算的话，自己可能连及格都达不到。他常听别人说某某第一书记工作做得特别好，能力特别强，为老百姓谋了多少实惠。对比之下，他觉得自己能力不强，没能给村民带来多少实际利益，很是惭愧。

同时，令他十分感动的是宋家沟村委对他们这些驻村干部很照顾，也很包容。他们经常在一起讨论工作，遇到一些难以解决的问题，村委都会主动帮他们解决，需要夜里加班开会什么的，村委也会考虑到他们的实际情况，极少让他们半夜加班。杨涛感慨地说，村干部们都很辛苦、很忙碌，基层干部确实不好当啊！

基层干部的辛苦和忙碌，通过我们这段时间的连续走访，已亲眼看见并有亲身感受。他们常常穿梭于办公室、村庄的大街小道。为了找到他们，我们每次都要费很大的劲儿，为了不耽误他们的时间，我们的访谈总会和他们的工作同时开展。遇到他们有需要马上做的工作，我们就赶紧暂停下来，先让他们处理，一个原本40多分钟的访谈，常常要延续到两个小时以上。

此外，对第一书记的诸多考核也是造成杨涛工作压力大的另一个原因。比如"三率一度"考核打分，尤其是百姓满意度这一块。为了增进与村民间的感情，杨涛经常要自己花钱买东西去探望村民。一个月驻村20多天，除了报表、统计数据等日常工作外，还要保证一定量的入户时间。从他的言语中，我们感受到第一书记肩上的担子着实不轻。

我们问杨涛对宋家沟的未来如何看待，他坚定地回答："肯定会越来越好，但是必须要注意加大宣传引导力度。一方面是宣传宋家沟，让更多的人知道宋家沟，吸引大家过来，从而带动村里商贸经济的发展；另一方面一定要好好地对农民进行政策宣讲、引导，强化他们的政治意识，让他们对国家政策有深层次的了解，转变他们的一些固有想法，虽然做起来会很难，但这项工作必不可少。"谈到这里时，他说目前山西省总工会也注意到了这些问题，正在着手改进推动这些工作，从物质帮扶变为精神引导，让村民自发地行动起来。

杨涛对宋家沟的未来信心满满，他说作为一名驻村干部，他一定会不负使命，做好本职工作。

调研组成员与杨涛交流

在这场脱贫攻坚战中,党的基层干部至关重要,这种驻村帮扶的方式是畅通城市和农村的有效渠道,是城市反哺农村、促进城乡各要素流动的积极因素,是实现农村可持续发展的良方。但我们同样看到,驻村工作队在参与扶贫过程中也存在一些酸甜苦辣。除了自我调节外,政府应优化对驻村干部的考核机制,适当减负,从而更好地调动起他们的积极性,让他们能够轻装上阵,发挥生力军的作用。另外,驻村第一书记工作在脱贫攻坚战场的第一线,他们了解群众疾苦,积累了一定的基层工作经验,养成了踏实的工作作风,组织人事部门要加强对第一书记的考核。对那些表现出色、工作业绩优秀的同志应优先评优,在干部选拔任用中优先考虑。

从见证者到参与者的驻村干部李彦彬

李彦彬,男,36岁,中共党员,山西吕梁人,山西工人报社时政部

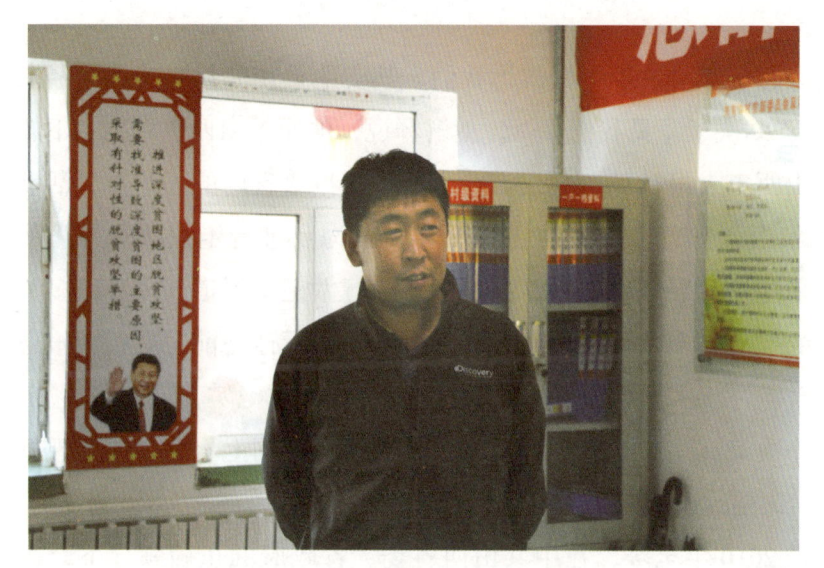

副主任，现任宋家沟乡党委副书记兼驻宋家沟工作队队员。

李彦彬

2017年10月，中共山西省委为进一步充实乡镇工作力量，加大脱贫攻坚推进力度，加强农村"三基"建设，培养锻炼年轻干部，从省市县三级机关事业单位选派10000余名干部到乡镇挂职帮助工作，覆盖全省1196个乡镇，李彦彬就是在那时被派驻到宋家沟乡担任乡党委副书记的。2018年5月，山西省委办公厅、省政府办公厅印发《关于加强贫困村驻村工作队选派管理工作的实施意见》（简称"《意见》"），按照《意见》中"一村一队、一队三人"的要求，每一个贫困村都要成立一个驻村工作队。为此，李彦彬又担任了宋家沟驻村工作队队员一职。这样，李彦彬在宋家沟就具有了双重身份。

眼前的李彦彬笑容温和、举止谦逊。对于我们的采访，一开始他谦让着说："我们驻村工作队中很多人来的时间比我早，待的时间比我长，你们应该先采访他们。"我们向他解释说，我们的调研是针对宋家沟的，这次主要是来采访村里的所有干部。他这才坐下来，开始配合我们的采访。

谈起宋家沟，李彦彬告诉我们，其实他早在驻村之前就已经来过这里不下 20 次了。见我们好奇，他解释说，他原是山西省总工会下属事业单位山西工人报社的一名记者，主要负责报道省内的一些重大活动。自 2010 年山西省总工会开始在岢岚县宋家沟乡进行定点扶贫，几乎每次领导来这里开展扶贫活动，都是由他随行做记录报道，写过很多关于宋家沟的文章。李彦彬边说边打开手机给我们看他之前写的相关报道，有《宋家沟"三变"记——山西省总工会扶贫工作纪实》《山西省总工会扶贫工作决策在一线》等。这些文章我们曾经在网上看到过，不想竟然就是出自眼前这位年轻人之手。

自 2010 年至今，在中共山西省委、省政府的正确领导下，在山西省总工会的倾力帮扶下，在地方政府和村民们的共同努力下，一幢幢农家小院依势而建，学校、卫生院、文化广场、公共澡堂、老年食堂等公共服务设施一应俱全，马铃薯主粮化、沙棘深加工等实体产业茁壮发展，土鸡养殖、农家乐等新办产业逐渐兴起……李彦彬目睹了宋家沟的变化发展，用文字记录下了党政机关在这里开展扶贫工作的点点滴滴。令他没有想到的是，自己与宋家沟的缘分不止于此。2017 年他又成为宋家沟乡的党委副书记兼驻宋家沟工作队队员。如今他在这里日夜耕耘，与这里的老百姓早已熟络，成了一家人，切实从一名见证者变身为宋家沟建设的参与者。李彦彬表示他会好好珍惜生命中的这一机缘，利用这次下乡驻村的机会，尽自己所能为宋家沟服务，为这里的百姓谋福利。

谈起自己为何会选择下乡驻村，李彦彬说，当时他正在外地采访，突然单位领导打来电话，说单位需要派驻一名干部下乡挂职，觉得他的条件比较合适，希望他能去，李彦彬啥都没有考虑便答应了。据我们了解，因为选派的干部要充实到乡镇（站所）相应岗位，尤其是省直单位选派的干部必须全部分配到贫困县乡镇，所以当时城里的一些干部是不愿意离开熟悉的工作岗位和生活环境去下乡驻村的。从下乡挂职到后来的驻村帮扶，看得出来，李彦彬作为一名党员干部，在面对上级交代的工作任务时，能做到坦然接受，不挑肥拣瘦，这不正是新时代所提倡的"螺丝钉"精神吗？

调研组成员与李彦彬交谈

谈到下乡驻村工作，李彦彬感觉和原来的工作性质差异很大。之前在单位虽然也要经常外出采访、加班赶稿子，但是更多的时间是在办公室，工作模式比较固定。来到宋家沟乡后，给他分配的主要任务就是脱贫。如今脱贫工作到了攻坚阶段，更是时间紧、任务重。李彦彬说，自打2017年10月到宋家沟任职后，一直到2018年7月，基本上是白天处理事务性工作，晚上开会，每次都是从晚上9点开到半夜十一二点才结束，每周开三次。为做到精准识别、精准扶贫、精准脱贫，他和村干部们要对照 13 项指标，一户一户摸底；为完成一户一档资料整理，他多次和乡、村干部一道加班至深夜。有些群众对自己没评上贫困户不理解，他还要向群众详细讲解政策规定。村里老人多、文化水平偏低，理解起来有困难，讲一遍不行，就两遍、三遍……一遍一遍地讲，几乎要磨破嘴皮子了。宋家沟虽然在 2017 年已经完成全村脱贫，但还要进行脱贫巩固，对已经脱了贫的村民也不能放松，还要继续关注。贫困人口信息也在不断地进行动态调整，如 2018 年全村有两户人家因为遭遇意外被增补为新的贫困户。

李彦彬说，刚来时他对这里的工作环境、工作内容、工作方式、工作对象都不太熟悉，都得从头学习。原来是天天对着电脑工作，现在是天天与老百姓打交道。接触的人和事多了，逐渐积累了丰富的实践经验。他深深感到下乡挂职是年轻人成长道路上难得的重要一环，应该十分珍惜，不敢懈怠。

驻村干部李彦彬、杨涛与村民交谈

工作中的困难可以慢慢克服，李彦彬的压力更主要来自家庭。来到距家200公里外的宋家沟，自然不能像从前一样天天回家，家里的事也就照顾不上了。李彦彬说："女儿还在上幼儿园，妻子也有自己的工作，双方父母都不是太原的，只能轮流从老家到太原帮忙照看，他们这么做就是为了让我在这边能够安心工作。"都说家是男人在外打拼的后方阵地，家人对自己工作的大力支持和默默付出，让李彦彬感到既幸福又愧疚。

万名干部下乡挂职是山西省委、省政府为推动扶贫工作、振兴乡村经济实施的一项重大举措。基层干部离群众最近，群众对党如何评价，首先看基层干部怎样工作。基础不牢，地动山摇。农村地区一直是我国发展的薄弱环节，是人才资源缺乏地区。俗话说"一人之力不足道，众人之力常有余"，万名干部下乡驻村就是要选派党员干部队伍中的精兵强将，走进农村、走进贫困地区，将党的大政方针、惠民政策带给群众，带领村民想办法、谋出路，实现脱贫致富，全面建成小康社会。与此同时，作为党的好干部，纸上谈兵不行，脱离群众更不行。干部下乡政策为长期坐在办公室的干部们提供了一个施展才华、实践锻炼的好机会，让党员干部在拥抱百姓、走进黄土地时，能充分体会到农民的质朴，也让自己的灵魂接受一次圣洁的洗礼。

丁玲先生在《太阳照在桑干河上》中讲述了土改中工作组对农村改革发展做出的贡献。如今全省扶贫攻坚战场上，万名下乡挂职的干部为农村地区带来了蓬勃朝气和昂扬士气。他们入户走访时的每一声问候、每一个微笑、每一次握手，都使老百姓如同沐浴在春风中。慰问困难户时送上的米面油、发放的过冬煤、拍摄的"全家福"，都如同一股股暖流流入了老百姓心中。助患病村民渡难关、帮贫寒学生圆梦想……人间大爱，莫过于此，点点滴滴映射出的都是扶贫队员浓浓的为民情怀。

扶贫队员这些细致入微、暖人心肠的举动，让温暖的太阳再一次普照在三晋大地的农家小院里……

临近退休还全心全意奋战在脱贫攻坚一线的驻村干部张秋兰

张秋兰

张秋兰今年54岁，衣着朴素大方，脸上略显沧桑。我们在村委会采访别的村干部时，她大都在忙着端茶倒水，招呼大家，闲了就坐在一旁，随时准备再为大家服务。一开始我们并不知道她的身份，直到采访完别人，和她聊天儿时才发现原来她也是一名驻村干部。山西省总工会驻宋家沟的工作队共有三人，她是其中之一。按照村干部的采访计划，我们开始了对她的专访。

张秋兰和第一书记杨涛一样，都是来自山西省总工会工人疗养院。

她说自己来得晚些，2018年5月才到宋家沟，算起来还不满半年。张秋兰说话时声音柔柔的、语速慢慢的，眼神中充满了恳切。

我们问她怎么想到来宋家沟驻村的，她说自己刚开始也没有这个想法，这要感谢原单位山西省总工会。当时上级发文要求各单位选派干部充实驻村帮扶队伍，山西省总工会要选派一名干部下乡驻村。单位大多数人不愿意去，领导就找到了她，征求她的意见。刚开始她非常犹豫，回家跟爱人和孩子们商量后，没想到他们都不反对，这样她才报了名。

张秋兰很珍惜这次机会，她说宋家沟天蓝水净，每天呼吸着新鲜空气，身心特别轻松。听得出来她对农村充满了热爱，她讲农村的风光时，一副沉醉其中的样子，让我们感觉她就是土生土长的宋家沟人，完全不像长期生活在城市里的人。

张秋兰说自己来得晚，主要工作职责就是配合第一书记。用她的话讲："第一书记让我干什么，我就干什么。"在介绍自己的工作内容时，张秋兰一直强调，驻村工作队是一个团队，要有团队意识。听得出来，张秋兰给自己的角色定位就是团队中的协作配合者。

问到做了哪些具体工作时，张秋兰有些不好意思地说，自己并没有做多少实际工作，事务性的工作也都是跟着做。她最常做的就是和村民们聊天儿，听听他们的烦心事，帮他们疏导情绪。用她自己的话说，就是从精神上开导百姓，给百姓宽心，传递正能量。说到这儿，她还专门举了个例子。村里有个妇女，非常可怜，手有残疾。因为这个缺陷，她十分自卑，再加上女儿离婚后又带着两个孩子过来和她住，她的生活压力很大。前段时间她丈夫也住院了，生活的重担一下子都压在了她一个人身上。张秋兰发现这名妇女时常情绪低落，不稳定，与人聊天儿时说着说着就会情不自禁地哭起来，便常常找她谈心，鼓励她正视自己的缺陷，劝导她该做什么就做什么，到点该做饭就做饭，该看孩子就看孩子，该照料家里就照料家里，有意识地去分散精力，不要老想那些不开心的事。

张秋兰的话十分质朴，没有华丽的辞藻，也不会讲高深的道理，但对老百姓来说，这几句宽心妥帖的话语犹如冬日的暖阳一样照进人的心里，让人顿感周身温暖。

张秋兰就像村里的知心大姐一般，待人真诚友善，处处为他人着想。她说自己以前在单位也是那种默默无闻的小角色，从不与同事发生争执。有时候她的好心在别人看来是多管闲事，但她也少有解释，从不后悔，仍保持着自己的做人本色。她的善良、体贴，从她与人说话时的神态中便能清楚地感觉到。

张秋兰说她很爱农村，也喜欢和村里人打交道，看着村民们过得开心，生活比以前好了，她非常高兴。村西头有个人腿脚不好，她便告诉他每天在健身器材上磨小腿能起作用，坚持了一段时间后，那人的腿脚比以前利索多了，张秋兰打心眼儿里替他高兴。

张秋兰说刚开始驻村时有些不习惯，主要是放不下家里人。好在爱人对她下乡驻村十分支持，双胞胎儿子也非常懂事，让她安心工作，慢慢地她才放下心来。

说到双胞胎儿子，张秋兰眼中闪着光，有些动容。我们附和着说道："养两个儿子，很不容易吧。"不承想这一问打开了她的话匣子，张秋兰跟我们诉说起照料孩子的艰辛来。她说年轻时因为丈夫常年在外，她一个人拉扯着两个孩子，除了照顾孩子的日常饮食起居，还要做家务、上班，自己从没吃过一口热饭。越忙乱的生活越容易出岔子。她记忆最深的一件事是两个孩子上小学时，老大一不小心将上课做道具用的铁钉吞到肚子里去了。得到消息后，她急忙带着孩子去了医院，医生看后建议观察一周，如果不能自行排出就要动手术。当时无助的张秋兰自责、内疼、恐慌、害怕，不知偷偷掉了多少眼泪。她每天抱着孩子，哄他吃整段整段的菠菜，仔细观察孩子的大便。那一个礼拜对她来说犹如一个世纪般漫长，幸亏在一个星期后，孩子排出了铁钉，这才让她悬着的心终于放下来了。

时隔这么久，说起这件事，张秋兰依然十分自责，让我们感受到母爱的无私与伟大。她有些哽咽地说，一个孩子生病了，她不得不拖着两个孩子去看病，一个人又要挂号，又要排队，还得照看两个孩子，真是连厕所都不敢上。看着病房里的其他孩子都是父母陪伴着，张秋兰深感一个人的孤独与无助，说到这里她已泣不成声……

外表柔弱的张秋兰就这样把两个孩子拉扯大。孩子的成长过程，也是张秋兰自己的成长过程。现在的她淡然、随和，面对一切事情都能坦然接受。她说生活磨炼了自己，让她学会了调节情绪。以前遇到不顺心的事她就去看书，从中懂得了很多道理，慢慢地她也从艰难困苦中走了出来。如今，两个儿子都已长大，也不像以前那样顽皮了，还懂得互相照顾，这让她安心了不少。

家庭没有了后顾之忧，我们问她工作中有什么困难吗？张秋兰摇摇头说，也没什么太大的困难，就是有时会遇到一些不太好处理的事情。她说前几天山西省总工会在村里评比卫生标兵，有一位老太太没评上，不依不饶的，质问村干部为什么没有评上她家，边质问边去抢夺奖品，抢着抢着不知怎么就躺到地上了。张秋兰赶忙告诉村民先别动她，一边继续同老太太讲道理，一边打发人把她老头子叫过来。紧接着，张秋兰把剩余的一些奖品交给老太太并安慰说，没关系，以后还会评比的。最后，见老太太身体没出什么事，拿着东西走了，张秋兰才长长地松了口气。

所有这些麻烦事对张秋兰来说都不算什么，她觉得只要扑下身子是为了百姓，这本经迟早会念通。最重要的是，几个月的驻村经历使她的工作能力得到了很大的提升，做事情比以前更有耐心了。自己能被村民需要，这让她感到很快乐，这也是她最有成就感的地方。

在驻村干部中，张秋兰算是年纪较大的，但她并没有倚老卖老。工作中她讲团结顾大局，服从安排，主动作为，竭尽所能；生活中她犹如大姐般地照顾着、关心着驻村团队中的每一个人。对她来说，这段驻村经历可能不会给即将退休的她带来提拔或者更好的发展机会，但她却依然无怨无悔地投身到这项事业中。她的这种不存半分私心甘于奉献的精神让人由衷地钦佩，让我们一起为张秋兰这样奋斗在全省脱贫攻坚一线的驻村干部们点赞！

村里的外出打拼者

中国人喜欢定居，有比较强烈的家乡意识。有文字记载的历史显示，历朝历代都制定有各种法律和政策限制人口自由迁徙，将农民与土地紧紧地绑在一起，"安居乐业"也就成为朝廷和民众共同的追求。历史上大规模的人口迁徙一般是基于三种原因：一是由于内乱或外患导致人口为躲避战乱而离家逃亡，如西晋末年的"永嘉之乱"和唐代的"安史之乱"都迫使当时中国北方的人口大规模南迁；二是改朝换代之后政府调整人口分布的行动，最典型的莫过于明朝初年，当时大约山西人口的一半在朱明王朝的强制移民下迁徙到现在的山东、河南、河北、安徽、江苏等因战争和瘟疫人口大量减少的地区；三是因为人口增长而造成人多地少，一部分人为了能有一个更好的生活而向开发不足地区迁徙，如清末民初山东、河北、河南人的"闯关东"，以及山西人的"走西口"。

自20世纪80年代开始，中国有史以来规模最大、持续时间最长的人口大迁徙一直在发生着，大量农村人口不断由农村迁移到城市，彻底改变了中国的人口版图，中国由一个以农村居住人口为主的国家变成了一个以城市居住人口为主的国家。

这次人口迁徙不同于以往任何一次，虽然有比较严格的户籍管理，也有各种各样的外来人口管理办法，但大量的农村人，特别是青壮年，为了追求更加美好的生活从而离开了生养他们的家乡。1949年，中国有将近90%的人生活在乡村。1978年，中国的城镇化率还不到20%。然而据国家统计局公布的数据显示，截至2017年年初，中国的城镇化率已经平均为57.35%。

宋家沟也不例外，每年都有人外出打拼谋生，追求更好的生活。他们中有些人已经离家多年，在城市里也已安家置业，现在很少回村里居住，虽然他们的户籍仍然在宋家沟，但宋家沟已经成为他们的故乡；还有一些人过着候鸟一样的生活，每年年末返回家乡与亲人团聚，春节过后即外出打工，他们的家还在宋家沟，宋家沟依然是他们的家乡；另外一些人则不固定于宋家沟和外地，家里有事则在家，外边有钱赚就外出，一年四季家里和外边来回跑，两边都要兼顾。

现在农村人在城里的谋生方式，大多数仍然是打零工或被工厂企业临时聘用，也有些人做起了小买卖，或变成城市白领，还有些人自己开店做老板让城里人为他们打工……

调研组将焦点对准村里的外出打拼者，兵分三路分别走访了在岢岚、长治、太原地区工作的部分宋家沟人，将以他们为代表向大家讲述一个个在外打拼者的故事。

事业小有所成的杨建军

在忻州市区打拼的杨建军原本不在我们计划采访的名单中，因联系其他人时遇到一些困难，便先试着联系他。那天一早我们给杨建军打电话说明情况后，他爽快地答应了。

太原距忻州约一小时的车程，我们便驱车来到事先约定好的见面地点东方家园，这是忻州市比较高端的建材家居市场。几分钟后，一辆别克轿车驶入停车场。汽车停定后，从车上下来一位打扮时尚的年轻人。留着当下流行的莫西干发型，上身穿着 Burberry 的经典格子衬衣，外搭黑色皮衣，下身是一条笔挺的黑色修身裤，拿着一个黑色手包。男子径直朝"东方家园"商场走去，我们琢磨着他不会就是我们要找的杨建军吧。

杨建军

正猜测着，杨建军打来电话问我们在哪儿，我们才确定刚进去的那位年轻人正是杨建军，于是赶忙迎了过去。

杨建军与我们边走边聊，再一次询问我们的来意后，不好意思地笑着说："我没什么可采访的啦"，说着把我们领到了一家卫浴店。杨建军说这是他开的店，专营法恩莎卫浴，店面装修得简约时尚、通透明亮，如同店老板杨建军一样，简约又不失考究。店里正有客人光顾，杨建军说："要不去我办公室吧，这里总有客人，我们说话不太方便。"我们点头表示同意。

杨建军说办公室离"东方家园"不远，让我们坐他的车一起去。杨建军对忻州市非常熟悉，用他的话说，忻州市区不大，想去哪儿开车一会儿就到了。

杨建军开办的卫浴店

我们拐了几个弯儿便到了。这是一个二层店面，墙上"老酒馆"的牌匾很是醒目，乍一看让人以为是一家饭店，再细细一看，左边的墙上写着"茶香万里，酒香天下"的字样，才明白原来这是一个供人们品茶论酒的地方。

店面一层有几排定制的木制陈列柜，上面有很多小格子，摆放着各种品牌的白酒，其中不少酒已经有些年头了。杨建军带着我们来到二层，这里的陈列柜里摆着一些茶具，几盆绿植摆放其间，颇有些生活情趣。

杨建军请我们到二层大厅靠里的木制茶桌旁坐下，自己摆开了茶道，动作娴熟而流畅，没想到他对中国茶艺还有所研究，这让我们看到他时尚外表下的另一面。

我们一边品茶，一边开始了对他的访谈。杨建军今年36岁，父亲叫杨耀明，66岁，是宋家沟国有林场的退休职工。母亲叫杨瑞香，58岁，是一名农村家庭妇女。杨建军曾将老两口儿接到城里住过一段时间，但他们不太习惯，现在还是一直生活在宋家沟，种种地，遛遛弯儿。杨建军有一个比他大一岁的姐姐，早已出嫁；还有一个弟弟，24岁，也在忻州打工。

杨建军经营的"老酒馆"

杨建军说自己初中没毕业就出来打工了，那会儿也就17岁。从小待在村子里的他一心想去大城市看看，所以先是去了上海、大连，主要是在餐厅打工。干了几年，父母觉得他年龄太小，而且离家远，不放心，便喊他回来。大概是2003年或2004年，他回到了太原。

到太原后，杨建军继续干了一阵子餐饮，后来又转行到建材领域。凭借着一股韧劲儿和闯劲儿，杨建军在打工期间积累了不少人脉资源。爱琢磨的杨建军通过几年建材市场的摸爬滚打，熟知了这行的门道。2009年他开了忻州市第一家法恩莎卫浴店，并且拿下了忻州市总代理。

我们问他开店投资了多少，杨建军说，他开第一家店时投资了80万元。80万元，对于普通人来说是个不小的数字，看来前几年的积累对于他来说不仅仅是人脉资源，还有人生的第一桶金。我们不禁佩服起眼前的年轻人来。

杨建军向我们介绍到，做市级代理主要靠走量提成。前期工作捋顺，有了稳定的客户群，后面就不需要操太多心了。在第一家店运营管理成熟后，他又投资了40万元开了第二家卫浴店。这个老酒馆是2017年开的，主要是为了方便自己谈生意或和好友聚会，基本不靠这个赚钱。

说到这儿，他不好意思地说，自己没文化，但喜欢和文化人交朋友，聊聊天儿，喝喝茶，听听他们的想法，能提升自己的文化素养。他最后悔自己小时候不听父母的话，没好好读书，以至于自己的文化知识太欠缺，现在他会时不时地参加一些培训，提高自己的能力和水平。这也是他现在对正上小学的儿子严格管教的原因。

说起儿子，我们顺便问起了他的家庭情况。杨建军的媳妇儿田俊英和他同岁，俩人是小学同学，从小青梅竹马，于2007年结婚。田俊英和他结婚后，便一直帮着他招呼生意。

我们问起他三个店现在的营业状况，他说最近不太好做。前几年行情好时，每年大概能有100万元的销售收入。随着网络的发展，建材价格趋于透明，收入大不如前，现在一年差不多有五六十万的销量。除去十几个员工的工资、店面租金、各项杂费外，剩下的利润并不多。他打算再拓展一些与建材相关的业务。

我们问他生意做大了，有没有想过回报家乡，杨建军肯定地说："当然想啊，但是现在自己能力还没那么大，只能帮些小忙，比如自己的工程需要人干活儿了，就招呼老乡过来做，能带动一些是一些吧。"我们问杨建军对带动家乡发展有什么具体想法，他说现在时机不太成熟，还在思考。

杨建军说，他常回宋家沟看望父母，前几个月秋收时节，他还回去刨了两天土豆，感觉村里比以前建设得好多了。杨建军劝过父母搬来和他同住，这样可以方便照应他们，但父母不愿意住在城里，也不想给孩子们添麻烦。2017年父亲头晕不适，他通过半个月的说服，父亲才同意随他到太原做检查。

杨建军说父母不愿意，他也不再强求，再说忻州离家近，回去很方便。他说，当初年纪小，想往外跑，年龄越大，却越来越觉得应该待在父母身边。从语气中听得出来，杨建军对父母很孝顺，作为大儿子，主动承担起照顾父母的责任。

访谈结束，已经中午了，杨建军提出要请我们吃午饭，我们笑着婉谢了。与他告别后，我们踏上了返程的路。

短短的交流中，我们发现，杨建军不只外表讲究时尚，身上还有诸多的闪光点。他爱打拼，肯动脑筋，靠着自己的努力和对商机的把握，硬是闯出了一片天，但他并没有就此止步，用他的话说："我们属鸡，刨一爪子，才有一口吃的，不能停哟……"

从一人来到陌生城市独自打拼，到在城里站稳脚跟、对所处行业摸清门道；从卖力气打工，到自己当老板、做代理。从杨建军的故事中，我们能感到他身上那种不畏困难的干劲儿与闯劲儿。生命不息，奋斗不止。无论是城里人还是村里人，这都是亘古不变的道理。

向往城市生活但不忍远走的李东生

早些年尤其是20世纪八九十年代，农村外出进城人员由于文化程度较低、不懂技术，他们中的大部分人在城市里从事着建筑工、清洁工等底层工作，工作环境差且收入不稳定，本篇主人公李东生就是其中之一。

李东生

李东生，男，44岁，宋家沟人，现在岢岚县城打工，这是宋家沟村委会提供给我们的信息。李东生原本不在我们的采访计划中，因联系其他打工者时遇到变化，我们临时拨通了他的电话。采访当天是周三工作日，时间又在下午两点，大多数人可能正在午睡或者上班，我们原本也是抱着试试看的心态同他联络的。电话接通后，李东生爽快地答应了我们的采访，并约我们到他家里见面，没想到会这么顺利，这让调研组人员喜出望外。

李东生居住的广惠园小区在县城西侧，是一个占地700多亩可以容纳2万人的移民集中安置和经济适用房小区。我们由此猜想难道李东生家是移民搬迁户吗？带着疑问我们来到了李东生所住的广惠园三期，一排排灰底白墙的6层小楼坐北朝南整齐地排列着，公共区域打扫得十分干净，每栋楼的楼底还设置了机动车和非机动车位，间隔几栋楼就有一处安装着健身器材的公共场所，小区内还建有一所幼儿园，离小区没多远就是岢岚中学新校区。可以说，无论是地理位置还是配套设施，广惠园小区都算是不错的。

到达李东生所在的单元楼楼下时，他正站在自家阳台上向楼下眺望，看见我们从车上下来，忙向大家招手打招呼。李东生住在顶层6楼，一口气爬上去有点儿气喘，到楼上时李东生早已打开房门迎接我们。

眼前的李东生个子不高，平头短发国字脸，皮肤比较白净，身穿白色条纹立领羊毛衫和深蓝色牛仔裤，给人感觉十分干净舒服。

李东生将我们请进家里。一进屋，我们不由地被家里的装修布置吸引了。两室一厅90平方米的房子，面积虽不大但南北通透，阳光充足，再加上浅色系壁纸、地砖和家具，不仅增加了室内空间感，而且令人感觉温馨、明亮。客厅、阳台、餐厅摆放的绿色盆栽，为屋内增添了不少生机。阳台上一套白色藤制座椅，想必闲时坐在这里沐浴阳光、品茶看报、打发时光，也是一件十分惬意的事情。主卧是李东生夫妻的房间，一张欧式双人床占据了房内大部分空间，靠墙是一排同样风格的白色定制衣柜；次卧里除了一张高低床，还摆放着一张写字台，显然是孩子居住。

参观完毕后，李东生请我们在客厅沙发上坐下，为大家倒上茶水后，自己则站在一旁。调研组的一位同事夸赞道："你家房子装得不错啊，感觉比我家还好呢，找人设计的吗？"李东生憨厚地笑了笑，回答："都是自己想个什么样就装个什么样，没有请人设计。"我们又问了他一些关于房子的情况。李东生告诉我们，这套房子是他2016年花12万元从别人手中买的安置房，后来又花了七八万元装修。在买这套房前，李东生一家人一直在县城租房住，每月房租150元。2016年宋家沟进行旧村改造，按照当时每平方米200元的补偿标准，他家100平方米左右的房子共获得21000元补偿款。李东生用这笔钱，再加上他这些年打工攒下的积蓄付了房款。后来装修时他向亲戚借了 70000 元，又向银行贷款 10000 元，这才算把房子收拾妥帖，搬进了新家。现在这 80000 元欠款仍没还上。

李东生家的厨房

　　李东生与妻子摄彩萍都是宋家沟人，他们有两个女儿。大女儿李婷 19 岁，在岢岚中学读高中，今年刚参加完高考，考了 470 分，班级排名第二，但可惜离文科二本分数线差 1 分，最后被省内的一所独立学院山西大学商务学院录取。8 月份家里收到了学校寄来的录取通知书，原本是件高兴的事，却让李东生发了愁。原来，学校每年学费 18000 元，再加上住宿费、生活费，本科 4 年至少要花费十几万元，这对于李东生来说，又是一套房子了！李东生感叹道："为买现在这套房子我向亲戚朋友借了个遍，欠了一屁股债，家里已经亏空了，再拿不出十几万元了。"李东生说，他也去县工商银行打听过大学生助学贷款的事情，但是银行工作人员告诉他，每生每年最多能贷款 8000 元，并不是李东生所想的学费多少就可以贷多少。无奈之下，家人商量后决定让女儿复读一年，现在李婷已经去朔州二中报到了。复读一年学费4000元，每月食宿费500元。二女儿李雯今年13岁，在岢岚二中读初一。我们采访时，妻子摄彩萍刚出门送二女儿上学去了。听李东生说，从他们家到学校骑电动车需要20多分钟，女儿上学和放学都是由妻子负责接送。

看李东生的穿着打扮和家里的装修情况，我们没想到他家竟如此困难。李东生说，妻子是个家庭妇女，没有工作，家里就只靠他一个人打工挣钱。我们问他具体打什么工，李东生说，自己16岁初中毕业后就跟着父亲在工地打工，如今他和两个哥哥依然以此为生。由于没有技术，李东生在工地上干的都是些抹墙、搅灰之类的力气活儿。我们问他通过什么渠道找活儿，有没有跟着哪个工程队，李东生说，没有工程队，我们做的都是些小活儿，看谁家需要盖房、垒个院墙啥的，一般三五天就干完了，两个哥哥有活儿时就叫上自己。因为对的是个人，所以也不存在拖欠工资的情况。工程不一样，工资也不同。一般是一天130到150元，平均一个月能挣3000到4000元。

按理说这样的月收入在县城也算可以，但李东生说，岢岚气候寒冷，到了10月份所有工地就会停工，一直到来年5月份才能开工。采访时正值10月上旬，李东生已经没有活儿干了，天天在家待着。这样一算，李东生每年只能工作5个月左右，年收入不到20000元。这样的收入要维持一家人吃喝，还要缴纳小区每年物业费600元、6个月的暖气费1800元等日常必要开支，剩下的钱供两个孩子读个普通学校都有些捉襟见肘，更何况是高出一般院校收费标准的独立学院。

听着李东生介绍自家情况，我们不禁替他着急起来，也替他的大女儿感到惋惜，于是给他出主意，工地上停工这段时间，可以再找点儿别的活儿干啊。李东生说："周边连个像样的大企业都没有，再说我年纪大了，又没什么技术，还能干什么呢？我之前还跑过车，刚开始那两年一个月能挣3000元，但后来干的人渐渐多了，再加上城里的私家车、公交车也多起来，客人越来越少，挣不下多少钱，便不干了。"我们又说："那你可以出去打工啊，外面企业多，机会多。"李东生说："我是家中老小，父母40多岁才有的我，我同他们待的时间最久，也一直是我负责照料他们。如今父亲86岁，母亲85岁，哥哥姐姐们都离开宋家沟了，只有二老还在村里住着，我若跑远了家里有什么事没人照应。"

听李东生这样讲，我们一时也想不到有什么更好的办法可以帮助解决他家的困难了。只希望他的大女儿明年高考能取得好成绩，别再因为交不起学费而放弃上大学的机会。

李东生应算是20世纪80年代兴起的"民工潮"中的一员，他们带着希望来到城市，但由于没学历、没技术、没资本，干的都是些简单的力气活儿，挣的不多还要承担城里较高的房租、养家等各项支出。他们打工的时间虽不短但攒下的积蓄却不多，连买套房子、安个家都有些困难。他们没交过医保、没有养老保险，由于常年不在农村，村里的一些福利可能也享受不到。眼看着人到中年，体力渐衰，能够从事的工作越来越少，承担的家庭负担却越来越重。在城里人看来，他们是外来者、农民工；回到村里，他们还顶着在城里上班、在城里发展的光环，但其中的艰辛只有自己能够体会。李东生所面临的困境，是很多中年打工者面临的共同难题。

即便如此，李东生还是不愿意像他父亲那样做一个城市过客，即使生活很困难，他也从没想过要回宋家沟生活。

城市文化的耳濡目染不断消减着他们对家乡存有的情感认同和社会记忆，常年外出的经历让他们深刻体会到城乡之间的巨大差异，城市中更多的发展机遇、更好的生存环境是他们留在城市的主要原因。对他们而言，城市意味着一种新的生活方式，意味着会有不一样的前途和命运。

他们已经适应了城市的生活，并希望通过自己的辛苦努力，能在城市落脚扎根，成为名副其实的城里人。同时，他们的下一代也会因生长环境的改变，比村里的孩子有更高的生活品质和更丰富的生活体验，能享受到各种优质资源，长大后能够在更为广阔的平台和空间中施展自己的才华。

我们建议政府部门在推进新型城镇化建设过程中，应该注意大中小城市和小城镇间的合理分布、协调发展。把加快发展中小城市作为优化城镇规模结构的主攻方向，将有条件的县城和重点乡镇发展成为中小城市，积极引导大城市主城区的产业、人口向周边中小城市和小城镇疏散转移。鼓励引导产业项目在资源环境承载力强、发展潜力大的中小城市布局，引导优质教育和医疗等公共服务资源配置在中小城市。以县（市、区）为单位，统筹设施建设和人员安排，把社会事业发展重点放在农村和接纳农业转移人口较多的城镇，补齐农村和特大乡镇基本公共服务短板，提升县城和重点乡镇的基础设施水平，增强中小城市和小城镇的人口经济聚集能力。让李东生这样向往城市生活但又不忍远走的人，既能在小城镇安家过上城里的生活，得到更多的发展机会，又能兼顾在村里居住的父母。

齐心赚钱还债的邱志强一家

对宋家沟外出打拼者的采访工作，相比其他群体，推进的并不那么顺利。因为他们居住地分散，再加上多在外打工，受雇于人，有工作方面的限制，所以不好联络。邱志强是原定采访对象中最后联络到的一位，一直没能与他本人面谈，现在得到的相关信息是调研组人员电话夜访获得的，之后为了补照片，调研组又专程去过他家一次，从傍晚时分一直等到深夜11点多，邸志强还没下班，怕影响家里老人、孩子休息，我们只好起身告辞。邸志强本人的照片，最终还是他自己通过手机传给我们的。

那天早上同邸志强联系时，他说自己正在外面做工，还要跑几个地方，约莫晚上9点以后才能收工，我们约定等他晚上下班后再过去。但到了晚上再与他联系时，他却为难地说，不方便见面，有什么事就在电话里问吧。我们只好先电话采访，想着联络熟了，再同他见面。

邸志强

邸志强今年35岁，是两个孩子的父亲，大女儿6岁，小女儿2岁。媳妇儿叫高丽，今年31岁，目前没有工作。父亲邸福堂，今年58岁，母亲曹秀萍，今年55岁，父母现在都跟着他一起住在太原市。邸志强有一个姐姐和一个弟弟，姐姐今年36岁，已经成家，弟弟刚刚23岁，现在在江苏打工。

邸志强初中没毕业就出来打工了，那时他才十几岁。他干过不少活儿，比如在工地上拉水泥、给饭店拉水等，他说自己干活儿最多的地方就是饭店。17岁时，他去长治学厨师，从洗碗工开始，一干就是八九年。后来又回到岢岚县继续在饭店打工，待了一年多，感觉也没什么前途，辗转又到了太原。到太原后，他还是从饭店干起，刚开始是给别人打工，2016年开了个小饭店，想着自己做些买卖，光景也许会好些，谁知干了没多久，生意也不好，便关门了。后来与邸志强的父亲见面后，提及儿子开饭店的事，他说饭店干不好，主要是因为性价比高的房子不好找。人流量多、地段好的房子租金贵，人流量少的地段租金虽便宜但生意冷清。

邸志强现在干的是安玻璃的营生，已经好几个月了，说是老乡给介绍的。哪里有工程需要安装玻璃了，他就去哪里，经常到处跑，没有固定的地方。一个月大概能赚4000多元。电话里的邸志强叹了口气说："打工不好干，冬天冷得不行，夏天热得不行。"从他的语气中听得出来，邸志强没少受罪。

作为两个孩子的父亲，我们问他觉得负担重不重，他说："哪能不重啊，赚点儿苦力钱，就是为了孩子们。"邸志强的大女儿就在所租小区附近上幼儿园，一年学费大概10000元，小女儿还没上幼儿园。他说大人们节约一点儿，主要是把孩子们照料好。邸志强一家现在基本都靠他一个人赚钱，要负担房租、两个孩子的教育费、全家的生活费等，担子之重可想而知。

邸志强的媳妇儿同他结婚后在村里住过一段时间，后来觉得生活维持不下去了，便跟着他来到太原，主要是为了照顾两个孩子。

邸志强的父母现在和他住在一起，电话采访时只是简要询问了一些情况，后来去他家见到其父母后，我们又详细了解了一番。

邸志强的父亲邸福堂是宋家沟的村民，之前从没出过远门。三年前离开宋家沟外出打工，后来身体不行就不干了，到太原和老伴儿一起照看孙女。

邸志强的父母

邸福堂腰椎间盘突出的疾患十分严重，隔三岔五就会疼，疼得厉害时也舍不得去医院看，就靠吃去痛片缓解。他说以前上山种地，上上下下背东西全靠一副肩膀，现在背也驼了，腰也弯了。后来打工时，因为身体疼痛得太厉害，就不能接着干了。

邸志强的母亲身体也不好，有高血压、冠心病。刚出来时她也想寻份工作，给饭店洗过碗，但因为时常头晕，断断续续只干了一年就没再继续。

父母的身体都不好，却还要出来打工，我们问其中原因，邸福堂叹着气说："为了生活吧……还得还债。"

原来，2012年前后，邸志强的父母花10000元买了7只绵羊，从最开始的7只羊养起，经过慢慢繁育，4年后连大带小增加到50多只。原本想着靠养羊能卖点儿钱，贴补一下生活支出，可万万没想到，养了4年的羊，付出的辛苦不说，到最后50多只羊总共才卖了10000元。说到这儿，邸志强连连叹息。邸志强的父亲也说，那4年吃了不少苦，为了养羊，地里种的全是羊吃的玉米，自己硬是咬着牙撑了4年，但最后实在撑不下去了，无奈之下，才于2015年的冬天把这50多只羊一起卖了。

养羊没有赚到钱，还白搭了4年的辛苦，连我们也觉得惋惜。邸志强说，再加上自己结婚花了十几万，当时家里除了向亲戚朋友借钱外，还向信用社贷了款，就这样家里欠了不少债。为了还债，家里人都出来了，能打工的打工，不能打工的就在家里搭把手，感觉这也比在村里种几亩地强。

提到了种地，我们便问起邸志强家里的土地情况。他说现在早就不种了，除了退耕还林外，家里还剩下七八亩地，有的让亲戚种，有的已经租出去了，种地的那点儿钱根本养活不了这一大家子人。邸志强的父亲也说，单靠种地维持生活很难，也没别的本事，后悔自己年轻时没学过啥手艺，也后悔没早点儿出来干，老了连打工也没地方要了。

宋家沟现在建设得虽然很好，但邸志强说自己不会回去，因为"活不好"。短短三个字，让我们心里沉甸甸的，深感农村生活的无奈和农民种地的心酸。

邸志强干的活儿又苦又累，但挣的钱并不多。他每月4000多元的收入维持一家生活已属不易，更别说偿还债务了。他们一家在村里活不好，在城里也不好活。他们其实也是需要帮助的贫困人口。政府如果能够给类似于他们这样的家庭提供廉租房或其他一些资助的话，会大大缓解他们的生活压力，改善他们的生存状态。城市发展需要邸志强这样的人，他和全家固然可以返回宋家沟种地或做别的，还有可能成为需要救助的贫困户。他们留在城市虽然为社会做出的贡献有限，但不需要国家负担太多，而且他们所消耗的资源也很少。党和政府需要针对像邸志强一家这样的底层群众制定专门的优待和扶持政策。

为了孩子上学离乡的杨玉平夫妇

杨玉平和张玉珍夫妇

得知我们要采访宋家沟在外的打工人员，村委副主任、村妇女主任李爱岚向我们推荐了自己的初中同学——杨玉平和张玉珍夫妇。他们都是打小在宋家沟长大的，又是初中同学，如今俩人结婚已20余年，育有两个儿子。夫妇二人12年前离开宋家沟到岢岚县城发展，如今在县城做个体生意。

电话联系到张玉珍，得知她家的大致位置后，我们便开车一路探寻，终于在临街一排商铺中看到了"家家便利超市"的牌子。超市位于岢岚县城正阳路，一条20米长的街上就有4家便利店，其中有一家就是杨玉平夫妇开的。

进入超市，一间30平方米大小的屋子摆放着3排货架，一排靠南墙、一排靠北墙、一排放在屋子中间朝向门口。货架将屋子隔成东西两半,边上留有一条小过道通向内室。穿过过道,屋子另一半房间内放着一张单人床,一台台式电脑,还有一台麻将机。超市最里面墙上有一扇小门通向后面的院子,那是杨玉平夫妇和孩子们居住的地方,两间平房带一个小院,面积约150平方米。

参观完毕后,我们回到超市与杨玉平夫妇聊了起来。杨玉平今年45岁,忠厚老实、为人随和、中等个头、体形偏瘦。妻子张玉珍今年44岁,长得白净红润,梳着一个马尾辫,身材有些发福,给人感觉是个慢性子、好相处的人。他们说现在的房子是五六年前买的,当时花了34万元,后来俩人将外面这间屋子改造了一下,开起了超市。

超市外观

超市主要由张玉珍负责打理,杨玉平则自己买了辆小轿车,靠在外面跑车挣钱。我们问杨玉平都跑哪些地方,他回答说,长途、短途都跑,县城内、周边市县,再远一点儿的比如太原也去。我们问他怎么收费,他回答,城里一般5元,去太原的话600元一趟,都是市场价。我们问生意如何，杨玉平说他干了七八年了，每年能收入40000元左右，现在这辆用于跑车的桑塔纳轿车已是他买的第二辆车。正聊着，杨玉平的手机响了，今天有个客人约了他的车，催促他赶快过去。杨玉平便急忙与我们告别，去接客人了。

张玉珍接着说，跑车很辛苦，起早贪黑，经常是早上7点出门，挨到晚上10点后才回来，就是想多等等，多拉几个人。有时候客人半夜打来电话，也得马上爬起来出车，要是拒绝一次，下次人家可能就不用你的车了。干这营生的人多，能维护住老客户不容易。吃饭更是没有规律，没时间回家时，就在路边随便买点儿吃的。

我们问超市的生意如何，张玉珍说："前几年生意还可以，去年拆迁后就不行了。超市本是薄利多销、靠量挣钱的买卖，但是旧城改造时，周边的家户迁走了不少，买东西的顾客也少了，生意便不如以前。如今一个月就挣上千元钱，仅够个生活费。"

采访中，有个60多岁的妇女领着自己的孙子来买"好多鱼"零食，结账时张玉珍说："5元。"妇女说："别人家卖4元，你咋多要1元。"张玉珍只好按4元卖给她了。张玉珍无奈地说，都是这样，买个小东西还要和你搞搞价钱，这个进价是3.8元，若卖4元，一包只能挣2角，这种小商品基本都这样，利润很低。如今超市生意不好做，张玉珍便在儿子放假期间，让他帮忙看店，自己去外面打零工补贴家用。

问起当初是如何从农村来到县城的，张玉珍说，前几年杨玉平一直跟着别人在忻州市做电缆工程，前后干了有10年，也挣了些钱，那会儿张玉珍就留在村里种地照看家里。后来大儿子该升小学三年级了，村里的很多孩子都转到县城的学校去了，张玉珍与丈夫商量后便决定也让孩子去县城上学。杨玉平从忻州回来，俩人便带着孩子从村里搬到了县城。刚开始没有买房只能租房子住，三个人租了一间屋子，每月房租50元。

杨玉平之前在忻州做工程时考了驾驶证，到县城后便买了辆二手车开始跑车，张玉珍就在县城打些零工，卖卖小东西，或者打扫打扫卫生。这样打拼了四五年，攒了些钱，再加上杨玉平前几年在外打工挣的钱，凑了凑便买下了现在的这处院子。

如今大儿子已经 21 岁，在山西国际商务职业学院读大专一年级，每年学费 6000 元，每月生活费 1500 元；二儿子 18 岁，在岢岚职业中学读高二，一年学费 1000 多元，每星期回家张玉珍都要给他 300 元生活费。现在家里主要的开销就是两个孩子的学费和生活费，眼看着孩子们都长大了，张玉珍又开始愁着攒钱为他们买房娶媳妇儿。

杨玉平还有一个妹妹，已出嫁，也在县城买房子定居了。杨玉平的父亲多年前就去世了，宋家沟就只剩下 74 岁的老母亲，老人身体康健，自己尚能照顾自己，兄妹俩也时常回去看望。我们问张玉珍，现在孩子们都长大了，住校了，你们有没有考虑回宋家沟去？张玉珍说，也想过回去，现在村里面改造得挺好的，我家就在乡政府后面，院子还挺大的，但主要还是考虑村里没有企业，找不到工作，还是先不考虑回去。

为了孩子的教育，杨玉平夫妇从农村来到城里。为了生计，他们只能留在这里继续打拼，宋家沟像他们这样的人还有很多。在农村教育问题没有得到较好解决的情况下，为了让孩子能够享受到较为优质的教育资源，父母只能通过易地迁移外出打拼的方式全力保证孩子不输在起跑线上。这难免提高了农村地区青壮年人才流失的比率，也变相地加重了这类家庭的生活负担。

现如今，造成乡村凋敝的原因除了教育资源不均衡，还包括交通不便、饮水困难、产业缺乏等，归纳起来就是资源贫乏，城乡间资源发展不平衡、不充分。当地群众为了追求更加幸福的生活，不得不"人往高处走"，最后导致乡村空心化、老龄化现象越来越严重。整洁的村容固然令人赏心悦目，但留不住年轻人的村庄，注定是没有前途的。地方党政部门应该认识到，乡村振兴远不止乡村建设工程这一项内容，最重要的是要完善各种配套设施和激发发展的内生动力，切不可让乡村振兴唱"空城计"！

放弃稳定工作外出创业的饭店老板温永珍

温永珍

46岁的温永珍属于较早从宋家沟出来到岢岚县城打拼的一批人，经过十几年的发展，如今他已在岢岚县城安家立业、扎稳脚跟，属于宋家沟人在外地发展不错的，用他的话说，"幸福感比较强吧"。

温永珍性格开朗、热情好客，我们对他的采访非常顺利。第一次电话联系时，他就非常爽快地答应了我们的采访，并告诉我们他一般都待在饭店，可以随时过去。采访当日，我们一早从太原出发，到达岢岚县城已经是上午10点多了，拨通温永珍的电话，电话那头的他依旧十分配合、说话干脆，他告诉我们在地图上搜索永珍饭店，跟着导航就能找到。果然，在导航的指引下我们来到了位于岢岚县城居仁街上的永珍饭店。

一见面，温永珍就热情地招呼大家坐下，并吩咐服务员拿来水壶、茶杯，一一为大家斟上热茶。我们先在饭店内转了一圈，他家饭店在岢岚县城算是中等规模，有8个包间、2个散台，面积约150平方米。饭店内部没有进行太多装潢，属于一般饭店配置。饭店现在共有6位工作人员，温永珍是老板，妻子兰爱霞负责收银，此外还雇用了1个大厨、2个帮厨和1个服务员。我们翻看了一下菜单，上面有二三十种菜品，以当地特色菜肴为主，价格适中，一顿饭人均消费二三十元。听温永珍说，他这家饭店开了有10余年，积累了不少回头客，也有从网上看到找过来的外地游客。总的来说，生意还算不错，扣除房屋租金每年30000元，雇用人员工资、水电煤气等每月20000余元，一年下来能挣一二十万元。这样的收入在岢岚来说算是非常不错的。

我们都知道，饭店开起来容易，但要想长期坚持干下去，却十分不易，必须有特色和经营之道。永珍饭店开店10余年，能保持不错的业绩，一方面与其经营理念有关。温永珍说他家饭店的优势就是量大、实惠，在别处可能要花200元一桌的饭菜，他这里一百七八就可以了，久而久之，饭店的口碑就树立起来了。另一方面得益于温永珍勤劳、吃苦的品质。常言道勤劳致富，成功的背后离不开汗水与付出。温永珍说，一年365天，饭店要干354天，只有腊月二十六到正月初六这11天才放假休息。温永珍感叹道："开饭店太辛苦了，我不希望自己的儿子将来做生意，只盼着他们能够有份稳定的工作，当个公务员或者搞搞学术研究啥的。"

谈到下一步的打算，温永珍说现在的店铺是租别人的，有房租成本，面积也受限，2017年他花了100多万元在县城买了一个门面房，上下三层一共五六百平方米。不过现在那片区域还没有完全发展起来，人气不是很旺，所以他暂时还不打算将饭店搬到那里，也没有开始装修。等过两年热闹了、人气旺了，他再考虑把饭店迁过去，或者开成一个分店，扩大规模。

目前温永珍面临的困难主要有两点：一是资金短缺。温永珍在买门面房时向银行贷款10万元，另外还有40多万元的尾款必须2018年年底付清。而饭店资金回笼比较慢，因为当地人有赊账的习惯，不论是吃饭还是买东西，如果不赊账别人就不和你做买卖，所以他饭店有一半的客人都是平时先吃饭，年底再结账，周期长不说，每年还会有四五万元的坏账。另一个问题是招工难。温永珍说现在的年轻人家庭条件好了，对工作挑三拣四，愿意在饭店打工的不多。自己饭店的几名员工都是在这儿干了七八年的老员工，像家人一样。员工家都在岢岚县城，每天可以回家，只需要解决他们的一日三餐。

温永珍有两个儿子，他们夫妇十分重视孩子的教育，家里经济条件也允许，舍得在教育上投资。岢岚县城虽有高中，但他们还是选择将两个孩子送到教育质量更高的外地学校去读书。大儿子今年24岁，在复旦大学读研究生，高中就读于朔州二中；二儿子今年18岁，在忻州师范学院附属中学读高三，平均一个月回家一次。采访当日，妻子兰爱霞一早便坐大巴车去忻州市里了，主要是想跟老师了解一下二儿子在冲刺阶段的学习情况。

提起两个儿子，温永珍的话匣子一下子就打开了，尤其是他的大儿子。温永珍说："我的大儿子是学社会学的，他们也会做一些社会调查，就像你们这种。今年他刚从山西大学本科毕业，拿的是社会学和古汉语文学双学位，现在又被学校保送到复旦大学读社会学硕士，全国只有15

个保送名额，咱们山西省就这一个。"谈到此事，温永珍一脸的骄傲。在上海上学，各项支出自然要比山西高很多。温永珍说："儿子每年的研究生学费是2.2万元，再加上生活费、交通费，一年的费用至少要4万元。不过大儿子十分懂事，今年暑假就开始外出打工，去复旦大学后又跟着导师做课题，每个月有900元补助。儿子自己又申请了1.2万元的助学贷款，这样一来家里不至于一下子负担太重。"我们问他大儿子和家里联系的多吗，温永珍说："他在上海每星期都会与我和他妈妈视频聊天儿，说说自己在学校的情况。"随即打开手机，给我们看他大儿子的照片，照片里的小伙儿阳光帅气。

问及如何将儿子们培养得这么优秀，温永珍说："我们这一代没有条件上学，没什么文化，只能起早贪黑挣个辛苦钱。我就告诉儿子们，只有学习才有出路。你们只要愿意念，咱家就会一直供你们读。"未来他希望有一个儿子能留在身边，不过还是会以孩子们自己的意愿为主。

聊起当初是如何从村里出来打拼的，温永珍介绍到，他高中毕业后就接了父亲的班，在乡邮政局上班，每天就是骑着自行车送信，一个月收入300元，虽饿不死，但维持全家开销就有些吃力了。30岁那年，他决定放弃这种一成不变的生活，走出村庄。先是到原平一家饭店学了半年管理，后来回到岢岚县城开了永珍饭店，一干就是十几年。他早些年就把宋家沟的老房子卖了，在县城小区买了一套107平方米的房子。现在温永珍的几个兄弟姐妹都搬出了村子，只有父母故土难舍，还住在宋家沟。冬天到了，温永珍就会把老两口儿接到县城，住到他们有暖气的家里。

对于宋家沟，温永珍说，2017年乡政府曾找过他，希望他可以在村里开个饭店，但是他因为精力、能力有限，所以回绝了。温永珍肯定了宋家沟这两年的变化发展，但同时也认为，宋家沟后续发展还存在经济拉动力不足、店铺难以留住客人等问题。对于扶贫工作，温永珍的看法比较独特，他认为扶贫最重要的就是扶教育，教育不行，当地留不住学生就留不住家长，乡村未来就没有希望。但是他认为现在村里大多数人的教育观念还比较落后，只看重眼前的物质帮扶。温永珍能把扶贫与教育联系起来，可见他确实十分关注下一代的教育问题，教育理念也算是先村里人一步了。

采访结束时，温永珍非要留调研组人员吃饭，我们推辞不掉便说要付钱，但他无论如何不肯收。温永珍叫厨房准备了四五个拿手菜，味道确实不错，他也高兴地坐下来与我们边吃边聊。从他的言谈举止中，我们感觉温永珍相较于村民或者其他打工者，眼界更宽、思维更开放，人也健谈、善交际。

温永珍的饭店

温永珍代表着从农村出来经过多年打拼，在城市站稳脚跟、发展较好的一类，他们已经完全适应城里的生活环境，更能在城里获取较好的发展机会，基本上算是城里人了。他们能够看到农村的弊端却无力改变，但是他们的先进理念和眼界见识却在无形中影响着村里的亲戚朋友，他们在做事创业以及子女教育方面的成功经验也可以为村民们树立榜样，帮助村民们转变固有理念。从这方面来说，他们虽然脱离了农村，但对农村的发展还是有带动作用的。他们对于农村发展的促进作用，虽不可能一蹴而就，但从长远来看，也会潜移默化地产生不小的影响。

走出宋家沟，开创新天地——长治市"又见乡村"饭店老板李平

李平

李平经营的饭店名叫"又见乡村"，位于长治市潞州区景里街柏后小区西侧。我们调研小组一行四人到达时已是 10 月 17 日晚上 9 点左右。一下车，便看到一个颇有北方乡村情调的门面。店面有上下两层，下拱上方的镂空仿古木窗，窗与窗之间装饰着一串串大红灯笼，出檐门楼下挂着的印有凤穿牡丹图案的大红底色老粗布门帘甚是引人注意，帘上方

挂着一块黑底匾额，上面写着"又见乡村"四个鎏金大字，这便是饭店的名称。高处的霓虹灯框里闪烁着"乡村味道拓展店"几个湖蓝色的大字，十分醒目。掀帘而入，迎面看到一幅名家书法作品，上书"传下来的味道"，侧面写有"儿时的记忆，家乡的味道"两行小字。单从门面的这几处，便可窥见老板在为着力打造饭店的乡村特色上做足了功课。

　　走进店内，更能感受到十足的乡村味道。仿农村黄土墙做成的低矮照壁，内设一张张原木色长条形敦实桌凳，藤编的放衣篓子，镶着万字边的砖格纹样墙围与深浅穿插的青灰色地砖相呼应，服务员们穿着蓝底白花的对襟粗布工作衫，对面一溜儿开放式厨房，隔断的灯箱上贴着一道道饭菜图片，上面清楚地标示着饭菜的名称和价格，厨房内的师傅们正忙着炒菜做饭。

李平经营的"又见乡村"饭店

　　二楼以包间为主，每个包间都是拱形的镂空木门，门上贴着剪纸窗花儿，挂着和店面一样花色的粗布帘子，看上去颇有山西忻州老家的窑洞特色。包间的外墙上多处挂着条幅，上面写着长治地区许多农村的村名及其由来，包间内的主墙上还画着许多年画，看上去很是喜庆，很容易让人想起中国农家过年时的情景。

欣赏着饭店的装饰与布置，不禁被其浓郁的农家特色所吸引，我们竟忽略了要采访的主人。在他的热情招呼下，大家走进包间坐下，这才开始把注意力收回到这位中年男子身上，红蓝相间的格子衬衫外罩着一件蓝色西服，中等身材，圆头方脸，大眼阔耳，面色红润，体形微胖，看上去和善而富态。

他就是"又见乡村"的老板李平，宋家沟的外出打拼者之一，也是我们调研小组本次专程赶到长治访谈的对象之一。李平现年44岁，是宋家沟原住村民，初二时辍学，开始外出打工，以厨师学徒起家，现已在长治安家定居，自己做老板多年，业绩颇丰。

妻子冯和平，39岁，孝义人；女儿李园，19岁，就读于国家"211工程"重点建设院校湖南师范大学，学习舞蹈专业，今年大三；儿子李景洲，12岁，小学六年级。

父亲李修民，77岁，小学教师，现已退休；母亲梁林娥，74岁，农民。二老身体康健，在宋家沟老家经营着一个名为"乡里乡铺"的小店，间或给有需要的来往游客做点儿家常饭菜。2018年9月底在宋家沟调研时，我们见过二老，吃过他母亲亲手做的家常饭，很是可口。

家里有兄弟姊妹五个。大哥李建平，56岁，在广西防城港火锅店当厨师；二哥李润平，54岁，在岢岚县环保局上班；姐姐李翠平，51岁，家庭主妇；四哥李保平，46岁，在家务农。

李平边和我们聊天儿边找出今年夏天回老家时拍的全家福给我们看："这是我妈，这是我爸，这是我二嫂、三嫂，这是我老婆……"和善康健的爹妈、相亲相爱的兄弟妯娌，真是其乐融融的一家子。

李平最初的理想并不是做厨师，他不太喜欢干这个，而是想当兵或者做别的事。当年辍学回家后报名当兵没能走成，自己又年轻，不喜欢待在家里，再加上以前的宋家沟十分穷苦，挣钱的地儿不多，人们即便想待在家里打工挣钱，也只能在附近找个搬砖、和灰、盖房子这样的苦营生，一天不少出力却挣不了几个钱。17虚岁那年的大年初六刚过，他便问爸妈要了200元钱，外出打工去了。

一开始，他并没有什么大的想法，就想出来到城里混搭两天（混搭：岢岚方言，意为闯荡闯荡），找找机会。最先到了太原，因为人生地不熟，再加上自己以前没出过门，人老实，胆子又小，也不敢到饭店里搭讪找营生混口饭吃。他从家里带的200元钱很快就花光了，老乡们也都没有钱，自己觉得已经出来了，再问家里要钱很丢脸，又不想灰突突地回去，因为回去也没有什么前途。于是，那段日子里，李平便忍饥挨饿地硬挺着，一天一个烧饼，勉强度日。后经在太原当厨师的老乡介绍，找到了在饭店打工的营生，解决了温饱问题，从此走上了厨艺学习的道路。

在太原一待就是两年，刚开始在唐都对面的星都大酒店当学徒，跟着广东师傅学，打打下手，做些配菜、端盘子、搞卫生方面的杂事。回忆起那段时光，李平说自己表现得非常机灵，又勤快，肯吃苦，中午基本不休息，主动加班，提前做梅菜扣肉，一做就是好几十碗，深得老板和厨师们喜欢，学到了不少做菜的经验。1993年，19岁的李平只身来到长治，开始了打工——单干——再打工——再单干的打拼生涯。

到长治打工不长时间，李平便承包了市委大院里的南大院食堂，包了六七个月，因经验不足，当时物价又涨得厉害，结果赔了。之后又经老乡介绍到长治县打了三四年工，其间还有过包厨经历。就这样，打工攒钱——尝试包厨单干——再打工攒钱寻找机会，十几年的历练让李平积累了不少经验，专业技术和管理等各方面能力不断得到提高，当厨师的收入也不断上升。2008年，李平做厨师已能月入4500元左右。

2010年，时机成熟，李平决定背水一战，在长治市捉马区开了个饭店，起名"乡村味道"。他把自己多年积攒的10万元全部投了进去，就连进货买酒水的钱都没了，只好又向朋友借了5000元，这才开始营业。说是"乡村味道"，其实基本上没有什么忻州特色，主要做顾客爱吃的炖菜、炝锅面等。就这样，靠着在捉马区开饭店起家，一干就是七八年。干了七八年，火了七八年，几乎每天都是顾客盈门，你挤我拥，排着长队等吃饭。七八年的红火，让李平捞到了他人生中的第一桶金。2016年，"又见乡村"饭店开张之后，因兼顾不过来，第二年不得已将老店"乡村味道"关了。

聊到这里，我们才明白，门面顶部的霓虹灯箱上为什么打着"乡村味道拓展店"的字样、为什么现在的饭店会被命名为"又见乡村"。这里面包含着饭店老板的经历，更是对过往的沿袭和传承。

悟到了商机的李平，此时也已有了一定的经济实力和人脉资源。2016年，他又和一个长治的朋友共同投资180万元，压力风险共担，利润共享，五五分成，开了"又见乡村"这个新店，饭店共有800多平方米，由他主管，主打岢岚、长治、吕梁三个地区的风味菜食。

饭店有17个散台，16个包间，40多名员工，其中有厨师22名（炒菜大厨5名、主食2名、面案4名、凉菜师傅2名、切菜配桌人员4名、炖菜1名、打荷4名），厨师长每月工资8000元，其他厨师6000元、4000元不等，还雇了懂管理的店长，月工资6500多元，服务员基本工资1700元，加上奖金提成，平均月收入在3000元左右。这样，以每月销售额50多万元计算，大概有14万元左右用于发工资，还有进货等方面的开销，饭菜价格卖得也相对低点儿，实际利润算不上高，去年一年有70

万元左右的纯利润。

  2017年,他还在长治市金威超市开了一个蛋糕加盟店,名叫"半桶水",也是和朋友合营,共投资50多万元,刚刚起步,又碰上今年附近修路,营业受到了影响,尚无利润。

  饭店之所以经营红火,生意不错,李平分析除了自己是内行外,主要有四方面的原因:其一,店面装修体现出浓郁的乡村特色。其二,饭菜做得比较可口,顾客吃得舒服。其三,自己老家的粗粮特色。多年来,李平一直有这样的想法,就是把老家岢岚县城那边地道的粗粮特色饭食引进过来,"又见乡村"饭店给了他一个圆梦的平台。如今,李平隔三岔五地就要回去老家一趟,把家乡的土特产莜面、油糕、土豆、胡麻油、月饼等一车车地运过来,部分用于发福利,部分卖给喜欢的客户。老家菜在诸多老顾客那里也是有口皆碑,如烂腌菜土豆泥、炒圪尖尖、家传压花肉、岢岚炖羊肉等。为保证饭菜地道,他还雇了自己的叔伯弟兄李建平做大厨,并专门从忻州高薪聘请了一位大姐做莜面。其四,价格合理,不贪图高利润,人均消费40元就可以吃得很好。

  尽管生意不错,但是李平在开店中还是面临着许多挑战和困难。他说,现如今的餐饮市场竞争激烈,老百姓的消费也越来越理性克制,加上现在的人工费又比较高,员工不好雇,多数年轻人不愿在饭店打工,受不了这个罪,好多到家具店、服装店当服务员去了,因此饭店所雇员工年龄普遍偏大,好多还是家里有地的农民,农忙时就得回去种地收秋。这就使得饭店经营中常常会出现员工短缺的现象,让他很是为难。

  看着李平淡定平和的样子,我们不禁想,从宋家沟出来打拼的人不少,但大都在给别人打工。李平却能够多次自主创业,做得越来越好,现如今还业绩颇丰,应该说他在这支外出打拼的队伍中是数一数二的佼佼者。

饭店的一角摆放着家乡的土特产

问其事业成功的缘由，李平略作沉思答道，我个人觉得主要是因为有不认命、不服输、不甘心的个性。

不到两个小时的专访，李平给我们的感觉正如他对自己个性的概括：不认命、不服输、不甘心。九个字，虽简单，却很到位。正是因为不认命，不接受穷苦的现实，他才会毅然离开宋家沟，走上打拼之路，宁愿忍饥挨饿也不回头；正是因为不服输，他才会动脑子、想法子、找出路，一而再、再而三地尝试创业，不断积累经验、找寻商机；正是因为不甘心，他才会在别人看来已属成功之后，不贪享安逸，不安于并且不甘于现状，努力拓展自己新的事业。

李平头脑灵活，爱交朋友，待人接物随和实在，又比较豪爽。他说，自己心大，不想那么多，但做人做事始终秉持两个原则：炒菜做饭，原材料的材质最为重要；出门在外，老乡和朋友最为重要。在管理中，他要求每天用于炒菜做饭的原材料都必须到市场上买最好的。到长治采访的第二天早上，我们调研小组到他店里约访另两位外出打拼者时，正好碰到一位给店里送米送豆腐的沁县老师傅，他送的小米颗粒饱满、色泽金黄，非常新鲜，附近的晨练者们纷纷过来抢购。他爱交友，不计较，肯担当，在长治打拼的忻州老乡共有一百多位，不论是资历、业务素质还是为人处世，李平都可以称得上是他们心中值得尊敬、学习和信赖的大哥或长辈。到长治的这些年，他也交了不少本地朋友，这也是店里回头客较多的原因之一。他对我们调研组完全持一种开放接纳的态度，他说，能接受你们的采访挺好的，没什么可回避的，而且你们也等于是在帮我们宣传，有什么不可以的。他一边和我们聊天儿，回答着我们的提问，一边招呼我们喝茶，还帮我们电话联系要采访的其他几个也在长治打拼的宋家沟人，让我们很是感动。

对于未来，李平还有许多想法和规划。他觉得饭店的管理水平还得提升，自己在这方面缺乏先进的管理理念，需要进一步学习。他计划近期去北京参加一个培训，学习餐饮管理方面的知识。另外，他还经常出去转搭（转搭：岢岚方言，意为转悠），想借鉴外地同行的好经验为己所用。他还打算在长治再开一个"又见乡村"连锁店，带宴会厅及有舞台能表演的，可以包饭。他要将自己的经营理念贯穿其中，把"总书记到咱家"等家乡剪纸、拱形门窗，以及宋家沟村委会土墙上写着的"为人民服务"等老家特色文化复制过来，打造出浓郁的忻州乡村特色。

出门在外这么多年，李平深深眷恋并始终关注着自己的家乡宋家沟。他觉得宋家沟现在挺好的，并且会越来越好。访谈最后，他兴奋地和我们聊起他和朋友一起到大寨玩耍的经历。说在那里见到了当地开的一个水魔头养鱼场，养着各种鲜鱼，游客专程过去买鱼再带到对面山上的农家乐去现做现吃，很红火。他说，现在的宋家沟本身地儿就没有多大，游客们转一圈就走了，留不下消费。村里边的收入有限，很难有大的突破。他想能不能在宋家沟也承包经营一个这样的鱼塘,游客来了,买走自己爱吃的鲜鱼,再到村里面的农家乐现做现品尝。这样,既可带动宋家沟的旅游业,助力宋家沟的经济发展,也顺带让老百姓能卖点儿自己的农产品,可谓一举两得。他想能否找乡、村的领导实地考察一下,如果合适,政府支持一下,即使自己干不上,让别人干也行,这样自己也算参与到了宋家沟的发展规划中。

走出宋家沟,开创新天地;春燕呢喃日,归乡反哺时。家乡人做家乡事,会更有热情和担当,还可接受父老乡亲的评价和监督。为此,我们建议乡政府领导和村委会每年定期不定期地召集市里、县里、乡里、村里那些年富力强的外出打拼者们,召开类似"我为家乡发展献计出力"的座谈会或交流会,介绍各自的打拼经历,分享各自成功的经验和思路。通过这样的座谈交流,汇集他们的经验,听取他们的建议,把他们吸纳到家乡的产业规划和经营队伍中来,共同为家乡的发展出谋划策,让家乡人做家乡事,家乡人回馈家乡,助力家乡的经济发展!

命运多舛的周志军和生活幸福的周瑞军兄弟

从在长治见到第一个采访对象"又见乡村"饭店的老板李平开始,我们就一直不停地与其他被采访者联系。在李平的热情帮助下,另外两个人的采访任务也在他的店里顺利完成,但是在屯留打工的周志军却始终联系不上。无奈之下,我们又一次求助李平。李平先是拨通了周志军的电话,但是没人应答,他想了想说:"周志军的三弟周瑞军就在长治打工,不知道他行不行?"我们一听高兴地说:"当然行啦!"于是李平拨通了周瑞军的电话,告诉他民盟山西省委会在做宋家沟调研,专门采访宋家沟在外打工的人，让他配合一下。

周志军

确定好采访对象，我们便准备告辞，恰在这时，周志军的电话打过来了，李平接通电话后就问我们还去不去屯留，我们当即表示一定要去。因为刚才在等周志军回电话时，李平简单地向我们介绍了一些周志军的情况，了解到他曾经有一段被骗到传销组织的经历。电话里，李平介绍了我们的来意并嘱咐周志军一定要注意接听电话，别让我们到了屯留再找不到他。既然兄弟俩都联系上了，我们就打算一起采访。

告别了李平，我们先去了弟弟周瑞军那儿，计划在长治采访完再去屯留，完成任务后就直接回太原。

见到周瑞军时，他已经站在山西三建物业管理分公司的大门外等我们了。这是一个英俊帅气的小伙子，身高1.75米左右，浓眉大眼，见到我们，略显腼腆。他已下班，我们索性就站在大门口采访了他。

周瑞军今年28岁，初中文化，2018年5月刚刚结婚。妻子李晋26岁，是家里的独生女，在长治市下南街小学的附属幼儿园当幼儿教师。

小两口儿是经朋友介绍认识的，双方见面后都挺愿意，周瑞军一来看上了李晋，二来觉得自己岁数有点儿大了，有些着急，想赶紧结婚，而李晋则是看中了周瑞军为人老实。李晋的父母非常开明，表示只要女儿愿意他们就啥意见都没有。

周瑞军

李晋家在长治郊区，父母开了个门市做生意，家境不错。小两口儿结婚时，李晋的父母在自己居住的小区花30万元给他们买了一套98平方米的新房，周瑞军只花了9万元的装修费。上个月老丈人又给了6万元让他们买车。周瑞军笑着跟我们说，着急还找了个好的。我们也打趣他，你真是捡漏了呀，媳妇儿是人好、家好、工作好。

与李晋结婚前，周瑞军也谈过两次恋爱，那时宋家沟还没有进行旧村改造，整个村子破烂不堪，他带着女朋友回一次家以后，人家都嫌他家太穷，回长治就跟他吹了，用周瑞军的话说就是，穷成那样，哪能娶上媳妇儿呢。结婚后，他带着妻子也回过老家三四次，此时的宋家沟已经发生了翻天覆地的变化，街道整洁、环境优美，还被评为国家 AAA 级旅游景区，妻子非常喜欢。我们问："宋家沟已经变得这么美，那有回去发展的打算吗？"周瑞军微笑着如实回答："暂时没考虑过。"

周瑞军在家排行老三，是由大哥周志军带着出来打工的。那时大哥在长治"海外海"饭店当厨师，他在那里当小工。刚来时，他跟着大哥的朋友，一位广东师傅学做面点，师傅手艺好，他人勤快，学得也认真，很快就掌握了许多面点的制作方法。后来大哥又到晋煤集团招待所包厨，他也跟着去了，有大哥带着、帮衬着，他并没受过什么罪。

出来打工十几年，周瑞军在长治结交了一些自己的朋友，这次到山西三建物业管理分公司食堂做面案师傅，就是朋友介绍的，已经干了 4 年了，每天从早上 6 点工作到下午 1 点，共 7 个小时，每月工资 3500 元。周瑞军还告诉我们，他每天会在食堂的工作结束后，去一家淘宝店做兼职，从下午 2 点做到 6 点，每月能挣 1500 元。两份工作加在一起，周瑞军每天的工作时间是 11 个小时，每月收入 5000 元，再加上妻子李晋每月收入 2000 余元，小两口儿每月收入 7000 多元，这在当地应该算是不错的。周瑞军说，现在只要人勤快，根本不愁挣不到钱。在我们的请求下，他带我们去了他做兼职的淘宝店。

这家淘宝店开在一个居民小区一层的单元房里。门一开，就看见桌子上、地上堆满了一包包的衣服。一进门，周瑞军就穿上围裙，坐在凳子上开始忙碌了，他的工作就是拆包检查每件衣服的质量，如扣子、拉链有没有问题等。看他忙起来了，我们就没再多打扰。

告别了周瑞军，我们调研小组就循着周志军电话里所说的路线，驱车前往屯留祥瑞集团。汽车在 309 国道上行驶了 40 多分钟后就看到祥瑞集团了，却因修路拦住了去路，于是我们又拨通周志军的电话，他让我们在原地等着，过来接我们。

周瑞军淘宝店工作情景

没多久周志军就来了。他个子不高，与弟弟周瑞军相比，明显沧桑了许多，眉头间有一道深深的皱纹。他性格外向，比弟弟周瑞军健谈。

一路上，周志军告诉我们，眼前的工厂都属于祥瑞集团，有电厂、焦化厂等。他的饭店主要就是靠厂子里的工人和送煤的老板们消费。2017年11月饭店刚开业时，生意特别好，260平方米的饭店一天的营业额能达到4000到5000元，生意好的时候他雇着7个人，光厨师就有5个。但从2018年年初开始，环保查得越来越严了，焦化厂开始实行限时生产，工人们每月领着70%的工资轮流上班，他的饭店为此深受影响，再加上修路，现在每天只能营业700到800元。

说话间，车已开到周志军的饭店前。从外观看，饭店规模不大，装修也显得有些旧，外墙上沾染着一层厚厚的煤灰，看来饭店已经开了些年头了。我们随着周志军走进饭店，开始了对他的采访。

周志军、周瑞军兄弟的父亲名叫周明哲，今年56岁，几年前曾因一次三轮车翻车事故砸伤了腰，干不了重活儿，在村里做护林防火员，每月收入 800 元，此外还负责管理打扫街道的工作，每月收入 1000 元；母亲叫亢秀莲，今年 56 岁，身体挺好。家里的 20 多亩平地和承包别人的 10 多亩地都是靠老两口儿来耕种，主要种些土豆、玉米、红芸豆等，一年收入 10000 元，几项加起来年收入能达到 30000 元。按理说这样的收入在宋家沟也算是好生活了，但老两口儿依然省吃俭用，把钱都贴补到孩子们身上。

周志军共有兄妹四人，他在家中排行老大，今年 36 岁，媳妇儿与他同岁，屯留本地人，在夫妻俩经营的饭店里负责收银。他们有一儿一女，儿子 9 岁，女儿今年国庆节时刚出生；二弟周海军，今年 31 岁，在陕西府谷一家铁厂打工，媳妇儿是山西潞城人，俩人有一个儿子，最近刚在潞城买了房；三弟周瑞军，今年 28 岁，就是我们前面介绍的帅小伙儿；妹妹周瑞琴，今年 26 岁，已婚，丈夫在石家庄的一家公司开塔吊，她和父母住在宋家沟。

兄弟三人平时都各自在外打拼，谁有空了就回家去看望一下父母，二弟离家近，回得最勤，一休假就回去。周志军今年也回去过 4 次，看看父母，买些饭店用的食材，闹闹红火，顺便也考察一下宋家沟的旅游业。

周志军的人生经历比较坎坷。他 14 岁初中毕业后就随着二姑爷爷去古交阴家沟矿做瓦斯员，月工资 800 元，之后又到太原唐都饭店学习餐饮。16 岁时，岢岚县修建 209 国道，因家里缺人手，又被父母叫回村里，开着四轮车去工地干些拉沙、拉石头的体力活儿，一年干五六个月，每天收入 200 元。那时，家里祖孙三代共八口人主要靠他一个人挣钱。

说到他来长治，还有一段很不寻常的经历。19 岁那年，同村的一个女孩儿告诉他在长治送货可以赚钱，他相信了并随着她一起来到长治，在一间住着四五十人的三室一厅的居民房里，他被逼交了 1600 元，第二天又被集中起来上课。周志军毕竟在太原闯荡过两年,知道集中上课的目的就是要给大家"洗脑",他一下就明白自己受骗了,便想方设法将自己的处境通知给一起来长治打工的李平等同乡,并开始琢磨如何逃离。管他们的是个岢岚人,周志军就跟他商量说:"我不喜欢这买卖,我的兄弟们已经给我找下别的干了的了。钱我给,你让我走。"9 天后他终于离开了传销组织。我们问:"传销组织就那么容易离开吗?"周志军说:"幸亏是那几年,要是现在被骗去的话就真的出不来了。"我们问为什么,他说:"那几年的传销只要交了钱就行,这几年,洗脑洗得更厉害了,广西、安徽那边,人们都主动拿着钱去加入传销组织。"

被诱骗参与传销的人,多为中低收入者,如退休工人、失业人员、在校学生、农民、下岗职工等,总之,那些急于改变现状的人,都是传销组织网罗的主要人选。当时的周志军,正处于这样一种状态。

传销活动的参与者主要靠欺骗,甚至敲诈自己的亲人、朋友、同学、同事等关系圈内的人。他们中的大部分人,都无法像组织者宣称的那样一夜暴富,更多的是散尽钱财,甚至负债累累,导致家庭钱财损失巨大、朋友成仇、夫妻陌路、父子反目、兄弟相残,甚至家破人亡。媒体上经常有传销参与者醒悟后想要脱离却遭到组织者的囚禁、毒打,甚至杀害的报道。由于传销具有极大的社会危害性,多年来,我国公安机关对传销这一违法犯罪活动一直予以严厉打击。2017 年 8 月,教育部、公安部等四部门印发通知,要求严厉打击、依法取缔传销组织,对打着"创业、就业"的幌子,以"招聘""介绍工作"为名,诱骗求职人员参加的各类传销组织,坚决铲除。

逃离了传销组织的周志军又开始做起了厨师。

2005 年,他来到屯留金银岛大酒店做厨师长,每月收入 6000 元。在那里,他不仅经济上翻了身,而且还收获了爱情,认识了在同一家酒店当出纳的妻子杨爱兰。结婚后,杨爱兰夫唱妇随,一直跟着周志军开饭店。她跟周志军享过福,而更多的是和他一起吃过苦。

2012年,周志军从岢岚县以房屋抵押贷款的方式贷出10万元,在长治八一广场附近开了一家饭店,开始自己当起了老板。他告诉我们,这是他人生中最高兴的一件事,他对未来的生活充满了美好憧憬。

起初,他的生意非常红火,只有9张桌子的小饭店,每天的营业额最高时能达到3000元。周志军说,那时雇人费用低,租金也低,一年多下来,扣除15万元的投资,2.7万元的租金和人工费用外,纯利润能达到30多万元,高兴之余他花6万多元买了一辆比亚迪轿车。然而好景不长,这样的好日子仅持续了一年多,长治市政府开始规划那片区域,他租的饭店在拆迁范围内,因为他不是房东,只得到6000元的补偿款。

2014年,他投资7万元开了一家小食品厂,主要生产家乡的"神池月饼",因为不懂经营,才干了3个月就倒闭了。2015年,他又在长治东街开了家"绿色农家院",干了9个月,赔了30多万元,除了将之前挣的钱都赔进去之外,还欠了一屁股债。也就是在那时,他开始接触上了高利贷。周志军说:"塌下饥荒咱就坐不住,老想着快点儿翻起来。"2016年11月,为了东山再起,他以每月3分的高利息借了6万元的高利贷。

2017年是周志军最艰难的一年。年初,他又在309国道旁租了一个饭店,投入6.5万元,没几个月就赔了2.5万元。

2017年6月的一天,心情烦躁的周志军和朋友们喝完酒,半夜开车回家时出了车祸,由于是周志军的全责,保险也不能报,连修车带赔偿一共付给对方4.3万元,他自己也住进了医院。出了这件事后,妻子没有责备,也没有埋怨,而是默默地伺候他,与他一起还债。本来已报名参加的由山西省总工会组织的上海、扬州厨师培训班,也因为这场车祸泡汤。我们问周志军这些年一共欠了多少外债?他告诉我们,差不多二十五六万吧。原指望现在开的这个饭店能让他摆脱困境，却不承想又遇到了新的麻烦。聊到这里，周志军的眼圈红了，他顿了顿又说："以前数我好呢，把弟兄几个全带出来成了家，老父亲解脱了，要是都还在村里，哪能那么容易娶上媳妇儿呢，现在数我不行了。人生就是这样，在哪里跌倒就从哪里再爬起来。"

周志军在接受采访

谈到今后，他似乎并不发愁，反而对继续在这儿发展充满了信心。他说："高利贷的本金我已经还得差不多了，利息也按正常的付给他们，剩下高出的利息我也不打算再还了。高利贷本身就不合法，中央的政策好，这段时间到处都在扫黑除恶，老板们吓得都跑了，也不敢往外放贷了。岢岚的贷款也不怕，还了就能再贷出来。环保就是一阵风，过了这阵风，这个饭店还好干，这里对着的都是工人，也不需要太多的服务。买卖这东西就得等着呢，只要厂子生产正常了，我拉下的那点儿饥荒一年就能还完。"周志军接着又说："人在 36 岁上就是背，看相的告诉我，明年我就风调雨顺了，我把房租再交上，就权当是给房东看着门呢。总的来说，这地方是来对了，省钱，消费低。等我喘过气儿来，再回市里去发展。"

在整个采访过程中，周志军一根接着一根地抽着烟。我们问他，这几年你总是起起伏伏的，没有好好想想到底是什么原因。周志军说："主要是因为在社会上混吧。我朋友多，开销也大。那时每天十几个朋友相跟上，一天光抽烟就得好几包，都是些中华、芙蓉王啥的，不过，朋友们也经常往我饭店里带客人，我有困难了，他们也都借钱给我，人心都是换下的。"

即使生活再难，周志军依然苦中有乐。他告诉我们，11月6日女儿过满月，他在李平的饭店包了20桌饭，标准是每桌600到700元，要请亲朋好友们一起热闹一下。

我们问周志军老了以后打算回宋家沟吗，周志军说，现在是想着要回呢，可要是饭店再开红火了，就不打算回了。村里项目少，留不住游客，说是要建景区呢，可是不到半个小时游客就开上车全跑了。

周志军和周瑞军虽为一母同胞，但性格迥异，命运也截然不同。周志军作为家里的老大，自小背井离乡，甚至一度还背负着养活全家人的重担。他和李平一样，都是较早从宋家沟出来打拼的，日子本应该也过得红红火火，却经历了生活的磨砺，起起落落，充满了艰辛，对妻儿的愧疚更是他心中最大的痛。然而这些苦痛并没有打垮他，他对未来依旧充满了希望。相比之下，弟弟周瑞军的命运就比大哥的好多了。在大哥的呵护下，少了许多成长的酸涩；在媳妇儿一家的帮助下，又获得了很多意料之外的幸福。虽然同是在外打拼，他的路就比大哥平坦了许多。他努力、勤劳，生活得简单却充实，为了让自己的小家庭生活得更好，他一直在奋斗着、期待着。

从周志军的饭店出来，我们突然发现人生就是这样：生活从来都不是一帆风顺的，有位哲人说过："向后看才懂生活，向前看才能生活。"为了生活，我们必须不断向前，很多时候我们都是一边流着泪，又一边擦着泪昂首前行。

潜心钻研业务的厨师长李建兴

李建兴

2018年10月18日，到长治调研的第二天早上，我们在李平的"又见乡村"饭店见到了要采访的李建兴。

当时还不到早上10点，饭店才刚刚开门，服务员们正在打扫卫生、准备摆台，开放式厨房里的厨师们都在忙着准备中午的饭菜。

我们在店里的一个包间内采访了李建兴，他是李平的亲叔伯弟兄，当初是李平把他从宋家沟带出来的，在厨师行当已经摸爬滚打了多年，如今在李平的饭店做厨师长。李平把他叫了过来，向他说明了我们的来意。李建兴走路稳健、说话声音不高，感觉不爱表现、不善言谈。他穿着印有"又见乡村"字样的白色厨师服，脚上的皮鞋打理得锃亮，浓眉大眼，鼻梁高挺，模样非常英俊。见到大家，李建兴略显羞涩地微笑着。我们请他坐下，寒暄了几句后，开始了对他的访谈。

李建兴今年39岁，初中文化程度，宋家沟原住村民。妻子师丽琴，现年39岁，长治本地人，家庭主妇。儿子李博学，13岁，在长治十二中读初一。父亲李修民，66岁，母亲王玉凤，58岁，二老均系农民，身体状况良好，在家耕种有七八亩地。李建兴共有兄弟姊妹三个，大哥李建军，42岁，在岢岚县城打小工；妹妹李艳平，37岁，家庭主妇。

1995年，刚刚初中毕业的李建兴，还不满16虚岁。因为待在家里不好挣钱，就外出打工了，懵懵懂懂地就做了厨师。如今干这行已20多年，当厨师长也10年有余了。

当年李建兴打工的第一站是太原一家饭店，做些传菜、端盘子、洗碗方面的杂活儿。一年后来到长治，曾在七八个饭店打过工，刚开始在"新世纪"，后来在"海外海"干了两年半，在"郭氏羊汤"干了七年，还在"金威酒店"干过一年。因为技术不错，又与李平沾亲，知根知底，李平就让李建兴来他的"又见乡村"饭店任厨师长。李建兴现在每月工资七八千元，公司还给他上有意外险。李建兴说，在长治打工的岢岚人有一百来个是做厨师的，他在同行中算是做得比较好的，工资待遇也算是高的。得到这份工作全凭个人能力，谈到这点，李建兴语气坚定，面露自豪之感。

回忆起自己刚刚外出打工时的情景，李建兴面色凝重起来。他说，刚出来时真不容易，找活儿特别费劲儿，有时候找不到打工的地方；有时候找到了，干了一段时间老板又不给发工资，只好再换个地方重新打工。身上又没有几个钱，只能好几个人合租一间房子。不像现在老板给职工提供住宿，几个人住在一个单元房里，条件好多了。

调研中我们发现，从宋家沟出来的这些打拼者，大多一无背景、二无帮手，在外面只能靠自己，家里基本帮不上什么忙。他们外出打工时年龄尚小，文化水平偏低，也没有一技之长，出门在外，难免会遇到各种困难和考验，但他们一向报喜不报忧，从来不和爹妈诉苦，全都是自己独自承担。时过境迁，岁月已经冲淡了许多往事，现在聊起来，一切都显得风轻云淡，而当时幼小的肩膀所承载的真是人生路上一道道难以跨越的坎儿。

三四年前，李建兴就在长治市内买了套百十来平方米的单元房，告别了十几年租房住的拮据日子，生活水平大为改善。通过个人奋斗买上了属于自己的房子，有了自己的家，这是让李建兴最为高兴的事情。

将来，他的愿望是也像堂哥李平一样开家饭店。他觉得自己现在还有许多不足的地方，比如不善表达、缺乏经营饭店的经验等，所以开饭店的时机暂时还不成熟。

谈到家乡的变化，李建兴觉得宋家沟现在变化挺大，比以前好多了，漂亮多了，带老婆孩子回家过年腰板儿也硬了。以前因为家乡穷，生活条件差，在外打工的老乡们怕对象看不起不敢带对方回去。还有的虽娶了媳妇儿，但怕媳妇儿嫌回去受罪，也不带回去。现在这种情况少了。他说在饭店当厨师长，工作忙，逢年过节走不开，顾不上回家，几乎每年春节都是媳妇儿自个儿带着孩子回家乡过年。

随着年龄的增长，李建兴也越来越想家了。他希望宋家沟能够发展得更好，到那时，他就可以回家乡做生意，不用再在外面打拼了。

李建兴性格内向、不善言谈，但个性沉稳。当学徒时师从多位师傅，又踏实肯干、勤于钻研业务，因此厨艺水平过硬，擅做家乡菜，能够在同行中脱颖而出。从农村出来学做厨师的人并不少，但能吃苦的人却不多。许多年轻人因为受不了苦，最开始跟师傅打下手，干不了多长时间就不干了，业务上钻不进去，也不会有太大长进，混不出来，就不能出师。踏踏实实、吃苦耐劳、勤于钻研的品质对于一名优秀的厨师来说是十分重要的。

忻州地区在外当厨师的有二三百人，单岢岚县在长治当厨师的就有一百多人。可以说"岢岚厨师"已经成为长治一个叫得响的品牌。

仔细想想，过去有许多民生行当或行业（多为衣、食、住、行方面）呈现出一定的地域集团化垄断性特点，比如长子的剃头师傅、河南的泥瓦匠、忻州的大厨等。这种现象的成因究竟是什么呢？

分析个中缘由，这种现象的出现有其特定的历史背景，一定程度上是基于农村较为落后的生活条件和经济状况。俗话说，民以食为天，这些行当或行业的发展基本都遵循"吃饱饭——能挣钱——有事业"的成长路径。

就拿厨师这个行当来说，本轮调研，我们共计深入访谈外出打拼者10人，其中有2人自己开饭店做老板，4人打工做厨师，1人开着小酒馆，还有1个曾经在饭店干过后来又转行了，可以说宋家沟三分之二左右的外出打拼者都干着厨师的营生。综合几个小组的调研结果可见，早期宋家沟外出的打拼者们，一开始大多因为家里穷，几个兄弟外出来到城里，也没有想那么多，只为混口饱饭，找饭店打工，做着做着也就投入进去了，慢慢地成为厨师或厨师长。之后你带我、我带他，带出一大片来，有了更多的厨师。他们凭着憨厚的人品、能受笨苦（受笨苦：岢岚方言，意为靠出死力气做事，受得了罪）、肯下力气的性格特征，从一开始的混饱肚子，到端稳自己的"饭碗"，逐渐在餐饮界有了一席之地。然后口口相传，不经意间打造出了具有垄断特色的地域品牌，其中不少人还当上了饭店老板，事业做得风生水起。这样，也就产生了"地域集团化垄断式"的行当或行业。

随着社会的进步、经济的发展，我国高等教育的普及率有了明显的提升，教育的职业化、个性化水平正在逐步提高，越来越多的人有了自己的特长或专业，获得了更为自由全面的发展机会。相比以前，现在许多年轻人有能力、有条件遵从自己的意愿，选择自己喜欢或擅长的职业，这种职业地域化、垄断化的现象也将渐渐消失。

中国著名心理学家格桑泽仁说过，人生最大的幸福莫过于做自己天赋领域内擅长并且喜欢的事情。我们祝愿"岢岚厨师"这一品牌越打越响的同时，也真诚希望有更多的年轻人能够遵从本心，在自己喜欢并且擅长的领域内为社会做出更大的贡献！

有着美好愿景的年轻厨师梁矾

为方便访谈，在李平的帮助下，2018年10月18日早，我们在"又见乡村"饭店内约见了梁矾。

小伙子身材瘦削，1.72米的个子，上身内搭一件印有白色字母的黑色卫衣，外搭同色系的帆布小夹克，卫衣帽子外翻，下穿黑色休闲九分裤，脚穿白底黑面平板网鞋，梳一款时下流行的半西瓜头，发色黑亮，鼻大耳阔，眼睛小，嘴唇薄，一笑露出两颗虎牙，看上去呆萌又时尚。让座沏茶、略微寒暄后，我们便直入专访主题。

梁矾，男，24岁，宋家沟原住村民，毕业于忻州海运技工学校，学的是焊接专业。技校毕业后，梁矾就跟随同乡周志军到长治打工，从做饭店学徒开始，走上了做厨师的道路，至今7年有余。现在在长治市"驴肉小香锅"店内做厨师，是店里"炒二锅"的，地位仅次于厨师长。

梁矶 13 岁时父母就离异了。对梁矶来说，这是他心里一个莫大的创伤，时至今日，仍不愿提及此事。父亲梁先平，今年 56 岁，在家种了十几亩地。关于母亲，梁矶没有透露太多，不知道是不愿意提起还是已不记得她叫什么名字了，只是说她当年远嫁内蒙古，至今未曾与家人有过任何联系，包括姥姥那边的人，大家都不知道她现在在哪里。梁矶有一个妹妹，叫梁艳，21 岁，在运城学院上大学，读幼师专业，梁矶会经常给她些零花钱。父亲一手把他和妹妹拉扯成人，至今未曾续娶，计划等孩子们都长大成家了再做考虑。讲到自己的老父亲时，梁矶青春的脸上不经意地流露出这个年龄的男孩儿少有的疼惜和忧虑。

梁矶

2010 年年底，技校毕业不久的梁矶来到长治打工。7 年多时间里，他辗转在十几个饭店做学徒。他说自己印象最深的有两个，一个是壶关的"郭氏羊汤馆"，是跟着二毛（李建兴的小名）哥过去的，在那里的时间最短，只待了一个多星期就离开了；另一个是"太行宾馆"，跟着老乡巩建平过去的，在那里的时间最长，待了 4 年。这期间有幸跟着一位山东师傅做学徒，一年多的时间，从打荷到炒菜，学了好多手艺。他骄傲地说："那时，我和师傅处得非常好，那么多学徒，他就喜欢我一个。现在我俩还经常联系。"问其缘由，他说可能是因为自己人机灵，又勤快。

6年的实践和历练，梁矾学到了不少做厨师的经验技术，也积累了一定的人脉资源，靠着同行朋友们在微信圈的广告推介，他毛遂自荐找到了现在这份不错的工作。"驴肉小香锅"店约280平方米，有十五六个厨师。他说自己是店老板单聘的，每天工作8个小时，分为10:00～14:00、17:00～21:00两个时段，月工资4500元，每月15号通过微信发放，满勤的话还能拿到全勤奖，另外老板还会根据生意情况给员工发些福利。这里吃住全包，老板给员工们在饭店附近的小区专门租了两套单元房，安排了男、女两个宿舍，每个宿舍住七八个人，环境不错。店内的同事大多来自长治市内或郊区，也有襄垣的，梁矾与他们相处得都挺好。入职前，他和老板签了一份一年的合同（一年后可续签），老板承诺员工进店工作满一年半后饭店会自动给他们上保险，即"五险一金"。据梁矾说，在长治他所认识的同龄人中做厨师这行的大概有三四十位，但能拿到像他这样薪水的不到三分之一，这应算是青年厨师中的中上等水平了。

打拼这么多年，终于有了一份理想的工作，能够独立操作，不再依靠别人，这是梁矾长这么大以来感觉最开心、最自豪的事情，他也变得更加自信，说自己有了敢于表达的勇气，连找对象都能挺起腰板了。

一年前，梁矾终于追到了自己心仪的女孩儿。女孩儿叫赵凯玥，21岁，长子人，现在长治一家美容店里做学徒，是那里的店花。梁矾边聊边拿出手机给我们看他对象的照片，很是开心得意。他打算最近买两瓶酒、两条烟先去拜见一下未来的老丈人，年底再带女朋友回老家认认门，定个亲。看他乐呵的样子，我们也跟着陶醉起来。

梁矾说，自己在技校学了三年的焊接专业，但踏入社会时却发现已经过时，很难找到专业对口的工作。不过，他挺喜欢现在的职业，觉得做厨师挺好，可以体体面面地养家糊口。七八年的坚持很不容易，他不会轻易放弃或改行的。他是我们这次调研中遇到的唯一一个毫不犹豫地说自己喜欢做厨师的人，这点让大家挺欣慰。梁矾的裱花技艺比较突出，他打算以后有机会就跳槽到大酒店学习一些炒菜或别的技艺，这样到社会上会更好找工作。可能的话，将来他也想像李平这样开个像样的饭店。

李平和梁矾两家是亲戚，梁矾是李平的晚辈，他很佩服李平。他说在外打拼的家乡人没几个能混得像李平这样的，李平是他心目中学习的榜样，超越李平是他要努力追求的梦想。他笑着说："不急，我还年轻，先想着。"他说以后想在长治买个房子，把家里人都接过来，让他们在长治生活，也过上城里人的日子，看得出他对未来充满了希望。

在长治打工的时间久了，慢慢地这里也就成了梁矾的第二故乡，他觉得自己心底似乎有根了。但游子总会眷恋自己的故乡，梁矾也不例外，闲暇时他会常常想起自己的家乡，有空便回去转转。他说宋家沟变化挺大，他回家都迷路了。

"回家都迷路了！"这句话幽默形象地表达出了久别的外出游子乍见宋家沟新农村景象时的心理感受，把大家都逗乐了。梁矾觉得家乡一定会有更好的发展前景，到那时，他会考虑回去开个饭店。

16岁就出来打工，自然也有特别艰难的时候。刚开始时，梁矾年纪尚小，工作又累，身边没几个熟人，连个可以说话的人都没有，心理很不适应，常常会特别想家。想家的时候，他就一个人闷闷地待着，不说话，把委屈憋在心里。他说："刚开始当学徒的时候，干那么多活儿，受那么多苦，没人说你一个好字，实在忍不住了，到了晚上，我就一个人用被子蒙住头偷偷地流泪……"

有人说，一个人成熟的标志就是能够笑着说出自己那些伤心欲绝的过往。看着梁矾微笑的表情，听着他淡定的描述，很难想象眼前这个阳光帅气、谈吐幽默的年轻小伙子，却经历了如此沉重的过往——幼时母亲的漠然离去，年少外出打拼尝到的诸多苦楚……好在他都一一面对，挺了过来。24岁的梁矾在岁月的磨砺下已渐趋成熟，相信他一定会通过不懈的努力实现自己的梦想，过上更为幸福的生活。告别时，调研小组成员们由衷地祝福他，并约定等他以后当了老板一定记得告诉我们。

在长治地区采访的五个宋家沟外出打拼者中，梁矾学历最高——技校，且有一技之长。但从与他的交流中我们却发现，当前许多职业类院校还存在专业以及课程设置滞后的问题，所学技能不能适应时代的变化，还未"出炉"就已过时。如此一来，这类学生毕业后不能直接上岗，大多不好就业，少数学生虽被录用，但之后还需要接受企业的再度培训，造成人力、经济资源的双重浪费和专业人才的流失短缺。这也正是我国职业教育中亟待解决的问题之一。

另外，访谈中，梁矾几次提到饭店给自己上保险这个话题，说明他还是挺在意自己的社会福利保障的。看来，能否合理合规地享有"五险一金"，保障自己的社会福利待遇，是外来务工人员普遍关注的一个现实问题。

目前，城里的外来务工者大都没有"五险一金"等社会保障，还有部分跨城市流动的外出务工者也面临着"五险一金"续缴断层问题。这一方面缘于企业的实力和性质（有影响力的、规模大点儿的规范企业执行到位些，规模小的、经营欠规范的企业执行得差些；国有企业、集体企业、民营企业等落实得好些，私企或个体工商户落实得差些）。另一方面缘于农村人口的社会保障体系建立得还不够完善，相关部门缺乏有效监管，督促力度不够，许多地方还有待调整。这就造成许多企业或公司不按照相关政策规定为员工缴纳"五险一金"，或只是部分缴纳的随意现象。另外，村里定居的部分老百姓也对相关政策存在认知"盲区"，不知道"五险一金"的内容及其给个人提供的各方面保障，不懂得"五险一金"的合理缴纳方式，不了解怎样合理享有自己的社保权益。

  为此，我们呼吁国家层面应进一步完善农村人口社会福利保障体系。建议人社局等相关部门加大政策落实的监管力度，同时，有针对性地组织一些下乡宣讲活动，为村民、外出务工人员以及流动打工者们介绍相关的社保常识及法规政策，指导他们自主选择适合自己的参保方式，做好维护该群体社保权益方面的服务工作，切实提高外出务工者的社会保障系数，增强他们的安全感和幸福感。

无畏艰辛、吃苦打拼的小夫妻周志飞、温小娟

小夫妻周志飞、温小娟

  周志飞是宋家沟众多外出打工者中的一个，也是我们联络较为顺利的一个。2018年10月11日上午，我们拨通了周志飞的电话，电话中传来一个年轻却低沉的声音。简单说明情况后，我们相约下午见面访谈，

他欣然答应。

周志飞租住的小区在导航中搜索不到，他告诉我们大概位置在服装城后面，下午3点我们按照他提供的地址找了过去。太原市服装城是山西省最大的服装批发集散地，短短几百米的路通常会堵近半个小时。几经周折我们来到了他所住的海军802小区。

这是一个十分老旧的小区，出入的大都是一些老年人，看来确实有些年代了。

周志飞租住的房子在小区最后面那栋楼的一层。当快走近时，看到窗户里站着位年轻人，我们便招了招手，提高声音问道："周志飞吧？"他笑着说："是哩。"说着就回身从楼道里出来把我们迎进家。

进了家门，一个很年轻的女孩儿忙给我们倒水并让我们坐下。"这是媳妇儿吧？"我们试探着询问，他们微笑着点了点头。已经进入深秋，还不到送暖气的日子，一层的房子显得有些阴冷，房屋里的家具看着也有些陈旧。我们坐下后，便同他俩聊了起来。

他缓缓地说，自己今年29岁，初中没有毕业就出来打工了。一开始就在甘沟村附近打工（他属于同步搬迁户，搬到宋家沟之前属于甘沟村），十七八岁时来到太原打工，之前干的都是一些临时工，在后厨打过杂、做过酒店服务员、盖过彩钢房等，2015年开始做门面广告装修，一直干到现在。

问及怎么找到现在这份工作的，周志飞慢慢点了根烟，说是老乡介绍的。干他们这行，主要靠老乡介绍，哪里有活儿了，就等着人家电话，基本上一个月能干半个月吧。我们采访的时候正好赶上他当天没有活儿，他说如果再晚一天，可能自己就不在家了，出来打工，时间上由不得自己。

我们问他和媳妇儿什么时候结的婚，他和媳妇儿对视了一眼，浅浅一笑，不紧不慢地回忆说，也是 2015 年，俩人结婚后就有了孩子，于是就租了现在的房子。之前自己都是在哪儿打工就吃住到哪儿，居无定所。

媳妇儿温小娟今年也是 29 岁，问及他们的相识过程，她说他们曾经是小学同学，不过直到周志飞去太原打工后俩人的联系才渐渐多了起来。温小娟说话柔柔的，化着淡淡的妆，相貌不是特别出众，但给人感觉很温婉，是个持家女子。

温小娟 2012 年毕业于忻州卫校，毕业后就在药店工作，在太原和忻州的药店都待过。结婚有了孩子后，没精力去上班了，只能辞职专心在家带孩子。

我们问父母不过来帮着看孩子吗，说到这点，夫妻二人似乎有些难言之隐。周志飞停了停说到，在他两岁时父母就离婚了，又各自成了家，一直是爷爷照顾着他，所以他和父母之间的联系并不多，父母在生活上也没帮自己什么忙。

听到这儿，我们也不好再细细追问。我们问他这么辛苦在外打拼，有没有想过回去，毕竟村里生活成本低一些。他俩摇摇头说，不准备回去。周志飞说："回去做什么呢？在岢岚女的也许能当个服务员什么的，可对于男的来说真的没有营生。再说，孩子回去只能在村里的学校上学，也不好，毕竟城市大，教育资源更好些啊。"一旁的温小娟也附和着说："没想过回去，在这里只要肯吃苦，肯定能赚上钱，辛苦不怕，机会多啊，主要不想让孩子再回到村里……"

我们进一步追问，宋家沟现在发展得比以前好了，大环境和以前比起来也有了很大改观，这样的情况下你们也不考虑回去吗？周志飞说，暂时没有想过要回去。他和媳妇儿属于同步搬迁户，搬到宋家沟后，一直到现在还没有给他分房子。如果回去就只能和爷爷住到一起，因为爷爷是贫困户，所以早早地分得了安置房。如果以前自己没结婚时回去没什么问题，现在一家三口，回去也不太方便了。

听得出他俩都没有回去的念头。我们看到这个小区比较旧，就问他们房租多少钱，周志飞说头两年一个月500元，今年涨到一个月700元了，一年算下来房租加上水电暖等费用应该差不多有9000元吧。

一年9000元的房租及日常杂费，这个消费在太原来说并不算贵。但尽管如此，对于小两口儿来说，这也是一笔不小的开支。我们又问孩子幼儿园的花费，他们说幼儿园一年的支出是一万六七，这样下来光这两项开销就将近3万元了。如果再加上他们生活中的其他刚性支出，一年在太原怎么也要花费4万多元，他们赚的钱基本上不会有什么结余。我们向温小娟提议，她其实也可以出去打工，她点头说，等孩子再大一些，自己就找个工作，这样也能减轻周志飞的一些负担。

周志飞、温小娟夫妇同我们说话时一直坐在沙发上，不时地相互对视，说话时也是互相补充着。结婚三年了，看得出来他们小夫妻间很恩爱，相互扶持经营着自己的小家。我们起身同他们告别，夫妻俩一直把我们送到门外。

农村生活不易，单靠种地难以养活一家人，很多人都是因为在村里没什么收入才出来打工。在宋家沟像周志飞小两口儿这样外出打工的很多，他们的观念和想法也大都一致。农村资源有限、发展机会少，待下去让他们看不到什么希望，所以宁愿出来打工受苦也要留在城市，一来因为城市生活便利，二来为了自己的下一代能够获得更好的教育。不过，周志飞夫妻的孩子目前上的是幼儿园，将来当孩子到了上小学的年龄，由于不是本地户口，选择公立学校就要受到限制，而私立学校的高额学费又负担不起，外地孩子上学难的现状又将成为他们不得不面临的另一个大问题。

我们呼吁相关部门将像周志飞这样的外来务工人员的子女教育问题

摆上议事日程，尽快出台相关解决办法，并予以妥善解决，让同一片蓝天下的孩子都能上得起学，都能有学可上。另外，由周志飞的孩子，让我们联想到现在农村中还有大量的留守儿童，因为父母长期不在身边，他们的身心健康难免会受到影响，他们的教育也是一大社会难题。解决好外来务工人员子女的教育问题，留守儿童的数量也许就会大大减少。教育是国之本，功在当下，利在千秋，我们希望留守儿童的教育难题能够引起全社会的足够重视。

村里的企业

费孝通先生在《黎民不饥不寒的小康水准》一文中说，中国从来不是一个纯粹的农业国家，一直有其发达的工业体系。但与西方国家的工业都集中在都市里不同，中国的传统工业分散在无数乡村，即乡土工业。乡土工业的产生延续主要有两方面原因：一是直接取自土地的收益无法满足农户的生活生存需要，乡土工业为农户提供了经济补充和生活自给；二是灵活就业的需要，因农作物的季候性特征，在为时很短的农忙中需要为数众多的劳力，而这些劳力在农闲时却派不上用场，形成周期性失业，可谓"养工一年，用在农忙"。

费老所讲的是事实，在他所熟悉的江南农村大抵如此。然而，大部分中国北方乡村千百年来都是以农为主，大量存在的手工作坊一般是以家庭为单位运作经营，就像我们之前在宋家沟采访过的吴福虎等人一样，他们一边种地，一边做豆腐等。能够吸引企业家关注并在村里开办企业的乡村是幸运之地。愿意主动到乡村创办企业的人大多具有乡村情怀，他们不仅仅是为了追求利润，内心深处更有着强国富民的理想。

早在 20 世纪初，一些有富民强国理想的企业家就在乡村开办企业，主导地方经济社会建设，一时成风气之先，较为成功的代表性人物有南通的张謇与北碚的卢作孚。张謇作为"实业救国"的倡导者和实践者，积极主张发展工商业，其在南通创办的数十个企业，大多与民生相关，并逐步形成工业区。同时，还修建了码头、发电厂、公路、学校等公共设施，不仅促进了当地制造业、电业、教育、交通运输业的发展，还使南通的人口规模、用地规模及其主要功能、城市经济地位都发生了较大变化，南通成为苏北沿海地区的一个经济中心，并以其对工业原料和劳动力的需求，推动周围地区农村经济，尤其是商品性植棉业的发展。中国近代杰出的实业家卢作孚，受到张謇"南通模式"的启发，于20世纪20年代在北碚开始"乡村建设"，他通过兴办企业刺激地方经济发展，一度让当地经济欣欣向荣。其关于乡村现代化的思路——"以经济建设为中心，以交通建设为先行，以乡村城镇化为带动，以文化教育为重点"，对于现在的城镇化建设，仍有积极的借鉴意义。

20世纪70年代末，中国一些乡村的农民因地制宜地大力发展乡镇企业，在当时的稀缺经济下，乡镇企业充分利用农村的资源以及城市退休工人的技术力量，迅速发展壮大起来，做到了在国民经济中"三分天下有其一"。乡镇企业的兴起、发展、壮大，不仅使农村经济和整个国民经济发生了深刻的变化，而且对农村的文化教育、环境改造等事业都起到很好的带动作用。

2018年两会期间，习近平总书记在参加广东代表团审议时提出："一方面要继续推动城镇化建设。另一方面，乡村振兴也需要有生力军。要让精英人才到乡村的舞台上大施拳脚，让农民企业家在农村壮大发展。"

毫无疑问，乡村振兴事业需要企业家积极参与，用开阔的眼界整合当地特色资源，带领当地村民打破固有思维进行专业化经营，拓宽农业产业化规模；乡村产业兴旺需要优质农企推动，激活一片区域、壮大一个产业、带动一方农民，从根本上实现乡村振兴的目标。

基于此，本轮调研我们聚焦宋家沟为数不多的两家企业，深入了解和报道它们的发展现状，以期寻求能够带动贫困户脱贫的有效着力点，为乡村产业振兴路径的探索提供些许思考和启迪。

专注马铃薯主食化的山西薯宴食品有限公司

山西薯宴食品有限公司

在宋家沟了解村里的企业时，村干部多次提到了山西薯宴食品有限公司。这家企业我们早已知道，就在209国道旁。在近一年的调研中，我们无数次经过那里。

从宋家沟出来沿着209国道朝岢岚县城方向开车行驶约5分钟，远远地就能看到一个写着"薯宴酒楼"醒目大字的广告牌立在公路旁。广告牌旁是一大片空地，足够停放10多辆大货车，这应该是为了便于大车司机停车消费吧。空地后面就是山西薯宴食品有限公司。

公司伸拉式的大门紧闭着，其左侧的小二楼就是薯宴酒楼。从外观上看，饭店规模不小，装修也挺新。在岢岚县盟员的带领下，我们从饭店正门进去，穿过餐厅，进入公司内。

迎接我们的是一位30岁左右的年轻人，微胖，戴着眼镜，笑眯眯的，言谈举止彬彬有礼。因为事先联系过，寒暄几句后我们就直奔主题了。

他叫柳春，中共党员，岢岚县工会挂职副主席，2011年毕业于北京航空航天大学 HND 学院，所学专业为软件开发，目前在北京大学山西省中小企业局"专精特新"中小企业研修班学习，是山西薯宴食品有限公司的总经理。

柳春告诉我们，山西薯宴食品有限公司成立于2013年，是在他父亲原先开办的规模较小的马铃薯淀粉加工企业的基础上，改造升级而成的，现在主要由家人负责打理。父亲柳福和任公司董事长；母亲赵美仁虽然没有在公司担任职务，但平时帮着打理一些日常琐事；妻子孙亚群毕业于山西大学商务学院，婚后不久也来到公司担任销售经理，平时小两口儿就住在这里。只有弟弟柳青从中国石油大学毕业后没有回来，现在陕西长庆油田第八采油厂任工程师。

柳春介绍公司情况

环顾厂区，三面都是钢架结构的厂房。正北面的厂房后面是一个高耸的水塔。柳春介绍说，公司占地10多亩，包括生产车间、检验室、包材库、成品库和饭店，饭店对外营业，对内就是员工餐厅。柳春告诉我们，公司生产的季节性很强，一般是从上一年的10月干到下一年的5月，一年能干8个月，平常生产人员就10人左右，销售人员7到8人，一忙起来生产上就得增加30多个人。在我们的提议下，柳春带着我们边走边聊在公司各处参观。

在产品陈列室里，我们看到了由他们公司研发生产的"薯宴配方面粉系列"产品，有的能做蒸饺、烙饼、油条等多种大众主食，也有的能做面皮、手搓面、窝窝、饸饹等极具地域特色的美食。柳春说，这些就是国家提倡的马铃薯主食化系列产品之一。

提到马铃薯，也就是土豆，大家再熟悉不过了，因为它是中国北方人餐桌上最常见的食材之一，但是要提到马铃薯主粮化，恐怕知道的人就不多了。柳春介绍说，随着人类对马铃薯了解的不断深入，其优点和功效得到越来越广泛的认可。研究表明，马铃薯是粮食作物中维生素含量较丰富的，被公认为世界上伟大的食物之一，是全球第四大粮食作物。联合国将2018年定为国际马铃薯年，并称马铃薯为地球未来的粮食。2015年1月6日，我国提出马铃薯主粮化战略，之后连续两年的中央一号文件都聚焦马铃薯主粮化。他们公司就是一家以马铃薯主食化系列产品的研发、生产及销售为主，集薯宴文化旅游、薯宴餐饮连锁于一体的马铃薯全产业链加工企业。

听着柳春的介绍，看着他踌躇满志的样子，我们问，你是如何想到回乡创业，并致力于马铃薯主食化的企业发展呢？柳春说："这说起来可就话长了。"接着他给我们讲述了他的创业经历。

柳春2011年7月大学毕业后就直接回到家乡岢岚，刚开始时他很享受待在家里那种无忧无虑的生活。可日子一天天过去，慢慢地，他心里开始发慌，想了很多。父亲开办的企业这么多年来一直没什么起色，大学所学的专业在父亲那里也派不上用场，最主要的是，家乡这种缓慢的生活节奏似乎正在一点一点地磨灭着自己的意志。那一刻，他突然意识到不能再这样继续下去了，多日来脑海中不时闪现出来的出去闯荡做销售的想法瞬间放大，他当即决定到经济最发达的上海去打拼。当天下午，他就辞别了父母，只带了几件简单的换洗衣服，坐上了南下的火车。

火车到达上海时正好赶上一场大雨，没有同学相伴，没有朋友联系，没有亲戚帮助，甚至连该去哪里落脚都不知道，独自一人走在陌生城市的街道上，一种无助的凄凉感涌上心头。可是，这是他自己选择的路，再难也要坚持下去。他在心里暗暗告诫自己，一定要争气，不能回头。

很快，他在一家房地产公司找到了做销售的工作，身边的同事大都是南方人，能说会道，与他们朝夕相处，他感到很自卑。可他没有消沉，反而逼自己更快地去适应环境，更加努力地去工作，因为在他心里一直有这样一个信念：绝不能给山西人丢脸。功夫不负有心人，3个月下来，他的销售业绩领先，成为公司自成立以来拿奖最多的人，赢得了大家的一致认可。

2012年年底，父亲去上海购置设备，顺便去公司看望他。望着年过半百还在为生活奔波的父亲，想着家乡和上海这个发达城市之间的巨大差距，回乡创业的热血在柳春的身体里沸腾起来。

2013年春节，柳春放弃了在上海打拼的梦想，带着自己一年来学到的销售经验返回家乡创业。

我们问："刚回乡创业时遇到了哪些困难，有没有想过退缩？"柳春笑了笑说："困难太多了，也想过放弃，但没有退路。"

那年春节刚过，他就去了父亲与别人合伙开办的岢岚绿禾脱水蔬菜有限公司。公司因规模小、环境差、市场定位不准、信息不通畅、管理跟不上等原因，产品积压严重。看着堆放了满满一库房的产品，他既心疼又着急，这可都是父亲的血汗呀，怎么才能把这些积压的产品尽快销出去呢？

也许是压力给了他灵感，他思谋起另一条路子。

岢岚县地处晋西北，是马铃薯的主产区，老百姓的一日三餐都离不开马铃薯。在当地，以马铃薯为食材很轻松就可以做出满满一桌子的饭菜，"土豆宴"就是这样流行起来的。为什么不能结合当地老百姓的饮食习惯将马铃薯开发成适合多种烹饪方式的特色产品并加以推广呢？有了这样的想法，他马上开始研制，通过把马铃薯制成粉，和当地的杂粮粉搭配起来，再按照老百姓制作面食的传统做法，经过蒸、煮、炒、炸、烤等各种方法的反复试验，终于研发出了现在公司主推的"薯宴配方面粉系列"第一代马铃薯主食化产品。

之后，柳春又根据从市场调研中反馈回来的信息，从第一代熟土豆面和第二代百味土豆面中不断优化产品，进行产品升级，推出了经过改良的第三代薯宴配方面粉。薯宴配方面粉的出现，给营养面粉注入了新的内涵。

经过几年的发展，山西薯宴食品有限公司已成为山西省"专精特新"中小企业。2017年，实现销售收入1000多万元，利润300多万元。在四大类里成功注册了"薯宴"商标，对生产线进行了改造升级并荣获"国家节能实用新型专利"，目前正在申请六大"马铃薯主粮配方面粉"发明专利。公司还负责起草了"马铃薯配方面粉行业的企业标准"，并受邀成为"全国马铃薯主食化产业联盟"常务理事单位。2017年8月8日，在陕西定边召开的"全国马铃薯主食化产业联盟"年会上，公司生产的"马铃薯面皮""小薯饼"被评为"全国马铃薯十大特色小吃"和"全国马铃薯十大休闲食品"。在2018年7月28日举行的全国马铃薯主食化产业联盟年会上，公司荣获"全国马铃薯主食加工产品十大品牌"的荣誉称号。同年9月20日，在中国首届农民丰收节上，中国最美食材推荐活动组委会授予薯宴"全国马铃薯主食化产业十大品牌"荣誉称号。

山西薯宴食品有限公司获奖产品

柳春告诉我们，公司能取得今天的业绩，最应该感谢地方政府。在岢岚县委、县政府和各级主管部门的大力支持下，公司将原有的小作坊改造成了具有 SC 认证的新工厂，旧貌换新颜。前几年政府还减免税收，扶持企业成长，通过助保贷、支企贷和"五位一体"金融扶贫贷款解决了企业 1000 多万元的贷款。此外，还帮助企业解决了土地问题，办理了土地证；帮助打井，解决了企业的用水问题；还为柳春提供了去北京大学进修的机会，帮助他提高业务素质和企业经营管理水平。

现在的山西薯宴食品有限公司已具有年加工马铃薯 5 万吨，生产马铃薯配方面粉和熟食 1 万吨的生产能力。2018 年 11 月，薯宴以全新的面貌运营，线上天猫、京东也正在筹备中，线下各大营销渠道也相继建立起来。

事业有了发展，柳春自然而然就想到了如何为家乡做贡献。公司通过"金融扶贫""保底收购""就业帮扶"等方式开展精准扶贫。如由贫困户贷款，企业使用并担保偿还，可使 142 户贫困户连续 3 年享受每年 4000 元的固定分红。公司与每个贫困户签订了 5 吨合同规定的马铃薯保底收购协议，不管市场如何波动都帮助贫困户解决卖土豆难的问题，免除他们的后顾之忧，形成了贫困户借力企业、企业帮扶贫困户的互助扶贫模式。同时，在企业开工时，还吸纳部分周边村庄的贫困户到企业务工，为他们提供在家门口的就业机会。柳春告诉我们："你们采访过的赵明明、韩石柱、张海莲等都在我这儿打过工。张海莲还是我的帮扶对象，'6·21 宋家沟乡村旅游季'时，我把我们公司的产品低价批发给她，使她的利润空间放大，她卖得挺不错的。最近听说她查出病来了，我还得抽空去看看她。"

问到今后的打算，柳春说，要做的事情太多了。他想在周边建立至少五个以上两万亩的马铃薯种植基地，通过"科普 e 站"为签订合同的种植户提供种子、化肥、技术指导等服务。从科学种植方向，适合旱种的土壤，安全的原料基地等方面着手，真正提高老百姓的种地收益。他还想开设薯宴特色食品示范连锁品牌店并进行标准化管理，通过对部分产品进行深加工，将国家提倡的营养健康马铃薯主食产品带给千家万户。他还正在吸纳和组建更多有活力的管理、生产、销售人才和团队，通过电子商务平台和线下体验店进行互动销售。他还要鼓励带动更多的有志青年返乡创业，共同携手建设美好家乡。

柳春告诉我们，解决了这些问题，才能带动更多的贫困户在"马铃薯主粮化"产业中获得收益。

在大学生返乡创业和乡村振兴的潮流下，柳春选择一个人外出打拼，并能够快速适应陌生的环境和工作；在他乡学到经验并好不容易站稳脚跟后，他又毅然放弃了繁华的城市生活，回到了更需要青年人才的家乡。这位说话慢条斯理、笑起来热情单纯的年轻老板，思路清晰、精明能干。

他在回乡创业的过程中，看准了家乡的特产优质马铃薯，并以国家倡导的马铃薯主粮化为主攻方向，不仅救活了父亲濒临破产的公司，在行业里进行了创新发展，还带领周边的贫困户实现了共同致富。

柳春和他的公司是幸运的，因为在创业的道路上得到了当地政府的大力支持，抓住了乡村振兴的发展机遇，顺应了当前我国乃至全球康养食品开发的战略方向，打破了我国北方偏远山区产业发展难的惯性思维，对我国中西部贫困地区如何突破由于环境恶劣、资源匮乏所造成的产业发展瓶颈具有一定的启发作用。但也应该看到，类似山西薯宴食品有限公司这样的企业，也同样面临着一系列的考验。我国实施乡村振兴战略以来，许多农村都在着力打造优质的康养产品，开发有潜质的农村产业，但能否切实建立起一支强大的产品研发团队，能否科学有效地开发出满足大众需求的优质实惠的康养产品，能否建立起开放流畅的产品上行服务体系，拓宽国内外销售市场，使所开发的产品在市场上流通起来并占有一席之地，为企业带来利润，为百姓带来实惠，为乡村振兴带来更多的思路和出路……这些问题都需要他们努力去探索。

行胜于言。乡村，特别是华北、西北贫困地区的乡村产业振兴尚在路上，还需要政府、企业、科研人员、老百姓通力合作，扎实推进。

致力于沙棘产业化的山西宋家沟功能食品有限公司

在宋前街的中心地段，有一家沙棘养生馆，门前挂着两个牌子，左边是鸿泰农林科技开发有限公司岢岚分公司，右边是山西正心圆功能食品有限公司，但每次去时都是店门紧锁。2018年9月再去调研时，我们终于见到了这家养生馆的工作人员张旭峰。

在建中的山西宋家沟功能食品有限公司

　　走进养生馆,"正心圆功能食品"的字样醒目地贴在店铺进门正对面的墙上,各类包装的沙棘产品整齐地摆放在货架上,有沙棘饮料、沙棘茶、沙棘六味复合浓缩浆、沙棘油胶囊等。听张旭峰介绍,沙棘养生馆是他们公司设在宋家沟的专卖店,这些都是公司开发的系列产品,其中,沙棘六味复合浓缩浆是公司的主打产品,主要是以沙棘果、沙棘叶、桑叶、荷叶、牛蒡根、玉竹为原料,通过科学复配生产的。

　　我们问商铺为什么挂着两个牌子,张旭峰解释说,这里是总公司下设的岢岚分公司,总公司鸿泰农林科技开发有限公司在太原,是国际沙棘协会中国沙棘企业联合会理事单位,"正心圆"是公司为了便于市场营销专门设计并主推的沙棘系列产品的品牌及商标。他告诉我们,2018年6月21日宋家沟举办文化旅游节时,公司在养生馆门前设置了摊位,让游客免费品尝公司生产的沙棘茶、沙棘六味复合浓缩浆、沙棘油胶囊等产品,推广效果不错。

　　听张旭峰说话的口音并不像是本地人,他告诉我们,他是山西吕梁人,今年28岁,河南商丘学院毕业后去了河南森源电气公司下属的一个子公司工作，这是一家上市公司，他干了五六年，主要负责山西省的售后服务。2017 年 10 月，鸿泰农林科技开发有限公司需要人，他便辞去了原来的工作，现在又被公司派到岢岚负责筹建宋家沟沙棘原料生产基地，这段时间主要在那边忙，根本顾不上这里。

调研组成员在宋家沟沙棘养生馆采访

他这么一说，我们就明白了，调研时经常路过的宋家沟西边的 209 国道旁，有一个规模挺大的沙棘原料生产基地正在建设中，这应该就是张旭峰所说的基地吧。

我们提出想去看一看，张旭峰告诉我们他当天恐怕没时间，因为已经说好了要去高家湾村看沙棘叶的采收情况。他与我们约好第二天一早去基地，相互留下了对方的电话。恰在此时，宋家沟乡副乡长、村支部书记雷文斌来到这里，我们便聊了几句，当得知他是要和张旭峰一起去看沙棘叶的采收情况时，我们便跟随一同驱车前往高家湾村。

在高家湾村委会的活动室里，地上晾满了沙棘叶。一进屋，雷文斌就开始翻腾起沙棘叶来。他告诉我们，沙棘叶的采摘是有讲究的。5 月采的嫩叶可以用来做绿茶，6 月、7 月采的叶子可以做红茶和黑茶，8 月、9 月采的叶子可以做沙棘叶提取物和沙棘叶粉。采摘下来的沙棘叶不能暴晒，只能阴干，否则其中的黄酮成分就会损失掉。沙棘叶每天还需要不停地翻晾，3 斤湿叶才能晾出 1 斤干叶。

为弄清沙棘黄酮的功效，我们用手机查了一下，其主要作用是降血压、降血脂、抗衰老。站在一旁的张旭峰补充道："我们公司因为还在建设中，今年只计划收购 100 吨沙棘叶，目前已经拿出几十万让乡里帮着采收，按每斤 4 元的价格收购，还按每人每天 30 元进行补助，目的是鼓励村民积极采摘沙棘叶。"雷文斌接过话继续说道："乡里对此非常支持，既给村民发手套，又组织村民上山采摘，补助也是现金支付，村民的积极性非常高。"正说着，一对儿 70 多岁的老两口儿把当天刚采摘完的沙棘叶交过来了，上秤一称，差不多 40 斤，高家湾村支书立即支付给他们 200 元，拿到现金的老两口儿脸上笑开了花。他们告诉我们，现在自家庄稼还未到收获季节，待在家里也是闲着，正好有这么个营生，干着也不累，他们已经干了 3 天，采摘了 200 斤左右的沙棘叶，挣了 800 多元。

走出高家湾村委会活动室，我们看到对面山上有许多村民正在采摘沙棘叶。看来，这种"真金白银"支付现金的收购方式，赢得了村民们的信任，这种看得见、摸得着、能参与、无风险的扶贫方式很大程度上调动了村民们参与的积极性，激发出了脱贫的内生动力。

沙棘是一种落叶性灌木，主要分布于我国华北、西北、西南等地，耐旱、抗风沙，可以在盐碱化土地上生存，因此被广泛用于水土保持。岢岚县属中温带大陆性季风气候，具有气温低、降水少、蒸发量大、无霜期短等特点，非常适合沙棘生长。沙棘的根、茎、叶、花、果，特别是沙棘果实含有丰富的营养物质和生物活性物质，可以广泛应用于食品、医药等领域,具有止咳化痰、健胃消食、活血散瘀之功效。现代医学研究表明,沙棘可降低胆固醇,缓解心绞痛发作,还有防治冠状动脉粥样硬化性心脏病的作用。

交完沙棘叶,拿到钱的老两口儿

雷文斌还向我们介绍,岢岚县有着丰富的沙棘资源,道路两旁、山林沟壑、漫山遍野都生长着沙棘。辖区内共有沙棘林 42 万亩,野生沙棘林达 30 多万亩,仅宋家沟乡就有沙棘林 5.6 万亩,但长期以来利用率很低,经济效益并不明显。2017 年 6 月 21 日,习近平总书记视察岢岚后对沙棘产业扶贫给予了充分肯定。岢岚县委、县政府抓住这一资源优势,以科技创新发展模式致力于沙棘产业的开发和延伸,通过招商引资,与鸿泰农林科技开发有限公司达成战略合作协议,建设沙棘原料转化基地和加工基地,形成从沙棘、沙棘饮料到沙棘食品、医药保健品的综合开发产业链条。通过对沙棘的精深加工延长沙棘产业,间接带动农户参与采摘沙棘果、沙棘叶等,实现了通过发展沙棘产业助推脱贫的目的。

第二天一大早，我们如约来到了宋家沟西头的宋家沟沙棘原料生产基地建设工地，张旭峰早已在那里忙碌起来。厂区大门处的地面正在硬化中，见我们来了，他连忙找来一块长长的木板架在刚硬化完但尚未凝固的水泥地面上，让我们踩着木板走进去。

我们随着张旭峰在厂区里参观了一圈，东面是一座局部二层楼的厂房，占地面积约 5200 平方米。一层是生产区，包括生产车间、提取车间、冷库、原辅材料库、包材库、成品库等；二层是办公区，包括化验室、办公室、会议室、接待室等。目前主厂房土建部分已完工，根据 GMP 认证设计正在进行二次装修，面积可达 1400 平方米以上。工人们正在厂房里忙着安装电路、刮墙铺地。大部分生产设备已购置回来，放置在车间里，尚未拆开包装。西面是锅炉房，有一台两吨的锅炉，主要是为了满足生产用气和冬季的车间保温。厂区还有些空地，张旭峰告诉我们，现在建的是一期，二期还打算再盖一个沙棘晾场、口服液车间，再上一台两吨的锅炉。他指着东边宋家沟方向的一大片玉米地说，地已经征好了，就在那边。

我们 10 月再去时，公司大门已经建好，大门上的公司名称也由"宋家沟沙棘原料生产基地"变成了"山西宋家沟功能食品有限公司"。宽敞明亮的厂房里，工人们正在忙着调试设备。

张旭峰告诉我们，山西宋家沟功能食品有限公司成立于 2018 年 7 月，是鸿泰农林科技开发有限公司的全资子公司，注册资金 1000 万元，计划总投资 1.1 亿元。整体规划占地 100 亩，集沙棘基地种植、功能性沙棘产品研发和销售于一体，年处理沙棘叶、沙棘果原料将达到 5000 吨。

原来，早在 2017 年岢岚县委、县政府招商引资之初就给了公司一系列优惠政策：先由政府出资 2000 万元新建厂房、购置设备等，征用的 100 亩地可享受经济技术园区土地优惠政策，按园区最低土地价格购买，并按照县国土局相关征地政策办理用地手续。待正式投产后，再由鸿泰农林科技开发有限公司分 5 年回购该项目。

2018 年 10 月，公司高层研究决定，为了真正做好扶贫，不给政府添麻烦，待审计结束后一次性回购该项目。一期规划占地面积 40 亩，已于 2018 年 3 月开工建设，总投资约 3100 多万元，其中固定资产投资 2100 万元，还需再投入生产流动资金 1000 多万元，预计 11 月底前可建成投产。共有六条生产线：口服液生产线、植物饮料生产线、易拉罐植物饮料生产线、中药材提取线、沙棘茶叶生产线、沙棘果油生产线。前期设备还处于调试阶段，年后可正常运转并大批量投入生产。

谈到宋家沟的脱贫计划，张旭峰说，岢岚县非常缺乏规模化产业，他们公司年处理 5000 吨沙棘原料产业基地建成后，可直接带动宋家沟 60 人就业。在原料采收方面，他们采用"龙头企业+合作社+农户"的模式带动农民脱贫。合作社将形成"总社+18+N"的合作体系，其中"总社"为宋家沟内置金融合作社，"18"是指宋家沟乡 18 个行政村开设的 18 个专业合作社，"N"为其他乡镇成立的专业合作社。可直接带动全乡 700 个贫困农民参与其中，间接带动周边 30 个合作社约 3000 个贫困农民参与采摘沙棘果、沙棘叶。他们公司还鼓励农户进行沙棘叶精选，由公司提供沙棘叶杀青、烘干设备，提供采收技术、采收标准和粗加工成品标准，按照 10% 的精选费用计算，可给农民每年每人增加约 10000 元的收益。农民可以在自己家里将采摘来的沙棘叶、沙棘果进行精选，一家人都可以干，这样做的好处就是将农民变成工人，将农户家变成产业化工厂的第一车间。企业负责对县域内产生的各种沙棘原料及半成品以保底价进行订单收购，收购得越多，农户的收益越大，积极性就越高，来年的干劲儿就越足，形成了户、村、社、企业利益共同体。

此外，他们公司还搞蘑菇种植和采收。下一步，待公司投产后，他们还计划成立助残助学专项基金，每销售一款产品就留出一部分基金，帮助有特殊困难的村民解决特殊问题。

张旭峰说，现在的宋家沟完全是一个美丽乡村的典范、一个易地搬迁的典范、一个脱贫攻坚的典范，唯独缺少产业带动。这里山清水秀，野生沙棘资源丰富，生产绿色食品具有得天独厚的条件。公司投产后，可以吸引村里外出的一些青壮年回乡上班，或是进行沙棘采摘，或是销售沙棘产品，使部分留守儿童和孤寡老人的问题得到缓减。政府给予了他们这么大的支持，他们也必须担负起扶贫的社会责任，"政府支持企业，企业回馈社会"这种"双赢模式"就是在宋家沟办企业的根本使命。

增加农民收入，不仅关系到农村经济发展和社会稳定，也关系到全面建成小康社会目标的实现。岢岚县委、县政府按照全县依托42万亩沙棘林资源，建设7个万亩沙棘工业原材料林基地，打造全国沙棘之乡的部署，因地制宜，积极招商引资，打造出"种植沙棘——改善生态——发展产业——农民增收"的良性循环发展产业链，实现由资源优势向经济优势的重大转变，让老百姓看到了共同富裕的希望。

产业发展是振兴乡村的重要举措，是脱贫攻坚的重要途径。正如习近平总书记指出的，农村不能成为荒芜的农村、留守的农村、记忆中的故园。《山西省特色农业扶贫三年攻坚行动方案（2018—2020年）》已经出台，就"产业发展与贫困户增收利益联结机制"明确提出，要通过实施特优区和产业园创建、特色种植业扶贫等行动，使贫困地区农业产业发展水平显著提升，农产品品牌不断涌现，产销衔接高度顺畅，新型农业经营主体带贫能力大幅提高，助推全省脱贫攻坚目标实现。山西宋家沟功能食品有限公司的沙棘产业扶贫项目发展前景光明，产业扶贫内容明确，综合考虑了扶贫地区的资源优势，并且制订了长远规划，在实施中稳步扎实推进，避免了"脱贫急躁症"和形式主义，是山西省产业扶贫中值得借鉴的范例。

数据分析

说明：本次问卷调查，采取入户调研的方式，每户由一名家庭成员为代表主答，调研组发放问卷211份，收回有效问卷210份，参与调研的村民共计210人，涉及调研户数210户，统计分析分项问题时以该问题实际作答人数或户数为样本量。

一、人口结构

（一）年龄结构

参照2015年联合国世界卫生组织（WHO）提出的年龄分段（44岁以下为青年人，45岁至59岁为中年人，60岁至74岁为年轻老年人，75岁至89岁为老年人，90岁以上为长寿老人），将宋家沟村民的年龄结构分为45岁以下（青年人）、45～59岁（中年人）、60～74岁（年轻老年人）、75岁以上（老老年人）四个阶段。

如图1所示，接受问卷调查的210名宋家沟村民中，45岁以下的青年人占比11%，45～59岁的中年人占比35%，60～74岁的年轻老年人占比39%，75岁以上的老老年人占比15%。根据全国老龄办最新统计，截至2017年年底，全国60岁以上老年人口占总人口比重达17.3%；而宋家沟60岁以上的老年人占比54%，远远高于全国平均水平，老龄化程度严重。

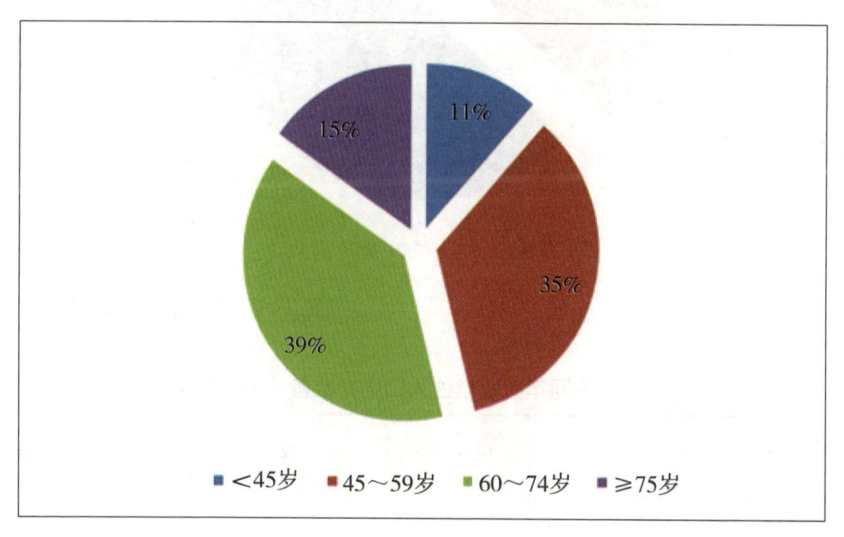

图1 村民的年龄结构

（二）性别比例

对宋家沟村委会提供的2017年村民花名册进行梳理统计，全村共有男性546人，女性503人，男女性别比例为108.55（以女性为100计），高于2017年年末全国总人口性别比（104.81）。问卷调研时点，这一比例更高，为169.23。图2为调研时点男女人口数量在总人口中的占比，表1为不同年龄段男女人口数量。

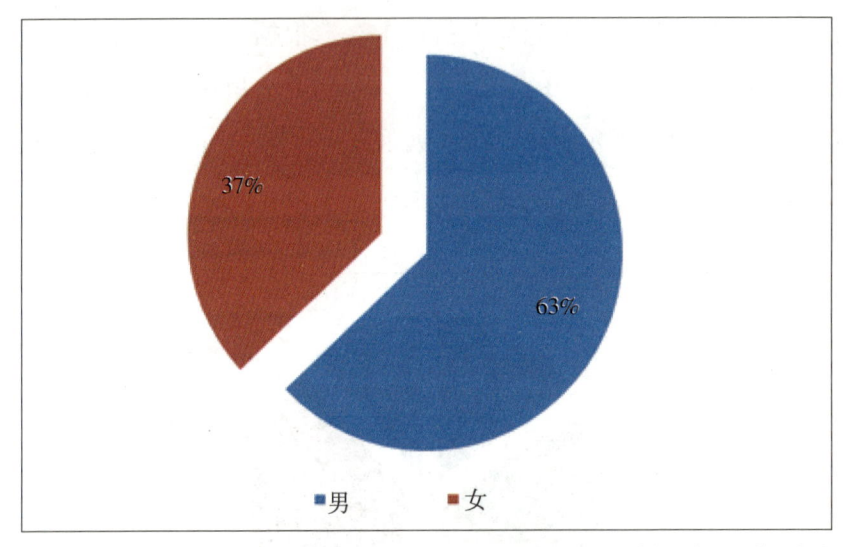

图2 调研时点男女人口数量占比

表1 不同年龄段常住人口男女数量（n=210）

人数 \ 年龄段（岁）	< 45	45～59	60～74	≥ 75	合计
男	11	42	54	25	132
女	13	31	27	7	78
合计	24	73	81	32	210

（三）婚姻状况

我们将婚姻状况分为五类：未婚、已婚、离异、丧偶、同居，如表2所示，参与调研的210名宋家沟村民中，已婚占比58.6%，未婚占比18.1%，丧偶占比15.7%，离异和同居占比较低，分别为5.2%和2.4%。

在未婚、离异和丧偶的人群中，适婚单身男性63人，占接受调查人数的30%；女性19人，占总数的9%。其中20～60岁年龄段内，单身男性28人，单身女性仅2人。宋家沟适婚单身男性数量远高于单身女性，光棍儿在宋家沟大量存在。

表2　村民的婚姻状况（n=210）

婚姻状况	未婚	已婚	离异	丧偶	同居
合计户数（户）	38	123	11	33	5
比例（%）	18.1	58.6	5.2	15.7	2.4
非建档户数（户）	2	59	0	10	0
建档户数（户）	36	64	11	23	5
男	37	64	11	15	5
女	1	59	0	18	0

调研结果显示，所有离异和同居户均为建档立卡贫困户。38名未婚村民中，36人为建档立卡贫困户。也就是说，九成以上的未婚者是建档立卡贫困户。结合前期对光棍儿群体的访谈，我们认为造成宋家沟适婚男性单身的主要原因是经济贫困和严重的男女比例失调。

（四）政治面貌

210名接受问卷调查的宋家沟村民中，14名为中共党员，2名为入党积极分子，剩余194名村民的政治面貌是群众，三类人群所占比例如图3所示。

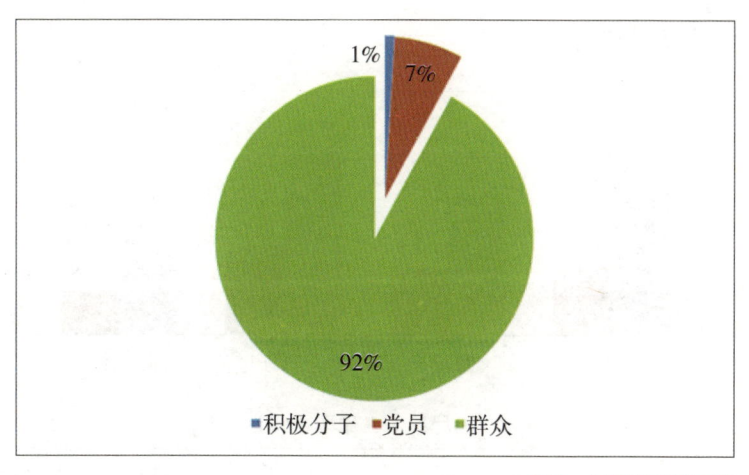

图3　村民的政治面貌

（五）社会身份与兼职情况

由图4可见，参与调研的210名宋家沟村民中，九成以上（91.0%）的村民社会身份是农民，只有4.3%的村民在村里担任各种兼职，社会身份比较单一。

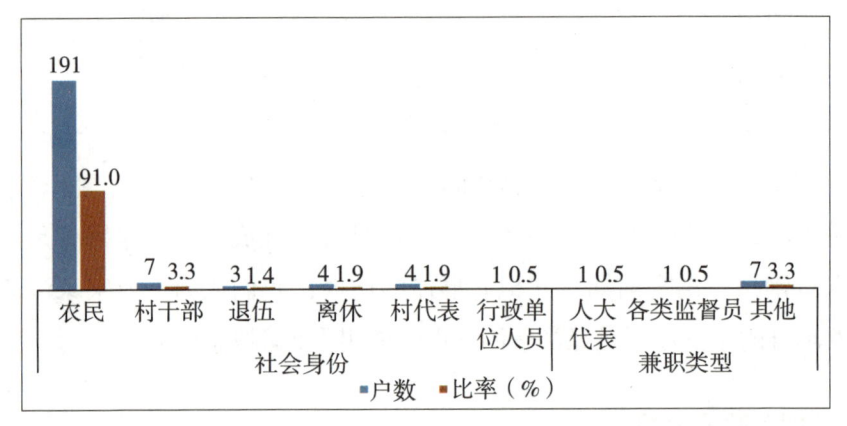

图4 村民的社会身份与兼职情况

二、家庭类型

（一）住户类型

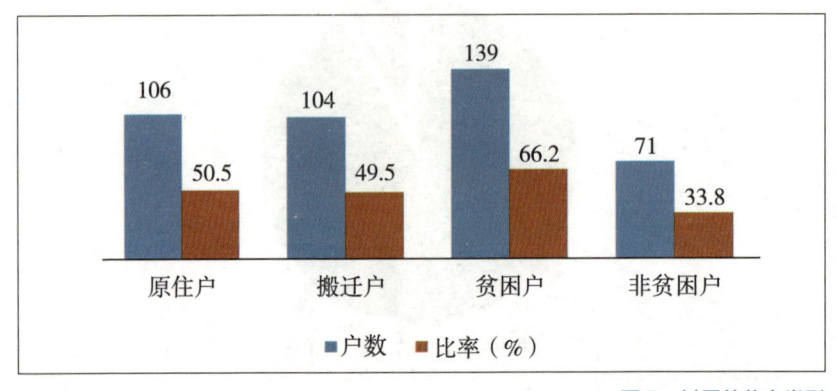

图5 村民的住户类型

此次研究将住户类型设置为原住户和搬迁户、贫困户和非贫困户（全称为建档立卡贫困户和非建档立卡贫困户）两个维度。由图5可见，参与调研的210名宋家沟村民中，属于原住户的有106名，占总比50.5%，搬迁户有104名，占总比49.5%；贫困户有139名，占总比66.2%，非贫困户有71名，占总比33.8%。贫困户占比达六成以上，这与宋家沟本身就是贫困村，又在山西省扶贫工作中被选定为易地扶贫集中安置点的现实状况相吻合。

（二）家庭人口

由图6可知，户籍人口只有1人的占比24.8%（其中八成以上为贫困户），户籍人口2人的占比34.3%（其中六成以上为贫困户），户籍人口3人的占比17.1%，户籍人口4人、5人及以上的占比均为一成左右。这说明，在今天的宋家沟，农村大家庭越来越少，老年人与子女分户、独居或老两口儿结伴儿养老的现象越来越普遍。

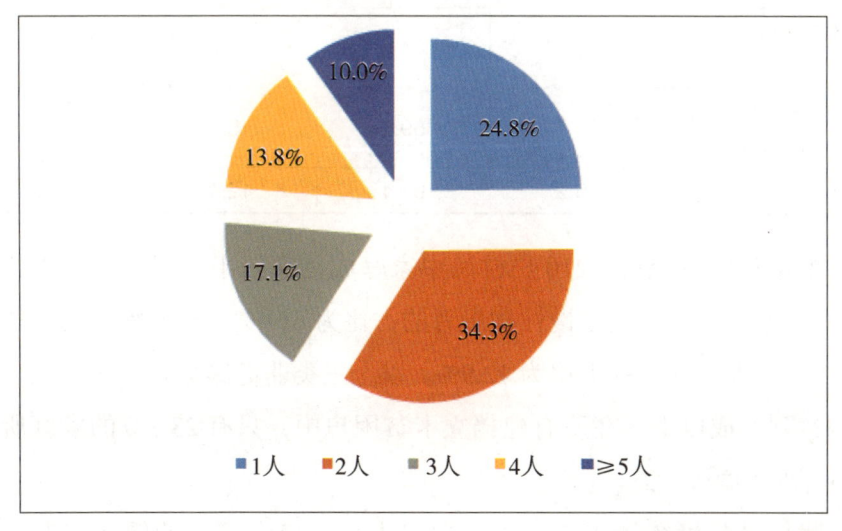

图6　家庭人口结构

参与调研的210户宋家沟村民中,有177户家庭中没有未成年人(文中所有未成年人包含上学阶段的孩子),占比84.3%,其中七成左右为贫困户;有1个未成年人的家庭占比10.5%;有2个未成年人的家庭占比4.8%;有3个未成年人的家庭占比0.4%。这一方面反映了宋家沟老龄化现象较为严重,另一方面反映了当今农村居民不再倚重"多子多福"或"养儿防老"的观念。

三、健康状况

表3 村民健康状况(n=210)

项目 户数及占比	健康状况			
	健康	慢性病	残疾	大病
合计户数(户)	55	129	26	27
非建档户数(户)	22	46	5	6
建档户数(户)	33	83	21	21
非建档户占比(%)(n=71)	31.0	64.8	7.0	8.5
建档户占比(%)(n=139)	23.7	59.7	15.1	15.1
总比重(%)	26.2	61.4	12.4	12.9

根据我们的统计,210户村民中家庭成员都处于健康状态的占比为26.2%,家中至少有一位慢性病患者的占比为61.4%,有残疾人的占比为12.4%,有大病患者的占比为12.9%。以上三类非健康家庭中,贫困户占比均达到六成以上。在所有建档立卡贫困户中,只有23.7%的家庭所有成员都处于健康状态。

我们又分别统计了一口人、两口人、三口人家庭的健康状况,如

图 7、图 8、图 9 所示。无论是从被调研村民的总体健康状况（慢性病占比 61.4%），还是从不同人口结构家庭的健康状况比来看，慢性病患者的占比均明显偏高。

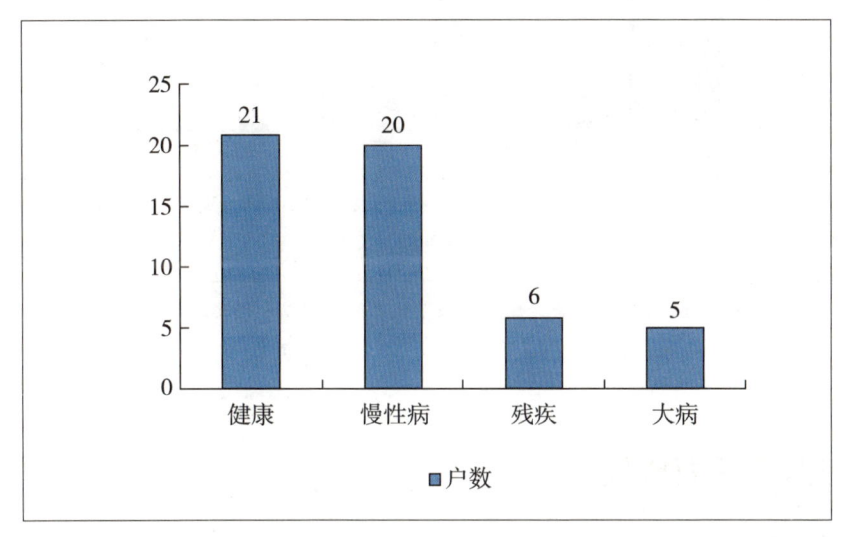

图 7 一口人家庭的健康状况

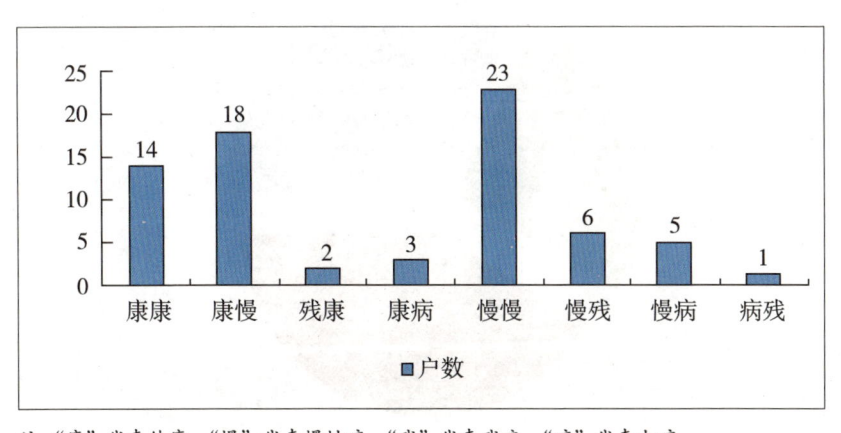

图 8 两口人家庭的健康状况

注："康"代表健康，"慢"代表慢性病，"残"代表残疾，"病"代表大病。

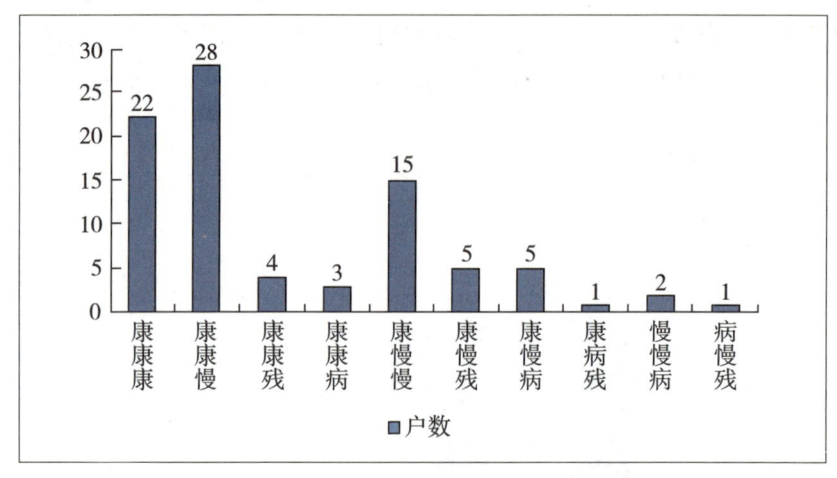

注："康"代表健康，"慢"代表慢性病，"残"代表残疾，"病"代表大病。

图9　三口人家庭的健康状况

四、受教育情况

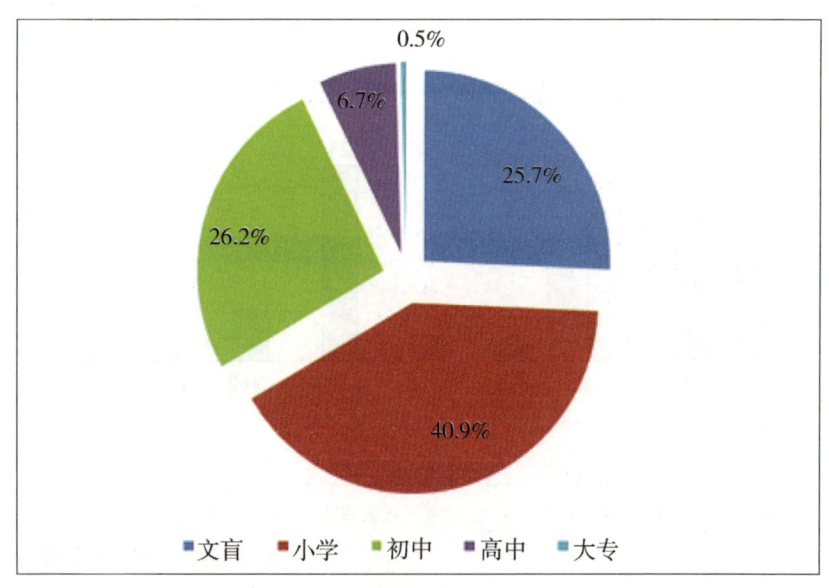

图10　村民受教育情况

由图10可知，宋家沟村民受教育程度普遍偏低，210名接受调查的村民中，只有1人文化程度为大专，占比0.5%；接受过高中文化教育的有14人，占比6.7%；接受过初中文化教育的有55人，占比26.2%；接受过小学教育的居多，占比40.9%；还有25.7%的村民为文盲。

五、谋生途径

（一）谋生途径

根据调查结果显示，宋家沟村民的谋生途径主要包括种地、打工、养殖、经营、正式工作等类型（如图11）。参与调研的210户家庭中，199户具有正常劳动能力，101户将种地作为其中一种或者唯一的谋生途径。单纯依靠某一种方式谋生的家庭有85户，占比43%，其余57%的家庭会同时采取两种以上谋生途径，如图12。

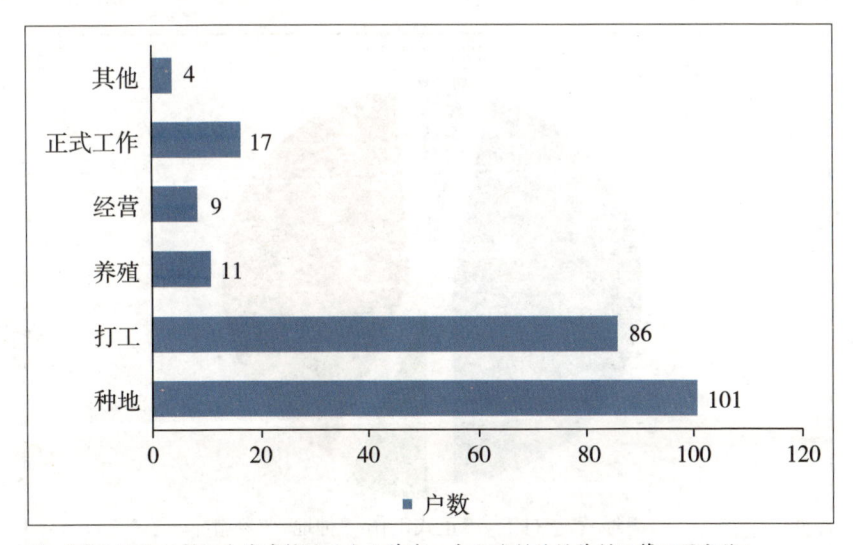

注："其他"包括村民出售采摘的时令土特产、自己缝制的绣花制品等不固定收入。

图11　村民的谋生途径

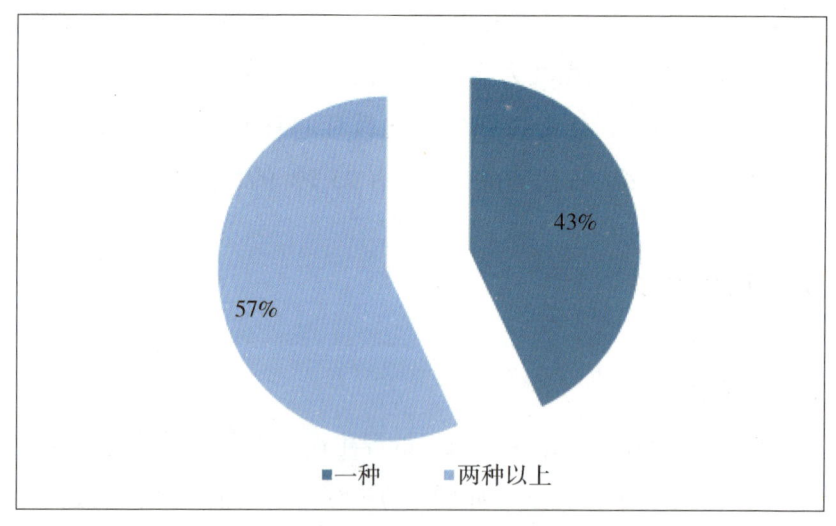

图 12　村民依靠的谋生途径种类

依靠单一谋生途径的 85 户家庭中，有 40 户以种地为生，占比 47%；其次为打工，占比 42%；依靠其他谋生途径的占比约 11%，如图 13。

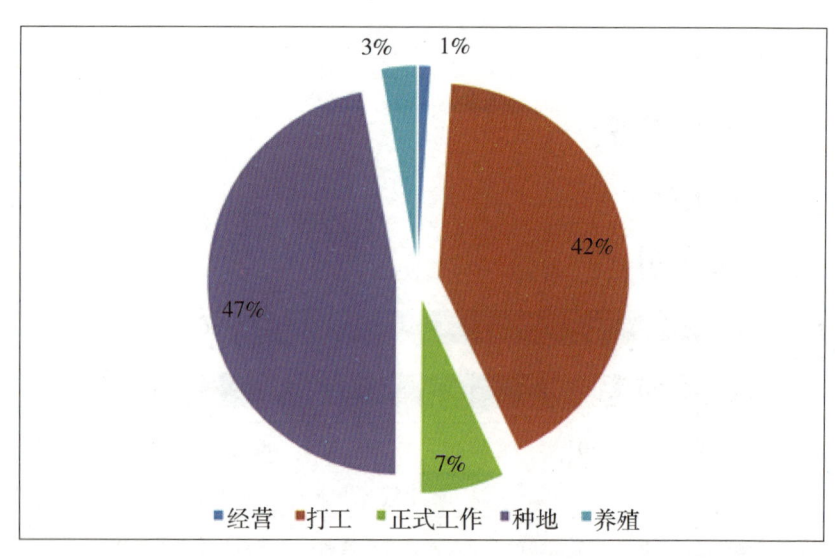

图 13　依靠单一途径谋生的村民

由图11、图12、图13的数据可知，种地依然是宋家沟村民最主要的谋生方式。但是随着市场化变革和多种产业的发展，农民不再单纯以农为生，谋生途径逐步趋向多元化，更多村民会同时选择多种谋生途径。

(二) 几种主要谋生途径

为进一步了解宋家沟村民的谋生途径，接下来我们对"种地""外出务工"（简称"打工"）和"经营"三种主要类型进行逐一分析。

1. 种地

所有参与调研村民家庭耕地总面积共计2164亩（含搬迁户原来所在村分得的个人土地面积），实际耕种面积1010亩，参与调研的村民中，有38户承包他人土地进行耕种，共计521亩，有24户对外出租土地，共计220亩。

表4 种地人基本信息（n=101）

类型	原住 n=106	搬迁 n=104	建档 n=139	非建档 n=71	<45岁 n=24	45～59岁 n=73	60～74岁 n=81	≥75岁 n=32
户数（户）	72	29	65	36	14	46	37	4
所占各类总数比重（%）	67.92	27.88	46.76	50.70	58.33	63.01	45.68	12.5

如表4所示，67.92%的原住村民选择种地谋生，27.88%的搬迁家庭选择种地谋生。造成这一差距的原因主要有两方面：一是搬迁户在宋家沟暂时没有分配土地，而原来村子的土地距离居住地较远；二是易地搬迁来的村民大都来自于自然资源较差的村庄，村中耕地多为坡地，产量低，村民耕种积极性不高。

101位种地人平均年龄为58岁，中间年龄为56岁，近五成为45～59岁的中年人，这一年龄段中六成以上的家庭会选择种地的谋生方式，高于其他年龄段占比，45 岁以下的青年人中只有 14 人种地。

年龄最小的种地人为 20 岁，名叫沈爱华，她说自己也不怎么喜欢种地，但认为土地对家庭非常重要。家里的 12 亩地主要是父母在种，她在县城找了一份服务员的工作，一个月收入 2000 元左右，农忙时才会回家帮忙。

年龄最大的种地人 82 岁，叫丁福福，他非常喜欢种地，自己耕种着 5 亩平地。

表 5　宋家沟村民的种地态度、对土地价值的评估及耕种方式选择倾向

	种地态度（n=196）				土地价值的评估（n=196）				土地耕种方式（n=194）			
	非常喜欢	比较喜欢	一般	不喜欢	非常重要	比较重要	一般	不重要	集中种好	个人种好	不知道	都可以
总户数（户）	66	50	61	19	123	44	19	10	26	152	4	12
非建档户数（户）	21	16	20	8	41	12	7	5	9	47	1	6
建档户数（户）	45	34	41	11	82	32	12	5	17	105	3	6
总比重（%）	33.7	25.5	31.1	9.7	62.8	22.4	9.7	5.1	13.4	78.3	2.1	6.2

由表 5 可见，参与调研的村民中，有 59.2% 的村民喜欢土地，其中非常喜欢土地的村民占比达 33.7%；有 85.2% 的村民认为土地重要；78.3% 的村民觉得土地还是归个人耕种比较好。

2. 打工

所有参与调研的具有正常劳动能力的 199 户家庭中，家中至少有 1 人外出打工的家庭共有 86 户，占比 43.22%，打工成为宋家沟村民仅次于种地的第二大谋生途径。

表6 宋家沟村民务工基本情况一

项目	务工地点（n=75）				务工时间（n=64）			地不够种	外出打工原因（n=74）			
	县城	本市	省内	省外	<3个月	3~6个月	6~12个月		增长见识	补贴生活	农闲	其他
合计户数（户）	50	4	9	12	34	11	19	6	2	56	8	2
非建档户数（户）	19	1	1	3	10	4	5	3	1	18	1	1
建档户数（户）	31	3	8	9	24	7	14	3	1	38	7	1
总比重（%）	66.7	5.3	12.0	16.0	53.1	17.2	29.7	8.1	2.7	75.7	10.8	2.7

表7 宋家沟村民务工基本情况二

项目	务工组织形式（n=73）								家庭成员所做工种（n=63）						最需要（n=136）					
	乡委组织	村委组织	自己找活儿	亲友介绍	工头带领	企业招工	劳务中介	其他	泥瓦工	水电工	装修工	厨师	司机	其他	资金	劳力	技术	工作	销售渠道	其他
合计户数（户）	1	4	40	20	7	0	0	1	18	1	1	15	5	23	75	14	28	10	3	6
总比重（%）	1.4	5.4	54.8	27.4	9.6	0	0	1.4	28.6	1.6	1.6	23.8	7.9	36.5	55.1	10.3	20.6	7.4	2.2	4.4

由表6、表7可见，除8.1%的村民是由于地不够种的原因外，其余近八成村民均是本着提高家庭经济收入、贴补家用的目的外出务工；近七成村民选择在县城务工；五成以上外出务工者所做工种为泥瓦工和厨师。他们大多通过自己找活儿或亲友介绍的途径获得工作，依靠乡委、村委组织外出务工的村民占比偏低，分别是1.4%和5.4%，9.6%的村民通过本村或邻村的工头带领外出务工，通过企业招工和劳务中介的占比均为0。村民信息闭塞，外出务工渠道单一，缺乏有效的组织引导。外出务工的村民对资金的需求占比（55.1%）远高于其他，这说明村民更多看重眼前的利益，尚未能顾及长远，比如提升自己的技术、拓宽农产品销售渠道、增加就业机会等。

3. 经营

表8　个体经营情况统计（n=210）

经营种类	豆腐磨坊	超市	卖酒	机械出租	客栈	合计
合计户数（户）	3	2	1	2	1	9
原住户数（户）	2	2	1	2	1	8
搬迁户数（户）	1	0	0	0	0	1
平均年收入（元/人）	10000	23500	9600	6500	6000	11733

随着社会主义市场经济体制的逐步完善以及宋家沟乡村旅游产业的起步，越来越多的村民选择个体经营。如表8所示，参与调研的村民中有9家个体经营户，经营种类包括超市、客栈、卖酒、豆腐磨坊、机械出租。其中8户为原住村民，1户为搬迁村民。经营户同时兼顾种地、打工等其他谋生途径。个人年收入从5000元到30000元不等，人均年收入11733元，基本属于村里的中高等收入户。

六、收入

（一）收入情况

根据收回的 210 份调查问卷数据得出，2018 年度宋家沟村民家庭人均可支配收入为 6605 元。参考 2018 年 12 月山西省最新确定的岢岚县农村精准扶贫户的脱贫标准（人均可支配收入达到 3500 元以上），该研究将宋家沟村民 2018 年度人均可支配收入低于 3500 元的家庭确定为贫困户，将等于和高于 3500 元的所有家庭划分为低收入户、中等收入户、高等收入户，共计四种收入类型。

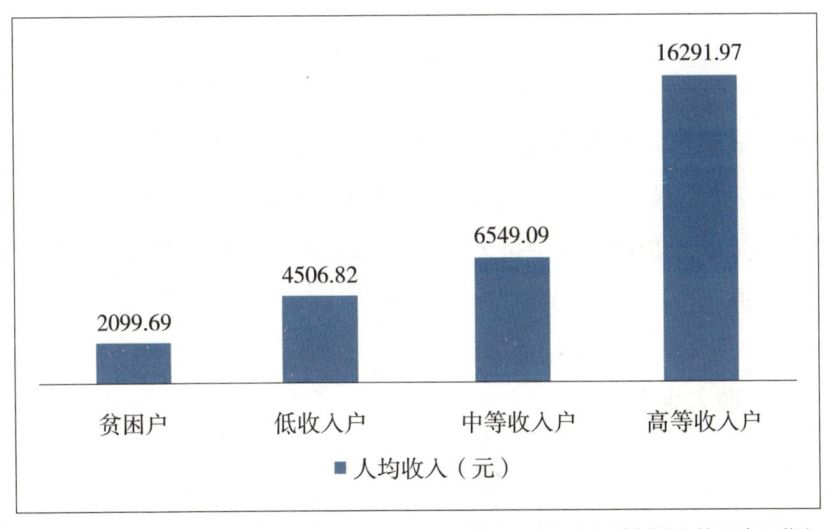

图 14　2018 年度村民人均可支配收入

如图 14 显示，所有参与调研的宋家沟村民中，贫困户 2018 年度人均可支配收入为 2099.69 元（共计 63 户，其中非建档户 22 户，建档户 41 户），低收入户的人均收入为 4506.82 元，中等收入户的人均收入为 6549.09 元，高等收入户的人均收入为 16291.97 元。

表9　宋家沟村民收入增减情况及收入满意度

类型	收入增减（自评）(n=206)				类型	收入满意度（n=205）				
	提高	差不多	减少	不知道		非常满意	比较满意	一般	不太满意	很不满意
合计户数	53	102	42	9	合计户数	33	54	62	46	10
非建档户数	21	29	16	2	非建档户数	8	11	20	23	5
建档户数	32	73	26	7	建档户数	25	43	42	23	5
非建档户占比(%)(n=68)	30.9	42.6	23.5	3.0	非建档户占比(%)(n=67)	11.9	16.4	29.9	34.3	7.5
建档户占比(%)(n=138)	23.2	52.9	18.8	5.1	建档户占比(%)(n=138)	18.1	31.2	30.4	16.7	3.6
总比重(%)	25.7	49.5	20.4	4.4	总比重(%)	16.1	26.3	30.2	22.5	4.9

表9显示，参与调研的村民中近一半人认为，2018年度收入和2017年差不多，25.7%自评收入增加了；42.4%对自己2018年度的收入持满意态度，其中，非建档户中持满意态度的占比28.3%，建档户中持满意态度的占比近一半（49.3%）。

（二）收入来源

表10　收入渠道单一家庭基本情况

类型		种地	打工	其他
户数（户）	建档户	14	13	17
	非建档户	9	14	6
比重（%）	建档户（n=44）	31.82	29.55	38.63
	非建档户（n=29）	31.03	48.28	20.69

注："其他"包括低保、粮食补贴、养老金、五保金等。

由表10可见，不论是建档户还是非建档户，将"种地"作为家庭唯一收入来源的户数占比均达三成;将"打工"作为家庭唯一收入来源的,建档户占比近三成(29.55%),非建档户占比近五成(48.28%);单靠社会保障和政府补贴的"其他"来源中,建档户占比(38.63%)高于非建档户(20.69%)。

表11 两种收入来源家庭基本情况

类型		种地打工	种地养殖	种地其他	打工其他	其他
户数(户)	建档户	16	0	14	6	26
	非建档户	10	2	3	7	4
比重(%)	建档户(n=62)	25.81	0	22.58	9.67	41.94
	非建档户(n=26)	38.46	7.69	11.54	26.92	15.39

注:"其他"包括低保、粮食补贴、养老金、五保金等。

表11中的数据显示,两种收入来源的家庭中,建档户除"种地、其他"和"其他"两类明显高于非建档户外,其余类型均低于非建档户。

表12 三种收入来源家庭基本情况

类型		种地打工养殖	种地打工其他	种地养殖其他	种地其他	养殖其他	打工其他	其他
户数(户)	建档户	3	12	1	7	1	5	4
	非建档户	2	9	1	1	1	2	0
比重(%)	建档户(n=33)	9.09	36.37	3.03	21.21	3.03	15.15	12.12
	非建档户(n=16)	12.50	56.25	6.25	6.25	6.25	12.50	0

注:"其他"包括低保、粮食补贴、养老金、五保金。

由表12可见,三种收入来源家庭中,建档户除"种地、其他"和"其他"两类明显高于非建档户外,其余类型均与非建档户基本持平或明显低于非建档户。

综上分析，土地已经不再是新时代宋家沟人的"命根子"，他们更多地把希望寄托于土地之外。但相比之下，建档户的收入来源还是略显单一，他们更多地倚重种地、社会福利保障和政府补贴。

七、消费和支出情况

（一）消费

1. 衣

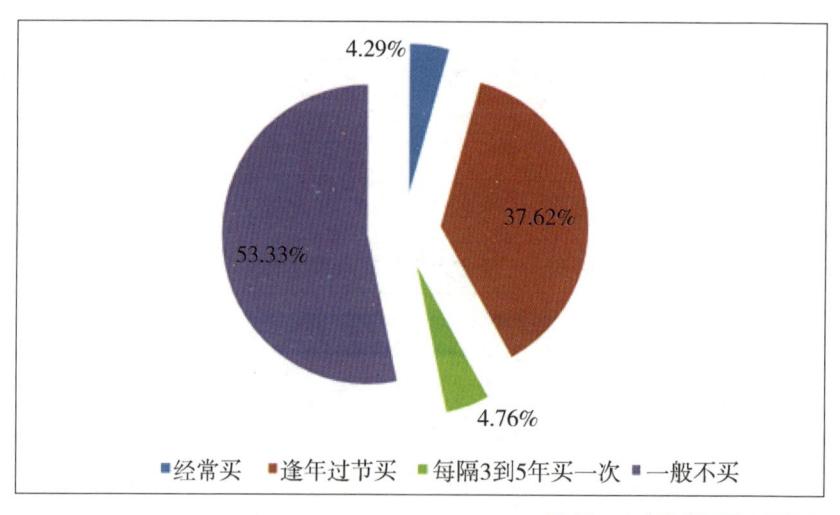

图15 宋家沟村民买衣服情况

图15显示，参与调研的宋家沟村民中五成以上一般不买衣服；4.76%的村民每隔3到5年买一次衣服；37.62%的村民逢年过节或遇重大喜事时会购买衣服；只有9户（占比4.29%）参与调研者经常买衣服，其中年龄在45岁以下的有6人。大多数村民习惯到岢岚县城买衣服（占比78.4%）；只有4户习惯在网上买衣服，他们的年龄均在30岁以下；其余

村民有的在省城买,有的在村里的大广场买,还有的由子女或兄弟姐妹帮忙购买。

2. 食

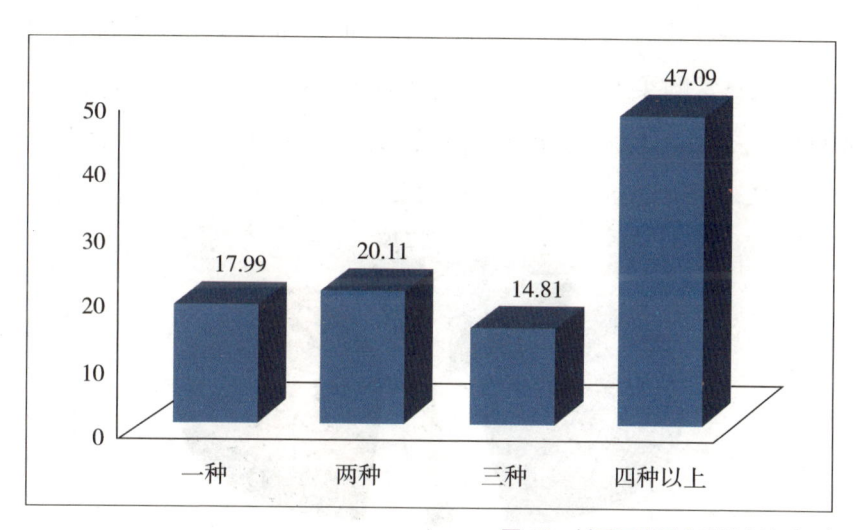

图16 村民日常副食种类占比(%)

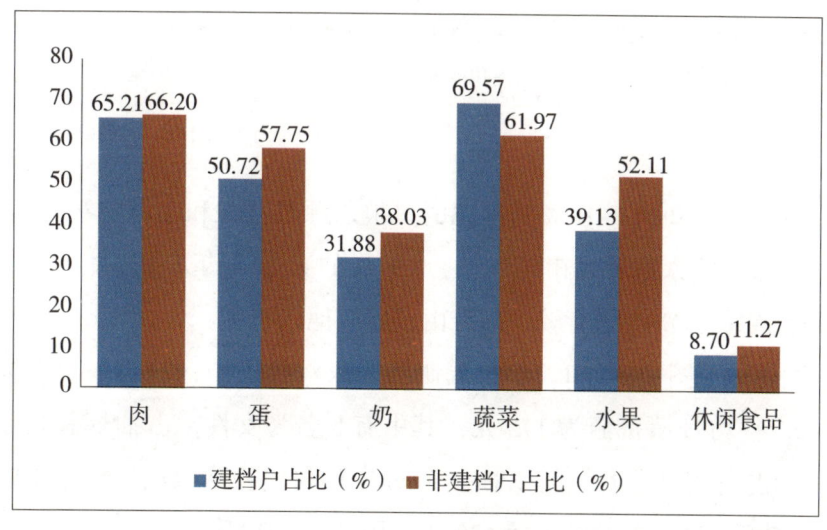

图17 建档户和非建档户各种食品数量占比

结合村民的现场讲述，参照图16、图17可见，村民日常消费的食品主要包括口粮（粮食）、蔬菜、肉类和鸡蛋，牛奶、水果、其他休闲食品次之。除口粮和蔬菜外，肉、蛋、奶类食品并非村民的常规消费食品，很多村民只是在逢年过节时才少量买进，水果和其他休闲食品只是偶尔购买，村民日常购买副食四种以上的户数占比近一半（47.09%）。建档户和非建档户之间的食品消费比例差别不大。

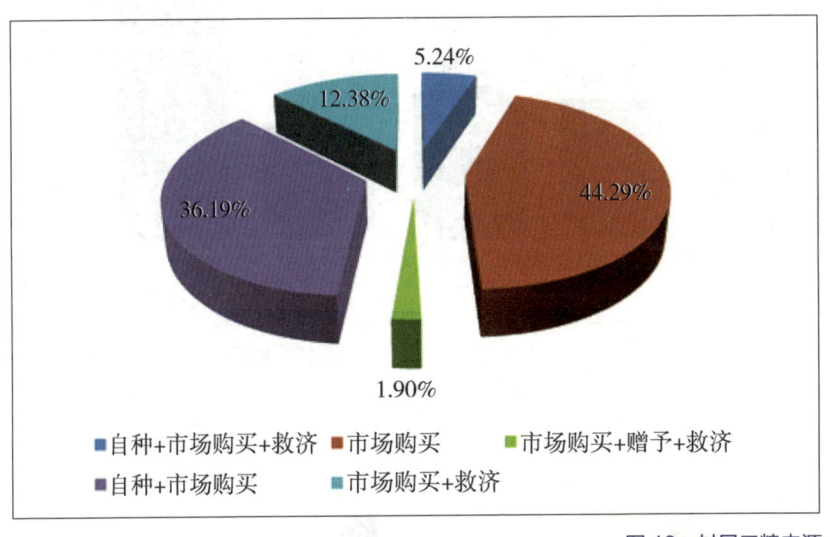

图18 村民口粮来源

由图18可知，36.19%的家庭的口粮来源是自种和市场购买相结合，其余44.29%的家庭单靠市场购买，1.90%的家庭除购买外还能得到政府或其他组织的救济，还有较少部分由亲戚或他人赠予。

由图19、图20可知，参与调研的宋家沟村民中，有近一半人抽烟（46%），平均月消费额为175元，其中有8名为女性，占抽烟总人数的8.25%，占被调研总人数的3.8%；11.96%的村民喜欢喝酒，19.62%的村民偶尔喝酒，其余近七成（68.42%）村民基本不喝酒。

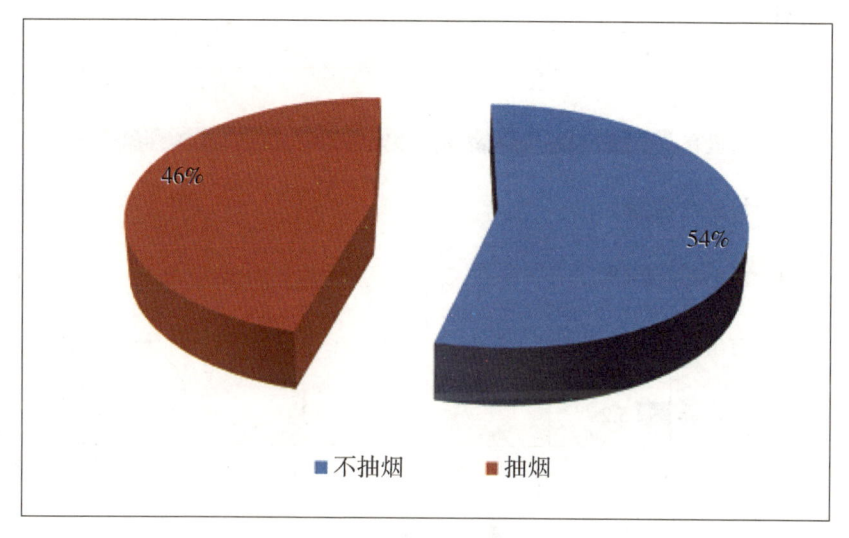

图19 村民抽烟情况

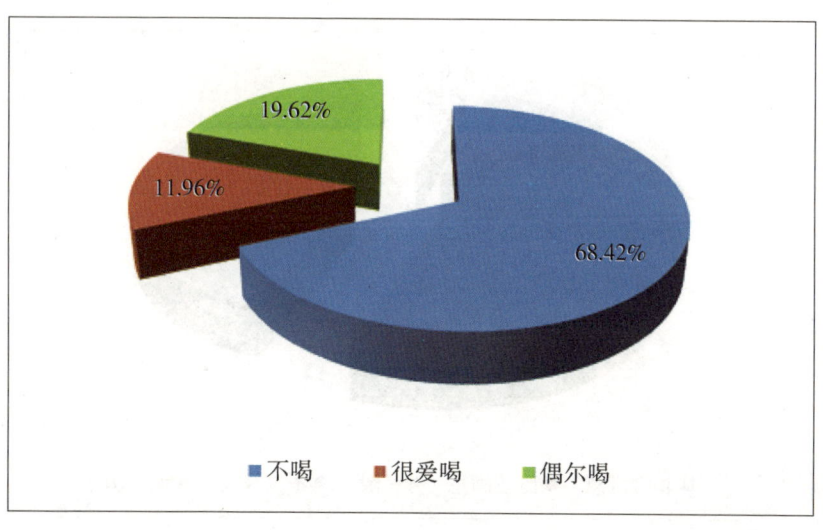

图20 村民喝酒情况

3. 住

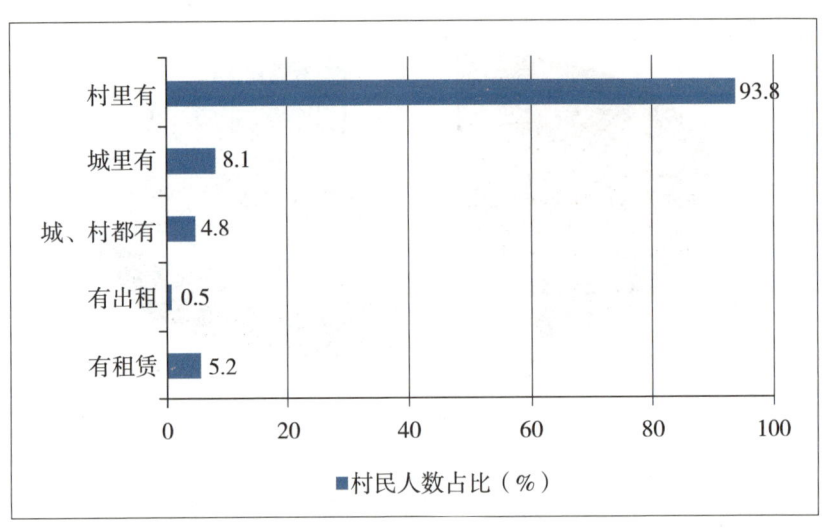

图 21　村民住房情况

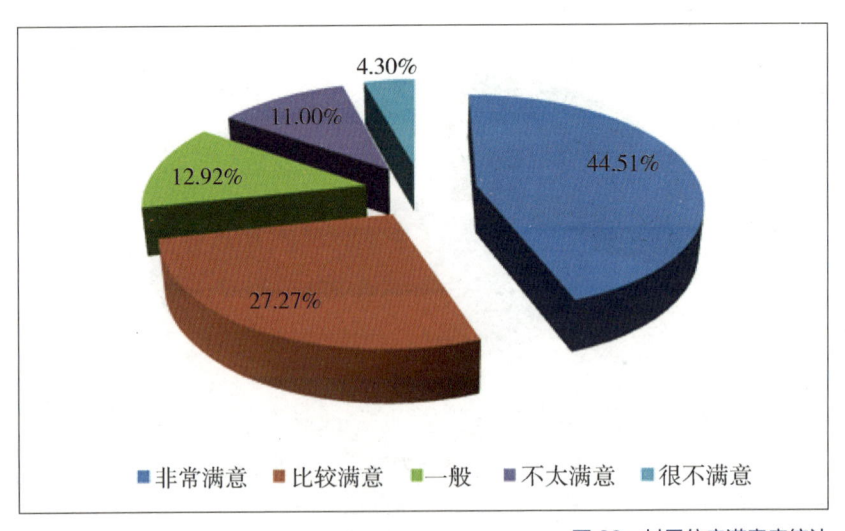

图 22　村民住房满意度统计

由图 21、图 22 可知，参与调研的村民中 93.8% 在村里有房，8.1% 的人在城里有房，其中村里、城里都有房的占比 4.8%；对外出租房的占比只有 0.5%，租住别人房子的占比 5.2%，有的用来做生意，有的则因搬迁房尚未分配而暂时租房。所有参与调研的村民中有七成以上（71.78%）对住房持满意态度，只有 4.30% 对住房持很不满意的态度。

4. 行

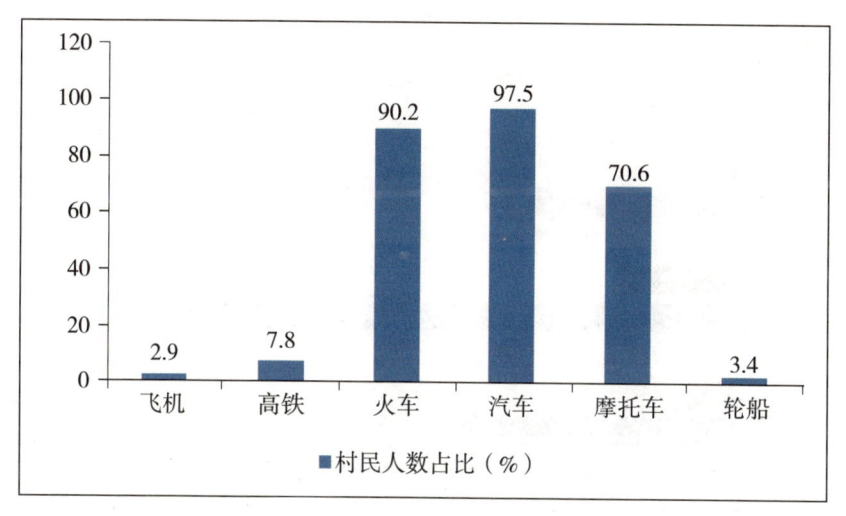

图 23　村民现代化交通工具乘坐情况

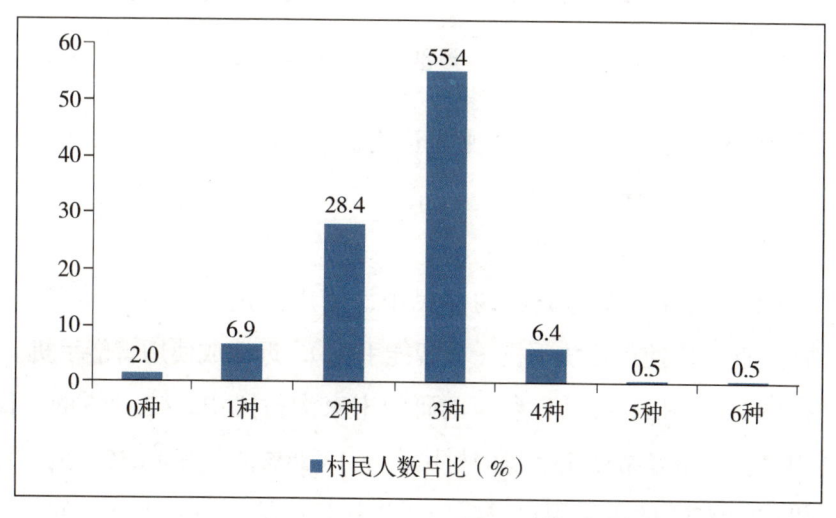

图 24　村民乘坐过的交通工具种类统计

图23、图24显示，参与调研的宋家沟村民中九成以上乘坐过火车和汽车，七成以上乘坐过摩托车，乘坐过飞机、轮船、高铁的村民占比较低。坐过三种交通工具的村民占比55.4%，这三种交通工具均为火车、汽车和摩托车，所有参与调研的村民中有4人从未乘坐过任何一种现代交通工具，占比2.0%。

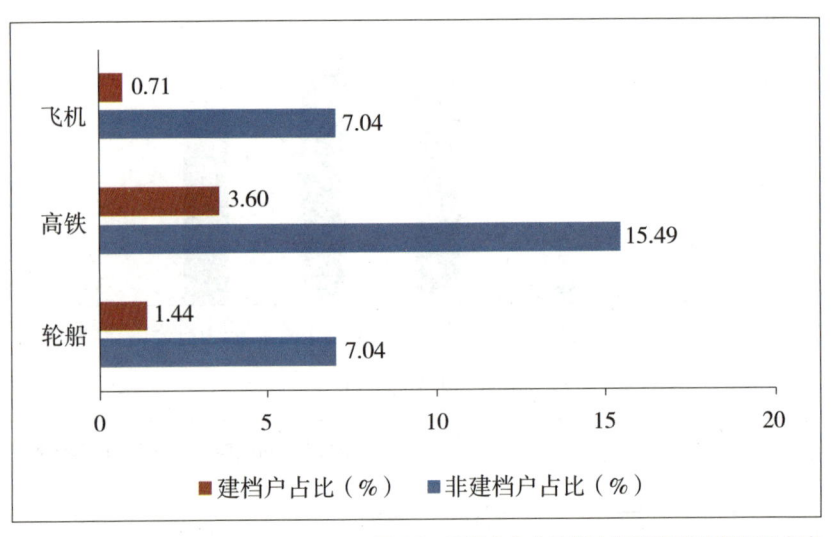

图25 建档户与非建档户乘坐高档交通工具占比

由图25可见，非建档户中乘坐过飞机、高铁、轮船三类高档交通工具的占比明显高于建档户。

5. 通信

由图26可见，参与调研的村民中，使用固定电话的有4户（占比2.13%），近六成使用传统手机（非智能手机），近四成使用智能手机。

由图27、图28可见，参与调研的宋家沟村民中，47.37%的村民经常使用手机，不经常使用手机的村民占比13.88%，还有14.35%的村民没有手机；97.77%的手机用户主要用手机接打电话，只有1.68%的村民用来玩游戏，8.94%的村民会用手机看视频，21.79%的村民会使用微信。

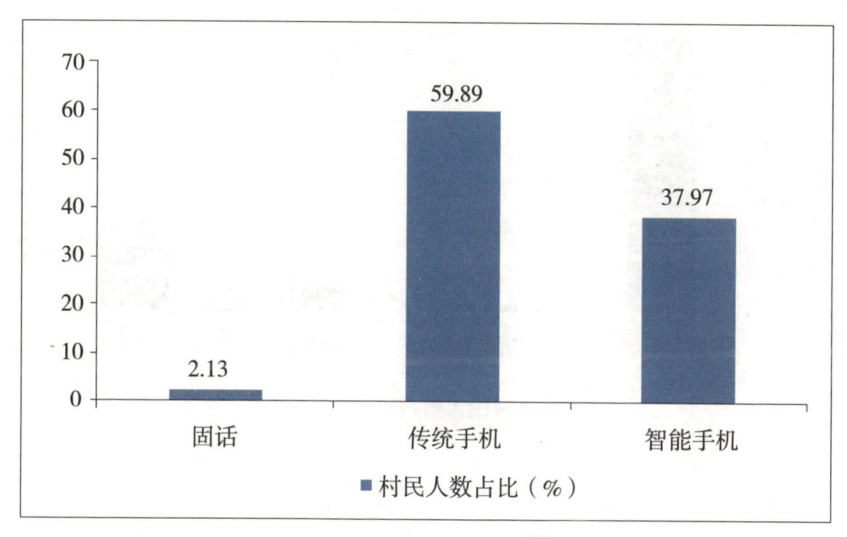

图26　村民拥有通信工具的情况

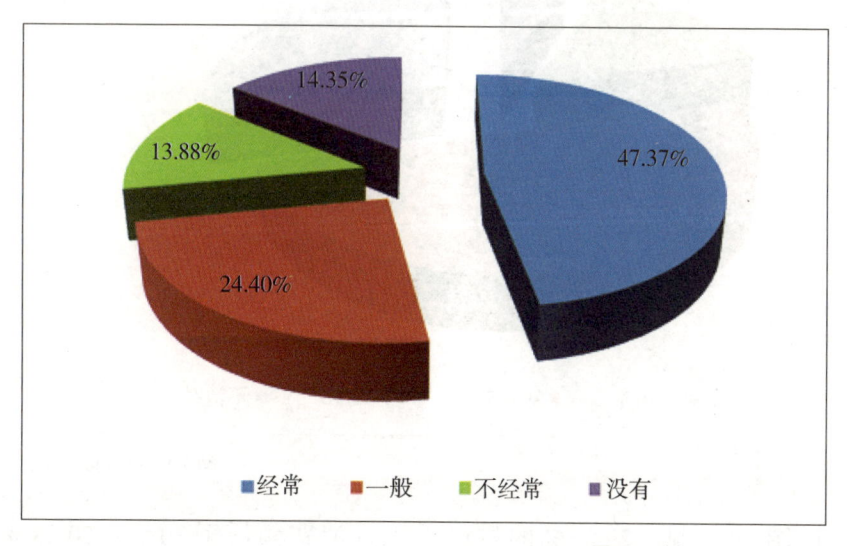

图27　村民手机使用频率

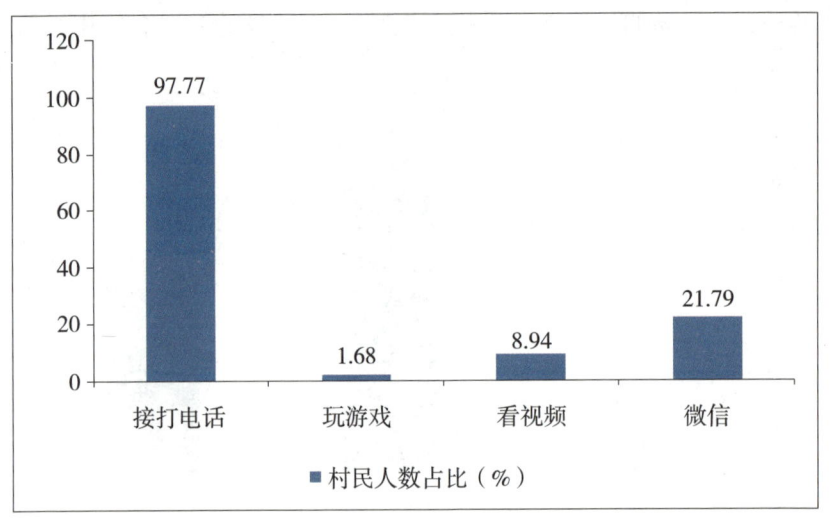

图28 村民手机用途

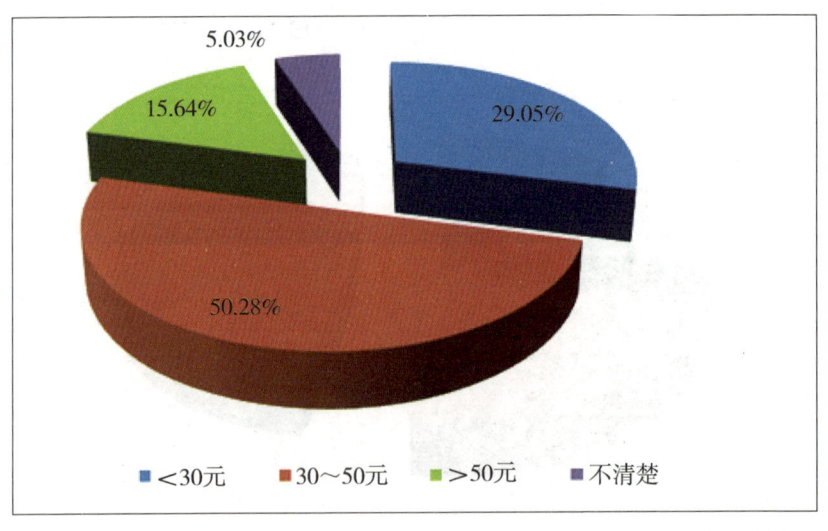

图29 村民通信费用

由图29可见，29.05％的村民手机月消费额低于30元，50.28％的村民手机月消费额在30到50元，手机月消费额高于50元的村民仅占15.64％。

表 13　村民网络消费群体年龄结构（n=210）

类型	青年人 （＜45岁）	中年人 （45~59岁）	年轻老年人 （60~74岁）	合计
网购人数	10	2	2	14
网售人数	3	0	0	3
使用移动支付人数	13	5	1	19

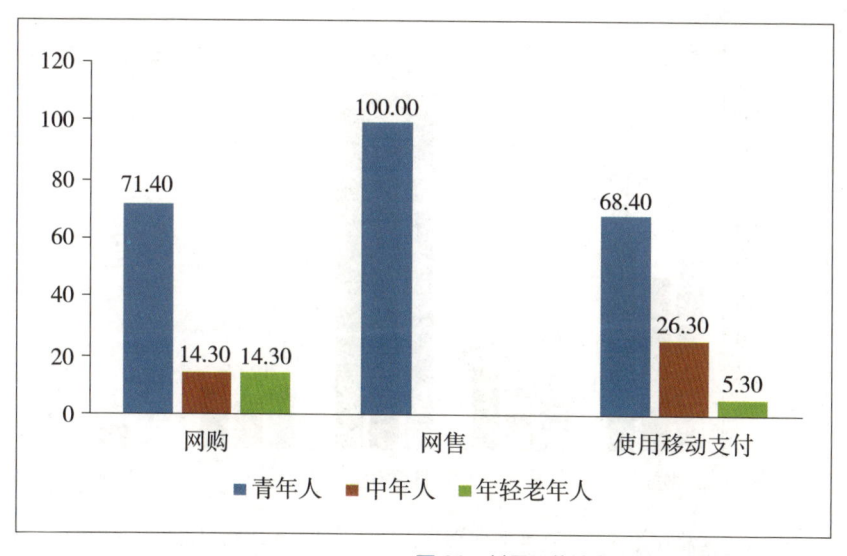

图 30　村民网络消费群体年龄结构占比（%）

由表 13、图 30 可见，所有参与调研的村民中，有网上购物行为的共计 14 人，其中 10 人为青年人，在网购群体中占比 71.4%；有网上销售行为的村民共计 3 人，在所有接受调研村民中占比 1.4%，他们均为 45 岁以下的青年人；有使用移动支付行为的村民共计 19 人，其中 13 人为青年人，占该群体总数的 68.4%，5 人为中年人，1 人为年轻老年人（61 岁）。由此可见，网络消费群体在宋家沟以青年人居多。

（二）支出情况

在参与调研村民的家庭消费总支出额方面，为确保统计的科学性，该研究将两个家庭买房子（20万元）及娶媳妇儿（14万元）的大额开销除外，剩余184户家庭2018年度的人均年支出额为5194.66元，与前面提到的宋家沟本年度人均可支配收入额6605元相比，本年度村民的收支基本处于平衡状态。

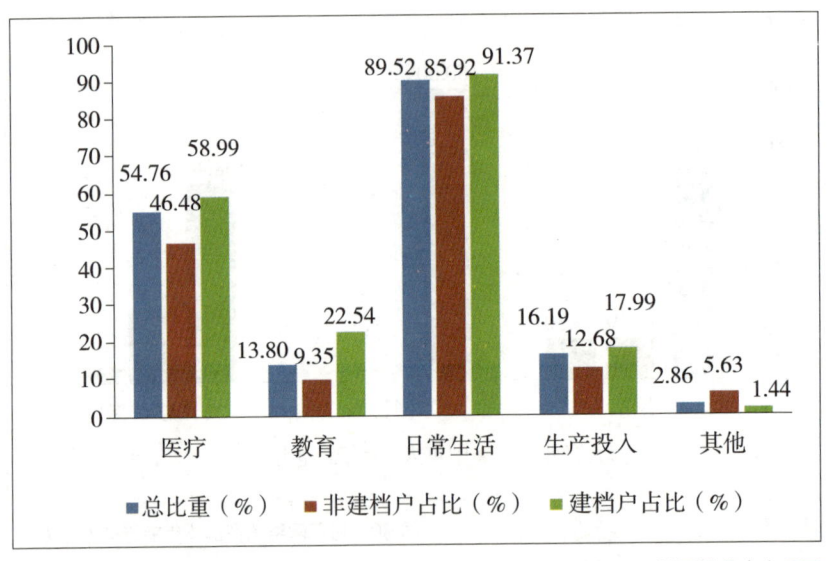

图31　村民消费支出项目

图31显示，所有参与调研的村民涉及的消费支出项目占比较高的项目分别为"日常生活"和"医疗"，其占比分别为89.52%和54.76%；"生产投入"和"教育"占比均不及两成。

所有参与调研村民关于"本年度家庭最大的一项开支"的回答共涉及11项内容，调研组按照所占总比重大小选取了前5项。由图32、图33可知，在消费开支方面，所有参与调研村民本年度最大开支项中，"医疗"位列第一，占比 54.60%，"日常生活"和"教育"次之，占比分别为 19.02% 和 11.66%。

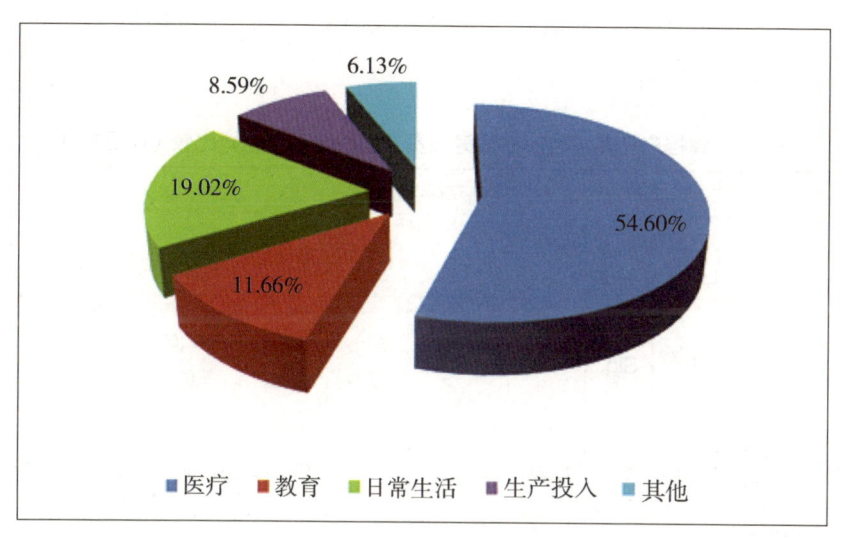

图 32　村民最大支出项目前 5 项占比结构图

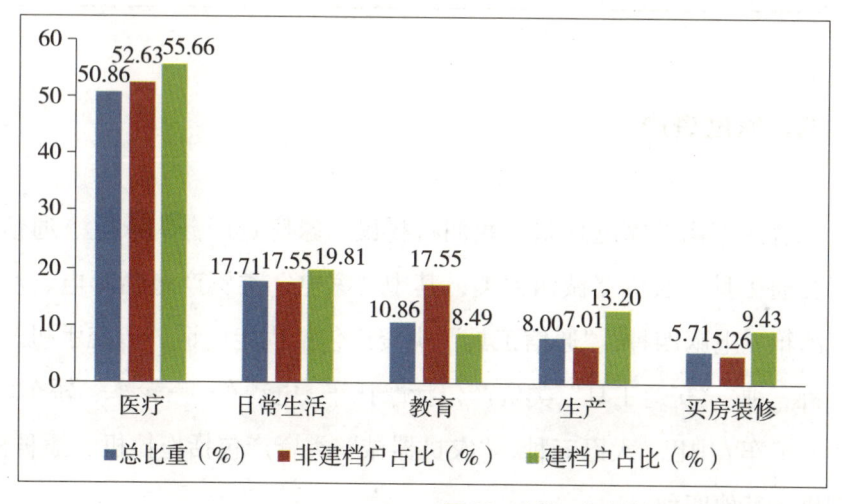

图 33　建档、非建档村民最大项开支占比

由图 33 可见，建档户的教育开支占比高于非建档户，为此，该研究运用 SPSS20.0 软件对二者进行了独立样本检验，进一步的数据分析显示，二者之间并不存在显著性差异（由表 14 可见，显著性概率为 0.192，大于 0.1 的显著性水平）。

表 14 建档户与非建档户在教育投资方面的显著性差异比较（n=210）

		独立样本检验								
		方差方程的 Levene 检验		均值方程的 t 检验					差分的 95% 置信区间	
		F	Sig.	t	df	Sig.（双侧）	均值差值	标准误差值	下限	上限
教育投资	假设方差相等	6.615	.011	1.308	209	.192	.06545	.05003	−.03318	.16407
	假设方差不相等			1.232	122.309	.220	.06545	.05312	−.03971	.17061

八、家庭资产

结合宋家沟的家庭现状，我们将村民的家庭资产分为家电、通信工具、交通工具、农机器械四大类，其中"家电"类资产包括彩电、洗衣机、冰箱、电脑四种，"通信工具"类资产包括固定电话、传统手机、智能手机三种，"交通工具"类资产包括摩托车/电动车/三轮车、轿车/面包车、卡车/中巴/大巴三种，"农机器械"类资产包括拖拉机、播种机、收割机、其他四种。

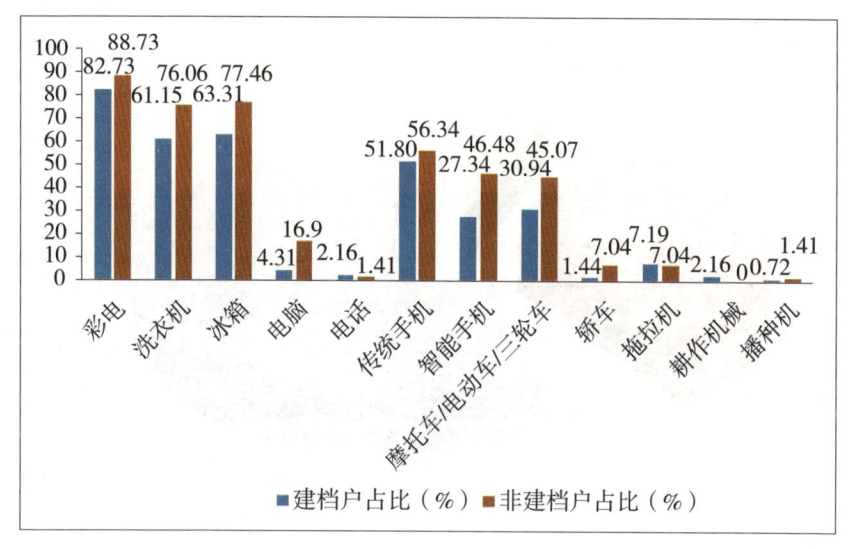

图 34　村民家庭资产情况

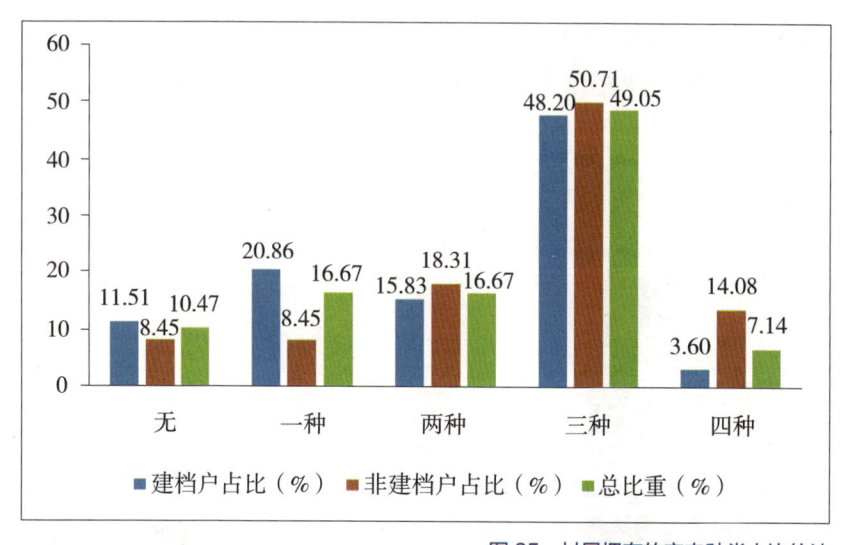

图 35　村民拥有的家电种类占比统计

所有参与调研的宋家沟村民中，49.05%的村民拥有三种以上家电，无论是建档户还是非建档户，所拥有的家电资产大多为"彩电、冰箱、洗农机"三大类，这有点儿类似于20世纪80年代人们所说的"老三样"。

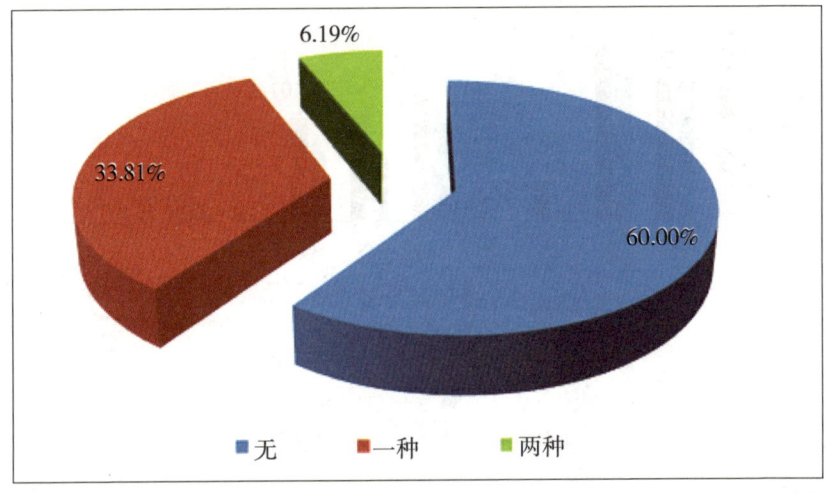

图36　村民拥有的交通工具项目种类

图36显示，近四成村民拥有基本的交通工具，所拥有的交通工具类资产大多为传统的摩托车、电动车、三轮车，拥有小汽车的家庭占总调研户的3.3%。

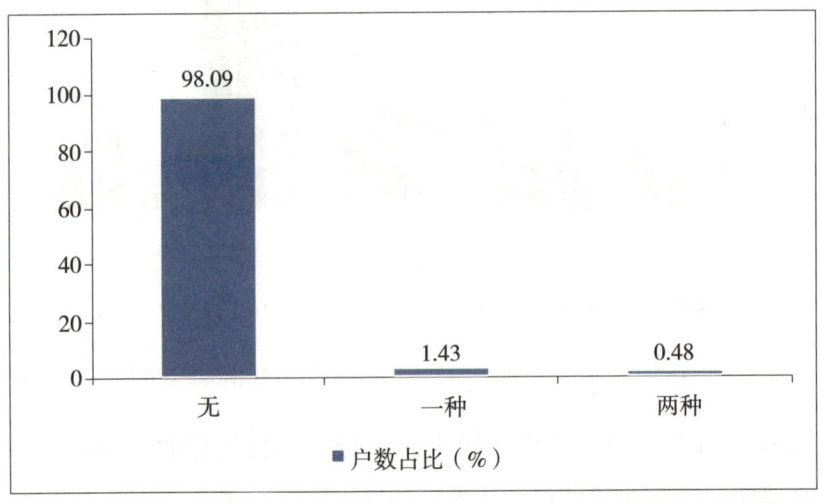

图37　村民拥有的农机器械种类

图 37 显示，拥有一种或两种农机器械类资产的村民不到 2%。

就以上所有不同类别资产的拥有情况来看，非建档户拥有比例略高于建档户，但二者之间差异并不显著。

九、人际交往情况

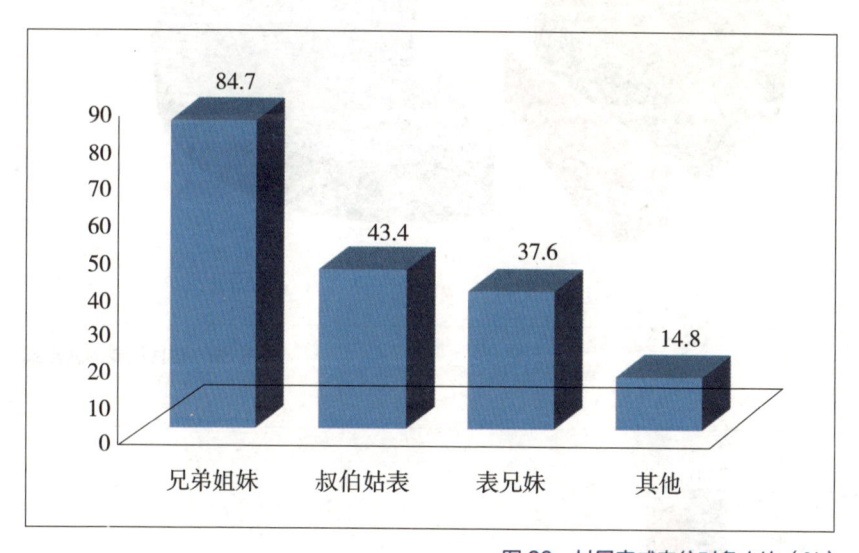

图 38　村民亲戚来往对象占比（%）

由图 38、图 39 可知，宋家沟村民平常来往的亲戚大多为直系兄弟姐妹（占比 84.7%），叔伯亲戚占四成左右。亲戚朋友之间的主要沟通方式有三种：电话、串门儿和微信（占比分别为 55.1%、40.6%、4.3%），写信这种传统的沟通方式已经基本消失。

由图 40 可知，村民在遇到事情时，大多会把直系亲属作为第一求助对象（占比 67.5%），15.5% 的村民会首选求助邻居同乡，4.0% 的村民首选求助朋友同事，有 14 户村民（占比 7.0%）表示会首选求助村干部（其中 12 户为建档户，2 户为搬迁非建档户）。可见，当代宋家沟人的宗族血亲观念依旧非常浓厚，而建档户和搬迁户在精准扶贫的大背景下，对村干部的信赖度正在进一步提升。

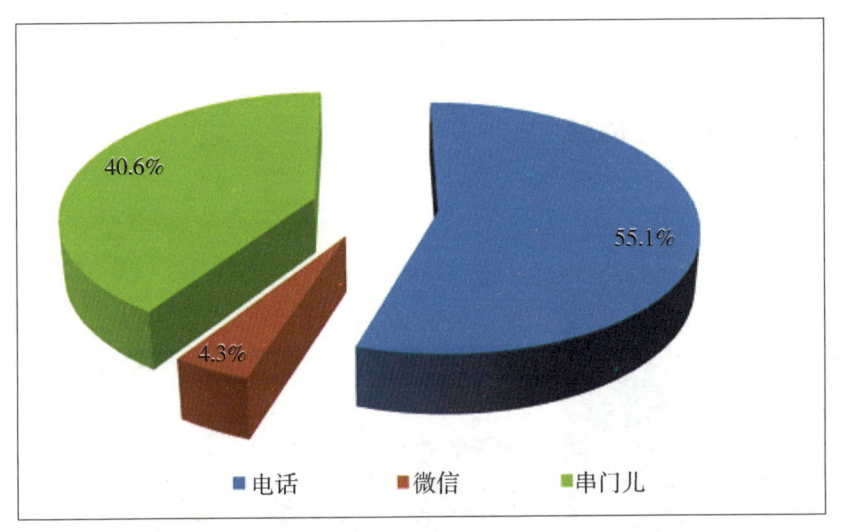

图 39　村民首要沟通方式

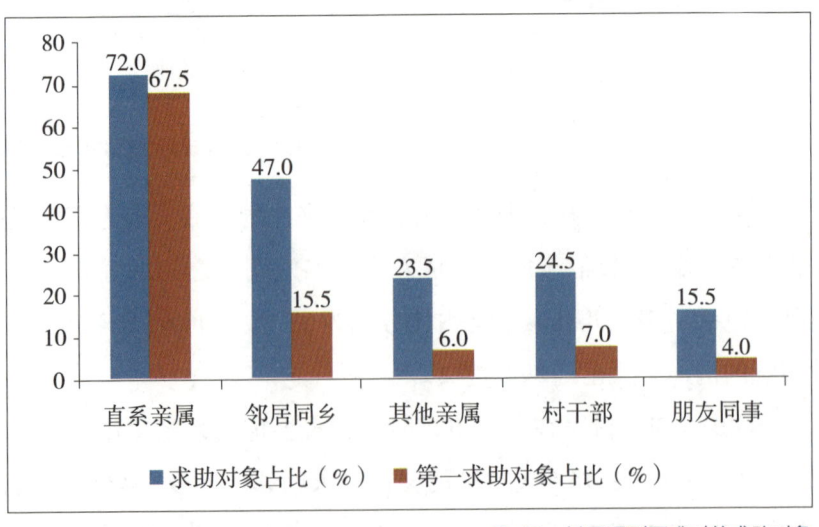

图 40　村民遇到困难时的求助对象

表 15　村民 2018 年参加红白喜事情况统计（n=210）

参加 （户）	平均礼钱 （元）	前去帮忙 （户）	承办 （户）	平均费用 （元）	平均收受礼金 （元）
112	2349.64	7	10	39000	20500

由表 15 可知，112 户村民在 2018 年参加过红白喜事，平均每户礼金支出额为 2349.64 元，他们本年度的户均年收入额为 15988.61 元，户均年支出额为 15605.77 元，礼金支出额占户均收入额的 14.7%，占户均支出额的 15.1%。我们在调研中了解到，宋家沟村民在红白喜事方面的随礼金额相比山西省的城市或其他农村明显偏高，大多不低于 500 元或 1000 元，还有的高达 2000 元、3000 元不等。比如，调研小组曾经走访过的王成柱家，他家 2018 年参加过 3 次红白喜事，共搭（搭：岢岚方言，意思是上礼）礼金 3300 元，可他家的年收入只有 9000 元。调研组成员笑着说："你们随的份子钱挺多的啊！"女主人周润娴回答说："我们是小人家的摊子，大人家的做法。亲戚朋友谁家逢上大事时，大家多出点儿钱，搭把手。"

十、业余生活

（一）学习

由图 41、图 42 可知，参与调研的村民中有两成以上（21%）参加过新型职业农民培训方面的学习活动。其余没有参加培训的村民中，近三成（27%）有参培意向。从调研统计情况来看，他们大多希望参加种植、养殖方面的技术培训，少数村民还想学习销售方面的技术和知识。可以说，精准扶贫工作开展以来，方方面面的信息和各种引导性活动已经激活了部分村民的思维，开阔了他们的眼界，使得他们开始动念，有了进一步提升自己的内在动力,开始尝试着找寻更有效的路径增加家庭收入。

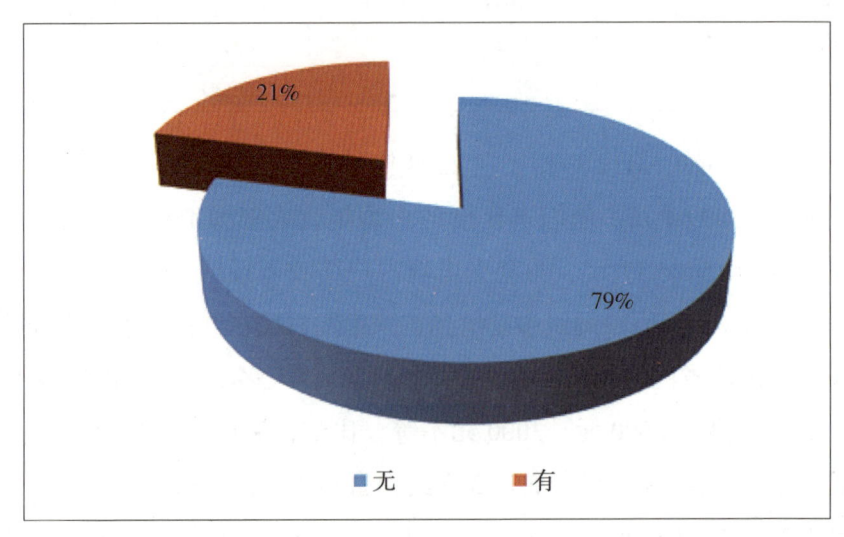

图 41　村民参加培训情况

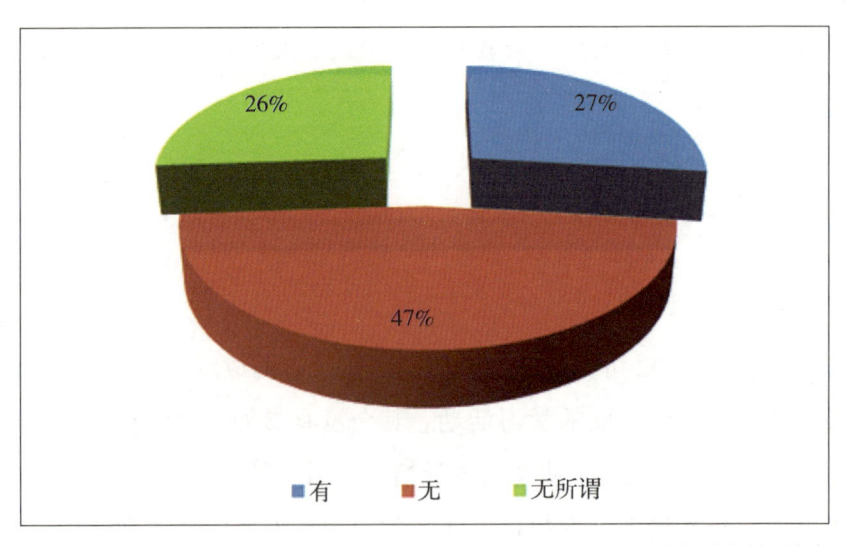

图 42　村民参加培训意向

（二）旅游

只有 11.9% 的村民有过外出旅游经历，非建档户无论是外出旅游的次数，还是到过的地方等方面，都好于建档户。总体来看，近 5 年来，村民外出旅游的比例升幅为 10 年前的 3 倍。具体情况见图 43。

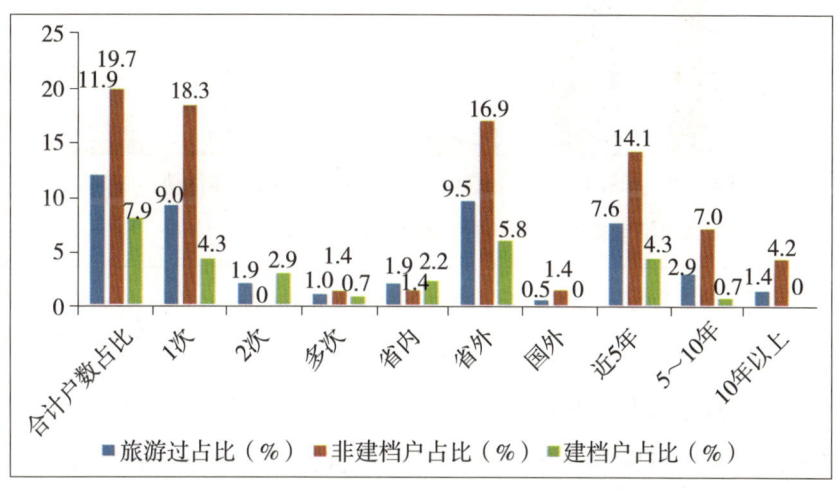

图 43　村民旅游情况

（三）业余活动

由图 44 可知，村民的业余活动以个人活动为主，主要包括聊天儿和看电视。调研中，村民把"聊天儿"作为首选业余活动的居多。根据调研组多次到村里调研时的观察发现，很多村民闲来无事时喜欢到村里的中心广场、三棵树广场或者宋水街（村里的主街道）去坐坐聊聊，村民们三五成群，或坐或站，各种悠闲的姿态，可以说村民扎堆聊天儿堪称宋家沟的一景。

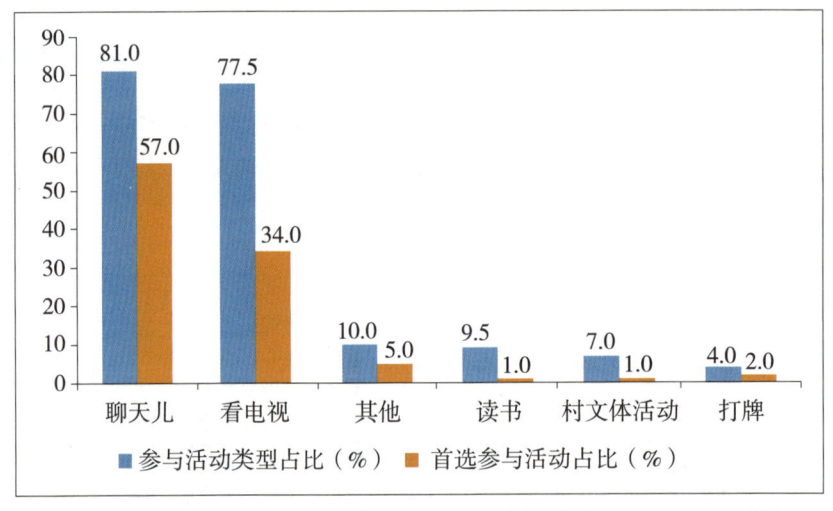

注:"其他"指村民根据个人爱好进行的一些单独活动(包括做针线、跳舞、唱歌等)。

图 44 村民业余活动情况

随着新村改造与移民搬迁工作的推进,宋家沟村容村貌发生了很大的变化,同时,村民的文化生活也日益丰富,部分村民(占比 7.0%)开始主动参加村里组织的文体活动,比如跳广场舞、巧手坊的女工刺绣等。调研小组在结束问卷调研的当天傍晚,就听到从乡建院在村里开设的"协作者之家"中飘来的村民卡拉 OK 的阵阵歌声。

(四)参与集体活动

由图 45 可知,有近四成(37.1%)村民参加了村里组织的各种集体活动,主要包括选举、文体活动、村务和各种技能培训。其中选举活动占比最高(24.3%),其他依次为文体活动、村务和各种技能培训。在问卷调研中发现,村民除了参与村委换届选举以外,对村里的其他政务工作(占比 4.8%)并不十分关注。由此看来,随着新农村工作的开展和扶贫工作的持续推进,村民自治的"当家人"意识还有待进一步提高。

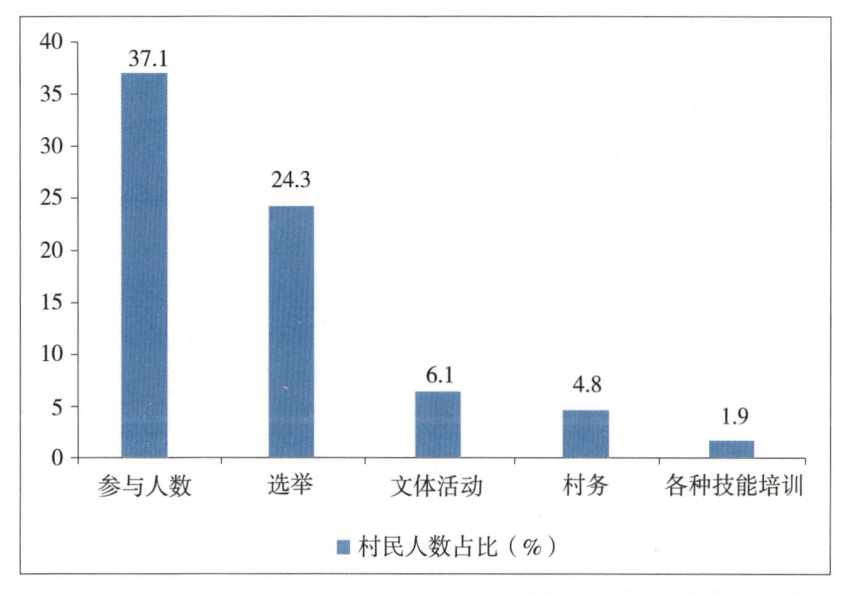

图 45　村民参与村集体活动情况

十一、态度及看法

（一）对自己和家庭的定位

由图 46 可知，在自我评价方面，207 户回答该问题的村民中，八成以上（81.6%）非常肯定地认为自己是个勤劳的人，认为自己不够勤劳的人占比不到 2%。

由图 47 可知，参与调研的六成以上（65.2%）村民认为自己家庭属于村里的贫困户，其中非建档户中持该态度的占比 35.2%；8.7% 的村民认为自己家庭应属于边缘贫困户，其中非建档户中持该态度的占比 12.7%；认为自己家庭在村里属中等户的占比 24.2%，其中建档户中持该态度的占比 11.5%；只有 1.0% 的村民认为自己家庭在村里应属富裕户。

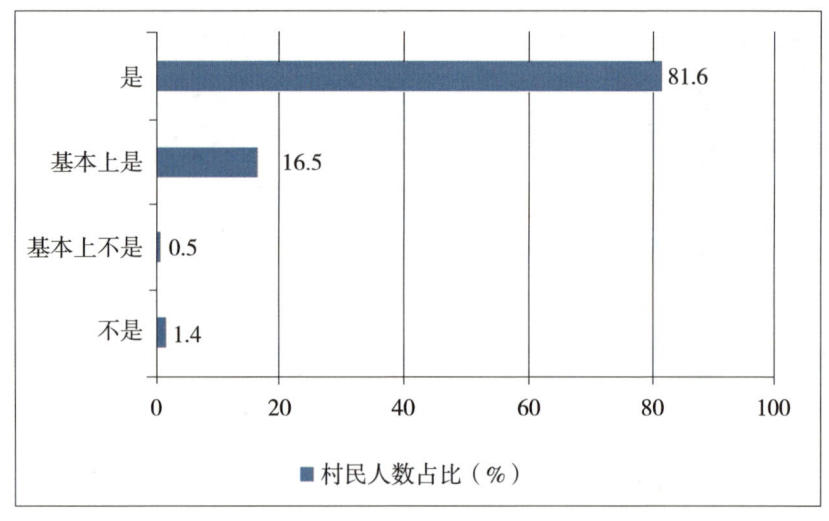

图46 村民勤劳度自评

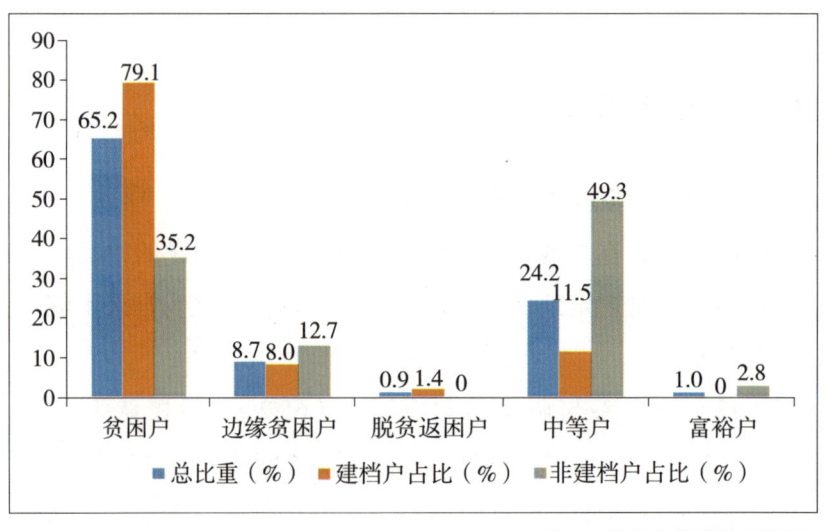

图47 村民家庭类型的自我定位

（二）对生活的满意度

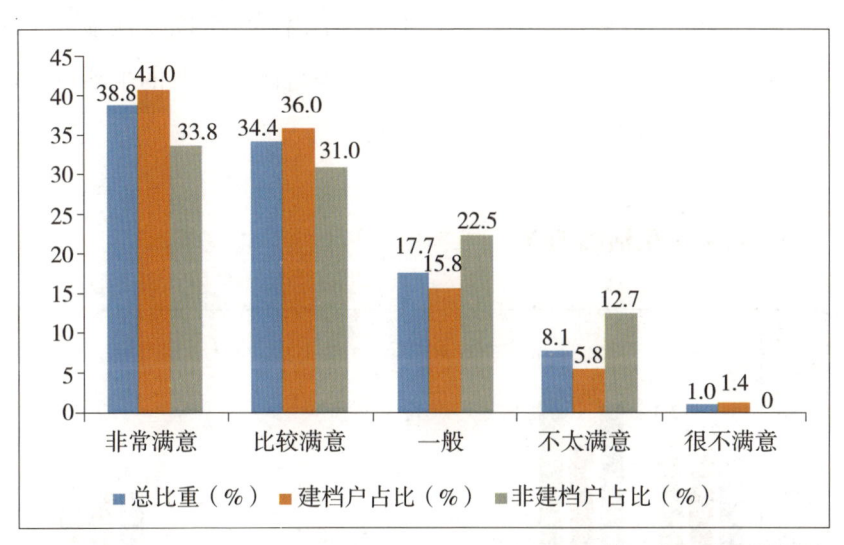

图 48　村民对自己生活的满意度

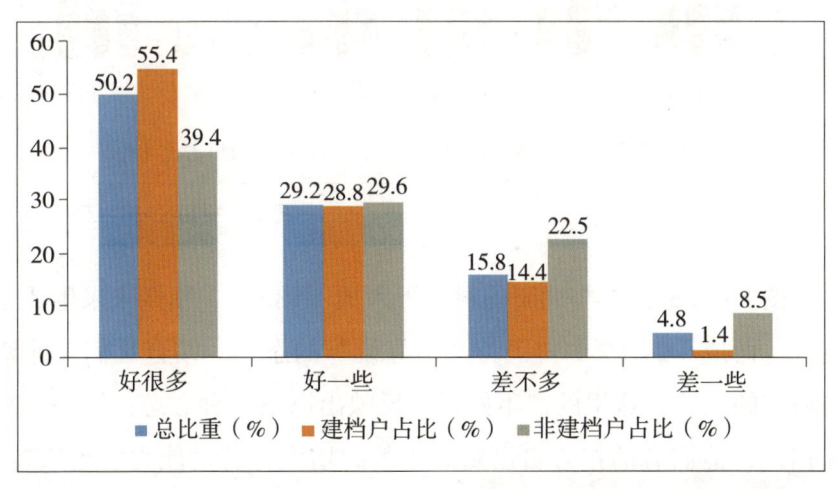

图 49　村民对近 5 年生活变化的预期

由图 48、图 49 可见，参与调研的村民中 73.2% 对自己现在的生活状况持满意的态度，其中持非常满意态度的占比 38.8%，建档户中持满意的占比（77.0%）高于非建档户（64.8%）。有一半以上的村民认为自己近5年的生活变得好了很多，其中建档户中此项比率为55.4%，明显高于非建档户（39.4%），近三成（29.2%）的村民认为自己近5年的生活较以前好了一些。

（三）对未来生活的期许

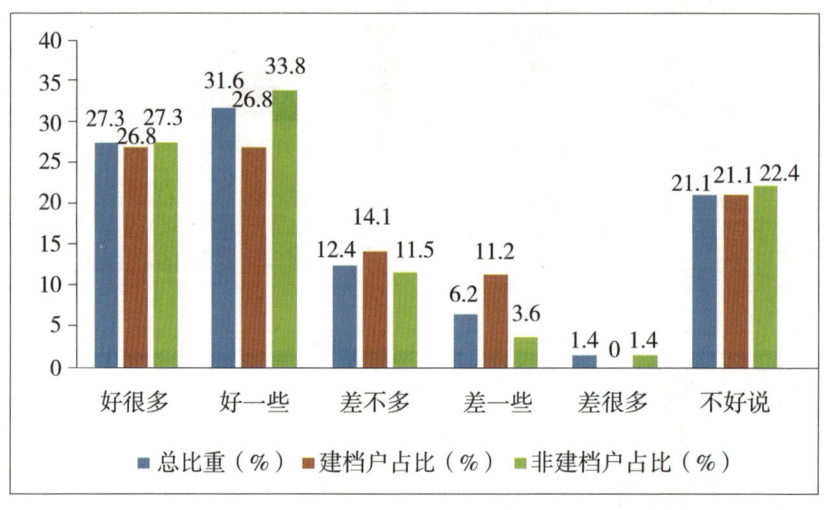

图50　村民对未来生活的预期

由图50可见，参与调研的村民近六成（58.9%）预期未来生活会变得更好，两成（21.1%）村民持"不好说"的态度。结合我们实地调研时与村民的交流，这里的"不好说"反映出以下两种心态：第一，来自非建档户，他们有的担心自己随着年龄的增大，劳动能力会越来越弱，有的则担心自己可能会遭遇疾病和意外等；第二，来自建档户，部分建档户担心自己脱贫后不能继续得到政府的持续性帮扶和政策方面的照顾等。

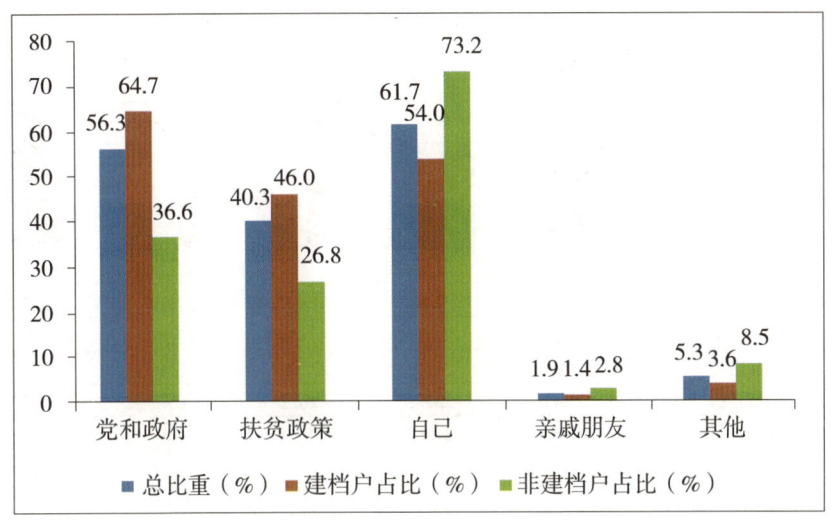

图51 村民未来生活依靠自评

由图51可见，谈到自己未来生活水平提高的主要依靠时，206位回答该问题的村民中一半以上（56.3%）认为主要靠党和政府，其中建档户中持该态度的占比（64.7%）明显高于非建档户（36.6%）；四成以上（40.3%）村民认为主要靠扶贫政策，建档户与非建档户持该态度的占比分别为46.0%和26.8%；六成以上（61.7%）的村民觉得主要还得靠自己，其中非建档户中持该态度的占比73.2%，建档户中持该态度的占比54.0%。

（四）对村干部的评价

由图52可知，对村干部的评价中，村民对村支书、村主任的满意度较高，持满意态度者都占比七成以上，不太满意、很不满意者占比较低；对驻村干部的评价存在两极化现象，对第一书记非常满意者占比44.50%、很不满意者占比33.01%；对其他驻村干部非常满意者占比35.41%、很不满意者占比33.97%。

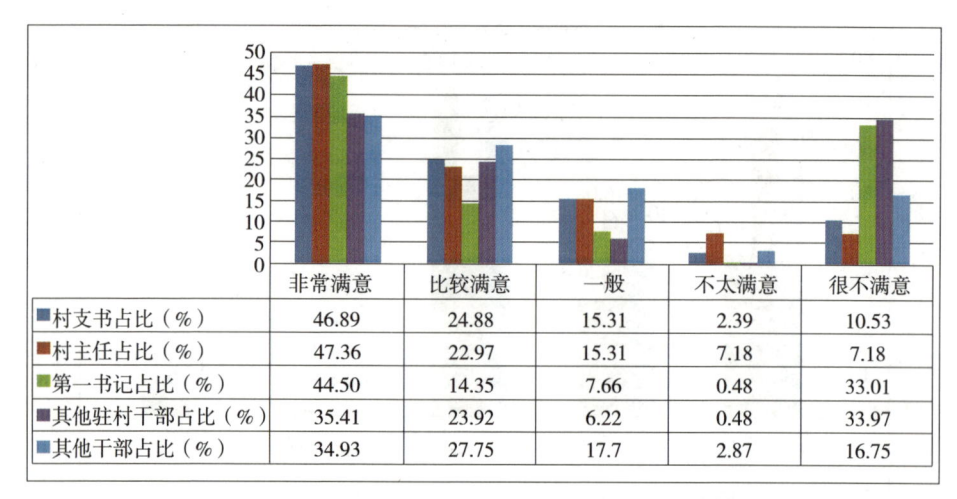

	非常满意	比较满意	一般	不太满意	很不满意
村支书占比（%）	46.89	24.88	15.31	2.39	10.53
村主任占比（%）	47.36	22.97	15.31	7.18	7.18
第一书记占比（%）	44.50	14.35	7.66	0.48	33.01
其他驻村干部占比（%）	35.41	23.92	6.22	0.48	33.97
其他干部占比（%）	34.93	27.75	17.7	2.87	16.75

图 52　村民对村干部的主观评价

（五）对家乡未来发展的态度

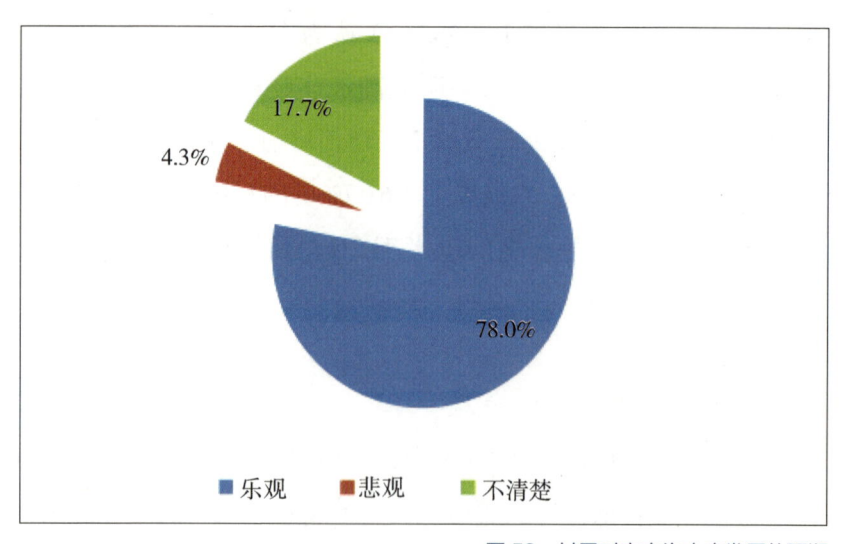

图 53　村民对宋家沟未来发展的预期

由图 53 可知，参与调查者近八成（78.0%）对家乡的发展持乐观态度，4.3% 持悲观态度。

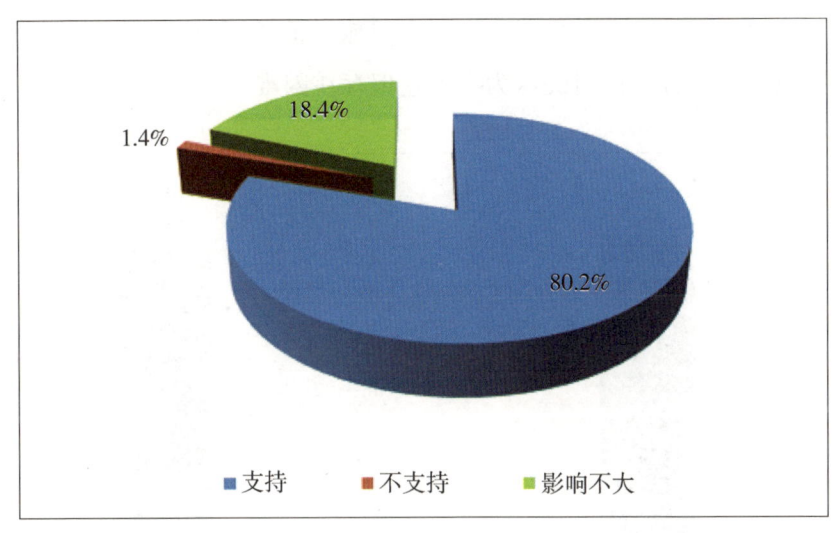

图54 村民对村办企业的态度

由图54可知，80.2%的村民表示支持村办企业，认为村里的企业办好了，百姓挣钱的机会也多了，生活水平也就提高了。1.4%的村民持不支持态度，还有近两成（18.4%）的村民觉得对自己影响不大。

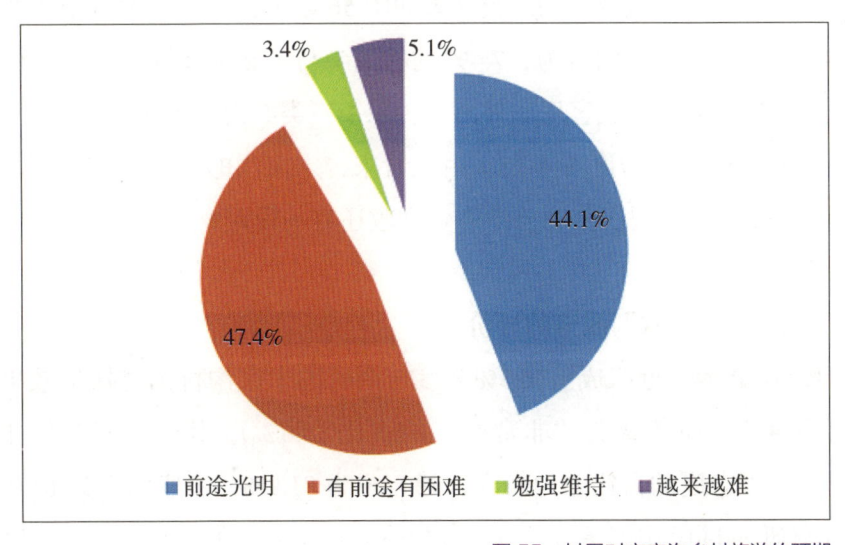

图55 村民对宋家沟乡村旅游的预期

由图 55 可知，谈到对家乡发展乡村旅游的预期时，47.4% 的村民认为前途光明，44.1% 的村民认为有前途但存在困难。

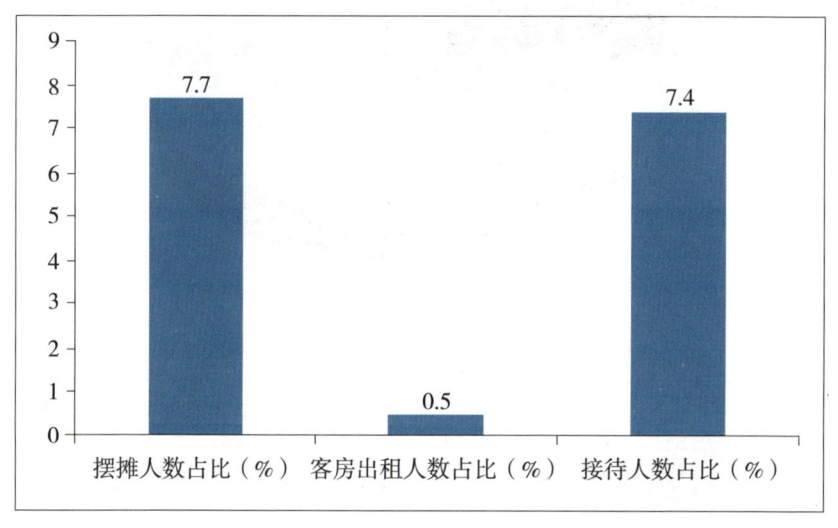

图 56　村民在乡村旅游中的参与情况

村民参与乡村旅游活动调查结果如图 56 显示，7.7% 的村民有在村里摆摊向游客出售商品的行为，7.4% 的村民参与了旅游接待活动，0.5% 的村民将自家房屋改造成客房对外出租，以上三类共占比 15.6%，说明村民在乡村旅游中的参与度并不高。由此看来，宋家沟的乡村旅游离真正带动当地经济发展、村民依靠旅游产业增收还有一段距离。

（六）对"三农"政策的评价

图 57 显示，近八成（76.3%）参与调研的宋家沟村民对扶贫效果持认可态度（评价等级为"非常好"的占比 38.6%），其中建档户与非建档户持认可态度的占比差异较大，建档户为 81.9%，非建档户为 65.2%；参与调研的村民中只有 1 人（占比 0.5%）认为"很不好"。六成以上

（61.8%）村民觉得党和政府是自己未来生活的主要依靠，建档户中持此类看法的占比（68.8%）明显高于非建档户（47.8%）。

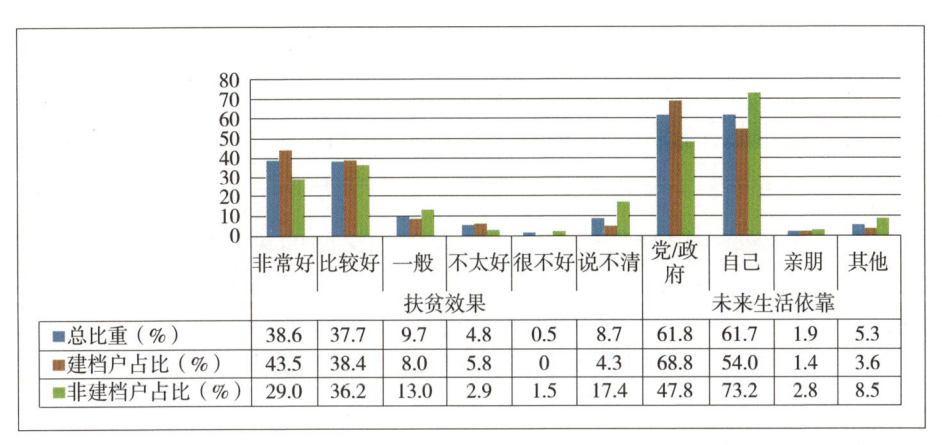

	非常好	比较好	一般	不太好	很不好	说不清	党/政府	自己	亲朋	其他
			扶贫效果					未来生活依靠		
总比重（%）	38.6	37.7	9.7	4.8	0.5	8.7	61.8	61.7	1.9	5.3
建档户占比（%）	43.5	38.4	8.0	5.8	0	4.3	68.8	54.0	1.4	3.6
非建档户占比（%）	29.0	36.2	13.0	2.9	1.5	17.4	47.8	73.2	2.8	8.5

图 57　村民对扶贫政策的主观评价

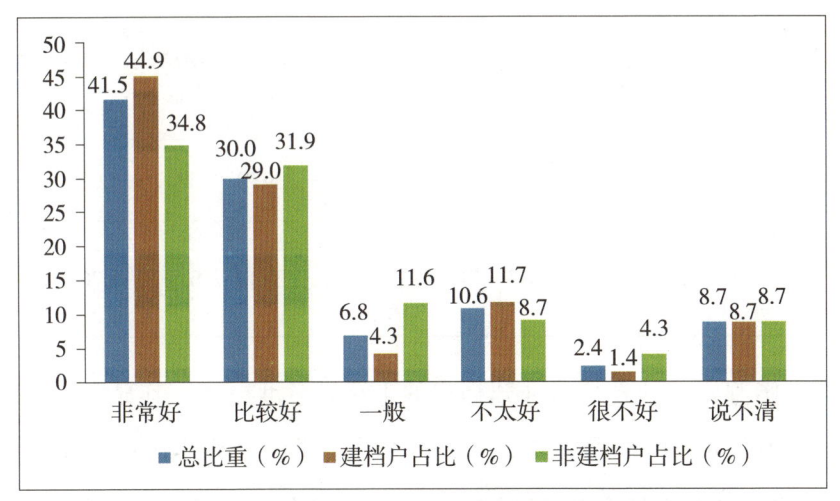

图 58　村民对移民搬迁政策的主观评价

由图 58 可知，七成以上（71.5%）参与调研的宋家沟村民对搬迁政策持认可态度，建档户中持认可态度的占比（73.9%）高于非建档户（66.7%）。

十二、扶贫政策落实情况

由前文数据分析可见，多数村民对党和政府的扶贫政策持认可态度，建档户的认可度较非建档户更高。为此，该研究又运用SPSS20.0软件将建档户与非建档户之间在生活满意度方面，对扶贫政策、搬迁政策的认可度方面，对党和政府（扶贫政策）以及自己的依靠度方面进行了独立样本检验，以期能够进一步比较它们之间的显著性差异，比较结果如下：

表16　建档户和非建档户间生活满意度的显著性差异比较

		独立样本检验							
		方差方程的 Levene 检验		均值方程的 t 检验					
		F	Sig.	t	df	Sig.（双侧）	均值差值	标准误差值	差分的 95% 置信区间	
									下限	上限
生活满意度	假设方差相等	2.562	.111	-1.739	209	.083*	-.26639	.15317	-.56833	.03556
	假设方差不相等			-1.687	132.273	.094	-.26639	.15790	-.57873	.04596

表16显示，建档户较非建档户的生活满意度更高，其显著性概率为0.083，小于0.1的显著性水平。由此可见，建档户和非建档户在生活满意度方面存在显著性差异，建档户的生活满意度明显高于非建档户。

表 17　建档户和非建档户间未来生活主要依靠倾向上的显著性差异比较

		独立样本检验								
		方差方程的 Levene 检验		均值方程的 t 检验						
		F	Sig.	t	df	Sig.（双侧）	均值差值	标准误差值	差分的 95% 置信区间	
									下限	上限
依靠党和政府	假设方差相等	.059	.808	-4.101	209	.000**	-.28637	.06983	-.42403	-.14871
	假设方差不相等			-4.090	142.658	.000	-.28637	.07002	-.42479	-.14795
依靠扶贫政策	假设方差相等	33.369	.000	-2.739	208	.007**	-.19283	.07040	-.33162	-.05404
	假设方差不相等			-2.843	156.199	.005	-.19283	.06782	-.32680	-.05885
依靠自己	假设方差相等	29.537	.000	2.599	209	.010**	.18265	.07029	.04409	.32122
	假设方差不相等			2.686	157.416	.008	.18265	.06801	.04832	.31699

表17显示，建档户和非建档户在三个维度上的显著性概率分别为0.000、0.007和0.010，均小于或等于0.01的显著性水平。由此可见，建档户和非建档户在对党和政府、扶贫政策和自己的依靠三方面上均存在显著性差异，前两个维度上的差异显著度更高。结合前文的相关研究，可以看出，关于"你认为未来生活主要依靠谁"的主观认知方面，建档户对党和政府以及扶贫政策的依靠倾向比非建档户强烈，而非建档户更倾向于依靠自身的努力。

表 18　建档户和非建档户间对扶贫、搬迁政策认可度方面的显著性差异比较

		独立样本检验								
		方差方程的 Levene 检验		均值方程的 t 检验						
		F	Sig.	t	df	Sig.（双侧）	均值差值	标准误差值	差分的 95% 置信区间	
									下限	上限
对扶贫政策的认可度	假设方差相等	25.811	.000	-3.821	209	.000**	-.84822	.22200	-1.28586	-.41058
	假设方差不相等			-3.368	103.905	.001	-.84822	.25188	-1.34771	-.34873
对搬迁政策的认可度	假设方差相等	.306	.581	-1.139	207	.256	-.26148	.22952	-.71397	.19101
	假设方差不相等			-1.135	139.892	.258	-.26148	.23044	-.71707	.19410

表 18 显示，建档户和非建档户的显著性概率为 0.000 和 0.256，前者小于 0.05 的显著性水平，而后者大于 0.1 的显著性水平。由此得出以下结论：对扶贫政策的认可程度方面，建档户的认可度高于非建档户，且两者存在显著性差异；而在移民搬迁政策的认可度方面，两者不存在显著性差异。

结合以上三方面的显著性差异结果进行比较，进一步说明了扶贫工作取得了明显成效，得到了广大老百姓特别是建档立卡贫困户的高度认可。这与多年来党和政府扎实推进的扶贫政策、持续开展的扶贫工作，特别是 2015 年以来开展的精准扶贫工作密不可分。表 19、表 20 为问卷中收集到的有关宋家沟村民接受过的相关帮扶情况统计。

表 19　村民接受过的相关帮扶情况统计（n=210）

项目	资金	物品	产业项目	技术	其他
合计户数（户）	73	123	28	8	5
平均年龄（岁）	63	61	56	49	51
非建档户数（户）	6	9	1	1	0
建档户数（户）	67	114	27	7	5
非建档户占比（%）（n=17）	8.5	12.7	1.4	1.4	0
建档户占比（%）（n=220）	48.2	82.0	19.4	5.0	3.6
总占比（%）	34.8	58.6	13.3	3.8	2.4

注："其他"包括房屋修葺、安排工作。

表 20　村民接受过的帮扶项目数统计（n=210）

类型	合计	一种	两种	三种	四种
合计户数	141	59	58	19	5
非建档户	15	8	6	1	0
建档户	126	51	52	18	5
非建档户占比（%）（n=71）	21.1	11.3	8.5	1.4	0
建档户占比（%）（n=139）	90.6	36.7	37.4	12.9	3.6
总占比（%）	67.1	28.1	27.6	9.0	2.4

由表19、表20可见，无论是在资金、物品，还是在产业项目及技术等方面，村民均受到了党和政府的相应帮扶，其中建档户所受帮扶力度明显大于非建档户。

十三、调研效果评估

表21 问卷调研效果评估情况统计表（n=210）

项目类型	语言沟通				被访态度				问题理解			反应速度			心理状态			真诚坦率程度		
调研情况	完全能懂	问题不大	常听不懂	借助翻译	友好且有兴趣	不太感兴趣	不耐烦	不愿合作	很好	不太好	不好	很快	正常	偏慢	很慢	放松	有时紧张	一直紧张	非常真诚坦率	正常	不真诚坦率
被访人数	114	64	20	12	192	18	0	0	156	51	3	54	110	40	6	172	37	1	148	61	1
比率（%）	54.3	30.5	9.5	5.7	91.4	8.6	0	0	74.3	24.3	1.4	25.7	52.4	19.0	2.9	81.9	17.6	0.5	70.5	29.0	0.5

本次问卷调研针对群体为宋家沟全体村民。宋家沟是一个偏远落后的北方农村，老百姓受教育程度普遍偏低，大多操一口地道浓郁的岢岚方言，有一部分村民还存在年龄较大、与外界交流较少的特点，再加上"宋家沟调研小组"的成员多非本地人，难免会影响调研的效率和效果。为此，我们和岢岚青年志愿者协会成员合作组成问卷调研小组，以确保交流的流畅性和调研的有效性。

表21显示，参与本次调研的村民中，九成以上（91.4%）态度友好且真诚坦率，八成以上（84.8%）在语言沟通方面不存在大的问题，只有5.7%由于年龄或身体（比如耳背）等方面的原因借助了翻译，81.9%的村民在参与调研时心理状态放松、自然，七成以上（74.3%）村民对问题的理解清晰，反应速度正常。从总体评估来看，本次问卷调研无论是调研样本的覆盖面、调研方式方法的可行性，还是与被调研村民的沟通交流、关系融合等，均尽可能地保证了调研活动的可信度和有效性。

结 论

第一，宋家沟是一个主要由政府主导改造而成的新型乡村。2017年，岢岚县委、县政府根据乡村建设规划，由政府主导对原来沿街的土坯房、石窑洞进行了大规模的拆旧建新，同时由政府出资对1.7万平方米宅基地及危房进行征收拆除，修建了一批移民安置住房。改造后的宋家沟新村是一个集易地搬迁和生态型庭院经济于一体的示范村。当前，岢岚县委、县政府正致力于将宋家沟打造成一个乡村旅游目的地，与附近王家岔乡的宋长城、荷叶坪等景点联合开发，成为整个岢岚县域旅游的一个重要组成部分。

宋家沟地处岢岚县东，毗邻忻保高速公路，距离岢岚县城13公里，有直达岢岚县城的公交车，每日两班，每人4元。作为宋家沟乡的中心村，村里建有较为完备的公共服务机构及设施，包括派出所、兽医站、卫生院、宋家沟小学、农村商业银行、邮政代办所、电管站、司法所、公共浴室、山西省总工会扶贫工作站等。

宋家沟以农牧业为主导产业，高效农田、规模养殖、苗圃基地及设施农业发展迅速，全村除了2643亩平地外，还建有62座蔬菜大棚，其中庭院式37座，可种植葡萄、油桃、杏树等反季水果及羊肚菌等。村内还有宋家沟林场和阎家村林场两个林场，苗圃林地380余亩。同时，县、乡两级政府积极发展第二、第三产业，村内玉米、红芸豆、脱水马铃薯等农产品加工企业逐步兴起，目前村周边已有薯宴食品、鸿泰沙棘、中仑奥富三家企业。宋家沟乡村旅游的兴旺带动了村里商贸业的快速发展，村内主街道两旁开设了数十家商铺，包括超市、客栈、饭店、农家乐、烟酒店、电商店、小吃摊等。

第二，宋家沟是一个原住民、迁入户及新移民共同居住的村庄。目前全村共有户籍人口1058人，其中50%左右为宋家沟原住村民，25%左右为2009年从甘沟等周边自然条件比较恶劣的村庄通过政策吸引而来的村民，25%左右为2017年以后通过易地扶贫搬迁而来的新移民。

宋家沟90%以上的村民为农民，身份比较单一；村民受教育程度普遍偏低，有约40%的村民只接受过小学教育，还有约26%的村民为文盲；村民健康状况不佳，全部成员均健康的家庭占比仅为26.2%，在建档立卡贫困户中这一比例下降为23.7%。

全村一半以上村民年龄在60岁以上，人口老龄化比较严重。从事第一产业的群体老龄化更为严重，村里的种田人平均年龄为58岁，40%为60岁以上的老年人，另外近45.5%为45～59岁的中年人，单纯以种田为生的年轻人几乎没有。

宋家沟男多女少，男女比例高于全国平均水平。村民婚姻状况中，已婚村民占比58.6%，未婚占比18.1%，其余为丧偶、离异和同居三种情况。适婚单身男性数量为63人，占接受调查人群的30%，光棍儿群体成为宋家沟的一个特殊人群。

第三，当地家庭结构以三口人以下的小家庭为主，老年人与子女分户、独居或老两口儿结伴儿养老的现象越来越普遍，这也反映出当今农村居民不再倚重"多子多福"或"养儿防老"的观念。但村民需要求助时，大多仍会把直系亲属作为第一求助对象，仅有14户村民（占比7%）把村干部作为首选求助对象。可见，血缘关系在中国传统农村依然占据着重要的位置，而建档户和搬迁户在精准扶贫的大背景下，对村干部的信赖度正在进一步提升。

第四，随着市场化改革和多产业发展，宋家沟村民的谋生途径逐渐变得多元，种地依然是宋家沟村民最主要的谋生方式，但农民不再单纯以农为生，一般会同时选择多种谋生途径，如养殖、打工、经营、正式工作等。据调查，有43%的村民单纯依靠某一种方式谋生，57%的村民采取两种以上谋生途径。村民家庭收入来源已不再拘泥于"种地"一种形式，变得更加多样。但建档户相较于非建档户来说，其收入来源还是略显单一，他们更多倚重种地、社会福利保障和政府补贴。

随着精准扶贫工作的开展，方方面面的信息和各种引导性活动已经激活了部分村民的思维，开阔了他们的眼界，使得他们开始有了进一步提升自己的内生动力，愿意尝试着找寻更有效的路径来拓宽自己的挣钱门路。但是大部分村民对扩宽收入渠道没想法，也没办法。不过在我们采访中也有少部分村民，如王四猫，他一直想尽一切办法增加收入，寻找一切机会发家致富。还有王鹏程，他既种地又做豆腐，2018年又开始尝试葫芦种植，虽然现在他还未致富，许多人包括他的父母都认为他的想法有些不切实际，但是他对于如何发家致富、带动其他农民增收、促进宋家沟发展，有很多自己的想法，而且勇于尝试。

第五，土地依然是村民比较关注的问题，被调研村民中近90%对种地持肯定态度，80%以上村民认为土地重要，近80%的村民觉得土地还是归个人耕种比较好，有近50%的村民将种地作为谋生的手段之一。有20%以上的村民参加过新型职业农民培训方面的学习活动，其余没有参加过的村民中近30%有参培意向，从调研统计归纳数据来看，他们大多需要种植、养殖方面的技术培训，少数村民还想学习销售方面的技术和知识。

宋家沟2017年新搬迁的移民目前暂未分得土地，他们的粮食来源由原来的主要自给自足变为大部分要靠在市场购买，因此，现居住村庄的土地落实是他们非常关注的一个问题。

第六，网络时代的特征在宋家沟已经有所显现，在县乡两级党委政府及村两委的大力推动下，村里有了三家网络体验店，许多村民开始接触并利用网络。近40%的村民使用智能手机，参与调研的村民中有9%会使用手机移动支付，有6.7%会进行网络购物，有三个村民会利用网络平台销售农产品。网络受众群体中，70%以上为45岁以下的青年人。

第七，相关"三农"政策在宋家沟实施效果较好，尤其是精准扶贫政策实施以来，无论在资金、物品，还是在产业项目及技术等方面，村民均受到了党和政府相应的帮扶，其中建档户所受帮扶力度明显优于非建档户。对扶贫效果，近80%的村民持认可态度，建档户的满意度明显高于非建档户。50%以上的村民认为未来生活水平的提高主要依靠党和政府，40%以上的村民认为主要靠扶贫政策，还有30%以上的非建档户认为自己家庭应属于村里的贫困户类型。这一方面说明政策扶持对贫困户的生活改善已经起到了明显的效果，另一方面反映出群众对政府帮扶存在依赖心理。全村建档立卡贫困户占调研家庭总数的60%以上，这与宋家沟本身系北方的一个贫困农村，又在山西省扶贫工作中被选定为易地扶贫集中安置点的现实状况相吻合。

第八，宋家沟村民对外来文化持一种积极接受的态度，大部分原住村民对新移民能够接纳并与他们和睦相处。70%以上的宋家沟村民对搬迁政策持认可态度，近80%的村民认为原住村民与搬迁村民相处融洽。结合调研小组的调研情况，可以说，宋家沟两种类型的村民相处状态基本融洽，少有相互排斥和彼此隔阂的现象。只是搬迁村民迁至宋家沟尚不满两年，他们离开了自己的土地和家乡，想实现与宋家沟原住村民的深度融合还需要一个过程。

一些新文化形态已经进入宋家沟村民的生活，如广场舞、健身操、卡拉OK等已经成为一些村民业余生活的一部分。

第九，宋家沟村民普遍生活态度乐观，性格开朗，为人淳朴，对自己现在的生活状况比较满意，多数人认为自己近5年的生活变得好了很多，近60%的村民预期未来生活会变得更好，本次调研90%以上的村民态度友好且真诚坦率。对于宋家沟未来的发展，近80%的村民持乐观态度，近90%的村民并不渴望成为城市户口，60%的村民并不想去城里生活。对于家乡乡村旅游事业的发展预期，80%以上的村民持看好态度。但是调研结果显示，村民在乡村旅游中的参与度并不高，且形式单一，基本以摆摊、接待、客房出租三种类型为主，占比只有15.6%。由此看来，宋家沟村民要依靠乡村旅游从根本上改善生活质量，还有很长一段路要走。

建 议

第一，进一步打破城乡壁垒，充分发挥市场在乡村资源配置中的作用。中华人民共和国成立以来一直实行城乡二元结构体制，该体制在历史上曾经发挥过积极的作用，但经过40年改革开放，城乡间的壁垒逐渐被打破，农民可以自由迁徙进入城市务工生活。虽然在很多地方进城农民还不能完全享受城市户口同等的福利和待遇，但毕竟他们通过自己的努力改变农民身份已不再是件困难的事情。然而目前城乡壁垒依然存在，主要表现为城乡之间的人才流动是单向的，主要是由农村流向城镇，城镇人才流向农村目前只有两种途径，即在乡村开办企业或承包土地。但他们仅仅是在乡村创业工作，无法在乡村拥有土地、修建住宅，无法真正地成为乡村人。这种单向性的城乡壁垒是农村走向衰落的重要因素。

从宋家沟的情况来看，目前也有一部分人从城镇回到村里，但他们主要是一些原来从宋家沟走出去的人退休后返乡居住、种田，如我们采访过的党二锁；或者是一些外出打工的村民，因为年龄和身体原因返回村里，如我们采访过的燕计福。乡村振兴不仅需要人口，更需要人才，和全国许多农村一样，宋家沟当前的客观现实也是人口老龄化问题很严重，如果不补充新的人口，农村空心化将成为必然。宋家沟如果想得到大发展，没有人才肯定不行，没有人才乡村的衰落是必然的。因此，我们应该让愿意走出乡村的人们成为城里人，也应该让那些愿意到乡村居住、工作、种田的人进入乡村，让他们能够承包土地、购买宅基地，成为乡村的居民，这样才能够实现真正的城乡一体化发展。

第二，目前，中国农村的土地是按户籍人口而非劳动力数量承包，有田者不愿种或不会种而种田能手不够种的现象普遍存在。在调研中，我们发现易地搬迁户中，很多搬迁户的耕地因为距离太远不方便耕种而造成大面积撂荒，有的即便土地就在附近，但因年轻人外出打工劳动力不足而荒废，而很多种田能手则存在承包土地少不能规模种植的问题，整体上存在农村土地"无力种"和"不够种"的矛盾。十九大报告提出"构建现代农业产业体系"和"发展多种形式适度规模经营"，农村土地流转是发展规模化经营和实现农业现代化的基础，是转变农业发展方式、促进生产发展的需要，也是解决农业、农村长期发展的关键手段。只有引导和鼓励农户在自愿的前提下，采取租赁、入股等多种形式，将分散的闲置土地、小规模土地适度向种田能手、专业大户、农民合作社等新型农业经营主体集中，实行农业规模化、产业化、集约化经营，才能提高土地产出率和劳动生产率，才能促进农业产业向大规模、高品质方向发展，从而构建现代农业产业体系，实现农村产业兴旺。

因此，建议政府在土地确权的前提下，出台相关政策积极引导土地流转，鼓励规模经营，从而提高农业整体效益。对乡村的职业种田能手和其他农业经营主体给予政策扶持、资助奖励，如补贴部分承租费用，不仅要帮助他们扩大生产规模，还要加强培训，帮助他们及时掌握新的农业技术，让他们既有获得感，也有职业归属感。作为种植大户和其他农业经营主体，如果通过土地流转获取了相对集中的土地，就可以建设规模化、集约化、标准化、专业化、高效益的农业园区，有效提高土地的利用率，使农业整体效益提高，为乡村振兴贡献最大的力量。

此外，通过推进土地流转，农民可以实现多元化增收，最终实现生活富裕。农民通过转包、租赁、入股等多种方式进行土地流转，可获得土地流转资金、股权和红利等，增加了农民的财产性收入；参与土地流转的农民可以选择外出务工，获取非农收入，也可以在家就近成为土地流转项目的农业产业工人，获得土地收益之外的工资收入。

第三，要建立动态化、有针对性、可持续性的长效扶贫机制。首先，随着农村空心化、老龄化问题的突显，农村居民养老问题将成为乡村振兴不得不面对的一个重要问题，而且农村老人大多一辈子以农为生，没有正式工作，享受不到城市养老金等福利待遇，随着年龄的增长劳动能力逐渐丧失，因为缺乏经济收入保障，他们成为最需要社会救助的人群。为此，建议国家在增加养老投入扶持的同时，进一步完善农村养老机制，本着尊重个人意愿的原则，由政府在城镇或村里的养老院进行政策兜底集中供养，通过政策性手段将他们在农村的土地承包权、宅基地使用权等流转给那些愿意在乡村振兴中贡献力量的个人和企业，用以补充其养老扶贫资金。其次，进一步加大对因病因残致贫人群的扶持力度，特别是对完全丧失劳动能力和长期生病导致的支出性贫困人口的帮扶要多管齐下，国家在加大扶持力度的同时也要动员社会力量，特别是慈善机构及社会公益组织，为这部分人提供各种形式的帮助。

第四，因地制宜，合理发展乡村产业。对于大多数乡村而言确实是无工不富，但是在乡村发展产业过程中一定要考虑当地特色资源及环境优势，要避免盲目发展同质化产业项目以及将落后产能和污染严重的产业向乡村转移的现象。目前宋家沟周边有三家企业，虽然这些企业暂时看来不会对当地环境造成严重污染，但根据我们了解到的生产流程，企业在生产过程中还是会产生一定的废水，而目前这些企业并未安装相应的污水处理设备，县乡级党委政府以及村委干部也没有意识到这些企业会对村里的环境造成什么样的污染。工厂还是应该建到经过严密规划的工业园区和经济开发区，乡村可以通过提供原料及劳动力的方式参与到工业产业的发展中，让农民获得利益。

第五，提升贫困地区的教育质量和水平，促进地方经济可持续发展，减轻农民家庭的教育负担。根据调研结果综合分析来看，宋家沟村民受教育程度普遍偏低，在教育方面的投入也明显偏低。这一方面源于国家推行的九年义务教育以及近几年的教育扶贫政策，减轻了老百姓的教育负担；另一方面也反映出村民对子女的教育不够重视，缺乏重视教育的优良传统。因为经济落后，村民无力保障和加大教育方面的投入，无暇顾及自我素质的提升和对子女的培养，再加上农村缺乏优质的教育资源，短时间内他们很难看到教育助推经济发展的潜能和力量，自然而然地采取了只顾眼前利益的短视行为。调研小组深度报道过的十二名外出务工者中，除了一名为大专毕业的未婚男青年外，其余已婚的十一名外出务工者中，有一名高中毕业生，四名初中毕业生，还有四名为初中没毕业中途辍学的外出打工者。也就是说，贫困地区的教育很容易陷入"经济越贫穷，教育越落后；教育越落后，经济越贫穷"的恶性循环困境。

可见，教育与经济的发展是相辅相成的，贫困地区经济发展不起来与缺少人才、人口素质低有直接关系。同时，经济发展的滞后也制约着贫困地区教育的发展。目前地方政府采取的教育扶贫措施多是为贫困户子女减免学杂费、发放生活费补贴，虽然可以在一定程度上为贫困户家庭减轻一些经济负担，但并不能从根本上破除地区性因学致贫的难题。建议政府采取切实可行的有效措施，加大教育扶贫力度，在贫困地区努力营造扶贫扶志扶智的环境，打造重视教育的良好氛围。首先，要着力改变贫困地区教育资源短缺或落后的现状，尽可能缩短城乡以及东西部教育资源之间的差距，加大优质资源向农村或贫困地区的倾斜力度，通过各种可行性措施引导、鼓励、吸引不同专业、不同层次、不同高校的优秀人才投身于贫困地区的教育事业；其次，要整合并充分利用信息时代各种先进的网络教育资源，为贫困地区的孩子提供共享、优质、开放的远程教育平台，开阔贫困地区孩子们的视野，增强他们的学习兴趣和学习能力；最后，要大力推进适合社会发展的职业教育，增强农村外出务工者创业或就业的自主能力。同时，还要努力打造各种教育扶贫平台，提升贫困地区村民脱贫致富的技能和本领，开阔他们的眼界，唤醒他们提升自我和重视下一代教育的意识。多渠道多角度着力，打造良好的教育氛围，帮助乡村孩子学习成才，阻止贫困现象的代际传递。

第六，加大政策扶持力度，鼓励返乡创业就业。当前"乡村振兴""农村双创"掀起了返乡创业的热潮，不少在大城市打拼的青年想要或者已经将个人的事业迁至农村，一年的调研中，我们走访了在宋家沟创业的经营户群体，如我们采访过的王宏斌、王保平等；也有不少当地企业家在乡村拓展事业、兴建门店，如兰花花客栈老板闫云生、汾酒店老板王永光；还有一批乡村创业青年带着他们在网络营销、电子商务、市场开拓等方面的技术特长回乡创业，如我们采访过的宋家沟"创业三剑客"等。这些"新乡下人"正在成为实施乡村振兴战略的主力军，这也正是农村发展所迫切需要的。创业维艰，农业领域的创新创业尤为不易，因此乡村振兴的返乡创业者们还需要多方的呵护和更有力的扶持。除了创业者自身努力外，政府部门也应该健全相关政策体系，为创业者提供政策咨询、技术支持、资源对接等多元化的服务，帮助农业创业者以更大的热情投入乡村振兴事业中，让农村事业发展后继有人。

第七，进一步加强农村医疗卫生服务体系建设，提升村民的健康水平。在对宋家沟的调研中我们发现，当地居民健康水平很低，只有四分之一的家庭成员全部健康，剩余家庭则至少有一人患有慢性病或大病，疾病成为导致贫困的首要原因。近几年来，随着政府对公共卫生事业的投入加大，基层医疗机构不断扩大和优化，就医环境得到了极大的改善。位于宋家沟的乡卫生院，设有内科和公共卫生科室，基础设施良好，每年还会组织村民进行一次体检，为附近村民提供了基础医疗服务。但是我们发现，在原新型农村合作医疗和城镇居民医疗保险整合后，存在门诊核销时执行的是人社部门的医保目录政策，只要在医保目录内的药品，都予以核销。但目前乡镇卫生院和村卫生室又属于卫计部门和医疗集团直接管理，只能执行基本药物制度，也就是只能向就医群众提供基本药物目录内的药品。基本药物的药物目录范围比医保药品目录范围小，这使城乡居民医保门诊核销政策落实到乡镇卫生院和村卫生室时存在局限性，并且基本药物制度落实到基层也存在药品配送品种少，基本药物政府补贴政策落实不到位等问题，影响了基层医疗机构使用基本药物的积极性，相应地也给参保群众的门诊统筹核销带来不便。

建议人社部和卫计部应尽快协商出台一个乡镇卫生院和村卫生室用药方案，既要顾及基本药物制度的公益性，又要考虑参保群众的实际需求。另外，扩大医保救助帮扶范围，除建档立卡的贫困户外，国家规定计划生育特殊家庭、特困供养人员、农村五保户、农村低保户、重点优抚对象、重度残疾人也可以免缴新农合费用，切实解决了农村特殊群体的看病难、看病贵问题。边缘贫困户作为徘徊在贫困线边缘的农村低收入群体，也应该享受到这项福利政策。

第八，强化基层本土干部队伍建设，助推乡村振兴战略。实施乡村振兴战略，需要培养造就一支懂农业、爱农村、爱农民的"三农"工作队伍。乡村振兴战略的实施和农村的科学发展，都要靠千千万万高素质的农村干部来推动。近年来，年轻干部下乡驻村为农村地区注入了新鲜血液，有助于在短期内解决人员结构老化的问题。但是，驻村干部受驻村年限限制，流动性较大，难以在一个村子里长期驻扎。所以，农村干部队伍中还需要培育一批生长于农村，对自己的村子有感情、有想法、有抱负的本土干部，使其成为未来乡村干部中的中坚力量。各级党委特别是组织部门应该关注并重视农村本土青年干部的培养及使用，最大限度地发挥他们的优势作用，建立健全"乡村振兴年轻村干部"的培养机制和队伍培训制度，对素质好、潜力大的优秀年轻干部大胆启用，放手使用，为他们创造做工作的条件和干事业的舞台。同时，村两委班子成员中可以吸纳村中返乡人群中的能人、乡贤，充分调动这部分人参与到乡村振兴事业中。

参考文献

一、中文文献

（一）著作

［1］〔印度〕阿马蒂亚·森著，王宇、王文玉译，《贫困与饥荒》，北京：商务印书馆，2001年。

［2］〔英〕安东尼·吉登斯著，赵旭东等译，《社会学》（第四版），北京：北京大学出版社，2003年。

［3］安涛，《中心与边缘：明清以来江南市镇经济社会转型研究——以金山县市镇为中心的考察》，上海：上海人民出版社，2010年。

［4］陈锡文、韩俊主编，《经济新常态下破解"三农"难题新思路》，北京：清华大学出版社，2016年。

［5］代宝珍，《基于医疗保障制度的农村居民慢性病管理模式研究》，北京：科学出版社，2018年。

［6］樊明等，《土地流转与适度规模经营》，北京：社会科学文献出版社，2018年。

［7］范丽珠、谢遐龄、刘芳主编，《乡土的力量：中国农村社会发展

的内在动力与现代化问题》，上海：上海人民出版社，2014年。

［8］费孝通著，戴可景译，《江村经济》，北京：北京大学出版社，2012年。

［9］风笑天，《社会学研究方法》（第三版），北京：中国人民大学出版社，2009年。

［10］风笑天，《现代社会调查方法》（第五版），武汉：华中科技大学出版社，2017年。

［11］复旦大学历史学系、复旦大学中外现代化进程研究中心编，《近代中国的乡村社会》，上海：上海古籍出版社，2005年。

［12］傅衣凌、杨国桢主编，《明清福建社会与乡村经济》，福建：厦门大学出版社，1987年。

［13］干永福、刘锋编著，《乡村旅游概论》，北京：中国旅游出版社，2017年。

［14］谷彬，《农村土地流转综合评估与大数据分析》，北京：科学出版社，2017年。

［15］郭丛斌，《教育与代际流动》，北京：北京大学出版社，2009年。

［16］韩长赋，《中国现代化进程中的"三农"问题》（修订版），北京：中国农业出版社，2010年。

［17］何平、华迎放等，《城市贫困群体社会保障政策与措施研究》，北京：中国劳动社会保障出版社，2006年。

［18］贺雪峰，《乡村治理的社会基础——转型期乡村社会性质研究》，北京：中国社会科学出版社，2003年。

［19］黄宗智主编，《中国乡村研究》（第十四辑），福州：福建教育出版社，2018年。

［20］金屏、平瑞方编著，《乡村中国》，太原：山西教育出版社，

2012年。

[21] 康晓光,《中国贫困与反贫困理论》,南宁:广西人民出版社,1995年。

[22] 李金铮,《民国乡村借贷关系研究》,北京:人民出版社,2003年。

[23] 梁鸿、赵德余等,《人口老龄化与中国农村养老保障制度》,上海:上海人民出版社,2008年。

[24] 梁漱溟,《乡村建设理论》,上海:上海人民出版社,2011年。

[25] 林毅夫,《制度、技术与中国农业发展》,上海:格致出版社、上海三联书店、上海人民出版社,2014年。

[26] 刘豪兴主编,《农村社会学》(第三版),北京:中国人民大学出版社,2015年。

[27] 吕世辰等,《农村土地流转制度下的农民社会保障》,北京:社会科学文献出版社,2012年。

[28] 〔美〕马丁·瑞沃林著,赵俊超译,《贫困的比较》,北京:北京大学出版社,2005年。

[29] 马勇虎,《和谐有序的乡村社区:呈坎》,合肥:合肥工业大学出版社,2007年。

[30] 〔美〕明恩溥著,陈午晴、唐俊译,《中国的乡村生活:社会学的研究》,北京:电子工业出版社,2016年。

[31] 欧名豪、陶然主编,《促进农村土地流转、增加农民收入的改革政策与配套措施研究》,北京:科学出版社,2016年。

[32] 山西省地方志办公室编,《民国山西政权组织机构》,太原:山西人民出版社,2014年。

[33] 山西省地方志办公室编,《民国山西村政建设》,太原:山西人

民出版社，2014年。

［34］山西省地方志办公室编，《民初山西六政三事》，北京：方志出版社，2016年。

［35］山西省地方志编纂委员会办公室编，《山西概况》，太原：山西人民出版社，1985年。

［36］申报年鉴社编，《申报年鉴》，1936年。

［37］孙丽萍、雒春普等，《1937—1945山西民众的生存状态》，太原：山西人民出版社，2008年。

［38］王峰，《中国户籍制度改革研究》，北京：中国政法大学出版社，2018年。

［39］王玉贵、娄胜华，《当代中国农村社会经济变迁研究——以苏南地区为中心的考察》，北京：群言出版社，2006年。

［40］温铁军，《三农问题与世纪反思》，北京：生活·读书·新知三联书店，2005年。

［41］温铁军主编，《中国新农村建设报告》，福州：福建人民出版社，2010年。

［42］向德平、黄承伟主编，《减贫与发展》，北京：社会科学文献出版社，2016年。

［43］徐勇主编，《中国农村调查》（2011年卷），北京：中国社会科学出版社，2011年。

［44］徐勇、赵永茂主编，《土地流转与乡村治理——两岸的研究》，北京：社会科学文献出版社，2010年。

［45］杨燕绥、阎中兴等，《政府与社会保障——关于政府社会保障责任的思考》，北京：中国劳动社会保障出版社，2007年。

［46］张述林、李源、刘佳瑜等编著，《乡村旅游发展规划研究：理

论与实践》，北京：科学出版社，2018年。

[47] 张霞，《民国时期"三农"思想研究》，武汉：武汉大学出版社，2010年。

[48] 郑大华，《民国乡村建设运动》，北京：社会科学文献出版社，2000年。

[49] 郑功成主笔，《中国社会保障改革与发展战略——理念、目标与行动方案》，北京：人民出版社，2008年。

[50] 《中共中央国务院关于"三农"工作的一号文件汇编（1982—2014）》，北京：人民出版社，2014年。

[51] 主力军，《我国土地流转问题研究》，上海：上海人民出版社，2012年。

[52] 祝建华，《城市居民最低生活保障制度的评估与重构》，北京：中国社会科学出版社，2011年。

[53] 祝建华，《缓解城市低保家庭贫困代际传递的政策研究》，浙江：浙江大学出版社，2015年。

[54] 邹统钎等，《乡村旅游：理论·案例》（第二版），天津：南开大学出版社，2018年。

（二）期刊论文

[1] 安勇，《浅析我国农村人才缺失的原因和对策》，《经济研究导刊》2018年第33期。

[2] 曹锦清，《中国土地制度、农民工与城市化》，《中国农业大学学报》（社会科学版）2016年第1期。

[3] 陈汉，《乡村振兴战略下的土地制度改革与管理思考》，《中国国土资源经济》2019年第1期。

［4］陈明,《乡村振兴的人才支撑须厘清三个问题》,《农村工作通讯》2018年第8期。

［5］陈玉山,《乡村振兴下的特色小镇土地流转问题研究综论》,《江苏商论》2018年第12期。

［6］迟旭,《新生代农民工返乡意愿与返乡性质影响因素比较分析》,《浙江农业科学》2018年第12期。

［7］戴凡媛、张志军,《精准扶贫下的农村大病医保落地现状调查分析——基于江西省南昌市周边乡镇的调研》,《山西农经》2017年第9期。

［8］丁文恩,《实施精准扶贫战略的现实困境与破解路径》,《技术经济与管理研究》2017年第4期。

［9］董祚继,《"三权分置"——农村宅基地制度的重大创新》,《中国土地》2018年第3期。

［10］范和生、唐惠敏,《农村贫困治理与精准扶贫的政策改进》,《中国特色社会主义研究》2017年第1期。

［11］方锐,《对于我国农村医疗保障问题的研究探索》,《改革与开放》2014年第24期。

［12］付坚强、陈利根,《我国农村宅基地使用权制度论略——现行立法的缺陷及其克服》,《江淮论坛》2008年第1期。

［13］郭晓娜,《教育阻隔代际贫困传递的价值和机制研究——基于可行能力理论的分析框架》,《西南民族大学学报》(人文社科版)2017年第3期。

［14］杭承政、胡鞍钢,《"精神贫困"现象的实质是个体失灵——来自行为科学的视角》,《国家行政学院学报》2017年第4期。

［15］黄祖辉,《准确把握中国乡村振兴战略》,《中国农村经济》2018年第4期。

［16］贾晋、李雪峰、申云，《乡村振兴战略的指标体系构建与实证分析》，《财经科学》2018年第11期。

［17］康小青，《山西省农林文旅康产业融合发展路径研究》，《旅游纵览》（下半月）2018年第11期。

［18］李达，《农村基层组织人才研究述评与展望》，《陕西行政学院学报》2017年第1期。

［19］李满星，《民国时期的乡村建设运动》，《炎黄春秋》2017年第11期。

［20］李琼、白蓝，《贫困地区中小学教育发展现状及精准扶贫对策——以湖南省武陵山片区为例》，《吉首大学学报》（自然科学版）2018年第1期。

［21］李文忠、焦爱英、何继新，《农民工选择性返乡回流影响因素研究》，《调研世界》2013年第9期。

［22］李莹莹、赵艳霞、尹景瑞，《贫困户内生动力的深度挖掘与持续作用研究》，《华北理工大学学报》（社会科学版）2018年第6期。

［23］刘碧强、陈雪萍，《精准扶贫中地方政府行为偏差及其调适路径》，《中共福建省委党校学报》2019年第1期。

［24］刘建伟、王院院，《中国农村教育扶贫研究回顾与展望》，《山西师大学报》（社会科学版）2019年第1期。

［25］刘军豪、许锋华，《教育扶贫：从"扶教育之贫"到"依靠教育扶贫"》，《中国人民大学教育学刊》2016年第2期。

［26］刘俊，《农村宅基地使用权制度研究》，《西南民族大学学报》（人文社科版）2007年第3期。

［27］刘庆斌，《加强农村干部队伍建设的思考》，《中国国情国力》2016年第1期。

［28］刘晓燕，《我国新型农村合作医疗制度的问题与完善》，《经济论坛》2008 年第 12 期。

［29］刘彦随、刘玉，《中国农村空心化问题研究的进展与展望》，《地理研究》2010 年第 1 期。

［30］刘远风，《农村空心化背景下的社会保障制度建设》，《江西社会科学》2016 年第 8 期。

［31］刘振伟，《乡村振兴中的农村土地制度改革》，《农业经济问题》2018 年第 9 期。

［32］刘志阳、李斌，《乡村振兴视野下的农民工返乡创业模式研究》，《福建论坛》（人文社会科学版）2017 年第 12 期。

［33］柳礼泉、杨葵，《精神贫困：贫困群众内生动力的缺失与重塑》，《湖湘论坛》2019 年第 1 期。

［34］鲁西奇，《散村与集村：传统中国的乡村聚落形态及其演变》，《华中师范大学学报》（人文社会科学版）2013 年第 4 期。

［35］农业农村人才队伍建设中期检查调研组，《扎实推进农业农村人才队伍建设》，《黑龙江粮食》2016 年第 1 期。

［36］沈黎哲，《空心化背景下村民养老问题研究的文献综述》，《农村经济与科技》2018 年第 21 期。

［37］唐任伍，《习近平精准扶贫思想研究》，《人民论坛·学术前沿》2017 年第 23 期。

［38］王水莲、韩朝升，《农村村民对城乡居民医保报销认知及使用现状分析》，《卫生软科学》2017 年第 5 期。

［39］王维平，《关于〈江村经济〉的两次阅读》，《群言》2017 年第 4 期。

［40］王小林，《改革开放 40 年：全球贫困治理视角下的中国实践》，

《社会科学战线》2018 年第 5 期。

［41］王晓燕，《农村居民参加新型农村合作医疗的影响因素及对策分析》，《中国医药科学》2012 年第 15 期。

［42］王轶、熊文，《返乡创业：实施乡村振兴战略的重要抓手》，《中国高校社会科学》2018 年第 6 期。

［43］王玉娟，《农村空心化背景下留居农民参与村级公共事务路径思考》，《理论与改革》2011 年第 5 期。

［44］韦家华、连漪，《乡村振兴评价指标体系研究》，《价格理论与实践》2018 年第 9 期。

［45］魏向赤，《关于教育扶贫若干问题的思考》，《教育研究》1997 年第 9 期。

［46］翁有为，《民国时期的农村与农民（1927—1937）——以赋税与灾荒为研究视角》，《中国社会科学》2018 年第 7 期。

［47］吴九兴、王玉洁，《农村宅基地制度改革对乡村转型的影响研究》，《江西农业学报》2018 年第 12 期。

［48］吴毅，《小镇喧嚣——一个乡镇政治运作的演绎与阐释》，《当代广西》2018 年第 11 期。

［49］向如武，《加强农村人才队伍建设　打牢贫困地区群众脱贫基础》，《云南林业》2017 年第 3 期。

［50］谢承刚，《加强农村人才队伍建设问题初探》，《中国乡镇企业》2011 年第 3 期。

［51］徐勇、徐增阳，《中国农村和农民问题研究的百年回顾》，《华中师范大学学报》（人文社会科学版）1999 年第 6 期。

［52］杨稀童，《浅谈新型农村合作医疗制度存在的问题及对策分析》，《农民致富之友》2018 年第 21 期。

［53］杨秀丽、武菲菲、谢文娜、程禹，《精准扶贫过程中地方政府行为、困境及对策研究》，《农业经济与管理》2017年第4期。

［54］杨宜勇、吴香雪，《中国扶贫问题的过去、现在和未来》，《中国人口科学》2016年第5期。

［55］袁利平、万江文，《我国教育扶贫研究热点的主题构成与前沿趋势》，《国家教育行政学院学报》2017年第5期。

［56］张德霖，《加快释放扶贫用地政策新效能》，《中国土地》2017年第11期。

［57］张丽蓉，《加强农村"两委"干部队伍建设之我见》，《新西部》2017年第22期。

［58］张霄艳、戴伟、赵圣文、方鹏骞，《大病保险保障范围现况及思考》，《中国医疗保险》2016年第5期。

［59］张晓佳、谷栗、宋玉丽、董雪艳，《以公众满意度为导向的政府精准扶贫绩效评价研究——基于山东省的调查问卷分析》，《经济论坛》2017年第8期。

［60］章铮，《进城定居还是回乡发展？——民工迁移决策的生命周期分析》，《中国农村经济》2006年第7期。

［61］赵静，《产业融合视角下我国乡村旅游业的发展研究》，《农业经济》2018年第12期。

［62］赵黎，《发展还是内卷？——农村基层医疗卫生体制改革与变迁》，《中国农村观察》2018年第6期。

［63］郑军祖，《重视特色乡村品牌打造 助力乡村产业振兴》，《杭州》（周刊）2018年第47期。

［64］朱广东、吕贤旺、刘吉双，《产业融合发展 绿色乡村振兴》，《唯实》2018年第12期。

［65］宗慧敏，《新形势下加强农村基层干部队伍建设的思考》，《中共山西省直机关党校学报》2017 年第 6 期。

二、外文文献

［1］Michael P.Todaro. "A Model of Labor Migration and Urban Unemployment in Less Developed Countries", *The American Economic Review*, 1969, Vol.59 (1).

［2］Jackline Wahba, Yves Zenou. "Out of sight, out of mind: Migration, entrepreneurship and social capital", *Regional Science and Urban Economics*, 2012 (5).

［3］RobertJ. Taormina, Sammi Kin-Mei Lao. "Measuring Chinese entrepreneurial motivation: Personaliy and environmental influences", *International Journal of Entrepreneurial Behavior & Research*, 2007 (4).

［4］David North, David Smallbone. "Innovative Activity in SMEs and Rural Economic Development: Some Evidence from England", *European Planning Studies*, 2000 (1).

［5］Lee Everett S. "A Theory of Migration", *Demography*, 1966.

［6］Quinn W. H. "Personal and Family Adjustment in Later Life", *International Journal of Manpower*, 2008.

［7］Hugo, G. "Effects of International Migration on the Family in Indonesia", *Asian and Pacific migration journal*, 2002.

［8］Batista Catia, Gaia Narciso, Carol Newman. "Remittance Flows to Developing Countries Trends Importance and Impact", *Enacting Globalization*, 2014.

[9] Blanca Zuluaga Díaz. "Different Impact Channels of Education on Poverty", *Estudios Gerenciales*, 2010 (114).

[10] Aina Tarabini. "Education and poverty in the global development agenda:Emergence,evolution and consolidation", *International Journal of Educational Development*, 2009(2).

[11] Xavier Bonal. "On global absences: Reflections on the failings in the education and poverty relationship in Latin America", *International Journal of Educational Development*, 2006(1).

[12] Johannes Siegrist, Dagmar Starke, Tarani Chandola, Isabelle Godin, Michael Marmot, Isabelle Niedhammer, Richard Peter. "The measurement of effort-reward imbalance at work:European comparisons", *Social Science & Medicine*, 2003 (8).

附 录

宋家沟村民调查问卷
（调查年度：2018 年）

乡（镇）	
行政村	
调查日期	_____年_____月_____日，星期_____
开始时间	_____时_____分
调查员姓名	
检查员姓名	

中国民主同盟山西省委员会

宋家沟调研组

2018 年 11 月

调查说明

宋家沟的村民朋友们：

大家好！此次的问卷调查打扰大家了，我们深表歉意。

宋家沟是中国民主同盟山西省委员会开展脱贫攻坚民主监督的主要实验载体，为做好这项工作，中国民主同盟山西省委员会专门成立了"宋家沟调研组"。自2018年以来，调研组先后20余次在不同农耕节点亲临宋家沟，有针对性地与村里的种田人、经营户、贫困户、光棍儿户、村干部、外出打拼者等不同类别的群体进行面对面的深度交流，掌握了大量反映宋家沟在新时代脱贫攻坚和乡村振兴过程中取得的成绩及存在的困难等第一手田野资料。

为了进一步完善信息，使所采集的信息更全面、更客观、更真实，调研组根据调研需要和宋家沟的实际情况，认真制作了此次的问卷。在此，我们恳请得到大家的支持和帮助。

此次问卷调查采取实名制，所获取的所有信息仅限于相关学术研究，不涉及任何营利性行为。同时，调研组会严格保守所有被访问者的个人隐私及相关信息。

再次谢谢大家的配合！

中国民主同盟山西省委员会
宋家沟调研组

一、基本信息

1. 姓名：_____

   性别：□男　□女　出生年月：_____

   联系方式：手机_____　座机_____　其他_____

2. 政治面貌

   ①中共党员　②群众　③中共预备党员　④入党积极分子

   ⑤民主党派或无党派人士

3. 住户类型

   ①原住非建档立卡户　②搬迁非建档立卡户

   ③原住建档立卡户（□一般贫困户　□低保户　□五保户　□脱贫户）

   ④搬迁建档立卡户（□一般贫困户　□低保户　□五保户　□脱贫户）

4. 文化程度

   ①文盲　②小学　③初中　④高中　⑤中专（职高技校）

   ⑥大专及以上

5. 婚姻状况

   ①已婚　②未婚　③离异　④丧偶　⑤同居

6. 主要社会身份

   ①村干部　②离退休人员　③行政事业单位人员

   ④村民代表　⑤普通农民　⑥乡贤　⑦退伍军人

7. 主要社会兼职

   ①人大代表　②政协委员　③村里红白理事会成员

   ④各类监督员　⑤其他（需注明）

8. 家庭人口数_____，成员包括（可多选）

   ①配偶　②子/女　③儿媳/女婿　④孙子/孙女　⑤父/母

   ⑥祖父/祖母　⑦兄弟姐妹　⑧其他

9. 家中是否抚养有未成年孩子？

①有，_____个，分别_____岁，每月孩子花费_____元

②没有

10. 当前健康状况

①健康　②长期慢性病　③患有大病　④残疾

11. 家庭成员的健康状况（根据家庭成员实际情况填写，可多选）

①健康　②长期慢性病　③患有大病　④残疾

12. 2018年家庭成员中是否有人遭受意外？

①有（成员：_____　意外类型_____　损失金额_____元）

②没有

13. 家庭收入来源（可多选）

①工资　②种地　③养殖　④打工　⑤土特产销售

⑥其他（赡养、低保、养老金、补贴性收入、购买彩票等）

14. 截至目前，2018年个人收入_____元，家庭收入_____元。

15. 今年收入比去年收入

①提高了　②减少了　③差不多　④不知道

16. 您对自己家的家庭收入是否满意？

①非常满意　②比较满意　③一般　④不太满意　⑤很不满意

17. 2018年家庭消费总支出_____元，支出项目包括（可多选）

①医疗　②教育　③日常生活　④生产投入

⑤其他。其中，今年最大的一项开支是_____，约_____元；

今年购置的最贵物品是_____，约花费_____元。

18. 家庭耐用消费品/农机/农业设施拥有数量（当前仍在使用的，不包括已经废弃的）

a. 彩色电视机　b. 空调　c. 洗衣机　d. 电冰箱或冰柜　e. 电脑

  f. 固定电话 g. 手机 h. 智能手机 i. 摩托车 / 电动车 / 三轮车

  j. 轿车 / 面包车 k. 卡车 / 中巴车 / 大客车 l. 拖拉机

  m. 耕作机械 n. 播种机 o. 收割机 p. 其他农业机械设施

二、生产经营情况

19. 家庭耕地总面积_____亩，实际耕种面积_____亩，其中平地_____亩，坡地_____亩，承包_____亩，出租_____亩。

20. 是否喜欢种地？

  ①非常喜欢 ②比较喜欢 ③一般，生活所迫 ④不喜欢

21. 土地对您的家庭重要吗？

  ①非常重要 ②比较重要 ③一般 ④不重要

22. 您认为土地集中耕种好还是分给个人耕种好？

  ①集中耕种好 ②个人耕种好 ③不知道 ④都行

23. 是否参加过新型职业农民培训？

  ①是 ②否→a

  a. 是否想参加技能培训？ ①是（哪些类别需注明） ②否

24. 2017、2018年主要农产品及养殖产品是否遇到滞销问题？

  ①是（原因是_____） ②否 ③不适用

25. 2018年您待在家的时间有多长？

  ①3个月以下 ②3～6个月 ③6～12个月

26. 外出的原因是什么？

  ①务工 ②探视亲属 ③治病 ④求学 ⑤其他

  务工者回答27～34题

27. 务工所在地是哪里？（可多选）

①县城内　②本市区内　③省内其他县市（具体_____）

④省外（具体_____）

28. 2018年您务工的时间有多长？

①3个月以下　②3～6个月　③6～12个月

29. 主要从事的工作是_____。

30. 工资收入_____元/日，_____元/月，_____元/年。

31. 为什么要外出打工？（可多选）

①家里劳力多，耕地不够种　②见见世面，增长才干

③家里生活困难，外出赚钱，补贴生活不足

④农闲，在家无事做　⑤其他

32. 外出的组织形式是什么？（可多选）

①乡里组织　②村里组织　③自己外出找活儿

④亲友介绍工作　⑤工头带领　⑥企业来本地招工

⑦工作地区的劳务部门介绍工作　⑧其他

33. 您或者家庭成员做过哪些工种？

①泥瓦工　②水电工　③装修工　④厨师　⑤司机

⑥其他（需注明_____）

34. 您认为现在的生活、生产中最需要什么？

①资金　②劳力　③技术　④工作　⑤产品销售渠道

⑥其他（需注明_____）

三、文化生活情况

35. 您一般多长时间买一次衣服？

①经常买　②逢年过节　③家里有重大活动时　④3～5年

⑤一般不买

36. 您一般去哪儿买衣服？

　　①县城　②市区　③省会或其他城市　④网上　⑤其他

37. 住房情况

　　A. 城里是否有房　①是　②否

　　B. 村里是否有房　①是　②否

　　C. 有无出租房屋　①有　②无

　　D. 有无租赁房屋　①有　②无

38. 您家里是否装有互联网宽带？

　　①是　②否

39. 您对目前的住房是否满意？

　　①非常满意　②比较满意　③一般　④不太满意　⑤很不满意

40. 您对目前住房不满意的主要原因是什么？

　　①面积小　②屋内洗浴等基础设施差　③烟道不畅通

　　④地理位置偏　⑤周边环境差　⑥其他

41. 您家口粮的主要来源是什么？

　　①自种口粮　②市场购买　③亲戚（朋友）赠予　④救济发放

42. 您家采购食品的种类有哪些？（可多选）

　　①肉　②蛋　③奶　④粮食　⑤蔬菜

　　⑥水果　⑦休闲食品　⑧其他

43. 您家里是否有私家车？

　　①有　②无

44. 您有无购（换）车计划？

　　①有　②无

45. 您平时经常使用手机吗？

①是　②一般　③不经常用　④没有手机

46. 您主要用手机做什么？

①接打电话　②玩游戏　③看视频　④微信聊天儿

⑤其他

47. 您手机的费用是_____元/月。

48. 您有网上购物或者网络销售的行为吗？

①有网上购物行为　②无网上购物行为

③有网络销售行为　④无网络销售行为

49. 您是否使用过移动支付？

①是　②否

50. 您平时与哪些亲戚来往？

①兄弟姐妹　②叔伯姑表亲戚　③表兄弟姊妹　④其他

51. 您与亲戚朋友沟通的主要方式有（按沟通频率降序排列）

_____。

①串门儿　②电话　③微信　④QQ　⑤书信

52. 您临时有事时一般找谁帮忙（可多选，按从主要到次要顺序填写）

_____。

①直系亲属　②其他亲戚　③邻居或老乡　④村干部

⑤朋友或同学　⑥同事或同行　⑦其他人（请注明）

53. 您2018年是否参加过村里人办的红白喜事？

①是，共搭礼金_____元　②否

54. 2018年您家是否办过红白喜事？

①是，承办费用_____元，收到礼金_____元　②否

55. 您业余时间的主要活动（选最主要的三项，按参与频率降序排列）
_____。

　　①聊天儿　②打牌、玩麻将　③看电视　④读书、看报
　　⑤参加村集体活动　⑥其他娱乐

56. 您是否参加过村里举行的集体活动?

　　①参加过（需注明哪些）_____。
　　②没有

57. 您是否有过外出旅游?

　　①有_____次　②没有

58. 您旅游去过的最远地方是_____，哪一年去的_____。

59. 您乘坐过的现代化交通工具有哪些?（可多选）

　　①飞机　②高铁　③火车　④汽车　⑤摩托车　⑥轮船

60. 您抽烟吗?

　　①抽，每月买烟大约花费_____元　②不抽

61. 您有没有喝酒的习惯?

　　①很爱喝　②偶尔喝　③不喝

四、主观评价类

62. 自己有_____个孩子，希望有_____个，对计划生育政策调整（放开二胎）持何种态度?

　　①支持　②不支持　③无所谓　④不知道

63. 您喜欢男孩儿还是女孩儿?

　　①男孩儿　②女孩儿　③都一样

64. 您觉得自己是一个勤劳的人吗?

　　①是　②基本上是　③不是　④基本上不是

65. 总体来看，您对现在生活状况的满意程度

　　①非常满意　②比较满意　③一般　④不太满意　⑤很不满意

66. 近5年来，您家生活和以前相比有变化吗？

　　①好很多　②好一些　③差不多　④差一些　⑤差很多

67. 您认为您家在村里属于什么类型？

　　①贫困户　②边缘贫困户　③脱贫返贫户　④中等户

　　⑤富裕户

68. 您觉得未来5年，您家的生活会变得怎样？

　　①好很多　②好一些　③差不多　④差一些

　　⑤差很多　⑥不好说

69. 您认为您未来生活水平的提高主要依靠谁？（可多选）

　　①党和政府　②扶贫政策　③自己　④亲戚朋友　⑤其他

70. 您对您家周围的居住环境满意吗？

　　①非常满意　②比较满意　③一般　④不太满意　⑤很不满意

71. 您对第一书记的工作满意吗？

　　①非常满意　②比较满意　③一般　④不太满意

　　⑤很不满意　⑥不认识

72. 您对村主任的工作满意吗？

　　①非常满意　②比较满意　③一般　④不太满意

　　⑤很不满意　⑥不认识

73. 您对村支书的工作满意吗？

　　①非常满意　②比较满意　③一般　④不太满意

　　⑤很不满意　⑥不认识

74. 您对其他驻村干部的工作满意吗？

　　①非常满意　②比较满意　③一般　④不太满意

　　⑤很不满意　⑥不认识

75. 您对村里其他干部的工作满意吗?

　　①非常满意　②比较满意　③一般　④不太满意

　　⑤很不满意　⑥不认识

76. (贫困户填写,可多选)接受过政府或扶贫单位的哪些帮扶?

　　①资金　②物品　③产业项目　④技术

　　⑤其他(需注明)_____。

77. 现在宋家沟基本完成脱贫任务,您认为贫困户脱贫主要依靠的是什么?

　　①党和政府　②扶贫政策　③自己　④亲戚朋友　⑤其他

78. 您如何评价扶贫效果?

　　①非常好　②比较好　③一般　④不太好

　　⑤很不好　⑥说不清

79. 您对移民搬迁政策怎么看?

　　①非常好　②比较好　③一般　④不太好

　　⑤很不好　⑥说不清

80. 您认为搬来的村民与原住村民相处融洽吗?

　　①非常融洽　②比较融洽　③一般　④不太融洽

　　⑤很不融洽　⑥说不清

81. 您对在村里办企业的看法和态度是什么?

　　①支持(原因_____)　②不支持(原因_____)

　　③对自己影响不大

82. 您是否参与过宋家沟乡村旅游季的活动?

　　①是:参与方式(摆摊、客房出租、其他_____)　②否

83. 您对乡村旅游的预期是什么?

　　①前途光明,会不断发展　②有发展前途,但困难不少

　　③勉强维持　④越来越难办

84. 您认为宋家沟以后会发展得更好吗?

　　①肯定会　②应该会　③不知道　④不会

85. 您认为将来农村的生活是否能赶上城市?

　　①肯定会　②应该会　③不知道　④不会

86. (在村里住)您有没有想过到城市生活?

　　①非常想　②想去，去不了　③不想　④不知道

87. 您是否想成为城市户口?

　　①是　②否

88. (在城里住)您有没有想过回农村生活?

　　①想过　②不想　③说不来

89. 您希望子女在哪里生活?

　　①北京、上海等大城市　②太原等中等城市

　　③忻州等小城市　④县一级城市

　　⑤乡镇、村里　⑥由孩子自己决定

[以下为调查员记录]

调查结束时间：_____ 时 _____ 分

调查效果评估：

1. 被访人语言能否听懂	①完全能懂 ②问题不大 ③经常听不懂 ④听不懂，借助了翻译	
2. 被访人的态度	①友好且感兴趣 ②不太感兴趣 ③不耐烦 ④不愿合作	
3. 被访人对问题的理解情况	①很好 ②不太好 ③不好	
4. 被访人在调查过程中的表现	①一直紧张 ②有时紧张 ③放松	
5. 被访人对问题的反应速度	①很快 ②正常 ③偏慢 ④非常慢	
6. 被访人的真诚坦率程度	①非常真诚坦率 ②正常 ③不真诚坦率	

附：行业代码表

1	农、林、牧、渔业	8	住宿和餐饮业	15	居民服务、修理和其他服务业
2	采矿业	9	信息传输、软件和信息技术服务业	16	教育
3	制造业	10	金融业	17	卫生和社会工作
4	电力、热力、燃气及水的生产和供应业	11	房地产业	18	文化、体育和娱乐业
5	建筑业	12	租赁和商务服务业	19	公共管理、社会保障和社会组织
6	批发和零售业	13	科学研究和技术服务业	20	国际组织
7	交通运输、仓储和邮政业	14	水利、环境和公共设施管理业	×	×

后 记

2019年春节临近，我们对宋家沟的调研工作即将告一段落。从2018年2月8日（农历腊月二十三）第一次走进宋家沟算起，已经整整一年了。

这一年，我们跑了很多路。20余次亲临宋家沟，追随着村民的身影，或在耕作时走进田间，或在休憩时敲门入户，甚至还到太原、忻州、岢岚、长治等地面对面采访几经周折联系到的背井离乡、在外打拼的宋家沟人。

这一年，我们和不同年龄、不同类型的宋家沟人说了很多话。他们朴实诚挚的言语，让我们既听到了新时代农民对国家出台的各种扶贫政策的赞美，也听到了他们对未来的担忧和顾虑。

这一年，我们写了很多东西。每一次访谈都详细记录并梳理加工，及时在"山西民盟"微信公众号推送；讨论制作了涉及4个方面89道题的大容量《宋家沟村民调查问卷》；完成了2万余字的数据分析；按照与商务印书馆的协议，如期提交了《乡村调研：宋家沟》书稿。

这一年，我们收获了一份来自宋家沟的珍贵情谊。宋家沟的父老乡亲、宋家沟的一草一木已然成为我们心中难忘的记忆。

一次次的访谈中，宋家沟的村民们说起今天的幸福生活，经常提到忻州市委常委、岢岚县委书记王志东。调研组也曾和王志东有过短暂的接触和交流。整理翻看调研资料，回忆有关宋家沟的人和事，总觉得缺了点儿什么。调研组讨论后一致认为：不能没有王志东，因为他是宋家沟样本的主要策划者之一，也是改造宋家沟的重要组织者和实施者之一。鉴于此，我们决定对他进行采访，并将采访内容作为本书的后记，了却心中遗憾。

岁末年初，正是王志东最忙碌的时候，原本已经约好了见面时间，无奈他突然接到重要任务，实在抽不开身，只好通过电话进行采访。

王志东首先同我们讲了"宋家沟样本"的由来。他说，2013年6月，他到岢岚县赴任后，目睹了贫瘠恶劣的生态环境和一筹莫展的大批贫困户，见证了迫于生计纷纷远走的大量青壮年，这一切都像千斤重担压在

王志东与中国乡建院院长李昌平一行交谈

县委、县政府领导以及镇村干部身上。2015 年，脱贫攻坚的号角在全国吹响，岢岚县委、县政府毅然把精准扶贫、精准脱贫作为第一民生工程，四大班子成员亲自带队分头开展了"如何改变当地农村落后面貌、探索岢岚县农村未来发展路径"的专题调研。他们立足当地村庄"偏小穷陋"、脱贫成本高的实际，把整村搬迁作为破解深度贫困的关键举措。随后又充分征求广大群众的意见，经县委常委会研究决定，构建"1+8+N"岢岚县城乡融合发展新格局，即：1 个县城、8 个中心集镇、N 个中心村。宋家沟就是 8 个中心集镇之一。

借鉴改革开放试点先行的经验和做法，岢岚县委为了稳妥起见，先选择一个村进行实验。在综合考虑每个村地理位置、产业发展等多种因素的基础上，于 2016 年下半年决定将宋家沟作为全县首个农村易地扶贫搬迁集中安置点，采取规划、设计、招标、施工、管理"五统一"集约建设办法。不到一年，宋家沟按计划完成了集易地扶贫搬迁、特色风貌整治、基础设施提升、公共服务完善为一体的美丽乡村建设，将背靠大山、土地贫瘠的宋家沟重新整合为拥有几百户人家、户户能够安居乐业的中心集镇，并于 2018 年被认定为 AAA 级旅游景区，群众生产习惯和生活质量显著改善。

岢岚县委这一敢于创新、勇于实践的行为，得到了上级领导和当地群众的认可。2017 年 6 月 21 日，习近平总书记专程来到国家扶贫工作重点县山西省岢岚县考察调研，他先到了岢岚县计划整村搬迁的赵家洼，又来到了易地扶贫搬迁集中安置点宋家沟。两个村庄对比鲜明的人居环境和村民的精神状态，令总书记欣喜不已，并对岢岚县易地搬迁的做法和成效给予了充分肯定，宋家沟也由一个名不见经传的小山村变成家喻户晓的样板村。调研组入户访谈和全村问卷调查结果均显示，村民们对易地扶贫搬迁政策持较高的满意度。

宋家沟试点取得成功后，岢岚县委认真总结试点经验、进行深度思考，于 2017 年秋季在全县铺开"1+8+N"城乡融合发展计划。截至 2018 年年底，1 个"县城"——广惠园移民社区和 8 个"中心集镇"——宋家沟、王家岔、阳坪、团城、吴家庄、马家河、李家沟、后温泉集镇发展规划已经全部实现。此外，还确定了以 41 个中心村为节点，按照"两不愁三保障"标准配套基础设施、提升公共服务。一年内完成 115 个深度贫困村整体搬迁，是过去 10 年全县搬迁加自然消亡 63 个村的 1.8 倍；涉及 3941 户 9582 人，占全县农村人口的 15.5%，是过去 10 年搬迁 1396 户 4820 人的 1.99 倍。可以说，仅用了 1 年的时间就完成了 20 年的工作任务，岢岚县也因此成为山西省整村搬迁扶贫示范县。

短时间内完成如此大的工程量，岢岚县委、县政府面对的困难和压力可想而知。王志东说，当时最重要也是最困难的事情就是筹集资金。他坦言，过去几年、几十年，国家投入农村的资金整体来说还是比较多的，相较而言针对每个贫困县的资金投入量就更大一些。但是，过去开展的扶贫工作在资金使用上确实存在一些撒胡椒面的现象，没有很好地将资金统筹整合起来，发挥出最大效应。按照国务院《关于支持贫困县开展统筹整合使用财政涉农资金试点的意见》中"要通过试点形成'多个渠道引水、一个龙头放水'的扶贫投入新格局"的精神，岢岚县认真谋划，统筹安排，力求资金使用效益最大化，做到不浪费一分钱，将易地扶贫搬迁、美丽乡村建设、农村危房改造补助等政策性资金统筹用于乡村建设。在建造宋家沟的过程中又培养了一个团队，锻炼了一批队伍，摸索出了一些方法，在后续推广时可以发挥先行先试的"样本"作用。目前"1+8"项目从资金、人力、效果方面，完全实现了当初的预期。

岢岚县并没有止步于现有成绩。王志东说，他们既要完成脱贫任务，又要实现同步小康，还要衔接乡村振兴，必须既立足当下做实工作基础，还要久久为功做好长远考虑。岢岚县委、县政府对接乡村振兴的20字总要求，制定了"五村联创"（2018—2022）五年规划，即创建卫生乡村、清洁乡村、平安乡村、文明乡村、美丽乡村。每一类乡村都明确了责任部门，制定了具体创建标准和规范要求。2022年，完成乡村振兴战略规划（2018—2022）中的基础性工作，为高质量推进乡村振兴战略打下坚实基础。对于像宋家沟这样的村庄，王志东认为现阶段要重点抓好"1+2"工作。"1"是指组织振兴，要加大基层支部建设力度，发挥班子引领作用；"2"是指产业振兴和人才振兴，尤其是人才振兴，既要发现挖掘当地人才又要引进外地人才，通过人才带动和引领产业发展，进而逐步完成乡村振兴各项战略任务。

  王志东认为，宋家沟的成功主要取决于以下四点：一是把握住了历史机遇。岢岚县委、县政府坚持以习近平新时代中国特色社会主义思想为指引，牢牢把握农村改革、脱贫攻坚、乡村振兴的历史机遇，用好用活了国家政策，有效释放出政策红利，想方设法调动一切积极因素投入乡村建设。二是坚持一切从实际出发。立足于革命老区、生态脆弱区、深贫集聚区的实际，深度把握村庄变迁消亡、农村人口结构变化的规律，顺应未来乡村发展趋势，在尊重客观规律的前提下，发挥当地一切可以发挥的主观能动性。三是进行了科学的规划和大胆的实践。始终坚持以调研、论证、规划为依托，经过试点、实践、探索、总结、思考，为推广复制寻找一般性的工作方法。四是组建了一支能打硬仗、执行力强的队伍，保障了各项决策部署的顺利完成。当然，他最后特别强调，岢岚脱贫攻坚、乡村振兴，一切成绩的取得，是以习近平同志为核心的党中央坚强领导的结果，是山西上下深入贯彻落实习近平总书记视察山西重要讲话精神的结果，是千千万万父老乡亲与党中央一起撸起袖子加油干出来的结果。

  结束了对王志东的采访后，我们又电话联系了宋家沟乡党委书记刘鹏德，进一步了解了宋家沟开展易地扶贫搬迁和中心集镇建设的具体安排部署、资金分配使用情况等。刘鹏德讲到，宋家沟被选定为全县易地扶贫搬迁集中安置试点后，县、乡、村三级党员干部齐心协力、奋战一线、攻坚克难，按期完成了整村改造提升、后续产业培育、村风文明提升任务，走出了一条住新居、换新业、树新风三措并举可持续发展的新路子。下一步，宋家沟乡党委将结合全县乡村建设的总体规划，立足宋家沟的发展实际，用好帮扶政策，从产业、人才、组织、文化、生态五个方面着手，采取务实可行的举措，进一步巩固脱贫成果，推动乡村振兴战略在宋家沟落细落实。

刘鹏德帮村民家里换灯泡

县、乡两级党委关于宋家沟乡村建设的思考、实践、探索，使我们对宋家沟有了一个更加全面的认识，也对宋家沟的明天更有信心。

习近平总书记说："实施乡村振兴战略是一篇大文章，要统筹谋划，科学推进。"这篇鸿篇巨制的完成离不开中共中央的顶层设计，也离不开各级党政部门的贯彻推进，还离不开广大党员干部们的亲身实践和农民群众的自身奋斗。乡村振兴的事业中必须有一大批像参与宋家沟乡村建设一样的党员干部，工作在现场，扎根在基层，担当在一线，乡村振兴的梦想才能在中华大地早日实现。

收笔之时，调研组全体成员向战斗在脱贫攻坚、乡村振兴一线的党员干部，向一直关心支持"三农"事业的各界人士致以崇高敬意！向为《乡村调研：宋家沟》编写工作提供支持帮助的岢岚县各级党政部门和当地的志愿者、各界群众表示衷心感谢！

王维平
2019 年 1 月